MANESSE BIBLIOTHEK DER WELTLITE[redacted]

CARL SPITTELER

MEISTERERZÄHLUNGEN

Nachwort von
Werner Stauffacher

MANESSE VERLAG
ZÜRICH

Die Deutsche Bibliothek – CIP-Einheitsaufnahme

Spitteler, Carl:
Meistererzählungen / Carl Spitteler
Nachw. von Werner Stauffacher
2. Aufl. – Zürich : Manesse Verlag, 1992
(Manesse Bibliothek der Weltliteratur)
ISBN 3-7175-1794-5 Gewebe
ISBN 3-7175-1795-3 Ldr.

NE: Spitteler, Carl: [Sammlung]

XAVER Z'GILGEN

Wer die Natur aufrichtig schätzt, hat seine Lieblingsgegenden, in welche er immer wieder zurückkehrt, selbst wenn er inzwischen überlegenere landschaftliche Bilder kennengelernt haben sollte.

Ja, es wird sich gewöhnlich etwas Eifersucht in die Liebe mischen. Man mochte eine Landschaft, die man in den verschiedensten Stimmungen geschaut und hierdurch gewissermaßen erlebt und sich angeeignet hat, nicht mit dem ersten besten teilen; man empfindet die Anlage einer Verkehrsstraße oder den Bau eines Gasthauses als einen Eingriff, man fühlt sich dadurch verletzt und beleidigt.

Eine der Gegenden, die es mir angetan haben, liegt zwischen dem Kloster Einsiedeln und dem Flecken Schwyz; sie ist schön genug, um das Auge und das Herz durch ihre Majestät zu entzücken, aber auch einsam genug, um ungestörtes Sinnen und Genießen zu erlauben.

Man fährt des Morgens in der Frühe mit der Bahn von Zürich an dem freundlichen Seeufer dahin, dann mit einer Bergbahn nach den Höhen der Schindellegi und über die Wasserscheide nach Einsiedeln.

Hier hat die Welt ein kleines, hohes und wildes Ende, und es gilt, über den Yberg, einen harmlosen, die Kraft eines rüstigen Spaziergängers erfordernden Paß unterhalb des Mythenstocks, zu steigen.

Der Weg ist weiter, als einem die Erinnerung, welche ja stets die Entfernungen verkürzt, gesagt hatte; die Zeit verstreicht; man hat vielleicht ein Stündchen zu lange beim Mittagessen verweilt, und wenn man oben auf der Paßhöhe angelangt ist, wird es wahrscheinlich Abend sein.

Aber wie sehr auch die Uhr und die sinkende Sonne mahnen mögen, oben bei dem Hüttchen werden wir eine Stunde ruhen; denn vor uns liegt zwischen dunklen Wäldern eine grüne, nicht allzu steile Halde von schwindelhafter Tiefe, oben einsam, unten mit hundert winzigen Häuschen besät, ganz zuunterst ein Zipfelchen Vierwaldstättersee, eingeschlossen in einem wahren Labyrinth von wirr durcheinander geschobenen trotzigen Alpenhäuptern. Das ist keine «Aussicht», es ist mehr als das: eine Landschaft, und zwar eine Landschaft, wie sie etwa die Phantasie eines Lionardo da Vinci hätte träumen mögen.

Während stundenlang keine menschliche Seele zu erblicken war, schleichen jetzt, wo die Sonne sich zum Untergange anschickt, einige Gestalten plumpen Ganges nach dem Felsen zu unserer Linken.

Was wollen sie dort oben? Sie gucken zwischen den Tannen hervor und lugen bedächtig ins Tal.

Plötzlich beginnt ein Jodeln nach allen vier Windrichtungen hin; tief unten an der Halde antwortet Schellenklang und Rindergebrüll, und ehe wir uns dessen versehen, klettern und kriechen die Herden ameisenartig gegen uns heran, immer zahlreicher und immer größer, quer über die Triften, schlangenförmig auf dem gewundenen Weg, längs den Hecken.

Da gibt es kein Entrinnen, wir müssen mitten hindurch.

Die Kühe bleiben wie auf Befehl stehen, uns anglotzend, bis wir auf Armeslänge herankommen, dann flüchten sie mit schwerfälligen Sprüngen zur Seite; die Stiere dagegen behaupten mürrisch das Feld, wir müssen ihnen den Platz räumen.

Und dann geht es stundenlang im steilen Zickzack talabwärts zwischen Ställen und Sennhütten, an schmucken Landhäusern, dem luftigen Sitze der beneidenswerten Herren von Schwyz, vorbei.

Die Dämmerung schleicht aus dem See empor; hoch oben blinken die Sterne; um die fernen Gipfel der Alpen brüllt ein Gewitter, und wenn wir endlich in Schwyz anlangen, ist es finstere, späte Nacht.

Nicht immer jedoch teilen sich Blitze und Sterne friedlich in den Himmel; es kann auch vorkommen, und dann kommt es meist urplötzlich vor, daß man sich auf halber Höhe dem Unwetter preisgegeben sieht.

So erging es auch mir im vergangenen Sommer.

Die Nacht, der strömende Regen und der fast ununterbrochene Blendschein der blauen Blitze verhüllten mir den Weg, und ich kam nur tappend und tastend vorwärts. Da überholte mich ein junger, wohlgestalteter, fester Senn und bot mir in der biederen und treuherzigen Weise der Älpler Hilfe und Quartier an. So brachte ich die Nacht in einer Hirtenwohnung zu.

«Vornehm ist's nicht», munkelte der Brave, als er mich in die Kammer seines abwesenden Bruders geleitete, «aber gut ist's gemeint, und hätt' ich's besser, so gäbe ich's besser. Und» – fügte er mit einigem Stolze hinzu – «wenn Ihr etwa vor dem Schlafen noch ein wenig lesen wollt...»

Mit diesen Worten leuchtete er mit der rauchenden Talgkerze gegen den Fenstersims und legte mir drei staubige Bücher in die Hand.

Die Artigkeit erforderte, daß ich sie oberflächlich musterte. Es war eine Schweizergeschichte für Schulen, ein Andachtsbuch und eine vergilbte Sammlung von Hexen- und Zauberprozessen.

Wie ich die letztern aufschlug, fiel mein Blick auf folgenden Satz: «... und selbst auf dem Wege nach dem Hochgericht seyne Unbußfertigkeit nicht abgeleget, und die Sanctam Absolutionem nicht nachgesuchet, sondern fortgefahren, die heylige Dreyfaltigkeyt u. Fürsehung u. Weltordnung mit schröcklichen Reden anzuklagen, auch unter den peynlichen Griffen des Henkers seyne gräuliche Ketzerey keyneswegs widerruffen, sondern mit lauter Stimme geschrieen, dem heyligen Evangelio zum Trotze dabey zu verbleyben, daß die gesammte Mundicreation aus eytel Bosheyt u. Schadenfrohmüthigkeyt von s. v. dem Teuffel auscogitiret u. einstituiret worden sey.»

Diese Worte überraschten mich, da in religiösen Zeiten selbst die ruchlosesten Verbrecher den Namen Gottes und der Heiligen zu schonen pflegten. Offenbar war da von einem Vorläufer der modernen Pessimisten die Rede, und ich war um so begieriger, die Beweggründe dieser vereinzelten

Denkungsart kennenzulernen, als dieselben von gewaltiger Kraft sein mußten, um die furchtbare Rüstung der Kirche und des Zeitalters zu durchlöchern.

Nachdem daher mein Wirt die Kammer mit einem frommen «Bhüt Euch Gott!» verlassen, spürte ich dem Anfang des Berichtes nach, wobei ich denn aus dem Wust von gerichtlichen Prozeduren und aktenmäßig niedergeschriebenen Geständnissen eine ergreifende Leidensgeschichte herauslas.

Xaver Z'Gilgen, so hieß der Delinquent, war einst ein armer Schiffsmann aus Brunnen bei Schwyz, der um Lohn die Marktleute in die Dörfer und Flecken des gegenüberliegenden Seeufers und mitunter bis gegen Flüelen hinaufführte.

Einmal im Jahre, zumeist im Spätherbst, trieb er eine der großen Viehherden über den Gotthard auf den Markt von Lauis*. Wenn der Winter kam und die Arbeit mangelte, verdingte er sich wohl auch für einige Monate als Bedienter bei den Vornehmen in Schwyz, wo er wegen seines stillen, bescheidenen Wesens, seiner Anstelligkeit und seines gefälligen Äußern gern gelitten war.

Die Sorgen um den Lebensunterhalt nahmen nicht allein seine Tätigkeit, sondern auch seine Aufmerksamkeit in Anspruch, und obschon der schmucke Bursche auf dem Tanzboden die reichsten Sennen in der Gunst der Mädchen ausstach, war ihm doch niemals eingefallen, daß so ein armer Schiffsmann heiraten dürfte.

---

* Lugano

So verstrichen die Sommer und Winter, und als er Anno 1641 dreißig Jahre alt wurde, überließ er als alter Knabe den Tanzboden den Jüngeren.

Im folgenden Herbst trieb er wie gewöhnlich seine Herde nach Lauis, und da er gerade dazukam, wie in Giornico die Weinlese stattfand, stellte er seine Herde in den Pferch und schaute mit der Ruhe des Älplers dem Geschäft zu.

Eine braune Dirne mit bloßen Füßen und aufgeschürztem Rock, welche eine Granatblüte über dem Ohr in den schwarzen Locken stecken hatte, schritt mehrmals freien Ganges mit dem gefüllten Korbe an ihm vorüber, ihm einen prüfenden Seitenblick zuwerfend. Endlich wies sie ihm ihre weißen Zähnchen, stieß ihn mit dem Ellenbogen leicht an und rief mit lauter Stimme in gebrochenem Schwyzerdeutsch: «Faulpelz! Anstatt da zu stehen, könntest du uns ein wenig helfen.»

Ein allgemeines Gelächter hinter den Weinranken begleitete ihre Neckerei, und Xaver hielt sich hierdurch für verpflichtet, der Aufforderung nachzukommen.

Den ganzen Abend führte er fleißig das Winzermesser, und wenn er einen Augenblick ruhen wollte, deutete die Dirne auf die Trauben.

«Ancora!» befahl sie, und er begann sofort von neuem.

Nicht einmal einen Dank bekam er zum Abschied. Es mußte wohl in Giornico gewöhnlicher Brauch sein, die Reisenden zum Winzerdienst zu pressen.

Aber als er schon hundert Schritte entfernt war, wendete er sich um und schlich nochmals herbei.

Die Augen des Mädchens leuchteten, wie sie ihn umkehren sah, dann biß sie sich auf die Lippen und wartete.

«Wie heißt du?» fragte er mit unsicherer Stimme.

«Speranza», antwortete sie und lachte mit heller Stimme.

Jetzt schämte er sich über die Maßen. Offenbar hatte er etwas Dummes gefragt, und es reute ihn, daß er umgekehrt war.

Der Weg nach Lauis ist weit, und die Herden «fahren langsam». Xaver fand mithin, obschon er nichts weniger als ein Denker war, Zeit genug, um mit den Gedanken, die ihm unwillkürlich aufstiegen, fertig zu werden.

Nachdem er daher in Lauis seine Geschäfte erledigt hatte, begab er sich zum Landvogt, einem Schwyzer, bei dem er einst in Dienst gestanden, und fragte ihn treuherzig, ob er wohl ein Mädchen, das er gerne heiraten möchte, heiraten solle.

Der Landvogt klopfte ihm auf die Schulter und sprach: «Vereli, ich bin kein Beichtvater, und wenn ich auch ein solcher wäre, so würde ich mir's zweimal bedenken, ehe ich einem andern in Heiratsangelegenheiten einen Rat gäbe; aber so viel getraue ich mir schon zu sagen, weil Ihr mich einmal gefragt habt, daß es nichts schadet, wenn man diejenige, welche man heiratet, gerne heiratet.»

Danach begab sich Xaver auf die Heimreise, suchte seine Speranza auf, machte es mit ihr «richtig» und nahm sie als seine Frau mit über den Gotthard.

Vieler Umstände bedurfte es dabei nicht, denn die Gemeinde war froh, der bettelarmen Speranza loszuwerden, und ein Fuhrwerk hatten sie auch nicht; die ganze Mitgift des Mädchens hatte in einem Bündel Platz, welchen Xaver auf seinen Rücken schnallte.

Xavers Landsleute sperrten die Augen auf und schüttelten den Kopf, als sie ihn mit einer Frau heimkehren sahen. Daß sie arm war, wollten sie ihm zur Not verzeihen, aber eine Fremde und dazu noch eine aus dem ennetbergischen Untertanenland zu nehmen, während man unter den vollblütigen Schwyzerinnen wählen konnte, das kam einer Beleidigung des herrschaftlichen eidgenössischen Kantons gleich. Eine Mißheirat wird auf dem Lande noch strenger geahndet als bei Hofe.

Xaver sah sich als «Abtrünniger» gemieden, und wenn ihn nicht seine Gönner, die Vornehmen von Schwyz, welche freieren Anschauungen huldigten, mit Arbeit bedacht hätten, so würde ihn seine Vereinsamung zur Auswanderung gezwungen haben.

Für die Ungunst, die ihm in der Öffentlichkeit, auf der Landsgemeinde und im Wirtshaus begegnete, entschädigte ihn freilich das Glück, das er in seinem Häuschen fand. Speranza, obschon unordentlich, ja selbst unreinlich im Hauswesen, so daß die Nachbarinnen die Hände über dem Kopf zusammenschlugen, war allzeit fröhlich, sang bei der Arbeit in der Küche und im Gärtchen und lachte, wenn sie nichts Besseres zu tun oder zu reden wußte. Des Sonntags, auf dem Weg zur Messe, ging sie mit aufrechter Haltung und vornehmen Schritten neben ihm einher, daß er sich wie der Landammann von Schwyz vorkam und mit dem reichsten Sennen nicht getauscht hätte.

Als sie ihm vollends übers Jahr ein Mädchen schenkte, da wurde er glücklich wie ein Kind, kümmerte sich um die ganze Welt nicht mehr, besuchte weder die Landsgemeinde noch das Wirtshaus, ja sogar nur selten die Kirche und saß zu Hause, so oft es nur seine Arbeiten erlaubten.

Natürlich ließ er das Mädchen Speranza taufen, denn einen lieberen Namen wußte er nicht auf der Welt.

Das ging so in Glück und Frieden bis zum Februar 1645.

Um diese Zeit, während der Fastnacht, auf dem Heimweg vom Tanz in Lowerz, wo sie allein hingegangen war, weil Xaver unterdessen das Kind hütete, wurde seine Speranza von «lustigen Nachtbuben» aus Zug angehalten und, da sie sich zur Wehre setzte, erschlagen – «aus Übermut und Kurzweil», wie es in den Akten heißt.

Seit diesem Augenblick – ich folge von nun an der Anklage im Stil wie im Inhalt – legte Xaver ein unchristliches Wesen an den Tag.

Zunächst zeigte er seinen Hochmut damit, daß er ein großes «Wesen» von dem Totschlag machte, ungeachtet derselbe doch nur von trunkenen Nachtbuben zur Kurzweil an einem hineingeschleppten ennetbergischen Mädchen verübt worden war. Ja, allen vernünftigen Zureden zum Trotze belästigte er die gnädigen Herren und die Landsgemeinde mit unaufhörlichen Anträgen, man möge um dieser unnützen Geschichte willen den lieben, teuren, eidgenössischen, freundnachbarlichen und katholischen Stand Zug von Amts wegen zeihen und beklagen, respektive mit Krieg überziehen.

Nachdem er wiederholt in dieser Angelegenheit von der Landsgemeinde mit Spott und Schande überstimmt worden war, verschloß er sich plötzlich den Menschen, vernachlässigte seine Arbeit und seine Kleidung, ging auch nicht mehr zu Kommunion und Beichte und antwortete dem Kaplan, wenn ihm dieser derohalben Vorstellungen machte, erst möge ihm der liebe Gott ein Wunder zeigen und ihm seine liebe Speranza wieder ins Leben rufen, dann wolle er seine Güte und Allmacht preisen.

Während er dergestalt die heilige Kirche verachtete, trieb er eine ärgerliche Abgötterei mit seinem Kinde, indem er ihm aus dem jahrelang zusammengesparten Gelde köstliche Kleider und Leckerbissen und allerlei Kurzweil kaufte, daß es hochmütig einherging wie eines Ratsherrn Töchterlein von Luzern. Auch züchtigte er dasselbe niemals mit Ruten, nach frommem, christlichem Brauch, sondern liebkoste es vom Morgen bis zum Abend, nannte es mit den süßesten Namen und willfahrte jedem seiner Wünsche, gleich als ob er sein Diener und nicht sein Vater gewesen wäre. Und das Kind hing an ihm wie ein Hund an seinem Herrn und wollte mit keinen andern Kindern spielen, sondern begleitete seinen Vater auf seinen Fahrten, bis Stans und Luzern, ja sogar nach Uri und Italien.

Und es herrschte eine solche sündhafte, abgöttische Anhänglichkeit zwischen den beiden, daß es allmählich ruchbar wurde, wie er zu dem Frevel seiner hochmütigen Ketzerei noch das Verbrechen der Zauberei hinzugesellte.

Vor allen Augen offenbar aber wurde seine Zauberei bei der schweren Heimsuchung, welche Gott der Allmächtige in seiner Gnade im Jahre 1647 über die Gemeinde Brunnen wegen ihrer Sünden verfügte.

Im selbigen Sommer nämlich führte der Magister Balzer die Kinder zum Feste nach Einsiedeln über den Yberg.

Weil aber jenseits der Allmend im Walde viele rote giftige Beeren wuchsen, welche schon manchem Schaden an seiner Gesundheit gebracht hatten, so ermahnten die Väter ihre Kinder mit vieler Strenge, nicht seitwärts vom Wege zu gehen und keine roten Beeren zu essen, sondern dem Magistro in Gehorsam untertan zu bleiben, gleich wie sie selber ihrer Obrigkeit in Zucht und Frömmigkeit untertan wären.

Und damit ihre fürsorgliche Lehre und Exhortation eindrücklicher im Gedächtnis verbliebe, züchtigte ein jeder sein Kind vor dem versammelten Volke mit Ruten; auch hielten sie den Magistrum an, selbige Züchtigung zu besserem Gedächtnis zu wiederholen, zuerst an der Säge, unterhalb der Allmend, und dann auf dem Berge bei den vier Winden ob dem Walde.

Nur Xaver Z'Gilgen züchtigte weder sein Kind selber mit Ruten, noch wollte er leiden, daß der Magister dasselbe tätlich exhortiere, redete ihm auch nicht scharf zu, sondern sah ihm milde in die

Augen und fragte mit sanfter Stimme, ob es ein freies* Schwyzerkind sein wolle oder ein stolzes**. So nämlich pflegte er es alle Tage zu fragen. Das Kind aber zeigte keinerlei Angst noch Untertänigkeit, sondern antwortete mit beherzter Stimme, ein freies Schwyzerkind sein zu wollen und keine Beeren anzurühren, geschweige denn rote, und sie zu essen.

Xaver Z'Gilgen belobte sein Kind und herzte es gleich einer Mutter und gab ihm durchaus keine andere Exhortation, so daß das Volk von großem Schrecken über sein nahes, elendigliches Ende ergriffen wurde.

Und die Kinder überwältigten den Magistrum bei den vier Winden ob dem Walde und banden ihm die Hände und Füße mit Tüchern.

Darauf gingen sie hin und aßen rote Beeren bis zum späten Abend.

Aber als der Mond heraufzog und die Kälte ihnen zusetzte und das Gift in ihren Eingeweiden zu grimmen anfing, bereuten sie ihren Ungehorsam, lösten den Magistrum von seinen Banden, umfaßten seine Knie und flehten zu ihm mit Tränen und erbärmlichen Reden, er möge sie doch um Christi Barmherzigkeit willen von ihrer grausamen Pein erretten und in ihre Heimat zurückführen.

Und von selbigen Kindern starben sieben eines elenden Todes, die einen auf dem Wege, die andern am folgenden Tage in ihren Betten, die übrigen

---

* braves

** unartiges

aber lagen lange Zeit krank unter großen Schmerzen.

Einzig Speranza Z'Gilgen, obschon sie weder Zucht noch Exhortation erhalten hatte, wich nicht von dem Magistro und aß nicht von den roten Beeren und spürte auch keinerlei Pein, so daß ihres Vaters Zauberei vor allen Augen offenbar wurde und ohne die Intervention und Fürbitte der gnädigen Herren von Schwyz schon damals seine Freveltaten zur verdienten Strafe wären gezogen worden.

Allein da sich sein Hochmut von Tag zu Tag mehrte, setzte der Allmächtige seiner Langmut ein Ende, indem er den sündhaften Abgott seines Herzens, die Speranza, an einem Steinwurf, den sie in der Kurzweil mit fröhlichen Knaben erhalten, nicht gesunden, sondern unter grausamen Schmerzen dahinsiechen ließ.

Anstatt jedoch die Strafe mit christlicher Demut zu seiner Buße und Besserung zu benützen, verstockte Xaver Z'Gilgen sich nur um so hartnäckiger und setzte seinem ketzerischen Hochmut dadurch die Krone auf, daß er, die wundertätige Fürbitte des Klosters verachtend, mit großen Kosten zwei gelahrte Doctores nächtlicherweile von Luzern auf dem Nauen* herüberholte, welche die Kranke mit aller Kunst und Sorgfalt schonten und pflegten und ihr die schwärenden Wunden mit dem Messer und dem glühenden Eisen säuberlich reinigten.

Speranza aber wollte sich den Doctoribus nicht

* Nachen

in Güte unterziehen, sondern begann heftig zu schreien und zu klagen, warum sie so grausame Pein leiden müsse und ob sie denn nicht allezeit ein freies Schwyzerkind gewesen sei.

Und sie flehte mit Worten und Blicken so rührend zu ihrem Vater, daß alle Umstehenden weinten.

Selbst jetzt aber noch redete er ihr nicht mit Strenge zu, erklärte ihr auch nicht, daß sie ihre Leiden als gnädige, gerechte Strafe für ihre Sünden erdulde, sondern lobte sie mit zärtlichen Reden, schalt auf die Welt und den Himmel und nannte sie sein liebes, freies Schwyzerkind.

Als aber Speranza die abgöttische Liebe ihres Vaters bemerkte, umschlang sie seinen Hals und schwor mit Zittern und mit Schreien, sie wisse nicht, was sie Übles getan habe, daß er sie so grausam von den Doctoribus bestrafen lasse, und er möge ihr doch verzeihen und die Doctores wegschicken und ihre Schwären heilen, so wolle sie ihr ganzes Leben lang ein freies Schwyzerkind sein und nie wieder etwas Stolzes begehen.

So flehte und schrie sie bis an ihr unbußfertiges Ende, den 12. Januarium 1648.

Am 17. Januario aber, am Tage der heiligen Gertrud, als der ehrwürdige Pater Aloysius in der Kirche zu Brunnen über den Text predigte: «Und Gott sah an alles, was er gemacht hatte: und siehe da, es war sehr gut» (1. Moses 1,31), da sprang Xaver Z'Gilgen auf und schalt unter vielem Schreien und Weinen den ehrwürdigen Patrem Aloysium einen Lügner und das heilige Evangelium eine Irrlehre und fing an, insbesondere greuliche Ketzereien auszustoßen, als wäre die Welt nicht aus Güte vom lieben Gott geschaffen worden, sondern von «s. v. dem Teuffel» aus grausamer Arglist, um sich an der Pein und Folter der unschuldigen Menschen und Tiere zu belustigen.

Also kam seine ruchlose Ketzerei an den Tag. Das Volk aber empörte sich über seine Reden, schlug ihn und überwältigte ihn und überlieferte ihn den Richtern zu seiner wohlverdienten Strafe...

Die Kerze war zu Ende gebrannt, und die Müdigkeit übermannte meine Gedanken.

Während der Donner rollte und der Regen durch die Fugen der Fenster strömte, schlief ich einen gesunden Schlaf bis zum späten Morgen.

Aber als nun beim Erwachen der glänzende Tag ins Zimmer schien und unten vor meinen Augen Brunnen über dem See im hellen Sonnenschein glitzerte und oben der hohe Mythen und der Yberg, da erinnerte ich mich, die ganze Nacht von dem unglücklichen Xaver Z'Gilgen, seinem schönen Weibe und der lieblichen kleinen Speranza geträumt zu haben. Wir wandelten alle vier von Einsiedeln nach Schwyz; Xaver und sein Weib jauchzten oben am Gipfel von den Felsen übers Tal, Speranza pflückte mir Enzianen, und ich nannte sie ein liebes, freies Schwyzerkind.

«Ihr habt gut geschlafen», lachte der Hirt, der in diesem Augenblick unversehens zur Kammer hereinstieg. «Ja, ja! wenn man's nicht gewohnt ist – nach einem tüchtigen Marsch, wie Ihr gestern einen gemacht habt, kann man das Schlafen schon brauchen. Ich bring' Euch ein Glas Milch, wenn Ihr fürlieb nehmen wollt. Kaffee und Zichorien und Zucker und derlei Kostbarkeiten kann ich Euch leider nicht anbieten.»

«Wem habe ich für die Gastfreundschaft zu danken?»

«Ignaz Z'Gilgen sagt man mir», und da er meine Bewegung bemerkte und durch einen Blick auf die abgebrannte Kerze und das aufgeschlagene Buch die Ursache derselben erriet, fügte er hinzu: «Von einem Bruder jenes Xaver Z'Gilgen stamm' ich ab ... Es ist seither manches besser geworden. Und wenn ich schon gerade wie er mit einer Tessinerin verlobt bin, habe ich deshalb doch keine Angst. Auf der andern Seite des Gotthard sind sie ja auch Menschen, so gut wie wir, oder was meint Ihr dazu?»

DER SALUTIST

Polternd schmetterten die Kieselsteine in dichtem Hagel an die Fensterläden des Hauses, in welchem die Salutisten sich versammelt hatten.

Umsonst versuchte der Pfarrer die wütende Menge zu besänftigen.

Der einzige Polizeidiener des Städtchens saß im Wirtshaus «Zum goldenen Adler», ins Kartenspiel vertieft und sich weislich hütend, seine herausfordernde Figur der Menge zu zeigen.

Neben der Salutistenherberge aber, im Schloßgarten, stand die Herrin mit ihren zwei bildschönen Töchtern am Straßengitter, schreckensbleich, doch gefaßt, kraft ihrer Anwesenheit verhütend, daß der Zorn sich seitwärts nach dem Eigentum des beneideten Aristokraten verirre.

Unter den Leitern des Angriffes befand sich ein blutjunger Uhrenmacher, Pierre Grosjean mit Namen, welcher, die Pfeife im Mundwinkel, die Mütze auf dem Hinterkopfe, seelenvergnügt den Krawall mit kurzen Zurufen anfeuerte, die Hände nachlässig in den Hosentaschen behaltend. Die meiste Zeit bemühte er sich nicht selber mit dem Zerstörungswerk; nur dann, wenn es dem Pfarrer nach unsäglicher Mühe gelungen war, auf einer Seite den Steinregen zum Aufhören zu bringen, suchte er im Pflaster, wählte einen Kiesel von der Größe eines Kindskopfes, drehte ihn eine Weile schmeichelnd in der Hohlhand und jagte ihn schließlich mit solcher Gewalt an den nächsten Laden, daß die Fensterscheiben dahinter klirrend auseinander prasselten.

Ein Mädchen zwängte sich lachend durch die Meuterer und schmiegte sich stolz an ihn heran; das war Jeanne-Marie, sein Schatz.

Gemeinsam genossen sie den zunehmenden Spektakel mit leuchtenden Augen. Es war ein Festtag wie ein anderer; es diente ihnen für eine Keilerei am Ostermontag in einer Tanzschenke.

Endlich wichen die Läden aus den Riegeln, gleichzeitig an mehreren Orten, so daß durch die unbewehrten Scheiben jetzt die Geschosse tief in das Innere drangen, Spiegel und Stühle und allerlei Kleinkram zertrümmernd.

Ein ohrenbetäubendes Siegesgeschrei begrüßte diesen ersten Erfolg, und im Nu wurde beschlossen, die Haustüre zu zwingen.

Schon stürmte der Schlosser mit seinen Gesellen die Vortreppe hinan, da tat sich unversehens die Türe von selbst auf, und in geordnetem Zuge erschienen paarweise die Salutisten, plärrend und betend.

Verblüfft stutzten die Aufrührer, und der tobende Lärm verwandelte sich plötzlich in lautlose Stille.

In der Richtung, nach welcher die Salutisten abzogen, wich der Volksknäuel in unfreiwilliger Ehrerbietung zurück, einen weiten Raum gewährend.

Allmählich fielen aber einige halblaute Spottworte, so oft einer von den heimischen Heilsleuten hervortrat; auch verengte sich der Raum um die Abziehenden mehr und mehr durch das feige Drängen der Hinterstehenden. Mit der Zeit wurden die Hohnreden dreister und zahlreicher; an den Straßenecken trennte man einzelne der Salutisten von der Gesamtreihe und mißhandelte sie; die frisch Nachkommenden wurden jetzt eine Weile durch Beschimpfungen und Drohungen geschreckt, ehe man sie den übrigen nachfolgen ließ.

In diesem Augenblick zeigte sich die junge Hauptmännin in ihrer goldgestickten Uniform. Steif wie ein Ellenstab kam sie hervor, mit strenger Puritanermiene, einen verächtlichen Engländerblick auf die heißblütigen, leidenschaftlich aufgeregten Romanen niederschickend.

Ihre stumme Herausforderung wurde mit einem unartikulierten Wutgebrüll und einer Flut von persönlichen Schmähungen erwidert, welche alles enthielten, was ein Weib zu beleidigen und zu empören vermag. Und als nun die blonde Hauptmännin mit zusammengekniffenen Lippen trotzig den Kopf zurückwarf, bewaffneten sich Dutzende von Händen.

Noch war ihr keine tätliche Unbill widerfahren.

Da zischelte Jeanne-Marie ihrem Liebhaber etwas ins Ohr, indem sie zugleich mit weiblichem Neidesblick nach der weißen, blauäugigen Engländerin hinübersah.

Grosjean bückte sich, versteckte die Hand hinter seiner grünen Bluse, und während die Hauptmännin sich anschickte, die erste Treppenstufe zu betreten, schnellte er verstohlen den Stein ab, ohne zu zielen, mehr aus dem Bedürfnis, seinen Haß anzudeuten, als in der Absicht, sie zu treffen.

In derselben Sekunde schreckte die Hauptmännin vor dem Haufen, der ihr auf der Treppe entgegenwogte, zurück, und der Stein streifte den Kopf, ehe er im Innern des Hauses auf den Flur niederschlug.

Sie wankte, kehrte sich dann rasch nach der Richtung um, aus welcher das Geschoß geflogen gekommen, schaute ihren Gegner, der sich durch seine Bestürzung verriet, mit ihren kalten, wasserblauen Augen fest an und erhob segnend ihre Arme: «Herr, verzeihe ihnen, denn sie wissen nicht, was sie tun», rief sie ihm in französischer Sprache zu, klar und laut, wennschon mit fremdländischer Betonung. Hernach wandte sie sich seitwärts, ohne des Blutes zu achten, welches aus ihrer Wunde sickerte, und stieg zuversichtlich die Treppe hinab.

Das Volk aber, durch den Anblick des Blutes entsetzt und ernüchert, gab ihr schweigend Raum, so daß sie ohne weitere Fährlichkeit den Bahnhof erreichte.

Pierre Grosjean flüchtete wie betrunken aus dem Getümmel die Bergstraße hinan, seine Braut von sich stoßend und die Fragen seiner Kameraden überhörend.

Er war schon weit über die Burgruine hinausgelangt, aber der starre Blick, die regelmäßigen Züge und der stolze Segen seiner Feindin scheuchten ihn noch immer vorwärts. Der grelle Widerschein der Sonne auf dem weißen Kalkboden verblendete seine Augen, und der Schweiß trat ihm auf die Stirne, kalt und peinlich.

Hoch oben vor dem dunklen Buchenwalde, welcher das Gebirge krönt, meinte er Ruhe zu empfinden. Er stand stille und schaute sich mit einem seufzenden Atemzuge um.

Eine schwarze, scharf abgeschnittene Wolkenschicht zog langsam am Himmel heran.

In der Tiefe der Wolkenwand, da, wo sie am dunkelsten war, spielten ohne das mindeste Geräusch blitzende Lichter.

Ein fröstelnder Schauer überfiel ihn; plötzlich wandte er sich talwärts und lief im tollen Laufe wieder bergab dem Städtchen zu.

Da schwebte von unten her im gleißenden Sonnenschein ein glänzendes, grünlich schimmerndes Meteor kugelförmig über der Landstraße, hart über dem Boden.

Gleichmäßig flog die Kugel heran. Sie drehte sich, wälzte sich und entlud Feuerfunken. Vor ihr wirbelte der Staub in die Lüfte.

Grosjean, anstatt ihr auszuweichen, stierte ihr wie gebannt entgegen. Ein Zittern überfiel ihn, und er klapperte mit den Zähnen.

Jetzt erreichte ihn das Ungetüm, unglaublich, doch unleugbar.

Ein Zischen betäubte sein Ohr; in beiden Knien verspürte er einen Schlag bis in die innersten Nerven der Knochen; ein ameisenartiges, wumselndes Gefühl kribbelte durch seinen ganzen Körper.

Dann war alles vorbei, und als er den Kopf umwandte, schwebte die Kugel hinter ihm dem Walde zu, wo sie mit knatterndem Schlage platzte wie eine Granate.

Lange Zeit rührte er sich nicht vom Fleck, bis

unter anhaltendem Donnerrollen ein Gewitterregen ihn durchnäßte.

Jetzt taumelte er heim und legte sich laut flennend zu Bett, wie ein Kind, das sein Spielzeug verloren hat.

Eine Woche lang blieb er liegen, ohne daß er beschädigt gewesen wäre. Übrigens klagte er nicht über Schmerz, aß und trank tapfer und sprach vernünftig. Aber stehen konnte er nicht, und so oft sich eine etwas dunklere Wolke am Himmel zeigte, begann er kläglich zu weinen.

Am achten Tage sann und lächelte er viel vor sich hin und nickte allen Reden beifällig zu, mit einem glückseligen, verklärten Ausdruck der Augen und des Gesichtes.

Während der folgenden Nacht kramte er seine Ersparnisse an Geld und Gülten zugleich mit seinen besten Kleidungsstücken zusammen, packte alles in einen Bündel, und nachdem er erst seiner Jeanne-Marie einen langen, wohlstilisierten Abschiedsbrief hinterlassen, entwich er.

Mit Tagesanbruch erreichte er die Stadt, wo er sich nach dem Quartier der Salutisten-Hauptmännin erkundigte. Im Gasthof wartete er geduldig vier Stunden lang, bis er vorgelassen wurde.

Sobald er die Hauptmännin erblickte, fiel er vor ihr auf die Knie, küßte ihr die Hand und meldete ihr, er wäre von Gott erleuchtet worden, hinfort seine Kraft und sein Leben der Heilsarmee zu widmen, unter der einzigen Bedingung, daß sie ihn ihrer Verzeihung versichere.

Die Hauptmännin musterte eine Weile den Knienden und sein Bündel, dann verlangte sie vor allem das Opfer seiner äußerlichen irdischen Habe, notierte auch, nachdem sie das Bündel geöffnet, sorgfältig jeden Gegenstand in ihr Taschenbuch. Zuletzt hieß sie ihn, sich des Abends in der Gebetversammlung einzufinden, wo sie ihn der Gemeinde als Zeichen der unerforschlichen Wege Gottes vorstellen und zur Aufnahme empfehlen werde.

Statt sich zu entfernen, zauderte Grosjean und errötete.

Die Hauptmännin aber, nach einem befremdeten Blick in sein Gesicht, errötete ebenfalls, obschon oberflächlicher, klingelte dann und schickte nach ihrem Vater, dem Major.

Bald erschien ein korrekter, würdiger Herr, in tadelloser Krawatte, mit welchem sie einige Konsonanten wechselte; in seiner Anwesenheit gewährte sie dem neuen Bruder aus besonderer Gnade feierlich den Versöhnungskuß zum Zeichen ihrer rückhaltlosen Verzeihung.

Nachdem der Präsident der Geschworenen den Angeklagten Pierre Grosjean gefragt, ob er sich der Ermordung der Fräulein Betty Smith, Hauptmännin der Heilsarmee, schuldig bekenne, und dieser das bejaht hatte, erteilte er dem Angeklagten das Wort, und dieser begann: «Herr Präsident, meine Herren Geschworenen! Ich hatte sie geliebt – nein, ‹geliebt› ist nicht das Wort, denn sie war für mich eine Heilige. Wenn sie mich tadelte, wenn sie mich strenge anblickte, so war ich ein Verdammter; wenn sie mir ein anerkennendes Wort gönnte, so triumphierte ich und verlangte auf den gefährlichsten Posten gestellt zu werden, um meinen Dank abzustatten. Den Tod für sie suchte ich wie ein Glaubenszeuge, und Torheiten ihretwegen scheute ich nicht. Ich war lächerlich, aber ich lachte über meine Lächerlichkeit. Was war mir neben ihrem Urteil die Meinung der Welt? Wie viel ich für sie getan und gelitten – bah! das sind Kleinigkeiten! Sprechen wir nicht davon! Meine Herren, ich bin ein einfacher Uhrmacher und mit den Künsten des gewählten Stils nicht vertraut; ich vermag meine Tat nicht mit beredten Worten zu entschuldigen: Ihr Billigkeitsgefühl wird für mich reden; was mich betrifft, so vermag ich bloß zu sagen, was wahr ist. Meine Herren, es gab eine Zeit, da war ich ein unbescholtener Arbeiter, nicht besser und nicht schlechter als ein anderer, aber meine Auftraggeber behaupteten, mit mir zufrieden zu sein, und die Gebrüder Sandoz und Kompanie verabreichten mir für meine Zifferblätter stets den höchsten Preis. Ich war reich, ich war frei, ich konnte heiraten; denn nichts hinderte mich daran; und Jeanne-Marie liebte mich. Da kam sie, die Hauptmännin, quer über meinen Weg. Wer hieß sie kommen? Ich rief sie nicht. Lange Zeit meinte ich, der liebe Gott habe sie mir gesendet; später glaubte ich, der andere, der im untern Stock der Welt. Wer weiß? Vielleicht war es weder der eine noch der andere. Aber seit dem Tage, da sie mich zwang, sie zu verwunden, hatte sie mich in ihrer Gewalt. Ich könnte es Ihnen erzählen, allein wozu? Sie verurteilen mich ja doch, ich sehe es Ihnen an. Kurz, meine Braut – ich kann es ihr nicht übelnehmen, nachdem ich sie verlassen – heiratete einen andern, den sie glücklich machte. Ich gönne es ihm: aber es tat mir doch weh, ich kann es Ihnen heilig versichern. Versuchen Sie's einmal, meine Herren Geschworenen, nachher können Sie mir davon erzählen. Was meine Mutter betrifft – Gott habe sie selig –, meine Mutter, nun, das brauche ich Ihnen nicht zu sagen, das haben Sie gewiß schon selber erfahren – Mütter sterben ja immer vor Kummer, wenn einer einen Fußbreit außerhalb der ausgetretenen Gleise wandelt. Meine Kameraden, die Tröpfe, grüßten mich nicht mehr, und meine Heimatsgemeinde behandelte mich als einen Lump. Ich behaupte nicht, es wäre mir gleichgültig gewesen, aber ich habe es mit Stolz und mit Lust geduldet, ihr zuliebe. Dummkopf! Geschieht dir recht! Wie konntest du dir einbilden, daß sie dich je lieben könne. Lieben! Ja, wenn ich eine Banknote gewesen wäre mit dem Bilde Jesu Christi und der Unterschrift des Barons Rothschild! Ich sage nichts mehr. Und wenn ich mir etwas vorzuwerfen habe, wenn mich etwas reut, so ist es höchstens das, daß ich in meiner Verblendung dem Aktiengeschäft der Bekehrung als Agent diente, und auch ein wenig als Polichinell. Was den Mord betrifft, ich behaupte nicht, daß es mich freut, ihn begangen zu haben: es ist eine häßliche Sache um einen Mord, aber im Grunde, weiß man denn in jedem Augenblick, was man tut? Ich bin von Jugend auf ein Hitzkopf gewesen, und wenn man dem Stier ein rotes Tuch vor den Augen schwenkt, so entzündet sich sein Auge. Sie hätte halt ihren Liebhaber nicht vor meinen Augen küssen sollen! Ich hatte sie oft genug gewarnt. ‹Betty›, sagte ich ihr, ‹trau mir nicht!

Ich kenne mich; einen andern darfst du mir nicht vorziehen.› War es mein Fehler, daß sie mir nicht glaubte? Und so ist es denn gekommen. Das ist es ungefähr, meine Herren Geschworenen, was ich Ihnen zu sagen hatte.»

Die Geschworenen waren zufällig gebildete, gefühlvolle und billig denkende Männer; und da sie ein besonderes Mitleid mit dem armen, betörten Uhrmacher empfanden, erklärten sie ihn einstimmig für schuldig in allen Punkten, ohne mildernde Umstände, um die Unabhängigkeit ihres Urteils von ihrer Rührung zu beweisen.

«Mit solchen Knechten, wenn es bald vier Uhr am heiterhellen Tag ist und die Sonne schon hinter den Bergen und man doch heuen sollt', und faulenzen einem auf dem Spreuersack herum, als wären sie das vornehmste Herrenpack, soll der Teufel fuhrwerken!» schimpfte Matthys der Senn, während er mit der Faust an die Tür der Gesindekammer polterte.

Drinnen ächzten die Betten und stöhnte verdrossenes Gähnen, zwischen Munkeln und Maulen.

«Es hat einem ja nicht können träumen, daß Heuwetter kommt. Den ganzen Sonntag hat es ja gestern heruntergeschüttet wie nicht gescheit, und noch um zehn Uhr nachts ist der Oberluft gegangen.»

Und eine dröhnende Stimme rief herausfordernd: «Es wäre halt auch besser, wenn der Meister am Sonntag selber zu Hause bliebe, anstatt unten im Dorf bis Mitternacht in den Wirtshäusern herumzuhocken. So ist es keine Kunst, vor den andern auf zu sein, wenn man am Montag früh noch die Sonntagshosen von gestern abend an den Beinen hat.»

Ein unterdrücktes Kichern folgte diesen Worten.

Der Senn, welcher sich bereits getrollt hatte,

schnellte zurück, beugte den Kopf gegen das Schlüsselloch und schrie: «Ich habe nicht nötig, Friedli, mir von meinen Knechten vorschreiben zu lassen, was ich am Sonntag tun oder nicht tun darf. Wenn's etwa einem bei mir nicht gut genug ist, so ist ja die Welt groß; ich halte niemand mit Gewalt.»

«Davor wäre mir jedenfalls nicht bange!» grölte es trotzig zurück, «ich habe noch allezeit meine Arbeit recht getan, und es müßte übel zugehen, wenn man nicht einen manierlicheren Meister im Lande fände.»

«So kannst du dir gleich einen suchen.»

«Mir auch recht. Lieber heute als morgen.»

Vom äußersten Ende des Ganges mahnte zischelnd eine Mädchenstimme: «Vater! Du weißt ja, daß der Friedli ein Kolderi ist; man darf es mit ihm nicht so genau nehmen, was er sagt. Und die Arbeit macht er ja sonst auch recht.»

«Willst du wohl auf der Stelle heim ins Bett, Mareili? Im Hemd und bloßen Füßen!»

Da schloß sich hurtig die Tür, und der Senn klapperte in seinen Holzschuhen die Treppe hinab, in den Hausflur, das Tor aufzurammeln.

Einer um den andern erschienen die Knechte in dem kalten, schmutziggrauen Dämmerdunkel des Ganges, taumelnd und schnaufend vor Schlaftrunkenheit. Und so oft einer zum Vorschein kam, tat sich am Gangende die Tür ein wenig auf und gleich darauf wieder zu.

Inwendig in der Kammer aber rumorte und spektakelte der Friedli, unter Verwünschungen und Flüchen. Unversehens schoß er hervor, unwirsch, wie ein Eber aus einem Haselbusch, mit

Rock und Hut, eine Tasche über die Achseln gehängt und einen Knebelstecken in der Hand.

«Friedli», wispelte es dringend vom Ende des Ganges aus der Türspalte, «Friedli! ich bin's! Mach doch keine Schneckentänze und sei vernünftig! Du weißt ja, der Vater meint es nicht so, wie er sagt.»

Der Friedli, statt der Antwort, schmiß die Tür ins Schloß und stampfte grimmigen Trittes die knarrenden Stufen hinab, mit den Schultern Rechen und Becken von den Bolzen streifend, daß es vor ihm her kesselte und wetterte.

Vor dem Hause umringten ihn die Knechte, staunend und kopfschüttelnd.

«Ja was, Friedli? Du wirst doch etwa nicht!»

«Was werde ich nicht? Meint ihr vielleicht, es brauche mir's einer zweimal zu sagen, wenn ich gehen soll?» Hierauf drückte er sich ohne weiteres der Mauer entlang um das Haus, schwerfällig, doch entschlossen.

Die Meisterin trippelte ihm keuchend nach, holte ihn jenseits der Ecke ein, zupfte ihn am Rock und riß ihn am Arm.

«Friedli», raunte sie ihm zu, «mach doch nicht immer den Kolderi! Es ist ja alles nur der Zorn und die Täubi, weil der Matthys gestern im Kartenspiel verloren hat. Am Nachmittag ist er wieder wie ein umgekehrter Handschuh.»

Der Friedli tat einen Ruck und strich stumm und störrisch weiter.

«Mein Gott», zeterte sie ihm nach, «so trink doch wenigstens zuerst noch ein Taßli Kaffee! So stark wird es deswegen nicht pressieren. Und der Lohn? hast du denn auch den Lohn? Herr Jesus

Christus im Himmel oben, Friedli, du wirst doch nicht etwa fort wollen ohne den Lohn?»

«Ich brauche keinen Lohn; ich bin schon bezahlt.»

Über den Zaun des Pferchs, welcher den Hof umfriedete, klomm er leicht, ohne sich mit den Knöcheln zu stützen.

Jenseits raffte er zwei handgroße Steine vom Boden, schleuderte den einen an das Hundehäuschen, daß der Spitz heulend vor Entsetzen an rasselnder Kette sich in den hintersten Winkel verkroch, den andern wirbelte er in gewaltigem Bogen hoch über das Hausdach in die Krone des Lindenbaumes, wo er sausend durch den Wipfel an den Stamm schlug und mit faulem Fall, von Ast zu Ast prallend, in den Rasen plumpste, gefolgt von raschelnden Blättern und einem Regen von schweren Tautropfen.

Hernach stieg er langsam berghinan, gegen die Paßhöhe.

Weidende Herden bimmelten und schellten zu beiden Seiten des Pfades. Neugierig nahten die Kühe, pflanzten sich steif vor ihn hin wie Holzfiguren und glotzten ihn unverwandt an. Mit vorgehaltener Hand lockte er die vorderste, kraute ihr in den Stirnlocken, kniff sie in die Wampen und nannte sie kosend beim Namen.

Dem Stier, welcher ihn zwischen Zorn und Furcht anstarrte, schritt er behutsam im Zickzack entgegen, begütigte ihn mit der Stimme, reizte ihn jedoch gleichzeitig, indem er mit geschwindem Griffe ein Horn um das andere packte und wieder freigab. Mit Wohlgefallen betrachtete er, wie die

Augen immer röter unterliefen, wie das Tier bald mit dem Schweif, bald mit dem Hinterhuf, bald mit dem Haupt unruhig schlug, wie es mit der Zunge links und rechts den Rücken leckte und mit kurzem hochtönenden Gebrüll den Schaum aus dem Maule warf.

Aber als jetzt der Stier mit dumpfem Murren den Kopf senkte, versetzte er ihm mit einem lustigen Jauchzer einen festen Fußtritt in die Weichen, daß er verdutzt um eine Körperlänge zurücksprang.

Hierauf stieg er stetig bergan, gleichmäßigen, langsamen Schrittes, Windung um Windung, den Pfad abschneidend, an der Quelle und dem Vergißmeinnichtsumpfe vorbei, durch das nasse Gras, über Tümpel und Weiden nach dem Kreuz und vom Kreuz steil den Stutz hinauf, ohne Atem zu schöpfen, im selben Schritt, bis auf die Paßhöhe.

Oben auf der Höhe schwenkte er seitwärts nach dem Bödeli und steuerte nach einer Erdmulde, welche mit einem Kranze von gelben Enzianen wie mit brennenden Kerzen umleuchtet war.

Am Rande der Mulde stand eine einsame riesige Wettertanne, als Paßzeichen von der Gemeinde geschont.

Dort warf er Hut, Stecken und Tasche von sich, unter das dunkelgrüne Geäst, und ließ sich gleichgültig auf die weiche Matte fallen, das Gesicht talwärts gekehrt, so daß er gerade nach dem Matthysenhof unten in der Tiefe sehen konnte.

Und wo er lag, blieb er liegen, das Kinn in die hohle Faust gestützt, mit der andern Hand Gras abstrupfend und mit den Zähnen zerkauend.

Hinter ihm rauschte es im Grase von schlurpenden Schritten, und Steine rollten in die Mulde.

«Was ist, Friedli?» fragte gedämpft eine Stimme, «hat dir der Matthys aufgekündigt?»

Friedli antwortete nicht, schaute sich auch nicht um, sondern rupfte das Gras büschelweise ab.

Der andere kam näher und fuhr fort: «Mir meiner auch. Auf nächsten Samstag. ‹Ue-Ue-Ueli›, hat er zu mir gesagt, ‹Ue-Ue-Ueli, meine Geduld ist a-a-aus›, hat er gesagt, der Hansjörg.»

Beide stießen ein gezwungenes Gelächter aus, dann stierten sie selbander ins Tal, Friedli liegend und Ueli stehend.

Unten im Matthysenhof, aus dem Sennhaus, klein wie eine Schachtel und gelb wie eine Schindel, krochen winzige Zwerge mit Sensen, Gabeln und Rechen hervor. Die zogen wie Ameisen am Stall vorbei, beim Brunnen vorüber, den Bühl hinab ins Tobel, versanken bei den Weiden, tauchten jenseits am Brücklein wieder auf und kletterten, immer kleiner, immer kleiner, rechts über der Alp, dem Rain entlang zur Matte vor dem Wald. Dort legten sie die Joppen unter einen Kirschbaum, banden sich Nastücher um die Stirn, rote und blaue, wie ein Strauß von Mohn- und Kornblumen, rückten zum Viereck dicht aneinander und drehten sich langsam nach allen Seiten um.

«Jetzt jauchzen sie», erklärte der Friedli sachgemäß, «aber es ist viel zu weit, man kann davon nichts hören.»

Das Viereck löste sich auf und dehnte sich in zwei lange Reihen, die im gleichmäßigen Takt sich bückten und wieder aufrichteten.

«Es ist schön mähen heute», urteilte Ueli mit Respekt. «Aber ein wenig spät sind sie; um halb fünf, wenn die Sonne schon über dem Holderbachfelsen ist.»

Der Friedli drehte sich heftig um und schrie ihn an: «Was? zu spät? Noch lange nicht zu spät, deswegen! Man muß nur rechtschaffen werken und nicht den Faulhund spielen wie du. Wenn ich dabei wäre, die Handvoll Gras wollte ich ihnen in zwei Stunden am Boden haben. – Was machen die Hansjörgen heute für Arbeit?»

«Sie sind niederwärts, ins Tal, der Stadt zu; auf den Markt; Lebwar verkaufen. Aber jetzt sag doch selber, ob sie nicht zu spät sind. Was ist denn das dort, das über den Wald kommt, denk' wohl, die Sonne? Jedenfalls kein Kerzenstock.»

Eine rauchende Lichtwolke streifte über die Wipfel. Diesseits vom Wald, herwärts der Mähder, zwischen Alp und Tobel, fiel ein hellgelber, scharf begrenzter Fleck in die saftige Weid, wuchs nach allen Seiten, stieg, immerfort sich ausdehnend, den Berg hinan, vereinigte sich mit einem zweiten kleinen Fleck, verdoppelte sich, lief plötzlich nach unten und oben bis zum Bach und zu den Felsen und eilte dann groß und ruhig, in breiter Fläche, fliegend und schwimmend dem Walde entgegen. Ein Blitz zuckte von einer Sense, dann noch einer, und einen Augenblick später standen die Arbeiter im hellen Sonnenschein.

«Was sagst du jetzt dazu, Friedli? Ich will auch lieber hier oben den Kühen zusehen, wie sie malmen, als dort unten in der Sonnenhitze werken.»

Der Friedli murrte ärgerlich und sah weg.

Von dem Matthysenhof brodelte ein feines blaues Rauchwölkchen in die Luft, und beim Brunnen vorbei wackelte ein Kinderwagen, in Winkelzügen lavierend, nach dem Tobel. Das Wäglein hielt von Zeit zu Zeit still, und ein Mädchen machte sich an der Decke zu schaffen; dann kutschierte es ein wenig weiter, um bald wieder von neuem zu stocken. Als das Fuhrwerk über das Brücklein gekommen war, sprang ihm vom Walde her ein weißer Spitz entgegen, hüpfte erst an dem Mädchen, dann an den Rädern empor, umkreiste einige Male den Wagenkorb und schritt dann feierlich voran, immerfort mit aufwärts gekrümmtem Schweife wedelnd und sich dann und wann umsehend, den Rain hinauf. Die Mähder empfingen den Wagen, breiteten ein weißes Tuch in den Schatten des Kirschbaumes und legten etwas aus dem Wagen darauf. Der Spitz streckte sich daneben in die Sonne, das Mädchen kletterte auf den Kirschbaum.

«Hast schon Kaffee getrunken?» fragte Ueli.

«Ich habe keinen Hunger.»

«Aber ich. Und was für einen! Bleibst liegen, bis ich zurückkomme, oder geht es gleich weiter?»

«Frage nicht, so wirst du nicht angelogen.»

Ueli entfernte sich und kam nach einer Stunde wieder zurück.

«Bist noch da, Friedli? Gelt, es reut dich? Ich begreif's; du hast es sonst nicht zum schlechtesten gehabt beim Matthys.»

«Vom Reuen ist nicht die Rede.»

«Meinst, ich merke es nicht? Gelt, du wartest auf jemand? Ich kann mir ungefähr vorstellen, auf wen. Ist es etwa die dort drüben am Wald mit dem gelben Strohhut und einem Maieli darauf? – Ja, wegen deines Fortgehens, was dann mich betrifft, so habe ich's soeben mit dem Hansjörg anders ausgemacht; ich bleibe noch ein wenig. – Halt, siehst du dort den Habicht auf dem Weidenbaum hocken, unten am Bach, im Tobel?»

Der Friedli schielte böse nach dem Sprechenden, richtete sich auf und entgegnete bestimmt: «Das ist kein Habicht, das ist ein Hühnervogel.»

«Was ist's?»

«Ein Hühnervogel ist's.»

«Ein Hühnervogel? das? Sein Lebtag hockt kein Hühnervogel zuoberst auf einem Weidenbaum.»

Der Vogel flog ab, und beide Männer reckten die Köpfe.

Er strich, ohne sich zu beeilen, in Haushöhe über die Matten in der Richtung nach dem Walde bergan, rötlich anzusehen, wenn ihn ein Lichtstrahl traf, im Schatten aber braun oder grau; den Mähdern wich er aus, strolchte dem Waldsaum entlang eine Weile abwärts nach dem Bache, zuweilen durch die Gebüsche gleitend, erhob sich in der Bachsohle plötzlich in die Luft und eilte mit Windesschnelle über die Baumwipfel, der Ebene zu.

«Was ist's jetzt? ein Hühnervogel oder ein Habicht?» fragte der Friedli feindlich.

«Es ist, wie ich gesagt habe, ein Habicht ist's.»

Der Friedli, der hinter dem Ueli stand, knickte unversehens zu Boden, haschte seinen Knebelstekken, verbarg ihn hinter dem Rücken und schnellte wieder empor.

Der Vogel, welcher hinter dem Walde versunken war, stieg als winziger Punkt wieder auf, kam wieder zurück, schoß plötzlich den gegenüberliegenden Bachfelsen zu und verlor sich, in Mannshöhe längs den Steinen schwebend, zwischen den Flühen.

Da ließ der Friedli den Stecken unvermerkt ins Gras gleiten und urteilte: «Du hast recht, Ueli, es ist doch ein Habicht.»

«Das kommt davon», versetzte der Ueli, «wenn man einem blindwütig wie ein Stier alles abstreiten will. Mich wundert es nicht im geringsten, daß du mit dem Matthys Streit angefangen hast; mit dir kann ja der friedfertigste Mensch nicht auskommen. Jetzt muß ich aber allgemach die War in den Stall treiben: die Fliegen setzen ihnen böse zu, bei der Hitze.»

Hiermit entfernte er sich zum zweiten Male.

Der Friedli wartete, bis jener hinter dem Hansjörgengupf herumbog, dann kramte er einen halben Laib Brot aus der Tasche, säbelte mit dem dicken, schartigen Sackmesser ein gewaltiges Stück los, steckte es auf der Messerspitze ganz in den Mund und kaute umständlich. Als er damit fertig war, stach er die Klinge bis ans Heft dreimal in den Boden, wischte sie ab, klappte das Messer zu und drehte sich um, teilnahmslos in das Gras schauend.

Eine Ameise schleppte einen Wurm herbei, an seinem linken Auge sich festbeißend; eine zweite klammerte sich an des Wurmes Hinterteil, seine Krümmungen lähmend; eine dritte und bald darauf eine vierte hängten sich als Hemmschuh an seine Füße.

Der Friedli sperrte dem Gespann den Weg mit

einem Hölzchen, und als die Ameisen nicht losließen, quetschte er eine um die andere tot, vorsichtig, damit er den Wurm nicht verletze; als dieser aber nach seiner Befreiung in langen Zügen einem Graszopf zusteuerte, zerdrückte er ihn ebenfalls, unmittelbar vor dem Grasbusch, hernach begrub er ihn sorgfältig mit Erde.

Zwischen unterschiedlichen Halmen unter seinem Gesicht stand ein Mäntelikraut, niedrig, aber groß in der Breite, mit fünf kreisbogigen, befransten Blättern, von denen jede Rippe in gleichen Winkeln nach dem Becher leitete, wie in der Schule, wenn er ein Fünfeck zeichnete. Und der Becher war halb ausgefüllt mit kristallenem Tauwasser. Allmählich schrumpfte das Wasser zu einem kirchgroßen Tropfen zusammen.

Er brach das Kraut vom Stengel und neigte es, bald auf diese, bald auf jene Seite, bald schräg, bald windschief. Da rollte der Tropfen groß und schwer in dem samtnen Becher herum, ohne ihn zu netzen, wie das Wasser auf einer Ente, und ohne sich zu zerteilen, wie das Quecksilber im Wetterglas.

Damit spielte er lange Zeit, bis der Tropfen nicht mehr größer war als eine Erdbeere, dann hob er das Blatt sorgfältig nach dem innern Augenwinkel, erst dem rechten, nachher dem linken, und benetzte die Lider, methodisch, pedantisch.

Hierüber wurde er zufrieden, fing an mehrmals zu gähnen, drückte den Hut auf den Kopf und schritt über das Bödeli zurück, quer über den Paßweg, etwas seitwärts tiefer in den Schatten einer Steinwuhr. Dort wälzte er sich auf den Rücken, schützte das Gesicht mit dem Hute und schlief ein.

Als er aufwachte und auf den Ellbogen gestützt sich emporrichtete, waren die Mähder drüben am Walde verschwunden. Über dem Dache, im Matthysenhofe, quirlte wieder der Rauch, aber nicht mehr blau, sondern glasig glitzernd wie ein Kornfeld am heißen Mittag.

Er verzehrte einige Brotkrumen, die in den Falten seiner Hosentaschen übrig geblieben waren; doch was ihn jetzt hauptsächlich plagte, war der Durst. Kirschenbäume wuchsen da oben keine; und zur Quelle hinunter mochte er nicht, denn man hätte ihn daheim vom Hause gesehen. Wenn nur jemand den Verstand hätte, mit einem Weinkrug den Paß herunter- oder heraufzukommen.

Da erschien unten über der Weide beim Kreuz ein gelber Strohhut mit einem Maien, bewegte sich unsicher in verschiedener Richtung, und ein Mädchen stieg durch die Matten den Stutz herauf, hastig und ängstlich, stets in den innersten Winkeln der Biegung sich haltend. Ein weißer Spitz umkreiste ihre Füße, schweifwedelnd, schnuppernd und niesend.

Der Friedli drückte sich enger an die Mauer, bewegte sich hurtig rückwärts, um die Ecke, und hielt den Atem an.

Erst stieg das Mädchen nach der Mulde, wo er am Morgen gelegen hatte, stand vor dem Rock und Hute verblüfft stille, drehte sich mehrmals fragend um und versuchte endlich einen unterdrückten Jauchzer.

Der Friedli preßte seinen Rücken noch flacher ins Gras und blieb regungslos auf der Lauer.

Aber der Spitz witterte, stieß ein kurzes, klägliches Jubelgeheul aus, rannte schnurgerade zu Friedli hinüber, stürzte über ihn und leckte ihm stürmisch das Gesicht und die Hände.

Jetzt wandte sich das Mädchen um, erschrak, schob sich zögernd längs der Mauer bis auf zehn Schritte heran; dann blieb sie stehen, kehrte das Gesicht abseits und legte die bloßen Arme übereinander, mit jeder Hand einen Ellbogenknöchel fassend.

«Friedli», begann sie nach einer Weile, «die Suppe ist gerüstet.»

Und als der Friedli sich nicht regte, wagte sie zwei Schritte mehr und fuhr fort: «Friedli, es ist dem Vater nicht ernst gewesen. Er weiß ja wohl, daß du nie etwas Unrechtes getan hast. Und den ganzen Morgen hat er darum herumgeredet, drüben im Heu, im Walde, die andern könnten alle nichts und du seiest der einzige, der im Notfall noch etwas leiste. Komm jetzt endlich, und mach nicht den Kolderi.»

Der Friedli wandte sich ab und bröckelte schweigend mit einem Steinchen den Mörtel von der Mauer; dann versetzte er finster, ohne aufzusehen: «Ich kann nicht! Mareili!»

Das Mareili kam noch näher und mahnte dringender: «He! wegen ein paar ungerader Wörtlein hin und her! Du brauchst ihn ja nicht um Verzeihung zu bitten. Tu einfach, als wäre nichts gewesen; es ist ihm selber das liebste. Komm jetzt nur mit und setz dich unten an den Tisch, und wenn sie nachher ins Heu gehen, so nimm den Rechen. Ich habe dir ihn parat gelegt.»

«Ich kann nicht!» schrie Friedli.

Das Mareili unternahm eine Bewegung, als ob es an ihn herankommen wollte, blieb jedoch mutlos stecken und zupfte ihre Unterlippe, indem sie steif nach des Hansjörgen Herde hinübersah.

Nach einer langen Zeit seufzte sie tief auf und sprach: «Das braune Gusti*, das er im Herbst gekauft hat, ist auch schon trächtig.»

Während sie das sagte, schob sie ihren Arm bis zur Beuge in die Schürzentasche, holte einen funkelnden Fünflibertaler hervor und legte ihn wie zufällig auf einen breiten Mauerstein; hierauf zog sie sich scheu vor dem Schatze einen Schritt zurück.

«Das ist der Lohn für dich, vom Vater», erläuterte sie; dann beugte sie die Arme über den Magen und brütete vor sich hin.

Da schlug der Spitz zornig an: der Ueli kam über den Hag gestiegen. Das Mareili, zusammenschrekkend, tat schnell noch einen Taler zu dem andern und stahl sich flüchtend wieder der Tiefe zu.

Bei alledem rührte sich der Friedli nicht. Als aber der Ueli sich unterwegs bückte, um die Steine aus den Holzschuhen zu klopfen, juckte er in die Höhe, haschte mit einem geschickten Handgriff die beiden Taler und legte sich geschwind wieder an den alten Ort.

«Friedli, an deinem Platze hätte ich's rückgängig gemacht», meinte der Ueli, indem er dem abziehenden Mareili mit den Augen folgte.

Dumpf und verdrossen warf der Friedli hin: «Ich kann nicht.»

---

* Rind

Und als sich der Ueli verwundert umkehrte, um in seinem Gesicht zu lesen, fügte er vertraulich hinzu: «Die neue wollene Bettdecke für sechzehn Fränkli dem Meister verschimpfiert. Mit dem Messer dareingeschnitten.»

Der Ueli prallte vor Schrecken zurück, sperrte den Mund groß auf, streckte die Arme vor sich und starrte ihn staunend an. Darauf verzog er das Maul gegen die Ohren, zwinkerte mit den Augen und versetzte bedeutsam, nachdrücklich, mit eigentümlicher Betonung: «Es gäbe mancher viel darum, wenn man ihm bloß allein die Bettdecke verschimpfierte.»

Der Friedli stand auf und forschte in seinen Zügen; dann verzog er ebenfalls das Maul, und plötzlich erhoben beide gleichzeitig ein schallendes Gelächter.

Doch bald ernüchterte sich der Ueli und nahm eine besorgte Miene an.

«An deinem Platze», murmelte er, «würde ich aber jetzt nicht mehr zu lange da oben bleiben. Sonst kommt der Meister mit den Knechten schneller den Berg herauf, als du auf der andern Seite unten bist.»

Der Friedli zuckte verächtlich die Schulter, und seine Augen funkelten.

«Es soll nur einer heraufkommen. Ich warte nur gerade auf ihn.»

Während er das sagte, sprang er ungeduldig auf und schritt der Mulde zu; der Ueli hinter ihm.

«Und wohinaus in der Welt geht's?» fragte letzterer unterwegs freundschaftlich.

«Dem Teufel zu!»

Während sie den Paßweg überquerten, stapfelten von oben in überhastetem Lauf zwei Mädchen weinend über das Bödeli; das ältere, groß wie eine Erwachsene, zog das kleine so schnell nach, daß es sich fast überschlug.

«Wo fehlt's, Providenza?» heischte der Friedli, indem er das große Mädchen strenge musterte.

«Es hat mir einer ein Goldstück gezeigt!» rief sie mit verstörtem Atem.

«Wer?»

«Ich weiß nicht, ein Fremder mit einem Alpenstock.»

«Wo?»

«Unten im Rietwald, gerade bei der Krutalp.»

«Und wofür?»

«Ich weiß nicht. Er hat mir nur gewinkt und das Goldstück gezeigt.»

Der Ueli gab der Providenza einen Puff, daß die Erdbeerkratten, mit welchen sie behangen war, hin- und herwackelten.

«So hättest du's doch genommen, du unvernünftiges Huhn!» rief er empört, «ein Goldstück ist, solange die Welt steht, noch nichts gewesen, wovor man sich zu fürchten brauchte.»

Die Providenza geriet in Verwirrung und stotterte reuevoll, sich entschuldigend: «Er sah mich halt so sonderbar an.»

Jetzt brauste aber der Friedli auf.

«Meinst du vielleicht etwa gar, du rotznasiges Ding, es wäre ihm um dich zu tun gewesen? An den Ohren sollte man dich nehmen! Mager wie ein zweijähriges Rind, braun wie eine Zigeunerin, ungekämmt und ungewachsen dazu, nicht einmal

Strümpfe an den Füßen, und Fingerlein, daß man sie wie Zündhölzchen zerbrechen könnte, und nirgends kein Vater und keine Mutter, daß das ärmste Knechtli sich schämen würde, dir vor den Leuten nur den Arm um den Hals zu legen, und bildet sich ein, ein Fremder werde sie ansehen! Die haben daheim in der Stadt ganz etwas anderes, wenn es darauf ankommt! – Weis her, was hast du für Erdbeeren? sind sie reif?»

Dabei stieß er sie herum, guckte in den vordersten Kratten, tauchte die Hand bis ans Gelenk in die Erdbeeren, wühlte mit gespreizten Fingern darin, zog die Faust heraus und führte sie in den Mund.

«So! Und jetzt laß das Heulen bleiben, sonst gibt es eins hinter die Ohren, zum Andenken an mich.»

Demütig senkte das Mädchen den Kopf und schlich stillschweigend davon.

Darauf verhörte der Friedli das jüngere: «Was hast du da für ein Buch?» begehrte er, riß es ihm aus der Hand, blätterte darin herum und besah die Bilder. Darüber vergaß er sich, daß das Mädchen vor Angst zu zittern begann.

«Wie teuer gibst du das her?» fragte er endlich drohend.

«He, was Ihr mir etwa dafür geben wollt.»

Der Friedli zählte die Bilder, wog das Buch in der Hand, richtete den Blick ins Leere und rechnete und überlegte. Dann fing er zaudernd wieder an, die Bilder zu betrachten, das Papier zu mustern und die Seiten zu zählen.

«Bist du zufrieden mit einem Fünflibertaler?» polterte er plötzlich hervor, indem er die Stirn runzelte und ein grimmiges Gesicht schnitt.

Ein klarer Himmelsschein von Hoffnung und Seligkeit erleuchtete den Blick des Kindes.

«Da hast du ihn», sprach Friedli gebieterisch und drückte ihm den Taler mit wichtiger Gebärde in die Hohlhand.

Wie aus der Kanone geschossen, eilte das Mädchen der Schwester nach, darauf trippelten sie beide leichtfüßig, mit zusammengeschmiegten Köpfen dem Tal zu, öfters scheu mit mühsam verhaltener Seligkeit rückwärts blickend.

Der Friedli aber behielt das Buch andächtig in der Hand und begab sich feierlich nach der Mulde.

Dort bettete er sich mit dem Ueli im Schatten der Wettertanne vor dem Buche zurecht, umständlich und einträchtig.

Zunächst buchstabierten sie den Titel, einer dem andern nachhelfend, denn es waren fremde, verschnörkelte Buchstaben.

«Märchen der Tausend und einen Nacht.»

Darauf betrachteten sie miteinander die gemalten Bilder, zweimal vom Anfang bis zum Ende. Als aber der Ueli den Finger hemmend auf ein Bild legte, um es noch länger zu schauen, verwies ihm Friedli strenge den Eingriff.

«Das Buch ist mein, ich habe es bezahlt. Niemand anders hat das Recht, den Finger darauf zu legen.»

Mit diesen Worten wischte er eifrig die Stelle ab, wo Uelis Finger hingetippt hatte, und als nun ein roter Erdbeerfleck entstand, klagte er den Ueli vorwurfsvoll an, daß er ihm das Buch beschmutzt habe.

Danach machten sie sich an den Text, angefangen beim Untertitel, und unvergessen die Auflagenzahl, den Drucker und den Verleger.

Die Einleitung wollte der Ueli übersprungen haben, doch der Friedli fuhr ihn zornig an: er habe das Buch gekauft, und er habe deshalb das Recht, alles zu lesen. Da gehorchte der Ueli ohne Widerrede.

Nachdem sie die Geschichten angefangen, kam es ihnen vor, als wären sie selber dabei gewesen und als ob sie nicht mehr da oben auf der Paßhöhe lägen, sondern in einem schönen, grünen Garten. Kaum war jedoch die erste Geschichte zu Ende, so waren sie wieder auf der Paßhöhe. Dann lasen sie die zweite Geschichte, und hierauf die dritte und so fort, abwechselnd, je nachdem der eine müde war.

Einmal, als von einer Prinzessin erzählt wurde, welche vom Gürtel abwärts aus schwarzem Marmor bestand, stockte der Ueli mitten im Lesen.

«Das ist aber nicht wahr!» rief er entrüstet.

«Was nicht wahr?» tobte der Friedli. «Wenn's nicht wahr wäre, so würde die Erziehungsdirektion nicht erlauben, daß man es öffentlich im Buchladen verkaufte. Denn», ergänzte er in ruhigem, belehrendem Ton, «man muß eben auch wohl bedenken, daß die Geschichte in Asien spielt; da herrschen ganz andere Verhältnisse. Was wissen denn wir zwei dumme Bauern davon, die noch nie aus dem Kanton herausgekommen sind, geschweige denn aus der Schweiz? Unsereinem stände es auch besser an, stillzuschweigen und einfach zu lernen, als großmäulig abzusprechen über Dinge, von denen er nicht den mindesten

Hochschein hat. – Und übrigens, dafür sind es ja Märchen, damit jeder davon glauben kann, soviel er will. Ich für meinen Teil glaub's; wenn du's nicht glauben magst, so kannst du's halten, wie du willst. – Lies jetzt einstweilen nur ruhig weiter; aus dem Zusammenhang merkt man dann schon, wie es gemeint ist.»

Aber der Ueli murrte und protestierte und war schlechterdings nicht zu überzeugen.

«So lies die folgende Geschichte», befahl der Friedli.

Und Ueli las vom Vogel Rock und von dem Diamantenfelsen und von dem Riesen, der das Auge in der Mitte der Stirn hatte; erbaut, ohne Anstoß zu nehmen.

Je länger sie lasen, desto besser gefiel ihnen das Buch, so daß sie nicht begriffen, wie das Mädchen die Herrlichkeit für einen Fünflibertaler hergeben mochte, und mit Genugtuung wogen sie den Rest gegen das Gelesene, denn es blieb immer noch viel mehr übrig, als sie schon gehabt hatten.

Plötzlich jedoch, mitten in der spannendsten Erzählung, gebot der Friedli «Halt», zog das Buch an sich, klappte es zu und barg es sorgsam in der Rocktasche.

Umsonst schmeichelte der Ueli.

«Das Buch ist mein», erklärte der Friedli, und dabei blieb's.

Hierauf staunten sie in die Welt, Rücken an Rücken, und brüteten Betrachtungen über das Gelesene.

«Es wäre auch bei uns zulande manches besser», hub der Ueli nach einer Weile an, «wenn in den Höhlen wohltätige Zwergmännli wohnten statt Kreuzottern.»

«Oder», erwiderte der Friedli, «wenn jetzt so ein Heilandssakraments-Kalif auf einem Schimmeli den Paß herunterfuhrwerkte, an jedem Finger einen Edelstein, so groß wie eine welsche Nuß.»

Danach starrten sie schweigend vor sich hin, der Ueli nach den Felsen, der Friedli nach der Paßhöhe.

«Bst!» flüsterte der Friedli und stieß den Ueli mit dem Ellbogen, «lueg!»

Von jenseits tauchte über die Paßhöhe ein Alpenstock auf, hernach ein Hut und ein Gesicht und allmählich das übrige. Vor der blendenden Sonnenglut konnte man erst recht unterscheiden, was es war, als er stille stand und sich seitwärts drehte.

«Das ist bei Gott der Fremde, der dem Providenza das Goldstück gezeigt hat», raunte der Ueli. «Wahrscheinlich ist es nicht das einzige.»

«Und ein kostbares Uhrgehenk hat er auch.»

«Und die Nadel im Halstuch ist gewiß auch nicht von Glas.»

«Was will der wohl?»

«Wahrscheinlich über die Hochweid ins Kurhaus hinunter. Da hätte er aber bei der Krutalp den Weg über den Bach nehmen müssen, statt links übers Riet. Es geht diesen Sommer von Fremden über die Hochweid wie eine Narrenfuhr. Einer verrückter als der andere, rot und grün und gescheckt, wie die Fastnacht. Mich nimmt nur in der Seele wunder, was sie dort oben zu sehen haben.»

«Vor lauter Fressen und Saufen und Nichtstun wissen sie halt zuletzt nicht mehr, was anfangen!»

Der Fremde kehrte sich mehrmals unschlüssig um, tat in verschiedener Richtung einige Schritte, lehnte den Alpenstock an die Schulter und zog eine Landkarte hervor, die er eifrig studierte, hin und wieder aufblickend und über Tal und Ebene die weißen Berge ins Auge fassend.

Der Friedli verzog spöttisch das Gesicht: «Dem wird sein Kärtli auch nicht viel helfen! Es ist ja gar kein Weg von hier nach dem Kurhaus; man muß entweder über die Matten und die Felsen oder wieder zurück auf die Krutalp.»

«Wenn jetzt einer käme und ihn wiese, so hätte er auch einen schönen Batzen zum Taglohn! Friedli, du hast Weile und nichts zu tun; an deinem Platze ging' ich.»

«Erst müßte mich einer wenigstens darum fragen. Das Herrenpack ist ohnehin stolz genug; man muß sie nicht noch eigens dazu verwöhnen.»

«Du redest nicht gescheiter als ein unvernünftiges Tier. Zuerst, bevor er dich fragen könnte, müßte er dich doch jedenfalls erst sehen. Das Stadtvolk ist ja gar blind; am hellen Tage müssen sie die Brille aufsetzen wie ein altes Weib, wenn sie auf hundert Schritt eine Kuh von einem Stier unterscheiden wollen. Du mußt ihm halt Zeichen machen; begreife.»

Und ohne Friedlis Antwort abzuwarten, hüstelte er ein wenig und schneuzte die Nase.

Der Fremde blickte rasch auf wie ein lauschender Hase, spähte steif nach der Richtung, von wo der Ton gekommen war, klemmte ein Glas vor das

Auge und winkte mit nachlässiger, stolzer Handbewegung.

Die beiden Knechte hatten sich unwillkürlich zurückgezogen, als der Fremde gegen sie blickte; aber sobald er winkte, faßten sie sich wieder.

«Der kann mir meinetwegen winken bis zum Jüngsten Tag», spottete der Friedli lachend, «ich bin nicht sein Hund. Wenn er etwas von mir will, so darf er sich schon die Mühe geben, zu mir zu kommen. – Und ein grober, ungebildeter Heilandsdonnerwetter ist er auch, nicht einmal den Hut abzuziehen, wenn er einem Menschen begegnet! Das weiß ja bei uns zuland das jüngste Knechtli besser, was sich schickt und was sich gehört.»

«Friedli, mach nicht den Kolderi! Es ist ein Fremder. Der kann ja nicht wissen, was hierzulande der Brauch ist.»

Der Fremde winkte eifriger und herrischer. Plötzlich bewegte er ungeduldig die Schultern, stieß das Glas vom Auge und kam mit leichtfüßigen, wohlgefälligen Schritten stracks heran, selbstbewußt in den Hüften sich wiegend, bis auf vier Mannslängen. Dort stutzte er, warf das Glas wieder vor das Auge und betrachtete einen Moment die Knechte, ohne ein Glied zu rühren; aufrecht, wie ein Gemsbock, wenn er meint, er sehe etwas. Hierauf wich er, ohne ein Wort zu sagen, behutsam zurück, erst langsam, später schleunig.

«Ich glaube gar, er fürchtet sich vor uns», hohnlachte der Ueli, und Friedli lachte mit.

Und als der Fremde bei dem Gelächter noch deutlicher abseits schwenkte, steckten sie beide den Daumen und Mittelfinger in den Mund und stießen ein halbes Dutzend gellender Pfiffe aus. Der Fremde steuerte im Rückzug gegen den nächsten Felsen.

«Ja, wohin will jetzt der?» rief der Ueli belustigt. «Ich glaube gar auf die Teufelsfluh!»

«Sei nur ruhig und zufrieden! der kommt geschwind wieder herunter.»

«Vorwärts jedenfalls kommt er nicht weit! – Übrigens, Friedli, es kommt dir zugute. Denn wenn er sich versteigt und in die Nacht hineingerät, so schenkt er dir mehr. – Weiß Gott, der meineidige, verdammte Himmelssakrament zottelt auf das Stiereköpfli! Sieh doch nur selber! Der Teufel soll mich holen, wenn er auf dem Wege anderswo hinkommt als auf das Stiereköpfli! – Ich wollte bloß, er bliebe mit der Uhrkette an einem Haselstock hangen, den Kopf zuunterst, daß ihm die Goldstücke aus den umgekehrten Taschen hüpften wie junge Geißlein. Ich würde sie ihm schon suchen helfen.»

«Nein, was ich wollte, das wäre, daß er sich auf das Känzeli verirrte und weder vorwärts noch rückwärts könnte. Ich würde dann einfach sagen: ‹Gibst mir sechzehn Fränkli, wenn ich dich herunterhole? gibst mir sie? Oder meinetwegen kannst du da oben übernachten.›»

«Warum just gerade sechzehn? Ich weiß warum. Gelt, die Bettdecke liegt dir im Magen, die du dem Matthys verschimpfiert hast?»

Inzwischen war der Fremde in den krausen Büschen der Fluh entschwunden.

«Mich nimmt nur wunder, wo er wieder zum Vorschein kommt», sagte Friedli.

«He, wo anders als den Schuttstein herab? Es wird nicht lange dauern.»

«Es ist mir lieber, er kommt den Schuttstein herab, als daß er über die Stierenfluh hinunterstolpert. In zwei Stunden ist es Nacht. Und was will so einer in der Nacht dort droben, wo unsereiner am Tag Mühe hat.»

Während er noch sprach, kollerte zwischen einer Wolke von Staub und Geröll der Fremde die Schutthalde herab, ohne Hut und Alpenstock, übrigens ohne sich zu überschlagen.

«Komm, Ueli», mahnte der Friedli besorgt, «es kann leicht sein, er hat sich etwas zerbrochen.»

Der Ueli sah scharf hin, dann tröstete er: «Es tut ihm nichts. Da steht er ja schon wieder auf. Er ist nur ein wenig unsinnig und aufgebracht; lueg, wie er mit den Armen fuchtelt. Ich nehm' ihm's nicht übel, es ist kein Spaß, den Schuttstein hinunter, besonders mit so feinen Höslein und Schühlein.»

Diesmal eilte der Fremde ohne Aufenthalt zu den Knechten heran, außer sich vor Zorn und sich bitter beschwerend, daß man einen Nebenmenschen, der sich verirrt habe und hierzuland fremd sei, auf die gefährlichsten Felsen lasse, ohne ihn mit einem einzigen Wort zu warnen.

«Es hat mich ja kein Mensch gefragt», entgegnete der Friedli gelassen. Zugleich erhob er sich, zog seinen Rock an, hängte die Tasche darüber, stülpte den Hut auf den Kopf und ergriff den Stecken.

«Wohin wollt Ihr, wenn es erlaubt ist?» fragte er im höflichen Ton. «Wahrscheinlich über die Hochweid? dem Kurhaus zu?»

Der Fremde überfiel die Frage mit ungeduldiger, angeekelter Gebärde.

Der Friedli beruhigte ihn väterlich: «Wir kommen noch wohl vor Nacht an; Ihr müßt Euch deswegen nicht aufregen. Es ist wahr, es hat Euch ein wenig bös mitgespielt; es ist jammerschade um die feinen Höslein. Aber den Hut und den Alpenstock findet man morgen schon, darum braucht Ihr keinen Kummer zu haben.»

Hierauf, um ihn zu trösten, klopfte er ihm sanft die Erde von den Kleidern und las ihm die Halme aus dem Schnurrbart: «Kommt jetzt nur mit», schloß er freundlich, «ich gehe voran.»

Mit diesen Worten schritt er der Paßhöhe zu, in der Richtung, wo der Fremde zuerst heraufgestiegen war.

Dieser jedoch verneinte unwillig und verächtlich mit dem Kopfe, schnalzte ärgerlich mit der Zunge, zog seine Karte hervor und schlug einen Augenblick später zuversichtlich eine andere Richtung ein.

«Dort hinaus gelangt Ihr Euer Lebtag nie auf die Hochweide», mahnte der Friedli gütig. «Dort führt es nach dem Taubenloch.»

Und der Ueli, aufstehend, rief warnend: «Es ist nicht gut, Herr, im Taubenloch, um diese Tageszeit. Ihr könntet über die Wand stürzen. Es ist gar leicht ein falscher Tritt geschehen!»

Der Fremde brummte etwas vor sich hin, schlenkerte das Bein und beharrte entschlossen mit festen Schritten auf seiner Richtung.

Friedlis Stirn verfinsterte sich.

«Du, Ueli, hör einmal: das Beinschlenkern hat

mir nicht gefallen. Es ist gerade so, als wenn er einem Hund einen Tritt hätte versetzen wollen.»

«Du mußt das nicht so genau nehmen; sie sind gar unflätig, die Herrenleute. Geh! hilf ihm, weis ihn! Sonst könnte ihm noch etwas passieren.»

«Und was hat er vor sich gebrummt? Es ist nur gut, daß ich's nicht deutlich gehört habe.»

«Geh! mach nicht den Kolderi! Wenn er in die Nacht hineingerät, so schnellt es ihn so sicher über die Wand, als ich hier stehe. Wenn es nicht wegen dem Melken wäre, so ginge ich selber. Man kann doch beim Kuckuck nicht einfach ruhig zusehen, wie einer narrenmäßig dem Tod entgegenstrolcht, aus lauter Trotz und Eigensinn. Das wär' jetzt so etwas, wie du gesagt hast: Gibst mir sechzehn Fränkli, wenn ich dir helfe?»

Der Friedli sah ihn gierig an und rief hitzig: «Meinst, er gibt mir sechzehn Fränkli?»

«He, du Narr, wenn doch einer für einen einfachen Kratten Erdbeeren ein Goldstück zahlt, meinst du dann, es komme ihm auf Hunderte oder Tausende an, wenn es ihm ans Leben geht?»

«Weiß Gott, du hast recht. Und was er mir mehr gibt als sechzehn Fränkli, das bekommst du für den guten Rat. Bleibst da, bis ich wieder zurückkomme?»

«Nein, ich muß heim, melken; es ist die höchste Zeit; der Sonne nach ist es schon mehr als sechs. Aber ich warte dir nachher am gleichen Ort. Oder wenn du etwa früher zurück bist, so warte du mir. Aber du darfst dich jetzt nicht versäumen, sonst liegt er dir unten im Krachen, bevor du zu ihm kommst.»

Der Ueli ging heim, melken; und da ihm der Hansjörg befahl, eine Heugabel zu feilen, mußte er bleiben, bis es dunkelte.

Darauf tat er, als ob er schlafen wollte, holte sein Geldbeutelchen aus der Matratze hervor und schlich dann hinter dem Hause nach dem Wald und dort durch das Gesträuch, am Waldsaum gegen das Bödeli hinauf.

Halbwegs, auf einem Gupf, unmittelbar am Walde, sah er das Mareili stehen; das guckte nach der Wettertanne hinauf und hielt den Arm über die Stirn, wegen der Blendung.

«Es macht schön diesen Abend, Mareili», meinte der Ueli dicht hinter ihr, so daß sie nicht Zeit fand, in den Wald zu schlüpfen.

Das Mareili schreckte zusammen, faßte sich jedoch gleich und antwortete gleichgültig, ohne sich umzuschauen: «Ja, es macht nicht so heiß wie um Mittag.»

«Wie ist es gegangen heute beim Heuet?»

«He, es könnte besser sein.»

«Was tust du da oben? Spazierst ein wenig?»

«Maien such' ich, für das Kind.»

«Ich glaube, das Kind ist einen Kopf größer als ich und hat einen Nacken wie ein Stier und einen feinen, blonden Bartflaum neben den Ohren. Aber gelt, den Maien, den er dir genommen hat, wenn du den wieder bekommen könntest, so gäbest du auch viel darum?»

Das Mareili zog die Schürze über die Augen und duckte sich in den Wald.

Als er auf dem Bödeli anlangte, war der Friedli noch nicht zurück. «Wenn er mir nicht selber gesagt hätte, er komme wieder, so würde ich fast glauben, er käme überhaupt nicht», murmelte er vor sich hin.

Gelangweilt ging er ihm ein wenig entgegen, erst nur ein paar Schritte, dann noch ein paar und noch ein paar, bis an die Kante, zum Taubenloch. Aber von der Sonne wurde ihm so rot vor den Augen, daß er je länger, desto weniger sehen konnte. Deshalb kehrte er um und ging langsam wieder ein paar Schritte zurück; denn auf diese Weise vermochte er doch wenigstens das Bödeli zu übersehen wie am hellen Tage.

Nachdem die Sonne schon ganz hinter dem Taubenloch verschwunden war, hörte er oben auf dem Felsen das Holz knacken, wie wenn ein großes Tier flüchtete.

«Friedli, bist du's?» rief er vertraulich.

«Wo steckst, Ueli?»

«Gerade unten an den Flühen. Komm nur herab, es ist gleich wo, ich finde dich schon. Wenn ich dich nicht sehe, so höre ich dich.»

Bald darauf sprang der Friedli mit einigen verwegenen Sätzen von den Blöcken in die Kluft, von der Kluft in das Gestrüpp und von da rutschend auf das Bödeli.

«Da lueg, Ueli», schrie er wütend, «was ist das?»

«Kehr dich doch zuerst um; ich kann ja vor der Sonnenröte nichts sehen.»

«Und jetzt? das? was ist das?»

«He, ein Zweibätzner ist das.»

«Den hat mir der Fremde geschenkt, für den Taglohn», brüllte der Friedli keuchend vor Grimm.

«Ein Zweibätzner», urteilte der Ueli bedenklich, «ein Zweibätzner, um einem den Weg zu weisen, abends um halb sieben, über das Taubenloch, das ist nicht viel. Da hätte ich mein Geldsäckli ebensogut daheim lassen können.»

«Was den Weg weisen?» schnaubte der Friedli, «es handelt sich nicht darum, den Weg zu weisen. Tragen habe ich ihn müssen, tragen wie ein Kind, über die ganze Wand, so hat er mit den Knien geschlottert. Und unten, auf dem schönsten, saubersten, manierlichsten Weg, fährt mir der Chaib, weiß Gott, zusammenfüßlings über eine Platte hinaus; und wenn ich ihn nicht am Arm gepackt hätte, so könnte man ihn morgen früh unten im Graben mit Schaufeln zusammenlesen.»

«Warum hast du ihm denn nicht gesagt, als du ihn gepackt hattest: Gibst mir die sechzehn Fränkli oder ich laß dich platschen?»

Kleinlaut und beschämt antwortete der Friedli: «Es ist mir halt in der Geschwindigkeit nicht in den Sinn gekommen, als er so über dem Abgrund hing und vor Angst schnappte wie ein Fischli an der Angel. – Und später war mir's wieder, jetzt sei's zu spät und es schicke sich nicht, ihm die Rechnung zu machen, als wüßte er nicht von selber, was sich gehört.»

«So bist du halt einfach selber schuld. Man darf mit den Fremden nicht so zimperlich tun; sie meinen ja ohnehin schon, es sei eine Ehre, wenn man sie nur anrühren dürfe. Aber ein räudiger Geizkragen bleibt er dennoch, trotz alledem. Ein einfältiger Zweibätzner! nachdem man ihn über die ganze Wand hat tragen müssen! Wenn ich ja mit einer

Brente Milch übers Taubenloch muß, bekomme ich fünf Batzen dafür.»

«Ich wollte von allem gar nicht reden. Aber die Art, wie er mir's gegeben hat! ‹Da nehm' Er›, hat er gesagt und mir den Bätzner so rückwärts in die Hand gedrückt wie ein Almosen. Begreifst du? ‹Er›, das war ich gemeint. Und nicht einmal ‹gute Nacht› oder ‹vergelt's Gott›, sondern nichts als ‹nehm' Er›, durch die Nase, wie der Schulmeister in der Kirche. Es ist mir nur nicht sogleich deutlich geworden. Erst hinterdrein, als er schon fort war, hat mir's in den Ohren geklungen, wie er's sagte. Sonst hätte ich ihm eine andere ‹gute Nacht› mit auf den Weg gegeben. – Aber das kannst du dir leicht einbilden: unten auf dem Flückiger Mättli hab' ich ihn stehenlassen, er kann jetzt selber luegen, ob er einen andern Narren findet, der ihn für einen Zweibätzner in der Nacht nach dem Kurhaus begleitet.»

«Auf dem Flückiger Mättli, Friedli, das ist nicht gut. Er könnte in der Dunkelheit den Krachen hinunterrutschen, dem Wasserfall zu.»

«Wenn er in den Wasserfall serbelt, so ist das seine eigene Schuld. Ich habe ihm so deutlich wie etwas gesagt, er solle links halten.»

«Links oder nicht links, deutlich oder nicht deutlich: ein Fremder, lueg, das ist wie ein Kind, man darf ihn nie allein lassen.»

«So sollen sie daheim bleiben, wenn sie nicht einmal rechts und links verstehen.»

«Ich habe nichts dagegen, ich habe sie nicht gerufen, und ich brauche sie auch nicht. Meine Meinung ist einfach die: wenn er jetzt mit zerbrochenen Gliedern unten im Wasser weißget*, so hat ihn die ganze Gemeinde auf dem Gewissen!»

«Meinst, sie habe ihn auf dem Gewissen?»

«Wer sonst? Der Papst nicht. Und eine Schande wäre es dazu, für den ganzen Kanton, wenn es am nächsten Schützenfest hieße, es wäre ein Fremder in unserer Gegend umgekommen wie ein Hund, der niemand gehört, bloß weil man ihm nicht einmal den Weg gezeigt hat, in der Dunkelheit, mitten auf dem Flückiger Mättli.»

«Kommst mit?»

«Denk' wohl. Hoffentlich. Hilft man doch einem einfältigen Tierli, wenn es sich verstiegen hat, geschweige denn einem Menschen. Ohnehin ist es gescheiter, man sei bei dir. Du bist ein Kolderi, das weißt du ja am besten selber. Ich muß nur noch zuerst das Gitter zusperren, damit mir die Ware nicht über die Felsen hinunterzottelt. In gegenwärtigen Zeiten gibt es Stieren und Gusti, sie sind fast so dumm wie ein Mensch.»

Mit diesen Worten verschwand der Ueli in der Dämmerung.

Kaum war er fort, so hörte der Friedli ein Schluchzen hinter sich, und das Mareili zupfte ihn furchtsam am Ärmel.

«Komm heim, Friedli», mahnte sie. «Der Vater läßt dir sagen, es tu' ihm leid. Du sollest nur wiederkommen und tun, als wenn nichts gewesen wäre. Es gäbe ja dann schon wieder einmal eine Gelegenheit, daß man's wieder gutmachen könne.»

---

* winselt

Während ihrer Rede zerrte sie ihn ruckweise bald an dem einen, bald an dem andern Arm, um ihn wegzuziehen.

Der Friedli ließ es geduldig geschehen, mit Brust und Leib nachgebend, so daß sie ihn links und rechts drehte, wie wenn er mähen wollte. Aber mit den Schenkeln hielt er stand, und mit den Füßen wich er keinen Zoll vom Platze.

«Ist's etwa wegen der verschimpfierten Bettdecke?» flüsterte das Mareili. «Gelt, es ist wegen der verschimpfierten Bettdecke? Aber wegen der Bettdecke braucht sich nichts. Ich habe meine dafür hingelegt und deine statt meiner, so daß es der Vater nicht gemerkt hat.»

Jetzt ließ sich der Friedli zaudernd wegführen, wurde indessen nach einigen Schritten plötzlich wieder störrisch.

«Ich muß erst etwas mit dem Ueli reden; ich habe ihm's versprochen.»

«Aber nachher, nachher kommst du?»

Und schon zufrieden, daß er nicht widersprach, bettelte sie dringend: «Darf ich das Fenster für dich offen lassen?»

Ausweichend brummte der Friedli: «Mach, daß du fortkommst! Schämen solltest du dich, eine Meisterstochter, und nachts spät um neun Uhr den Knechten im Wald nachzulaufen.»

Diese Beschämung scheuchte sie in die Flucht. Im Abgehen rief sie ihm nochmals gedämpft zu: «Ich lasse dann also, wie gesagt, das Fenster offen...»

«Was ist, Friedli», zischelte der Ueli, der unbemerkt herbeigekommen war, «hast du dich anders besonnen? Gehst du die Nacht durchs Fenster? Es wäre vielleicht das Gescheiteste von allem.»

«Wenn ich will, so gehe ich, und wenn ich gehe, so brauche ich keinem Menschen auf der ganzen Welt Rechenschaft abzulegen.»

Darauf zogen sie miteinander angestrengt durch den Wald dem Flückiger Mätteli zu.

Als sie auf dem Flückiger Mätteli anlangten, war alles so still, daß man hätte meinen sollen, man müßte die Sterne, wenn sie so büschelweise wie reife Walnüsse herunterhagelten, zischen und kläppfen hören.

«Ich hab' ihm doch deutlich genug zugejauchzt», machte der Friedli maßleidig. «Er hätte einfach brauchen stehenzubleiben.»

«Es ist mir fast vorgekommen, je verfluchter man ihm zujauchzte, desto verfluchter ist er weggelaufen. – Übrigens, der Mond kann nicht mehr weit sein; es muß sich jetzt bald weisen.»

Sie warteten den Mond ab, suchten dann mit den Augen unter sich und ließen miteinander gellende Jauchzer los.

«Jetzt fehlt sich nichts mehr, Friedli, jetzt ist er irgendwo hinuntergerollt. Es kann auf der ganzen Welt nirgends anders sein als höchstens in dem Krachen, dem Wasserfall zu.»

Der Wasserfall toste immer stärker. Die Bachhöhle obwärts davon brauste und donnerte. Blaue Mondlichter sprenkelten die Grotte. Der voranletternde Ueli hielt plötzlich an, bückte sich und schrie: «Da liegt er! Es ist ihn! Unten im Bach! auf dem Grien*!» Und Friedli, nachdem er herbeigesprungen, urteilte: «Der braucht keinen Doktor mehr! Lueg, wie er die gläsigen Augen aufsperrt! Es nimmt mich nur wunder, wie er in den Kessel hineingeraten ist. Wenn einer schon wollte, so hätte er die elendeste Mühe.»

«Es wird ihn halt über den Krachen heruntergeschnellt haben!»

Und wie sie nun auf- und abspähten, was für eine Sturzbahn er etwa möge genommen haben, hing ein Fetzen Zeug oben an einem Ast, und unten auf einer Platte lag eine Geldbörse mit aufgesperrtem Maul, und weit darum herumgestreut glitzerten viele Goldstücke.

«Donnerwetter!» entfuhr es dem Ueli, und sein Atem keuchte vor Aufregung.

Der Friedli starrte lange Zeit nach dem blinkenden Golde, dann schloß er traurig und mutlos: «Da ist jetzt nichts anderes zu machen; das muß man halt einfach alles zusammensuchen und wieder in den Geldsäckel tun; es gehört halt doch niemand anders als ihm. Und eine Schande für die ganze Gemeinde wäre es auch, wenn es hieße, es wäre ihm ein einziger Rappen verlorengegangen.»

Also suchten sie mühsam, mit verwegenem Klettern, ob nicht noch andere Goldstücke etwa noch einzeln sich verirrt hätten.

«Es ist nichts mehr», sprach endlich der Ueli bestimmt.

«Es ist nichts mehr», bestätigte der Friedli.

Hierauf wischten sie mit dem Handrücken den

* Kies

Schweiß von der Stirn, hoben den Leichnam aus dem Bachkessel und trugen beides, den Körper und das Gold, vorsichtig nach dem Flückiger Mätteli hinauf. Dort betteten sie den Toten bedächtig auf das Gras, steckten ihm die volle Börse säuberlich in die Rocktasche zurück, setzten sich links und rechts neben ihn und jauchzten verzweifelt.

«Es wird's zuletzt wohl jemand hören.»

«Und aus dem Kurhause werden sie ihn wahrscheinlich auch suchen, wenn er nicht zum Nachtessen heimgekommen ist.»

Doch mit der Zeit wurde ihr Jauchzen seltener, ihr Atem aber lauter, und allmählich mit Brust und Kopf tiefer sinkend, glitten sie schlummernd längs dem Leichnam ins Gras.

Von beiden Seiten aber legte jeder im Schlaf den Arm schützend über die Rocktasche.

Laternenschein und Stimmengewirr schreckte sie aus den Träumen. Eine Schar Männer stand um sie herum, und eine junge, fremde, schöne, fürnehme Frau, wie eine Prinzessin aus dem Märchenbuch, warf sich mit gräßlichem Schreien auf den Leichnam und tat ganz unsinnig.

Die beiden Knechte, ganz verlegen, beteuerten unaufhörlich, es sein kein Rappen verlorengegangen, bis die Kurhausmannen die schöne Frau weggezogen und den Leichnam forttrugen, den Flückiger Hubel* hinab durch den Gaißwald.

Solange man die Laternen sehen und das Jam-

* Hügel

mergeschrei der jungen, fürnehmen Frau hören konnte, sagte keiner der Knechte ein Wort.

Dann fing der Ueli ernst an: «Die hat aber geweißget!»

Nach einigem Schweigen gab Friedli nachdrücklich zur Antwort: «Es ist halt doch schön, wenn einer wenigstens jemand auf der Welt hat, der um ihn weißget, wenn er auf dem Schragen liegt.»

Nach einer Weile, da ihn die vielen Sterne am Himmel so sonderbar anguckten, versetzte er: «Auf was für einem von allen denen dort oben er jetzt wohl herumstolpern mag?»

Über diese Frage geriet der Ueli in Verwunderung, und vor Verwunderung schlief er zum zweiten Male ein.

Eine Meise piepte traurig im Holz, und gleich darauf schlug eine Lerche an.

Der Ueli fuhr schnaufend in die Höhe, stöhnte tief auf und blickte sich fröstelnd um.

Der Friedli war verschwunden.

Lange staunte der Ueli auf den leeren Platz; endlich brummte er vor sich hin: «Aha! jetzt ist er also doch fort.» Und je mehr er auf dem Heimweg daran dachte, desto mehr begriff er, daß das Mareili jetzt frei sei und daß es mit seinem Stolz jetzt wohl nicht mehr so gefährlich beschaffen sein werde, jetzt, da es froh sein müsse, wenn sich überhaupt nur noch einer mit ihr abgeben wolle, sei er nun Bauer oder Knecht oder gar nur ein Jungknecht und Stallbursch.

Und oben auf dem Bödeli, als es schon heiterheller Tag war und er den Matthysenhof in den

Weiden unter sich sah, sauber wie ein gemaltes Osterei in einem Garten, und das frische Gras roch, das dem Matthys gehörte, fiel ihm ein, wer des Matthysen Mareili zum Schatze habe, dem würde es schwerlich zum schlimmsten in dieser Welt gehen, so daß er sich witziger vorkam als sonst und stillestand, um sich das alles von oben gründlich anzusehen, ehe er heimginge.

Da jauchzte ihm jemand so ungattig ins rechte Ohr, daß er beinahe erschrocken zusammengefahren wäre.

«Ja was? Friedli, du bist's?»

«Denk' wohl, ich bin's. Oder ich müßte mich gewaltig verändert haben, seit drei Stunden, wenn ich's nicht mehr wäre.»

«Weißt du auch, was mir diese Nacht geträumt hat?»

«Was wird dir geträumt haben? Daß du in der ‹Eintracht› beim Vinzenz sitzest, vom Samstag sechs Uhr bis Sonntag nachts um zwölf Uhr, mit einem mordsmäßigen Rausch, bis du den letzten Rappen verspielt hast?»

«Nein, das hat mir nicht geträumt. Etwas anderes hat mir geträumt: Du seiest wie ein Ungeheuer durch die Luft geflogen, mit schwarzen Fledermausflügeln, die Augen außen vor dem Kopfe, und habest in einem fort gerufen: ‹Ueli, jetzt ist's gefehlt, jetzt habe ich ihn hingemacht.› Und der Fremde, aber eigentlich nicht der Fremde, sondern der Kalif, unten im Krachen, mit den gläsernen Augen, hat mir ein Zeichen gemacht und dann mit der Hand einen Hahn am Wasserfall gedreht, daß es lauter Dublonen spritzte. Aber wie ich mit dem

Milchkessel drunterfahren will, so tanzt das goldene Zeug wie unsinnig in der Luft herum, wie ein Mückenschwarm in der Abendröte, wenn man mit der Geißel dazwischengeknallt hat.»

«Es träumt manchem Narren manches Narrenhafte.»

«Und dir, was hat denn eigentlich dir geträumt, Friedli, daß du so frühzeitig auf und davon bist?»

«Gelt, wenn ich dir's sagte, so würdest du's wissen? – Das gleiche wie dir, nur ganz anders. – Aber es ist doch an allem auch nicht ein Brosämlein wahr, daß ich ihn hätte sollen hingemacht haben. Das kannst du ja selber am besten bezeugen. Oder sag selber?»

«Es ist mir lieber für dich, es sei nicht wahr. Denn wenn er hätte sollen hingemacht sein, so ist er ja jetzt doch hin, und dir ist wohler auf diese Art. Aber was ist jetzt eigentlich Trumpf bei dir?»

«Was jetzt bei mir Trumpf ist? Heimzu geht's jetzt. Das ist jetzt bei mir Trumpf. Zum Matthys, oder zum Mareili, wenn's dir besser gefällt. Lueg, das Fensterli ist noch offen.»

Nach diesen Worten hielt er beide Hände als Muscheln vor den Mund, schöpfte saugend die ganze gewaltige Brust voll Atem, hob sich auf die Zehen und ließ einen mordsmäßigen Jauchzer ins Tal, daß es an allen Flühen widerhallte bis zu den Holderbachfelsen.

Gleich darauf rührte sich etwas am Fensterli, und ein verschrockener, verweinter Jodler hauchte bebend und kaum vernehmbar: «Ju, ju!»

Friedli verzog glückselig den Mund.

«Das ist sie, das Mareili», erklärte er lachend.

Dann plötzlich mit gerunzelter Stirn und rollenden Augen knirschte er: «Aber heute bin *ich* am ersten auf! Heute will *ich* ihnen zeigen, was Mähen ist! Die traurigen, elendigen, miserablichten Schnaufer, die sie sind, nicht einmal das nichtige, jämmerliche Waldmätteli zu Boden mähen können, ihrer zwölfe, vom Morgen bis zum Abend! – Aber zuerst trink' ich einen währschaften Kaffee! Lueg, wie es brodelt, zum Kamin heraus, das Wölklein. Es ist das Mareili. Die Donnerskrott ist zum Bett ausgesprungen und barfuß in die Küche gelaufen, nur damit ich den Kaffee geschwinder bekomme.»

Damit marschierte er unter taktmäßigem Jodeln rüstig und lustig den Stutz hinab, im Sprungschritt, dem Matthysenhof zu.

EI OLE

Das Floß war bereit, die Hütte am Steuer mit Pelzen, Brennholz und gedörrten Fischen für ein halbes Jahrzehnt ausgerüstet, und die beiden Flößer stiegen einer nach dem andern mit schweren Tritten, daß das Wasser durch die Fugen plätscherte, auf die stattlichen Stämme. Am Ufer vor dem Häuschen stand die kleine Familie: der alte Rakka, neben ihm Mutter Muora und an ihrem Rockzipfel die kleine Rethi, mit offenem Munde die abreisenden Brüder anstarrend.

Jetzt erschien auch der fremde Agent, der in dem Häuschen seine Brille verlegt hatte, und las zum dritten Male den Kontrakt vor, zuerst in schwedischer, dann in finnischer Sprache: «Die Gebrüder Ingen und Kompanie, Holzhändler in Stockholm, kaufen hiemit durch ihren Agenten Gustav Lindequist aus Åbo zweihundert Stück junges, sauberes Tannenholz, zwanzig Fuß lang und neun Zoll dick, um sechzig finnische Mark von Ruppari Rakka zu Rüttelä, Kreis Kuopio in Finnland, zahlbar in Stockholm am Tage der Ankunft des Floßes an die Söhne des obgenannten Ruppari Rakka, Heikki und Rizzi Rakka.

Gezeichnet: Für die Gebrüder Ingen und Kompanie Gustav Lindequist. – Ruppari Rakka.»

«Hyvä»*, murmelte der Alte, als die Lesung zu

* «Gut»

Ende war. Darauf schob der Agent den Vertrag sorgfältig in eine lederne Mappe, band dieselbe mit Schnüren vierfach zu, zweimal übers Kreuz und zweimal über die Winkel, und überreichte das Ganze dem ältern der beiden Flößer.

Der wischte erst die Hände an seinem grauen Kittel ab, dann nahm er das wichtige Stück feierlich entgegen, um es in der Hütte zwischen den Heringen und dem «Knäckebröd» zu vergraben.

Damit war man reisefertig. Aber es schien allen, als ob jemand von ihnen noch etwas sagen wollte. Da indessen keiner den andern den Mund auftun sah, nahmen die Männer die Ledermütze vom Kopf, drehten sie zwischen den Fingern und beteten, während Muora die Stirn der kleinen Rethi umspannte. «Far väl», rief der Agent, sobald das Floß sich bewegte. Die Flößer lehnten sich über die Ruder und arbeiteten eifriger als nötig war, die übrigen blieben unbeweglich am Ufer stehen, der Alte mit der Mütze in den Händen und Muora den Kopf der kleinen Rethi an sich drückend.

Eine halbe Stunde währte es, bis die stämmigen jungen Burschen das Fahrzeug um die nächste Ecke gebracht, dann ließen sie die Ruder fahren und wischten sich die Stirn. «Ei ole Rüttelää»*, sagte der Ältere ruhig; hierauf schritt er bedächtig zu einer Kiste, zog einen Streifen Tabak hervor und zerschnitt ihn mit dem Gürtelmesser. «Hyvä», sagte er nachdrücklich und nötigte dem Bruder die

* «Rüttelä ist nicht mehr»

Hälfte in die Hand. Nachdem er endlich noch die Angelschnur hinten an den Pflock befestigt, legten sich beide zum Rauchen nieder und ließen das Floß von der Strömung des Sees langsam dahintreiben, nahe dem Ufer, um nicht den Dampfschiffen in den Weg zu geraten. Nur wenn das Fahrzeug zu hart an die Felsen oder zu tief in den See hinein takelte, rutschte der eine oder der andere gemächlich nach dem Steuer, damit er demselben eine bessere Wendung gebe.

In der zweiten Woche gewahrten sie eine Stadt auf einem Berge und über der Stadt noch einen Berg und auf dem obern Berg einen See. Heikki nahm die Pfeife aus dem Munde: «Kuopio.» – «Hyvä Kuopio»*, antwortete Rizzi.

Darauf kam der Johannistag und nach dem Johannistag die Johannisnacht. An den Vorgebirgen standen steile Holzburgen aufgerichtet, und mit Sonnenuntergang, kurz vor Mitternacht, flammten von allen Hügeln die Feuer gegen den tageshellen Himmel hinan. Wilde, ungeschlachte Gesänge schlugen herüber, wenn die Schiffer sich einem Dorfe näherten, und ab und zu konnten sie die Worte «Kukkuu, Kukkuu» unterscheiden. Da begannen die Augen der beiden Rakka zu spielen.

Heftig schoben sie einige Armvoll Brennholz übereinander, und kaum züngelte die rote Flamme aus dem Rauch empor, so sprangen sie wie besessen darum und herüber und hinüber, in einem fort singend, so laut sie konnten:

---

* «Kuopio ist schön»

«Kultani kukkuu, kaukana kukkuu,
Saimaan rannalla ruikuttaa;
Ei ole ruuhta rannalla,
Joka minun kultani kannattaa.»*

Wie die Feuerwehrmänner von Kuopio stampften und grölten sie um die Flamme, bis daß gegen ein Uhr die Morgensonne strahlend vom Himmel schien. Da legten sie sich wieder rauchen und sprachen während fünf Tagen kein Wort mehr.

Sie glitten von Seen in Kanäle und von Kanälen in Seen, dann fingen die Septemberstürme an zu blasen, welche sie wochenlang ans Ufer zwangen, endlich froren sie ein. Jetzt mauerten sie die Hütte außen mit Schnee zu, inwendig heizten sie, wie Nordländer heizen, und wenn ihnen der Rauch die Augen biß, daß die Tränen herunterrieselten, dehnten sie sich vor Behagen. Ein Hamsterschlaf kürzte ihnen die Zeit, deren Maß bei der ewigen Sturmnacht ohnehin keinem zum Bewußtsein kam, und die Vorräte wurden ob diesem schlummernden Dasein kaum angegriffen.

Eines Nachts, zwischen den dumpfen Schüssen des Sturmes und dem kläglichen Geheul der Wölfe, sangen aus der Ferne die Kirchenglocken. Von links eine, von rechts eine und endlich von allen Seiten zusammen, lang anhaltenden, zitternden Gesanges, wie nur europäische Glocken singen

---

* «Mein Liebchen ruft, von ferne ruft es,
Am Strand des Saimaasees wimmert es;
Kein Kahn ist am Ufer,
Um mein Liebchen herüberzuführen.»

können. «Joulu»*, murmelte Heikki. Hierauf schlich er leise auf den Absätzen zwischen den Kisten herum, ängstlich den schlummernden Rizzi beobachtend, ob er nicht aufwache, suchte an Fetzen und Lappen das Bunteste zusammen, stülpte ein Hemd über den Kopf und steckte die Arme in zwei Stiefel. Nachdem er diese Vorbereitungen beendet, überfiel er den Schlafenden mit einem markerschütternden Gebrüll. Der griff mit entsetzten Gebärden an sein Gürtelmesser, da er nichts anderes erwartete, als einen Bären zu erblicken. Plötzlich jedoch sprangen ihm zwei Tränen über die Backen. Er hatte begriffen: es war das Weihnachtskind. Nun legte sich Rizzi seinerseits auf den Schragen, und so dauerten die Überraschungen abwechslungsweise fort, solange die Glocken summten. Als aber die letzte Glocke verklang, tauschten sie ihren Tabak und ihr Feuerzeug. Das war das Geschenk zum neuen Jahr.

Im andern Sommer, nachdem das Eis aufgetaut, gelangten sie ins Meer. Dort schlüpften sie zwischen den Schären so friedlich und still hindurch, als ob das Meer ein finnischer See wäre. Eines Tages aber trugen die Schären Häuser und die Klippen Kanonen. Gegenüber auf dem festen Lande sahen sie eine schokoladebraune Kirche, mit schneeweißen Zwiebeldächern überzuckert. Heikki nahm die Pfeife aus dem Mund: «Helsinki.» Und Rizzi antwortete: «Hyvä Helsinki.» Ein Boot kam herangefahren mit zwei grünen Soldaten

* Weihnacht

darin, welche auf das Floß stiegen und in fremder Sprache grimmig gegen die Flößer schrien. «En ymmärrä»*, erwiderte Heikki. Die Soldaten taten noch ungebärdiger und schrien noch lauter. Heikki erwiderte noch dreimal «En ymmärrä», jedesmal mit abnehmender Stimme, dann schwieg er endgültig still. Schließlich zuckten die Grünen die Schultern und wackelten mit dem Boote heim.

Die Schären hatten nun wieder keine Häuser, sondern Tannenbäume, Felsen und Wasserfälle.

Eines warmen Tages, als die Sonne untergegangen war und das Abendrot Hand in Hand mit dem Morgenrot über das lichte, kaum dämmernde Meer wanderte, hörten sie in einer Bucht ein Plätschern und Schwallen, untermischt mit rauhen, gurgelnden Lauten. «Veden koira»**, flüsterte Heikki und legte den Finger an die Lippen. Dann ruderte er so sachte als möglich darauf los und lauerte mit vorgebeugtem Nacken. Plötzlich drehte er sich um und verzog seinen Mund zu einem breiten Behagen, während sein ganzes Gesicht leuchtete. «Tyttö»***, grinste er. Und beide begrüßten das Wort mit einem lautschallenden Gelächter. Die erschrockene «Tyttö» wollte zuerst aus dem Wasser flüchten. Kaum gewahrte sie aber die friedlichen, gutmütigen Landsmannsgesichter, so kehrte sie getrost um, stimmte in das Gelächter ein und klammerte sich, mit den Armen übergrei-

* «Ich verstehe nicht»
** «Ein Seehund»
*** «Ein Mädchen»

fend, ans Floß, indem sie bis an den Hals untertauchte, so daß ihre langen, krausen Flachshaare sternenförmig auf den Wellen schwammen wie eine Wasserblume. Darauf wickelte sich ein lebhaftes, überstürztes Gespräch zwischen ihr und Rizzi ab, und bald waren sie soweit vertraut, daß die «Tyttö» ihren Namen nannte: «Maarian.» Dabei zeigte sie auf ihre Heimat, mit dem Arm nach dem Dorfe auf dem Hügel deutend. Zur größern Gemütlichkeit streckte sich Rizzi der Länge nach nieder, die Ellbogen aufgestemmt, das Kinn in den Händen, die qualmende Pfeife im Mund. So rauchte er der Maarian in die Augen. Inzwischen war der Ältere bedacht, das Floß mit dem Ruder stillezuhalten, damit die Freundschaft keine Unterbrechung erleide. Als er jedoch allmählich Anstalten machte, das Fahrzeug verstohlen an einen Baum festzubinden, warf sich Maarian rückwärts fliehend ins Wasser, wobei sie statt des Abschiedes den schmauchenden Rizzi mit einer großen Welle übergoß, daß ihm der Sturzregen bachweise aus den Haaren über die Augen flutete. Durch das Wasser verblendet, hörte er noch ein Gelächter, dann ein wildes Wasserwogen und endlich ein Platschen und Triefen, wie wenn ein Eisbär mit breiten Sohlen ans Land steigt. Als er wieder klar sehen konnte, war Maarian verschwunden. «Ei ole tyttö»*, spottete Heikki. «Hyvä tyttö», entgegnete Rizzi, während er dem Bruder gutmütig lachend seine durchweichten Kleider und seine ausgelöschte Pfeife wies. Und die folgenden Tage, so-

* «Das Mädchen ist nicht mehr»

oft die Pfeife des Rizzi nicht gleich brennen wollte, schmunzelte der Bruder spöttisch: «Tyttö.»

Dann stürmte wieder der Regen, später der Schnee, und sie froren zum andernmal ein. Dieses Mal jedoch begab sich der Ältere öfters ans Land, wo er mitunter tagelang verweilte. Wenn er dann heimkehrte, fertigte er mit großem Eifer die neue Hütte zurecht, an welcher er seit dem Herbst gearbeitet. Endlich, am Weihnachtsabend, erschien er mit zwei fremden «Tyttö» und einem «Herrapappi»*. Bei ihrem Anblick wurde Rizzi dunkelrot vor Zorn. «I»**, schrie er, darauf zog er sich an das äußerste Ende des Floßes zurück, den Ankommenden den Rücken kehrend. Heikki stieß die eine der «Tyttö» von hinten an den Bruder heran und suchte denselben mit unartikulierten Lauten zur Annahme zu bewegen. «I», wiederholte Rizzi, und dabei blieb es. Der «Herrapappi» machte der Werbung mit vernünftigem Zuspruch ein Ende, und die verschmähte «Tyttö» schlich traurig ans Land. Heikki jedoch ließ sich mit der andern «Tyttö» vom «Herrapappi» einsegnen. Darauf erhielt der «Herrapappi» für seine Arbeit einen geräucherten Lachs zum Geschenk, den er in den rechten Stiefel steckte. Heikki aber zog mit Lussika, seiner jungen Frau, in die neue Hütte ein.

Im dritten Sommer sahen sie viele hundert Schiffe aneinandergepökelt, alle so groß wie der «Pyhä

* Pfarrer
** «Nein»

vuori»*, mit Stangen darauf, so hoch wie der Kirchturm von Kuopio. Hinter den Schiffen lag eine unglaubliche Zahl von Städten auf Inseln und Bergen herumgestreut. Heikki nahm die Pfeife aus dem Mund: «Tukholma»**, und Rizzi antwortete: «Hyvä Tukholma.» Als aber Lussika den Kopf aus der Hütte steckte, um «Tukholma» zu betrachten, schrie Heikki mit zorniger Stimme: «Perkele»***, und sogleich verschwand der Kopf wieder. Zwei blaue Soldaten kamen in einem Boot dahergewakkelt, stiegen auf das Floß und schwatzten in fremder Sprache freundlich, aber schnell wie Mühleräder auf die Flößer ein. «En ymmärrä», entgegnete Heikki dreimal; nach dem dritten Mal schwieg er still. Da fingen die Blauen endlich an zu lachen und zogen wieder heim. Die Flößer aber steuerten nach der Seite, wo sie die Holzstämme in langen Gassen haushoch am Ufer aufgerichtet sahen, bis ihnen die vorliegenden Barken den Weg versperrten und die Wellen allmählich ihr Fahrzeug unbeweglich einkeilten. Jetzt kramten sie die Mappe aus den Heringen hervor, zerschnitten die Schnüre mit dem Messer, schälten den Vertrag heraus und stellten sich vorn an das Floß, jeder zwei Zipfel des Papiers mit den Händen festhaltend, damit dasselbe ja nicht ins Wasser gleite. Eine Stunde lang standen sie geduldig da, ab und zu von einem jähen Wellenstoß geschüttelt, wenn nebenbei eine Barke plötzlich geladen oder entladen wurde oder wenn sich

---

* Ein Berg in Finnland

** Stockholm

*** «Der Teufel»

ein Fahrzeug aus der allgemeinen Umarmung löste. Einmal wurden sie von einem harten Rucke nach verschiedenen Richtungen geschleudert, wobei das Papier, trotz seiner ehrwürdigen Dicke, tief einriß. Dadurch belehrt trafen sie die Vorkehrung, den Vertrag abwechslungsweise zu halten, doch so, daß der Müßigstehende die Hände des andern scharf überwachte. In der zweiten Stunde kroch ein dicker Mann im grauen finnischen Kittel über eine Barke bedächtig zu ihnen herunter und fragte in ihrer Landessprache, was sie begehrten. Der Mann trug einen weißen Sichelbart, und seine Stimme klang rauh und polternd wie die Stimmen in Kuopio. Statt der Antwort gaben sie ihm den Vertrag. Den steckte er einfach in die Tasche und kletterte mit ihm über die Barken nach dem Ufer. Zwei Stunden lang sahen sie nichts mehr von ihm. In der dritten Stunde jedoch kam jener zurück, begleitet von einem vornehmen Herrn und einem blauen Soldaten. Die beiden letzten blieben auf dem Verdeck der Barke stehen, der Alte dagegen kroch wieder auf das Floß herunter, um den Flößern Bescheid zu geben, welche jetzt angesichts des vornehmen Herrn ihre Mütze höflich in die Hand nahmen, ohne sich übrigens im mindesten zu verbeugen. «Ei ole Ingen»*, erklärte der Alte und gab ihnen das Papier zurück; zum Beweise zeigte er auf eine Randbemerkung, mit lauter Stimme vorlesend: «Ei ole Ingen» und auf schwedisch «Ingen finds inte». «Finds inte», bestätigte der vornehme Herr von der Barke herunter. Inzwischen buchsta-

* «Ingen gibt es nicht»

bierten die beiden Rakka, welche besser zu lesen als zu sprechen verstanden, die Bemerkung nach, und als die Schrift zu den Worten stimmte, nickten sie, und einer nach dem andern erklärte: «Hyvä.» Die Fremden verzogen sich nach einigen mitleidigen Bemerkungen. An ihre Stelle traten mehrere Händler, welche allerlei Angebote machten und mit heftigen Gebärden einander überschrien. Scheuen Blickes hörten die Flößer zu; als jedoch der Haufe beständig wuchs und der Lärm immer stärker wurde, sagten sie plötzlich: «I» und setzten sich auf den Boden, ohne sich mehr um die Reden zu kümmern, die ihnen entgegenflogen. Den andern Morgen aber stießen sie das Floß wieder ins Meer. Bei diesem Anlaß bekam Lussika, welche hartnäckig aussteigen wollte, um in «Tukholma» etwas Unnützes zu kaufen, so viele «Perkele» zu hören, daß sie sich monatelang nicht mehr muckste.

Nicht lange nachher, im zweiten Monat ihrer Heimfahrt, es mochte Ende September sein, die Nächte wurden schon länger, weckte Heikki den Bruder früh am Morgen und schaute ihn pfiffigen Blickes an, mit den Ohren zuckend. Rizzi richtete sich auf und lauschte. Das Wimmern eines Kindes zitterte aus der andern Wohnung herüber. «Yksi»*, erklärte der Vater. Im folgenden Sommer meldete er: «Kaksi.»**

Zwischen den Schären von Helsinki, unweit der

* «Eins»

** «Zwei»

Stelle, wo sie die Maarian getroffen, bekamen sie nach vierjähriger Reise den ersten Streit. Heikki hatte eine kürzere Durchfahrt ausgespäht, Rizzi wollte durchaus nicht leiden, daß man die frühere Straße aufgebe. Die Köpfe wurden röter, die «Perkele» ließen immer mehr «r» hören, welche unheildrohend zwischen den Brüdern hin und her rollten, bis endlich Rizzi das Messer aus dem Gürtel zog. Da legte sich Lussika ins Mittel, und Heikki gab nach. So kamen sie denn wieder zu dem Badeplatz der Maarian. Hier begehrte Rizzi zu halten. Ein Büblein fischte am Ufer. «Missä Maarian?»* fragte Rizzi. «En muista»**, lautete die barsche Antwort. «Missä Maarian?» wiederholte Rizzi. «En muista», gab der andere nochmals zurück. «Missä Maarian?» wiederholte Rizzi zum drittenmal. Jetzt warf der Junge die Angel weg und eilte mit den bloßen Füßen schnurgerade über Gestrüpp und Stein durch den kärglichen Wald hinan zum Dorf. Bald darauf erschien er mit einigen Bauern. «Missä Maarian?» fragte Rizzi. «Ei ole Maarian», tönte es im Chor. Da fuhren sie mit dem Floß weiter. Am nächsten Johannistag aber weigerte sich Rizzi zu tanzen, und zu «Joulu» wollte er nicht das Weihnachtskind spielen.

An einem kalten Herbstmorgen, bei strömendem Regen, kamen sie gegen Rüttelä. Heikki nahm, sobald er das väterliche Häuschen erblickte, aus dessen Tür der Rauch in regellosen Wolken zwischen dem Regen in die Höhe zog, die Mütze in

* «Wo ist Maarian?»

** «Ich erinnere mich nicht»

die Hand und stellte sich vorn hin. Lussika mit ihren vier Kindern hielt sich versteckt hinter der Hütte. Rizzi lehnte am Steuer. Das Plätschern des näherkommenden Floßes wurde endlich gehört, und der alte Rakka kam hastig, obschon mühsam, ans Ufer gehumpelt. Seine Freude verwandelte sich indessen beim Anblick der unverkauften Tannen jählings in ein zorniges «Perkele». «Ei ole Ingen», erklärte Heikki, den Vertrag überreichend. Danach stieß er ein rauhes Gurgeln aus der Kehle, und Lussika mit den Kindern kam zum Vorschein. Die Vorstellung war bündig und klar: Lussika, Ruppari, Heikki, Rizzi, Ranzi. «Hyvä», antwortete der Alte. Aber Rizzi rührte sich noch immer nicht vom Steuer und blickte über die Maßen betrübt ins Wasser. Der Bruder glaubte ihn entschuldigen zu müssen. «Maarian», erklärte er dem Vater. «Missä Maarian?» fragte dieser. «Ei ole Maarian», entgegnete Heikki. Jetzt fiel es ihm auf, daß die Mutter nicht da war. «Missä Muora?» Der Alte zog seine runzlige Stirn hart zusammen: «Ei ole Muora.» Nach einer Weile fragte Heikki wieder: «Missä Rethi?» Da begann der Alte zu schluchzen. «Ei ole Rethi.»

In diesem Augenblick hörten sie einen schweren Körper hinter dem Floß ins Wasser fallen, und als sie sich umdrehten, war Rizzi verschwunden. Fürchterliche Töne ausstoßend, eilten sie nach dem Steuer und fischten mit Stangen und Rudern in dem See herum. Nach einer Viertelstunde legte Heikki sein Ruder weg und ließ die Arme hangen. «Ei ole Rizzi», sagte er mit trüber Stimme. «Perrrkele», knirschte der Alte.

DAS BOMBARDEMENT VON ÅBO

Erzählung nach einem historischen Vorgang der Neuzeit

Daß Ströme weit von ihrer Mündung aufwärts noch gewaltige Meerschiffe tragen können, weiß jedermann. Wer aber solche Ungeheuer in einem kleinen Bach landeinwärts will fahren sehen, der muß sich nach Åbo bemühen. Freilich hat der betreffende Bach einen Namen, das verdient er, und zwar, wenigstens wenn er mit südländischem Akzent gesprochen wird, einen wohlklingenden, nämlich Aura. Die Aura ist nicht so breit wie die Straße eines deutschen Landstädtchens, aber von beneidenswerter Tiefe und überdies in ihrem stillen Wandel durch die alte Hauptstadt Finnlands mit massiven Terrassen von echtem finnischen Marmor geschmückt, auf welchen sich zur Marktstunde die Käufer gruppieren, während die Verkäufer mit ihren Booten das ganze Wasser bedekken. Die Brücke dient als Korso für die Spaziergänger, links und rechts liegen die Holzhäuser, welche trotz ihrer Ärmlichkeit nicht bescheiden dürfen genannt werden, da sie auf den Namen einer Stadt Anspruch erheben. Etwas weiter draußen, aber immer noch im Stadtbach, ankern die großen Stockholmfahrer. Das Meer ist mit Schären wie mit schwimmenden Wäldern viele Stunden hin angefüllt, eine Riesenlagune, die bis zu einem Drittel des Weges nach Stockholm reicht. Auf der entgegengesetzten Seite, landeinwärts, wo die

Aura herkommt, erblickt man auf einem niedern Hügel die älteste Kirche Finnlands, welche schon dastand, als Stockholm noch ein kleines Fischerdorf war.

Während des Krimkrieges, als die englischen Kriegsschiffe den Finnischen und den Bottnischen Meerbusen unsicher machten, wurde dem Gouverneur von Åbo, General Baraban Barabanowitsch Stupjenkin, eine russische Besatzung geliehen; zwei Regimenter stark, wie man in Petersburg glaubte, in Wirklichkeit jedoch anderthalb Bataillone, mit einem in Helsingfors abwesenden Palkownik* an der Spitze, an dessen Stelle der Major Balvan Balvanowitsch kommandierte, gewaltig im Kartenspiel, daneben, trotz seiner beträchtlichen Faulheit, ein vollendeter Reiter, im übrigen, außer seiner sprichwörtlichen Dummheit, ohne hervorstechende kriegerische Eigenschaften. Der Dienst, nachdem einmal die Küstenwachen eingerichtet waren, ließ vollauf Zeit zu der jedem Russen unentbehrlichen Langeweile, welche bekanntlich vom Schöpfer ausdrücklich zu dem Zweck geschaffen wurde, damit man sie durch Kartenspiel vertreiben könne. So gestaltete sich das Societätshüß, dieses unvermeidliche Grandhotel aller finnischen Städte, allmählich zum Generalquartier der russischen Besatzung, wo sich außer den Offizieren auch der Gouverneur mit seiner Frau einfand, die schon seit fünf Jahren Tag für Tag das erbärmliche Nest nach allen erdenklichen Gegenden Sibiriens verwünschten, denn in Sibirien ist

* Obersten

man wenigstens seiner Whistpartie sicher. Außerdem die wenigen russischen Schreiber und Zivilbeamten, welche sich in dieser Wüstenei auftreiben ließen. Hier wurde dann, «um die goldene Zeit nicht zu verlieren», wie sich der Gouverneur witzig ausdrückte, im Gesellschaftssaal von mittags ein Uhr bis abends spät Karten gespielt, auch nicht übel getrunken, sogar schwedischer Punsch, auf welchen sich die Abneigung der Russen gegen Schweden und Engländer nicht ausdehnte, und während des Kartenmischens politisiert, das heißt auf die Groß- und Kleinmächte Europas weidlich geschimpft und auf die kaiserliche Regierung von Petersburg gestichelt. Die Gouverneurin ließ sich in den Pausen, oder wenn sie wenig Trümpfe in der Hand hatte, von den jüngern Offizieren den Hof machen, und der Gouverneur kümmerte sich darum «wie um das Jahr vierzig».

Die Soldaten trieben sich inzwischen in den Wirtshäusern herum, mit den Finnen Bruderschaft trinkend, oder machten sich auf dem Markte unnütz, wo sie mit den Verkäuferinnen wie mit russischen Bauerndirnen zu schäkern versuchten, aber statt schelmischer Antworten nur ein entrüstetes sittliches Grunzen erhielten.

So standen die Dinge, als eines Morgens, eben als der Markt sich füllte, ein Kosak von der Küstenwache mit vorgebeugtem Oberkörper über das Pflaster sprengte.

«Birigis-jah!»* schrie er aus vollem Halse, da die

* «Achtung!»

Hufe des kleinen, leichtsinnigen Tierchens nur einen gedämpften Ton erweckten, welcher in dem allgemeinen Geschwätz verhallte.

«Was gibt's?» fragte ihn einige Soldaten.

«Bumbardirovka», lautete die kurze, flüchtige Antwort, darauf war er schon über die Brücke.

Das Wort ging von Munde zu Munde: «Bumbardirovka», und «Bumbardirowanje» riefen die Soldaten einander zu, und die intelligentern unter den Finnen, welche zwar nicht die Endungen, wohl aber das «Bum» begriffen, übersetzten «Pummi» und «Tulipummi».

Im Nu verwandelte sich das friedliche Marktvolk in eine empörte, grunzende, fauchende und grölende Masse, anzusehen wie ein Hornissenschwarm und anzuhören wie ein Rudel Wölfe, die über ein Pferd herfallen. Die Weiber kreischten nicht wie andere Menschenweiber; tiefe, fürchterliche Töne stießen sie heraus, die Männer aber knirschten in einem fort: «Satanaperrkele.»*

Jetzt ertönte Trommelwirbel und Horngetute, worauf sich die Soldaten im Laufschritt entfernten.

«Gott ist gnädig», schrien sie im Laufen, «endlich schickt er uns etwas zu arbeiten.»

Auf der Brücke oben erschien zwischen vier berittenen Kosaken der Gouverneur Baraban Barabanowitsch, glänzend ausstaffiert, wie man ihn noch nie gesehen: auf dem Kopfe einen vergoldeten Helm mit rotweißem Federbusch, der grüne Rock mit schweren goldenen Epauletten und einem Magazin funkelneuer Orden geschmückt,

---

* «Satansteufel»

darüber ein sechs Zoll breites Rosaband schräg über die Schulter bis zum Degen geschlungen, die Hosen zündrot zum weithin leuchtenden Zeichen des Generalsranges. Aber er war zu Fuß, weil er seinen Rappen dem Major Balvan Balvanowitsch verkauft hatte, was ihm neben der anständigen Kaufsumme noch den Vorteil eintrug, daß er das Geld, welches ihm die Regierung jährlich für zwei Leibpferde nebst Knecht und Hafer zugute schrieb, zu nützlichern Zwecken verwerten konnte. Bei seinem ehrfurchtgebietenden Anblick verstummte das Volk und lauschte mit entblößtem Haupte. Der Gouverneur hielt eine Ansprache. Mit weithin schallender Stimme erinnerte er die Anwesenden an ihre Untertanenpflicht, an ihr Glück und Gedeihen, seit sie von den Schweden befreit worden, an die Vatergüte des milden Kaisers Nikolaj Pawlowitsch, welcher die Finnen ganz besonders in sein Herz geschlossen, also daß er einmal auf der Parade zu Wiborg mit höchsteigenem Munde «Kaksi»* gesprochen. Dann ging er zu den Schilderungen des Feindes über, beschrieb das Heidentum und die entsetzlichen Gebräuche der Engländer, wie sie weder Völkerrecht noch Eid und Verträge achteten, und malte ihnen das gräßliche Schicksal ihrer Frauen und Kinder aus, wenn der Feind aus den dunkeln Höhlen der Schiffe an die heilige Küste Finnlands steigen sollte. Schließlich ermahnte er sie zum Widerstand bis aufs Messer, rief die jungen Männer zum freiwilligen Beistand auf und – bei diesen Worten wurde seine Stimme weicher –

* «Zwei»

erklärte sich bereit, freiwillige Spenden auf dem Altar des Vaterlandes, also auf seinem Schreibtisch, entgegenzunehmen.

«Urrah», schrien die Kosaken aus Leibeskräften, als die Rede zu Ende war, und die Menge ließ ein beistimmendes Gemurmel hören. Der Gouverneur verschwand wieder, die Gruppen scharten sich um den Bürgermeister und den Apotheker, und allmählich sammelte sich die junge Mannschaft und zog auf die Höhe über der Stadt, um sich Waffen geben und in den Hantierungen unterrichten zu lassen.

Als der Gouverneur, nach Hause zurückkehrend, die Treppe seines Holzpalastes hinanstieg, fand er die Küchentür offen. Sogleich dämpfte er den Tritt und sah wie zufällig hinein. Agafia, die kleine, zierliche, braune Köchin mit den schönen kleinrussischen Mandelaugen, war um den Herd beschäftigt, in einiger Entfernung von ihr stand ein junger, flachshaariger Finne.

«Was tust du hier? Wie heißest du?» fuhr ihn der General an.

«Tullela», lautete die kurze, doch bescheidene Antwort.

«Faulpelz! Du tätest auch besser, dein Vaterland zu verteidigen, als in der Küche herumzulungern. Fort, zum Teufel! Und Gott mit dir.»

Der Finne wich zögernd vom Platze, verlegen die Mütze in der Hand drehend. Agafia aber brauchte ihre Zunge.

«Erlauben Sie, daß ich Ihnen sage, Exzellenz: Das Vaterland ist etwas Kleines, Exzellenz! Aber der Finne da ist mein Bräutigam.»

«Dumme Gans!» schnurrte der Gouverneur, «bist du verrückt? Einen Finnen heiraten?»

Agafia blickte den Zornigen schelmisch blinzelnd an, dann entgegnete sie munter lachend: «Sie sind neidisch auf ihn, Exzellenz?» Und als der Gouverneur aufbrausen wollte, fügte sie rasch hinzu, die Hände über dem Knie zusammenschlagend: «Wie Sie schön sind heute! Exzellenz! Wie gut Ihnen die große Form* steht!» Dann schreckte sie plötzlich zusammen: «Die Herrin kommt!» flüsterte sie hastig, worauf jener sogleich die Küche verließ.

Agafia aber nahm jetzt den Finnen, der noch immer wie der heilige Alexander Newskij in der Isaakskirche unbeweglich dastand, leidenschaftlich um den Hals und versetzte ihm einige herzhafte Küsse, die derselbe nicht zu erwidern wagte.

Die Gouverneurin lag auf dem Sofa und rauchte.

«Hast du die ärgerliche Nachricht schon vernommen?» rief sie ihrem Manne mit ihrer langgezogenen, stets klagend tönenden Stimme entgegen.

«Nun, was ist da dabei? Es bleibt noch immer die Frage, ob die Kugeln der Engländer so weit reichen.»

«Was Engländer! Was kümmern mich die Engländer! Die Engländer, das ist etwas Kleines! Gott mit ihnen! Aber weißt du denn nicht, daß Agafia heiraten will und mir den Dienst gekündet hat?»

«Nicht möglich!»

«Nun, du hast ja doch den langen Bengel von Finnen in der Küche gesehen. Du brauchst dich

* Uniform

nicht zu verstellen; ich habe gar wohl gemerkt, daß du Agafia gerne siehst. Das ist auch natürlich; sie ist hübsch, und sie weiß es. Aber das ist jetzt alles Nebensache. Jedenfalls lasse ich Agafia nicht fort. In diesem elenden finnischen Nest ist sie die einzige, die ‹Batwinia›* zu kochen versteht. Was nützen mir die schönsten Lachse ohne ‹Batwinia›? Tu mir den einzigen Gefallen und steh nicht so gleichgültig da; es geht dich an.»

«Mein Gott! nichts Leichteres als das: zahl ihr den Lohn nicht aus! Du hast ihn doch hoffentlich zurückbehalten?»

«Keine Gefahr! Du meinst doch nicht, ich werde so dumm gewesen sein, ihr den Lohn auszuzahlen! Sie hat vierzehn Monate bei mir stehen. Allein ihr Liebhaber ist reich, die große neue Ziegelbrennerei oben am Strand hinter der Stadt gehört ihm. Kannst du ihr nicht den Paß verweigern?»

Baraban Barabanowitsch seufzte.

«Wir wohnen hier nicht in Rußland. Die Finnländer sind Deutsche; die glauben an keinen Gott und achten kein Gesetz! Auf diesem Wege läßt sich nichts machen.»

«Auf welchem Wege du willst. Das ist deine Sache.»

In diesem Augenblick erschien ein Kosak unter der Tür, welche nach russischer Sitte offenstand.

«Zum Teufel!» schrie ihn der Gouverneur an, sobald er ihn erblickte.

«Ich gehorche», erwiderte der Kosak höflich, blieb indessen stehen.

---

* Fischsuppe

«Zum Teufel! – Verstehst du mich nicht?»

«Ich gehorche. Aber verzeihen Sie, Exzellenz, Balvan Balvanowitsch schickt mich zu Ihnen. Es seien keine Gewehre in der Kaserne.»

«Der Halunke wird sie verkauft haben; schicke ihn zum Teufel!»

«Ich gehorche, Exzellenz; allein wir können keine Kugeln finden.»

«So ladet Butter und Salzgurken.»

«Ich gehorche. Allein verzeihen Sie, Exzellenz, wir haben nur noch ganz wenig Pulver.»

«Was geht mich das alles an? Das ist die Sache des Majors. Pack dich! Gehorchst du?»

«Ich gehorche.»

«Das ist eine Bande!» seufzte der General und stellte sich ans Fenster.

Bei seinem Anblick nahm das Volk draußen auf dem Platze die Mützen herunter und schrie: «Urrah!»

«Ich gebe zu», bestätigte die Gouverneurin mit ihrer tiefen, wohlklingenden und ewig lamentierenden Altstimme, «jeder nimmt, was er kann; dafür hat man ja den Staat und die Regierung. Nicht umsonst ist er Major und hat eine Kasse zu verwalten. Aber man muß immerhin bescheiden sein und dafür sorgen, daß die andern auch etwas erhalten. Und vor allem darf das Vaterland nicht darunter leiden. Du hast doch hoffentlich nach Petersburg wegen Zigaretten geschrieben? Nein? Da hört doch alles auf. Ich habe ja nur noch ein einziges Kistchen! Was sollten wir um Gottes willen hier anfangen, wenn wir keine Zigaretten mehr hätten? – Um aber auf die Agafia zurückzukommen, was meinst du?»

Der General zuckte ratlos die Achseln.

«Ich will sie einmal rufen», fügte sie hinzu und klatschte in die Hände.

Sogleich erschien Agafia auf der Schwelle.

«Sie haben mich befohlen, Herrin?» fragte sie höflich.

«Ja, um dir zum letztenmal zu erklären, daß ich dir niemals gestatte, zu heiraten.»

Agafia verbeugte sich.

«Erlauben Sie, Gebieterin, erlauben Sie mir, Ihnen zu sagen, daß das etwas Kleines ist, was Sie gestatten oder nicht gestatten. Wenn es Gottes Wille ist, so werde ich, wenn Sie es erlauben, heiraten. Soll ich das Auerhuhn – verzeihen Sie, daß ich frage – mit einer schwedischen Sauce bereiten wie das letzte Mal?»

«Erbarme dich, Närrin! Wie kannst du so dumm fragen? Wer kocht einen Wildvogel in einer russischen Sauce! Aber komm jetzt einmal her und sage mir offen, hast du dich über mich zu beklagen, daß du durchaus heiraten willst?»

«Erbarmen Sie sich, Gebieterin! ich mich über Sie beklagen? Solch eine gnädige, gute, liebe Gebieterin! die mir noch zu Ostern ein neues Kleid geschenkt, und was für eins! Ich schäme mich, es anzuziehen, so prächtig sieht es aus. Ich mich über Sie beklagen? Da müßte ich undankbarer sein als ein Tatar!»

Während dieser Worte eilte sie hurtig zu der Gouverneurin und küßte ihr wiederholt die Hand.

«Nun also, warum willst du denn heiraten? Du wirst mir doch nicht weismachen wollen, daß du in den blödsinnigen Finnen verliebt bist? Ein so hübsches Mädchen wie du! Du kannst noch weiß was für einen Mann bekommen. Hat dir denn nicht der Kosakenhetman einen Heiratsantrag gemacht? Und mein Klavierlehrer aus Helsingfors, dem hast du es auch angetan. Du brauchst nur zu wählen, nicht wahr, Baraban Barabanowitsch? – Zudem bist du so jung, daß es mit dem Heiraten durchaus keine Eile hat. Warte, bis mein Mann nach Petersburg versetzt wird, dort will ich dir einen Bräutigam aussuchen, auf den du stolz sein darfst.»

Agafia seufzte.

«Ich weiß ja, Gebieterin, daß Sie es gut mit mir meinen und daß ich nur eine einfältige unverzeihliche Gans bin. Und mein Tullela, das muß man ihm auch lassen, ist dumm wie ein Rentier. Glauben Sie, er sei imstande, einen einzigen Satz im Zusammenhang zu sprechen? Glauben Sie, er sage mir jemals, wie ich hübsch sei oder wie gut mir mein Kleid stehe? Nichts. Einfach nichts. Nur das Maul aufsperren kann er und mich stundenlang angaffen, als wenn ich aus Zucker wäre und statt Blut Johannisbeerbranntwein in den Adern hätte. Aber sehen Sie, Gebieterin, ich weiß nicht, warum: er ist so jung und ganz allein, ohne Eltern, ohne Geschwister, allein in der Welt, wie eine Drossel, die aus dem Neste gefallen ist. Und liebt mich, sag' ich Ihnen, liebt mich, liebt mich, Gebieterin, es ist nicht zu glauben, wie ein Hund, einfach wie ein Hund, weiter nichts. Und da muß ich ihn halt auch gern haben. Was ist da zu machen?»

«So heirate ihn denn meinetwegen; aber das braucht doch nicht gleich zu geschehen, und du hast auch deswegen nicht nötig, aus meinem Dienste zu treten.»

«O du gütiger Gott, Gebieterin, da kennen Sie die Finnen nicht! Die sind nicht so gut wie die Rechtgläubigen. Eifersüchtig sind sie! Eifersüchtig, daß einem ganz angst wird. Und warten will er auch nicht länger, sonst hätte ich Ihnen doch nicht die Verlegenheit bereitet. Aber verzeihen Sie, Gebieterin, ich muß in die Küche, ich habe den Lachs in der Pfanne.»

«Um Gottes willen, das sagst du mir jetzt erst? Und du stehst da und schwatzest das unnützeste Zeug! Spute dich! erbarm dich! schneller!»

Unter der Tür drehte sich Agafia nochmals um: «Erlauben Sie mir, Gebieterin, nach dem Essen ein wenig mit Tullela spazierenzugehen?»

«Was fällt dir ein? Es ist doch heute kein Festtag.»

«Sie sagen alle, es sei heute ein großer Festtag; die Engländer machten eine Bumbardirovka! Es soll sehr lustig werden!»

«Meinetwegen! Gott mit dir! Aber sieh dich vor, daß dich keine Bombe trifft.»

«Ich danke», erwiderte Agafia mit einem freudigen Knicks.

«Es würde auch kein großer Schaden sein», knurrte der General ungnädig.

«Ich danke», wiederholte Agafia lächelnd, indem sie sich gegen den Gouverneur verbeugte. Schon war sie im Begriff davonzueilen, da kehrte sie sich noch einmal verlegen um: «Verzeihen Sie mir, Gebieterin», versetzte sie mit unsicherer Stimme, «würden Sie vielleicht die Güte haben, mir eine Kleinigkeit von meinem Lohn zu schenken?»

Das Gesicht der Generalin verfinsterte sich.

«Wieviel brauchst du?» fragte sie mißmutig.

«Glauben Sie, ein Rubel wäre unbescheiden?»

«Warum nicht gar! Ein Rubel! Du bist nicht bei Trost! Was um alles in der Welt wolltest du mit einem Rubel anfangen? Du hast doch nichts nötig. Vierzig Kopeken reichen vollständig aus.»

Dabei stand sie langsam und widerwillig auf, um sich nach dem Schreibtisch zu bemühen.

«Gib doch dem dummen Ding den Rubel», rief der Gouverneur, «und sie soll lieber nach dem Lachs sehen.»

«Ums Himmels willen! Gut, daß du mich erinnerst. Ja! Schnell in die Küche!»

Der Gouverneur streckte dem Mädchen einen Rubel entgegen. Diese küßte ihm zweimal die Hand zum Dank und ebenso der Generalin, dann hüpfte sie mit dem Rubel freudestrahlend nach der Küche, woher man sie alsogleich das Lied vom «roten Sarafan» singen hörte.

«Schade um das Mädchen», murmelte der General.

«Sie dauert mich, sie wird verlorengehen», bestätigte die Generalin mitleidig. «Aber was ist das eigentlich mit den Engländern? Solltest du nicht vielleicht doch ein bißchen nachsehen?»

«Das fehlte noch! Das geht den Major an. Ich bin hier auf meinem Posten!»

Jetzt hörte man auf dem Platze einen ungewöhnlichen Lärm, welcher sofort verstummte, als der Gouverneur das Fenster aufriß.

«Was gibt es?» rief er mit seiner prächtigen Heroldstimme.

«Sie bringen einen englischen Parlamentär, Exzellenz», gab ein Soldat zur Antwort, die Hand an den Helm legend.

«Sagt ihm, ich sei beschäftigt, und laßt ihn auf der Straße warten.»

«Ich gehorche, Exzellenz.»

Nach einer Weile aber erschien ein Offizier unter der Tür und meldete: «Exzellenz, es fällt Regen.»

«Daran bin ich nicht schuld.»

«Ich meine, ob wir nicht vielleicht den Parlamentär unter Dach bringen sollen?»

«Wozu? Die Engländer können es für eine Gnade halten, daß Gottes Regen auf sie herunterfällt. Es wird ihnen nicht schaden. Sie lieben ja das Wasser. Was ist es übrigens für eine Sorte von Kerl?»

«Ein Marineoffizier, Exzellenz.»

«Siehst du? habe ich dir's nicht gesagt? Laßt ihn nur ruhig stehen.»

Nicht lange darauf erschien ein zweiter Offizier.

«Exzellenz, das Volk wird immer zahlreicher und wütender; wir fürchten, sie werden dem Parlamentär etwas Unangenehmes antun.»

«Wäre auch kein Schade. Geh mit Gott!»

Kaum war indessen der Offizier verschwunden, so bereute der Gouverneur das unbesonnene Wort.

«Warte!» rief er dem Abziehenden nach, «führt den Halunken in mein Empfangszimmer. Ich will doch wissen, was er eigentlich von mir begehrt, wenn schon alles erlogen ist, was diese Heuchler vorbringen.»

Nach einigen Minuten hörte man tastende

Schritte im Erdgeschoß, und der Gouverneur, nachdem er noch einige Zeit hatte auf sich warten lassen, wollte sich eben zum Empfang bequemen, da zog ein bewaffnetes Peloton im Taktschritt die Treppe herauf, ohne Offizier, nur von einem Feldweibel geführt.

«Was wollt ihr, Hunde?» herrschte der General.

Die Soldaten grüßten ehrerbietig und freundlich.

«Wir möchten Eure Exzellenz untertänigst um eine Gnade bitten», begann der Feldweibel bescheiden.

«Was für eine?»

«Ein bißchen töten», erwiderte jener schmeichelnd.

«Wen töten?»

«Nur den Engländer», lautete die Antwort in kosendem Tone.

Ein Faustschlag erstickte die letzte Silbe des Sprechers.

«Tötet ein Russe einen Parlamentär?» schrie der General bleich vor Wut. «Sind wir Tataren, Deutsche und Türken? Sind wir keine Rechtgläubigen? Jeden, der dem Engländer ein Leid oder nur einen Schimpf antut, lasse ich knuten und erschießen. Hört ihr?»

«Wir hören und gehorchen.»

Damit kehrten sie rechtsum; der Feldweibel aber blieb zurück, richtete sich gerade in die Höhe, während sein ganzer Körper vor Angst zitterte.

«Exzellenz, verzeihen Sie mir; ich glaubte Gott und dem Kaiser zu dienen, indem ich die Welt von einem Engländer reinigte. Man hat mir gesagt, sie töten die kleinen Kinder. Und ich habe selbst Kinder.»

«Was die Engländer tun, dafür wird sie Gott strafen; ein Russe aber hat einen Glauben und tötet keinen Wehrlosen und keinen Parlamentär. Verstehst du?»

«Ich verstehe und gehorche. Verzeihen Sie mir, Exzellenz.»

«Geh zum Teufel!»

Tief aufatmend vor Glück und Dank über den gnädigen Bescheid legte der Feldweibel die Hand an die Stirn und marschierte mit leuchtenden Blikken ab. Der Gouverneur aber ging, den Parlamentär zu empfangen.

«Weißt du, Pelageja Iwanowna, was der Kerl will?» rief er seiner Gemahlin zornig entgegen, als er nach einer halben Stunde wieder erschien. «Wir sollen ein Haus zum Bombardement auswählen!»

«Entweder ist er verrückt, oder er stellt dir eine Falle. Wie sollten sie auch das Haus aus der Ferne erkennen?»

«An einer roten Fahne, die er uns da aufstecken heißt. Ich glaube, es ist ihm ernst mit der Sache; du weißt ja, den Engländern kann man das Verrückteste am ehesten glauben.»

Nachdem sie noch eine Weile über die Engländer gespottet, erhellte sich plötzlich das Gesicht der Gouverneurin.

«Mir kommt ein Gedanke: laß ihn die lutherische Kirche bombardieren, das wäre zugleich ein nützliches und ein Gott wohlgefälliges Werk.»

«Das ist ein Gedanke.»

Nach einer Weile aber kam der General mit dem

Bescheid zurück: «Sie weigern sich, auf eine Kirche zu schießen, die Heuchler!»

«Weißt du was, mein Täuberich, gib ihnen unsern Palast zum Bombardieren! Der Staat wird uns entschädigen, daß wir nichts dabei verlieren. Denn was man auch im übrigen der Regierung vorwerfen kann, das muß man ihr lassen, daß sie großmütig zahlt. Zum Ausziehen bleibt uns Frist genug.»

«Das ist wieder ein Gedanke.»

Nach einer Weile aber kam er wütend zurück.

«Siehst du, was das für Halunken sind? Sie behaupten, das wäre zu gefährlich; der Palast stehe zu dicht an den Häusern, es könnte eine Bombe nebenan fliegen. Wir sollten ein Haus aussuchen, das abseits steht.»

«Jetzt kommt mir eine Offenbarung: gib ihnen die Ziegelhütte, dann kommt Tullela um sein Vermögen und kann Agafia nicht heiraten.»

«Den Gedanken hat dir die heilige Mutter Gottes von Kasan eingegeben.»

Als er nach einer Weile zurückkehrte, rieb er sich die Hände.

«Gut! Abends um zehn Uhr soll's losgehen.»

Während des Nachmittags hörte der Regen auf, und ein warmer Sonnenschein zerstreute die Wolken. Jetzt gedachte Agafia von ihrem Urlaub Gebrauch zu machen, um mit ihrem Bräutigam das Bombardement anzusehen. Davon, daß dasselbe erst abends beginnen und daß es dem Hause ihres Liebsten gelten sollte, wußte sie natürlich nichts, so wenig wie die übrigen Einwohner der Stadt; denn das blieb Staatsgeheimnis, das gehörte zur höhern

Politik. Zwei Kleider hingen in ihrem Schrank, jedes ihre Augen verlockend. Das eine war ihr rotes kleinrussisches Kostüm, es stand ihr schön, darüber konnte kein Zweifel walten, man hatte es ihr oft genug gesagt; das andere aber, das Geschenk von der Gouverneurin, mit seiner blaßblauen Farbe, sah vornehmer aus; die Gouverneurin hatte es ja selbst am Ball getragen, was brauchte es eines bessern Beweises? Und eine Schleppe hatte es! eine Schleppe! Wenn sie mit dieser Schleppe spazieren ginge, so würde der Major Balvan Balvanowitsch ihr den Arm reichen und sie «Madame» heißen. Die Schleppe entschied, und mit kindlichem Selbstbewußtsein rauschte sie in die Küche, um die Huldigung ihres Geliebten zu empfangen. Tullela nahm vor Verlegenheit die Mütze ab und zog sich einen Schritt zurück.

«Fürchte dich nicht vor mir», flüsterte Agafia gnädig, indem sie ihn küßte, «für dich bleibe ich dennoch deine kleine Agafia.»

Dann zogen sie auf die Straße, Arm in Arm, und Agafia, die den Sonnenschirm beständig hin- und herbewegte wie einen Fächer, genoß die Befriedigung, daß sie Aufsehen erregte. Die Finnen wichen scheu und ehrerbietig zurück, die Soldaten legten die Hand an ihre Stirn, und selbst die Offiziere und Beamten, nachdem sie den Begleiter spöttisch betrachtet, bequemten sich zu einem mehr oder weniger freiwilligen Gruße. Die Schleppe tat ihren Dienst. Nur eines fehlte ihr noch zur Vornehmheit: die Zigarette. Doch sie besaß ja einen Rubel, und eine Schenke war nicht weit. Hurtig wie ein Eichhörnchen huschte sie die ihr wohlbekannten drei

Stufen zum Wirtshaus hinan, ihren Liebsten stehenlassend, und kaufte sich ein Päckchen «La Ferme». Dann erschien sie wieder, in eine Rauchwolke gehüllt, laut hustend und die Zigarette zwischen zwei Fingern weit von sich streckend. Jede halbe Minute hatte sie ein Stück zu Ende geraucht, worauf sie den nächsten besten Vorübergehenden, am liebsten einen Beamten, um Feuer bat. Der verbeugte sich höflich und galant, legte die Hand an die Mütze und gewährte ihr das Verlangte.

Unwillkürlich nahm sie den Weg nach dem Hafen. Dort war alles in wildester Bewegung, weil das englische Kriegsschiff eben zwischen den Schären angekommen war und in nicht allzugroßer Entfernung sichtbar und bedrohlich ankerte. Man konnte sogar die zwei Kanonenreihen unterscheiden, und die bauschenden Segel überragten die Tannen der Inseln.

«Wie hübsch! Was für ein Festtag!» rief Agafia aus, lustig in die Hände klatschend.

Allein diese ästhetische Billigung mißfiel dem Volke, welches wilde Drohrufe ausstieß.

«Tut mir doch den Gefallen, Freunde, und fürchtet euch nicht!» begütigte Agafia lachend. «Kanonen haben sie freilich, die Engländer, ob aber auch Pulver und Kugeln dazu, das ist die große Frage! Glaubt mir, seht, ich denke, es wird wohl bei ihnen gehen wie bei den andern auch. Anfangs, wenn sie von zu Hause fortfahren, da besitzen sie alles; aber England ist weit, und das Leben auf dem Schiff ist langweilig. Heute verkauft der Admiral ein Kügelchen und morgen der Kapitän eins für einen Damenhut oder ein Korsett oder ein Paar Schnürstiefelchen; und die Matrosen tauschen das Pulver gegen Schnupftabak und Zigaretten – natürlich, was wollten sie auch mit dem Pulver anfangen? Und Branntwein haben sie ja auch nötig, die Armen! wenn sie schon Engländer sind und keine Rechtgläubigen! Seht, sie verkaufen nur immer eine Handvoll jeden Tag; aber wenn dann das Jahr um ist – begreift ihr? – und es einmal zum Totschießen kommt, was bleibt dann den Armen an Pulver und Kugeln übrig? Nichts! einfach nichts, sage ich euch! Patz!»

Den Finnen leuchtete das dunkel ein, so daß sie besänftigt knurrten. Aber einige Zornköpfe vermochten doch den Anblick des hölzernen Ungetüms, welches die Stadt Åbo zu bombardieren kam, schlechterdings nicht zu ertragen. Sie bestiegen einen kleinen Küstendampfer und fuhren unter dem wilden Jubelgrölen ihrer Landsleute zum Angriff in die See. Auf dem Engländer geschahen Zeichen mit Flaggen und Wimpeln; plötzlich leuchtete ein prächtiges Rot von der Breitseite des Schiffes, umhüllt von graublauen Wolken; dann erscholl ein weicher, doch kräftiger Donner.

«Pummi», schrien am Ufer die Finnen und purzelten mit Wutgeheul durcheinander.

Allmählich, als weiter nichts geschah, erholten sie sich und erkundigten sich nach den Toten. Niemand war nur verwundet, auch wurde eine Kugel weder gehört noch gesehen.

«Was habe ich euch gesagt?» rief Agafia triumphierend. «Seht ihr jetzt, daß ich recht hatte! sie haben keine Kugeln.»

Eine Stafette, die wie ein Wirbelwind durch die

Stadt daher galoppierte, machte fernern Angriffsgelüsten mit strengem Verbot ein Ende.

«Komm, mein Täuberich», schmeichelte Agafia, «hier gibt es nichts mehr. Wir wollen der Küste nach zu den Kosaken. Dort geht es lustig her. Bei den Kosaken ist immer Festtag.»

Unterwegs, in der Henriksgasse, die unmerklich, dorfähnlich nach der Landschaft verläuft, machte sich Agafia auf Schritt und Tritt unnütz, indem sie bald wie ein Wiesel ihr Näschen durch die offenen Fenster steckte, die Alten neckend und die Kinder zärtlich herzend, bald hoch aufgerichtet wie ein Pfau das zartblaue Ballkleid mitten durch die Straße schleppte, den vorübergehenden Männern einen jener Flammenblicke seitwärts zuschleudernd, welche sie den französischen Sängerinnen aus dem Societätshüß abgelauscht hatte, in der Meinung, hiemit der feinsten hauptstädtischen Lebensart teilhaftig zu werden. Tullela aber, der nicht wußte, wie ihm geschah, schritt ehrerbietig an ihrer Seite und ließ sich alles gefallen.

Draußen vor der Stadt, auf einer Wiese, sahen sie den Major Balvan Balvanowitsch, wie er die Infanterie musterte. Der gute Mann, jählings aus seinem Kartenspiel aufgeschreckt und durch ein Schreiben des Gouverneurs niedergedonnert, das ihm mit dem Kriegsgericht wegen der Waffenunterschleife drohte, hatte vollkommen den Kopf verloren; um denselben wiederzufinden, galoppierte er unaufhörlich um die kleine Truppe, die Soldaten beschimpfend, die Offiziere in höflichem Jammerton verblümt anklagend und dabei kreuz und quer die fürchterlichsten Flüche ausstoßend, daß selbst ein

Samojede sich darob würde entsetzt haben. Während dieses ungestümen Zorngewitters rauchten die Offiziere gleichgültig ihre Zigaretten, die Soldaten hingegen standen in untadelhafter, steifer Stellung ruhig da, und wer von ihnen kein Gewehr besaß, führte mit einer imaginären Flinte trotz seinem bewaffneten Nebenmanne alle Exerzitien vorschriftsmäßig aus. Von Zeit zu Zeit verging Balvan Balvanowitsch der Atem; dann ritt er gegen einen kleinen Erdhügel, auf welchem Mademoiselle Titi und Mademoiselle Fifi, die Sterne des Societätshüß, thronten, die Musterung mit ihrer Gegenwart beehrend. Vor diesen pustete er tief aufatmend, rieb sich mit dem Taschentuch den Schweiß von der Stirn und beklagte bitter sein Schicksal, welches ihn verdammt, eine solche «barbarische, brutale russische Bande» zu befehligen, statt ihn, wie es doch seinen Talenten angemessen gewesen wäre, zum Feldherrn Napoleons III. gebären zu lassen, für welchen er eine schwärmerische Begeisterung an den Tag legte. Nachdem er den Damen noch galanterweise eine Flasche echten Wiborger Kognak hatte vorsetzen lassen, entblößte er sein Haupt, verbeugte sich anmutig, setzte dem Rappen beide Sporen in die Weichen und begann das Donnerwetter von neuem.

Agafia, stolz in dem Bewußtsein ihres seidenen Prachtkleides, spazierte vor den Truppen langsam der Front entlang, ihren Bräutigam nach sich ziehend. Sie hielt ihre Privatparade. Nachdem sie dieselbe beendet und alles nach Wunsch befunden hatte, pflanzte sie sich neben Fifi und Titi auf und machte sich nunmehr ein Geschäft daraus, die Pariserinnen aus Brabant zu überstrahlen und gelb zu ärgern. Keine Stellung ist so theatralisch und keine Verrenkung so graziös, daß sie dieselbe nicht versucht hätte, und da es einem bildhübschen weiblichen Geschöpf auch bei den redlichsten Bemühungen schlechterdings unmöglich wird, unvorteilhaft auszusehen, so erreichte sie ihre Absicht gegenüber ausgedienten Gartensängerinnen ohne Vorzug. Das gab nun ein wechselseitiges Sichbrüsten und ein Achselzucken, wie wenn drei Truthennen sich um einen Hahn streiten. Daß beide Parteien die Reden der andern nicht verstanden, diente nicht zum Frieden, da nun jedes seine ganze Meinung auskrähte, der Gegner aber dieselbe an der Mienensprache erriet.

«Seht», lachte Agafia vergnügt, indem sie mit beiden Händen lebhaft gestikulierte, «was euch ärgert, das ist bloß der Neid. Weil ich jetzt eine feine Dame bin, weil ich ‹La Ferme› rauche, weil ich einen Bräutigam habe, einen jungen, einen hübschen, einen reichen, einen, der mir gehorcht, der mir meinen Schafpelz nachträgt, der mir am Sonntag Rosinen schenkt, einen ganzen Sack voll, und mir alle Tage das Holz in die Küche hinaufschleppt. Gelt, den möchtet ihr haben? Aber da bemüht ihr euch umsonst, denn er ist mir treu und liebt mich; liebt mich, sage ich euch, wie ein Baron; liebt mich, als wenn wir schon fünfzig Jahre verheiratet wären und Großkinder hätten; liebt mich wie Elias der Donnerer, wenn er gleich nur ein Ungläubiger ist.»

In diesem Augenblick sprengte Balvan Balvanowitsch heran, in unbestimmter Ehrfurcht, angezogen von dem weithin leuchtenden Volantkleid Pariser Schnittes. Agafia verübte eine tiefe, anspruchsvolle Verbeugung, dann blinzelte sie schelmisch und schwatzte mit kameradschaftlicher Vertraulichkeit: «Kennen Sie mich, Balvan Balvanowitsch? Wie gefalle ich Ihnen? – Aber warum denn so zornig? Heute ist doch Festtag! Sie müssen sich's nicht zu Herzen nehmen, wenn Ihnen etwa Baraban Barabanowitsch etwas Unfreundliches gesagt hat. Er meint es nicht böse; ich kenne ihn genau; er ist im Grunde ein seelenguter Herr, ob er schon zuweilen ein bißchen barsch spricht. Er kommt alle Tage zu mir in die Küche und plaudert und spielt oft stundenlang mit mir wie ein Kind, nicht im mindesten hochmütig; faßt mich um den Hals und küßt mich, ganz wie ein einfacher Soldat; sitzt auf den Herd wie ein Schwabenkäfer und nimmt es nicht übel, wenn ich ihm Wasser angieße. Und singen kann er, sage ich Ihnen, singen, Sie glauben es nicht, wie ein Kosak. Nur den einzigen Fehler hat er, daß er ein bißchen eifersüchtig ist. Aber das sollten Sie ihm doch nicht übel nehmen. Er ist ja der Herr im Lande.»

In der Tat glätteten sich die Züge des Majors, und sein Blick erhellte sich, während er den koketten Bewegungen des anmutigen Mädchens folgte. Als er ihr jedoch eine Flasche Kornbranntwein anbot und Miene machte, vom Pferde zu steigen, wehrte sie ihm mit erheuchelter Geschäftigkeit eifrig ab.

«Entschuldigen Sie, Balvan Balvanowitsch, die Zeit fehlt mir; ich muß meinen Bräutigam den Kosaken vorstellen; sie kennen ihn noch nicht.

Und dort ist Musik; wohl möglich, daß es zum Tanzen kommt. Und was die Engländer betrifft, so fürchten Sie sich nur nicht im mindesten vor ihnen. Sie haben keine Kugeln, ich weiß es; und auf dem Lande, so sagen alle, Sie können fragen, wen Sie wollen, verstehen sie sich gar nicht zu bewegen. Gott hat ihnen die Beine versagt.»

Hiemit knickste sie und schwänzelte, nachdem sie erst noch dem Bataillon mit dem Taschentuch Abschied zugewinkt, wohlgemut von dannen, froh über den Sieg, den sie über Fifi und Titi davongetragen.

Weil sie aber bemerkte, daß Tullela in Eifersucht dunkelrot geworden war, begann sie ihn sanft, doch nachdrücklich zu ermahnen: «Schau, Tullela, mein Täuberich, du bist dumm wie ein Rentier, nimm mir's nicht übel. Man kann dir's übrigens nicht verargen, da du ja kein Rechtgläubiger bist und deshalb nicht weißt, was sich schickt. Erstens, wenn man mit einer Dame geht, so schleicht man nicht hinter ihr drein, sondern man legt die eine Hand auf ihre Achsel. – So! – Dann geht man im Takt, die Fußspitzen hübsch auswärts. – So! – Und guckt nicht auf den Boden, sondern im Kreise herum, damit man sich versichern kann, ob die andern einen auch sehen. Und dann sagt man mir ‹Mignon›, auf französisch, das ist vornehm. Sag ‹Mignon›. Gut; nicht übel; du bist nicht so ungeschickt, wie du aussiehst, man muß dich nur ein bißchen erziehen. Und weißt du», flüsterte sie zärtlicher, «wenn wir einmal verheiratet sind, dann will ich dir eine gute, liebe Frau sein und nie mit dir zanken. Und den ganzen Tag sitzen wir zusammen auf der Schaukel, Arm in Arm, und rauchen Zigaretten, und abends lassen wir uns Kosaken kommen, daß sie uns Ziehharmonika vorspielen. Und des Sonntags kaufe ich dir Wachskerzen beim Popen, damit er für dich betet und du nicht in die Hölle kommst.»

Allmählich, durch die Abwesenheit von Menschen und den Anblick der trauten Landschaft ermutigt, taute auch Tullela auf und wurde erst einsilbig, hierauf gesprächig, schenkte ihr allerlei Kosenamen, bald «Lachs», bald «Butterballe», und malte ihr vor, wie er sein neues Haus, die Ziegelbrennerei, für sie eingerichtet habe, mit funkelnagelneuen Möbeln, daß ihr nichts fehle, schönen, breiten Betten und einer geräumigen, taghellen Küche. Bei dieser Beschreibung leuchteten seine Augen, und seine Arme, von der Erinnerung an die Arbeit beseelt, führten einige linkische Bewegungen aus. Agafia lächelte hocherfreut und nickte von Zeit zu Zeit. Plötzlich blieb sie stehen.

«Aber Zucker», fragte sie mit jähem Eifer, «Zucker hast du doch hoffentlich nicht vergessen für den Tee? – Wir sind ja reich. Da können wir die ganze Tasse anfüllen bis oben hinaus und brauchen nicht bloß die Stückchen zwischen die Zähne zu klemmen und den Tee hindurchzuschlürfen wie die Bauern und Kaufleute. Und wenn uns Gott Kinder schenkt, so müssen die Knaben Baron studieren wie die Deutschen; die Mädchen aber große, große Damen, damit der Kaiser, wenn er nach Finnland kommt, fragt: ‹Was sind das für Leute?›, und ich antworte: ‹Das sind meine, Eure Majestät, meine!›»

Unter solchen Gesprächen gelangten sie zum ersten Wachtposten der Kosaken.

«Was tust du hier, Faulpelz!» fragte Agafia den langhaarigen Kerl, der neben seinem Pferde der Länge nach ausgestreckt auf dem Boden lag, «warum bist du nicht beim Tanz?»

«Heute gibt's keinen Tanz», antwortete der Mann mürrisch, «heute gibt's Engländer.»

«Die Engländer sind eine Kleinigkeit; was kümmern mich die Engländer. Ich bin reich, ich habe einen Rubel bekommen, ich bezahl's. Wo sind deine Brüder?»

Der Kosak warf seinen Arm in der Richtung nach einem Landesvorsprung in die Luft und kehrte sich ab, ohne seine Beine einzuziehen. Im Kosakenlager bewirkte Agafias Staatskleid Staunen und ehrerbietige Bewunderung, so daß selbst ihre vertrauten Tänzer und Schnapsfreunde vom Boden aufschnellten, um sie förmlich, mit einer Verneigung, zu begrüßen. Das ließ sie sich denn gnädig gefallen, raunte jedoch im Vorbeitrippeln dem einen und andern ermutigend ein trauliches Scherzwort zu.

«Was tut ihr eigentlich hier, Brüder?» hub sie an, indem sie sich ohne weitere Umstände auf das nasse Gras setzte, in dem Volantgewühl ihres Schleppkleides halb verschwindend, wie die Henne in einem Neste.

«Was wir tun, Agafia? was wir tun? Nun, was werden wir tun? Nun, ich denke, wir tun wie gewöhnlich. Wie es Gottes Wille ist. Am Vormittag – nichts; und am Nachmittag – ich weiß nicht was. Was sollten wir anders tun? – Aber du, was bringst du für eine Neuigkeit?»

«Was ich für eine Neuigkeit bringe? Ich? Was wollt ihr, daß ich für eine bringe? Eine gute bringe ich. Festtag bringe ich. – Da!»

Hiemit kramte sie in der Tasche und ließ ein Kupferstück auf den Boden springen. Die Kosaken warfen sich leidenschaftlich darüber her und katzbalgten sich. Von dem Schauspiel belustigt, nickte Agafia beifällig mit dem Kopfe; dann griff sie mit feierlichster Miene zum zweiten Male in die Tasche, hierauf zum dritten und vierten Mal und so weiter, bis sie sich des letzten Kopeken entledigt hatte. Einige Augenblicke später rückten drei Flaschen Branntwein und zwei alte, dicke, bestaubte, in allen Irisfarben schillernde Gläser heran. Agafia winkte ihrem Bräutigam, sich an ihrer Seite niederzulassen.

«Erlaubt, Brüder», sprach sie mit großem Ernst, «daß ich euch meinen Bräutigam vorstelle: einen braven, einen treuen, einen reichen, und ihr mögt lachen oder nicht, es ist wahr, so wahr wie ich da bei euch sitze: niemals betrinkt er sich; nicht am Sonntag, ja nicht einmal zu Ostern, so fein und vornehm ist er.»

Die Kosaken betrachteten den Mann, der sich niemals betrank, mit unwillkürlicher Hochachtung, während zugleich seine ungelenke finnische Haltung ihre Spottlust reizte.

«Rührt ihn nicht an, sage ich euch», ergänzte Agafia bestimmt, «wenn er schon nur ein Finne ist. Denn er liebt mich und ist mein.»

Hierauf kredenzte sie kokett das eine Glas, überreichte es Tullela mit verliebten Blicken, goß den ganzen Rest auf einen Zug die Gurgel hinunter, mit den Fingern dazu schnippend, ließ sich das Glas nochmals füllen und hielt es mit wichtiger Miene dem nächsten Kosaken hin.

«Auf deine Gesundheit, Bruder!»

Dieser verbeugte sich tief, so daß die Haarsträhnen ihm über das Gesicht fielen, und antwortete mit umständlicher Höflichkeit: «Auf die deine, Agafia! Entschuldige, daß ich so frei bin.»

Und so ging es weiter durch die ganze Reihe.

«Was!» schnurrte jetzt eine erzürnte Stimme in den Haufen hinein, und der Kosakenhetman musterte mit finsterm Blick die Zecher.

«Nun, was ‹was›? Euer Hochwohlgeboren!» erscholl es mit schmeichelnden, bittenden Tönen im Chor, «was wird es ‹was› sein? Ein bißchen Festtag.»

Und zwei Gläser schoben sich einladend an seine Lippen. Zugleich bedeutete Agafia dem Hetman mit herablassender Handbewegung, sich ins Gras zu setzen.

«Genieren Sie sich nicht, Euer Hochwohlgeboren! Platz genug! – Oder», fügte sie mit schelmischen Blicken bei, «ist Ihnen vielleicht meine Nachbarschaft unangenehm?»

Der Hetman widerstand dem Pariser Ballkleid nicht, seine Mienen glätteten sich, sein munteres Kosakenauge fing an mutwillige Blicke zu blitzen, endlich setzte er sich frisch und frank neben die schöne Agafia, während ein Donnergebrüll ehrfürchtigen Beifalls seinen Entschluß belobte.

Agafia kredenzte ihm schmachtend das Glas, steckte eine Zigarette in den Mund und bohrte ihm dieselbe zwischen die Lippen mit einem Lächeln, welches hingereicht hätte, alle Kosaken vom Don bis zum Kaukasus zu entflammen. Nachher schlang sie ihm einen Arm um den Leib und flüsterte: «Ein bißchen tanzen, Euer Hochwohlgeboren.»

Der Hetman schüttelte mürrisch den Kopf und spuckte die Zigarette weit von sich.

«Nein», erwiderte er barsch; «heute ist es verboten.»

«Aber warum?»

«Darum.»

«Ah! ich weiß, warum Sie das Tanzen nicht erlauben wollen!» rief Agafia entrüstet, weit von dem Hetman wegrückend. «Ich weiß! Nichts anderes als wegen den Engländern. Ich begreife, begreife! Sie fürchten sich vor ihnen, Euer Hochwohlgeboren, aufs Tüpfchen genau wie Balvan Balvanowitsch! Erbarmen Sie sich! Tun Sie mir den Gefallen! – Sich vor den Engländern fürchten! Ha! ha! ha! Eine große Herrlichkeit, die Engländer! – Ihr glaubt also hier im Lager auch an die Bumbardirovka? Erlaubt mir, euch zu sagen, Brüder, daß ich euch lächerlich finde. Bumbardirovka! Ihr wißt eben nicht! Aber ich weiß! Und ich will's euch sagen. Ich, Agafia.»

Nach diesen Eingangsworten setzte sie sich in gewählter Haltung zurecht und hielt mit lauter Stimme und geläufiger Zunge eine Rede, überzeugt und siegesgewiß.

«Seht ihr, Brüder, die Sache verhält sich so: Ihr wißt die Krim, dort unten, weit, weit, weit, weit? Und noch weiter als die Krim das Meer und noch weiter als das Meer der Kavkas und noch weiter als der Kavkas Jevropa: Tataren und Türken und Konstantinopel und Parisch und Stockgolm und alles. Und Napun Leonowitsch, der deutsche Zar in Parisch? Und Jevgenia Napunleonowna, seine Frau, behaupten sie.»

«Europi ist dort!» unterbrach Tullela verbessernd mit knurrender Stimme, indem er den Arm nach Westen warf.

«Stilleschweigen, Täuberich!» befahl Agafia zärtlich, doch bestimmt. «Stilleschweigen, aufmerken und lernen! – Also, was ich sagen wollte, Brüder: seht, Brüder, wißt ihr, Jevropa ist böse und glaubt nicht an Gott und will nicht, daß Christen leben sollen; darum hilft es den Türken. Weil aber Rußland eine Insel ist ...»

«Rußland ist keine Insel», murrte Tullela ärgerlich.

«Wenn du nicht endlich Frieden hältst, mein Schatz, so wird man dich fortgehen heißen. ‹Stilleschweigen!› hat man dir gesagt, begreifst du?»

«Stilleschweigen!» bestätigte der Chor drohend.

«Erbarmet euch, Brüder! ‹Keine Insel!› behauptet er. Keine Insel! Warum keine Insel? Wieso keine Insel? Aber Augen, Tullela, Augen hast du doch? Nun, was? Dort, zwischen den Schären, was ist denn das? Ich denke doch, das Meer. Oder was sonst? Jedenfalls keine Suppe und keine Tinte! Und das Schiff der Engländer, was meinst du, Tullela, ist es etwa auf der Eisenbahn von Moskau nach Petersburg hergekommen oder auf einer dreispännigen Telega? Und in Helsingfors ist auch das Meer, ich habe es selbst gesehen, und in Wiborg ebenfalls und in Archangelsk, wie sie sagen, wieder das Meer und bei Nowaja Semlja das Meer, alle sagen es, und bei Astrachan und bei Kamtschatka, überall, überall, überall! Und darum müssen die Deutschen von Jevropa Schiffe bauen, die Armen, wenn sie Rußland angreifen wollen, große, große und viele, viele, viele. Doch das hilft ihnen alles nichts, gar nichts, nicht einen Mundvoll, nicht ein Schnapsgläschen, nicht ein Tröpfchen. Denn Gott und der Zar sind Freunde. Und Gott ist schlau, ihr habt gar keinen Begriff davon. Wie soll ich's euch erklären? Halt, ich hab's. Seht ihr, Brüder, wißt ihr? Denkt euch einen Tataren. Ist er nicht imstande, drei Kosaken zu überlisten! Und ein Kosak überlistet doch sechs Russen, und ein Russe zwölf Deutsche und Engländer. Ein einziger Engel aber ist pfiffiger als hundert Tataren von den schlauesten. Engel aber gibt es viele, viele Millionen, mehr als Mücken und Heu und Krähen. Und die Engel haben wieder ihre Palkowniki, welche die Engel hintergehen, und die Palkowniki ihre Minister, von denen sie betrogen werden, und doch ist Gott für sich allein imstande, alle Engel miteinander zu täuschen. Begreift ihr's jetzt? Seht ihr jetzt endlich ein, daß die Deutschen und Europäer alle miteinander umkommen müssen, die Armen, weil sie den Gottlosen helfen?»

«Aber dort in der Krim, sagen sie, geht es nicht gut», wagte ein Kosak einzuwenden.

«Schlecht geht es», brummte der Hetman.

Agafia lachte aus vollem Halse und klatschte in die Hände.

«Wie ihr doch eigentlich dumm seid, Brüder,

erlaubt mir, daß ich's euch sage, verzeiht mir's, nehmt mir's nicht übel. Begreift ihr denn gar nichts? Natürlich, das kann man doch mit Händen fassen, stellt ihnen Gott eine Falle. Ich habe euch ja gesagt, er ist schlau. Paßt auf, wie er sich die Sache denkt: Erst lockt er sie alle nach Sewastopol, immer mehr, immer mehr, bis schließlich nichts zu Hause bleibt als Frauen und Kinder. Dann, wenn er sie alle beisammen hat, macht er hinten die Klappe zu. Patz! Gefangen! – Wißt ihr, was ich glaube?» munkelte sie, einen verstohlenen Seitenblick nach dem Meere werfend, «was das Kriegsschiff betrifft, das ihr dort seht, das ist das letzte; Gott hat ihnen erlaubt, aus der Falle zu entwischen. Und in ihrer Angst vor den Russen sind sie mit dem Schiff von der Krim fortgelaufen, um Rußland herum, gelaufen, gelaufen, gelaufen in einem fort, ohne Aufenthalt, Tag und Nacht bis nach Åbo. So steht's. Punktum. – Branntwein gebt mir, bitte, Brüder, wenn es erlaubt ist.»

Ein Beifallsgemurmel belohnte die politische Belehrung. Der Hetman, von dem anmutigen, wohllautenden Geplapper betört, wollte einen Arm um Agafia schlingen.

«Nein, Euer Hochwohlgeboren», wehrte Agafia flüsternd, doch ernsthaft, die Stirn runzelnd. «Das ist verboten. Sie müssen nämlich wissen, mein Bräutigam glaubt nicht an Gott: er ist eifersüchtig. Zwar sagt er nicht das mindeste. Doch ehe man sich's versieht, ritsch, hat er das Messer in der Hand. Wahrhaftig. Bei Gott. Ehrenwort. – Ein bißchen spazierengehen, Euer Hochwohlgeboren!»

Hiemit stand sie gravitätisch auf, ließ das Seidenkleid um sich rauschen, warf sich in die Brust, neigte den Hals wie ein verliebter Schwan zur Seite, schwang die gespreizten Arme rudernd hin und her und schwänzelte nach dem Meere zu, alles bestaunend, was ihr vor Augen geriet, denn es war ja Festtag, die spärlichen Maßliebchen im Grase, die glitzernden Steinchen am Ufer, das feindliche Schiff neben der Schäre. Dazwischen liebkoste sie die ruppigen Pferdchen der Kosaken mit überschwenglicher Zärtlichkeit.

«Aber wißt ihr was, Brüder?» rief sie, plötzlich belustigt sich umsehend, «spielen wir ein bißchen mit den Engländern! Stellt die Pferde an den Strand, das Hinterteil gegen die Engländer gedreht, damit sie sich ärgern.»

Die Kosaken, allezeit zu jedem Schabernack aufgelegt, setzten ohne weiteres den Einfall ins Werk, führten die klugen Rößlein unter Schmeichelworten und freundlichem Zungenschnalzen an die Küste, stellten sie in die Reihe, die Köpfe landeinwärts, und kniffen sie in die Ohren, daß sie hoch ausschlugen.

«Gut, ihr Jungen! Brav, Brüder!» lobte Agafia ernsthaft. «Helden! einfach Helden! Weiter nichts!»

Der Hetman, welcher die hübsche Agafia schon lange nicht mehr aus den Augen gelassen, schlich jetzt heran, versetzte ihr einen vertraulichen Stoß mit dem Ellbogen und flüsterte: «Tanzen? Was? Agafia? Tanzen?»

Agafia verzog schnippisch die Mundwinkel: «Nein! ich danke.»

«Aber warum nicht?»

«Ich mag nicht. Ich bin müde.»

«Dummheiten!» riefen die Kosaken. «Spute dich, Agafia! Komm tanzen!»

Verächtlich wie eine Baronin und gelangweilt wie eine Königin kehrte ihnen Agafia den Rücken, während die Kosaken, ohne sich im mindesten um ihre Weigerung zu kümmern, einen Kreis bildeten und eine Ziehharmonika hervorkramten.

Tullela hatte bei alledem vergessen und verstoßen abseits gestanden, trübselig zu Boden blikkend. Jetzt hüpfte Agafia flink wie ein Reh an ihn heran.

«Werde nur nicht böse, mein Täuberich! sei doch nicht traurig, meine Seele! Ein bißchen sich lustig machen, darüber braucht man doch nicht traurig zu sein. Ein bißchen tanzen, weiter nichts. Lieben tue ich dich ja dennoch. Und dann werden wir uns heiraten. Willst du? Aber komm in die vorderste Reihe, damit du mich bewundern kannst, wie ich tanze. Mach die Augen auf, denn du bekommst etwas zu sehen.»

Nachdem sie ihm hurtig und verstohlen einige Küsse appliziert, zerrte sie ihn unter die Soldaten.

Die Harmonika quiekte einen Moll-Akkord, die Kosaken hefteten die Blicke stier und ausdruckslos auf ihre Stiefel, wie es der Festtag erheischte, und begannen mit plärrendem Geschrei eine der unsäglichen und unendlichen Klageweisen im Presto furioso, welche dort unten am Dnjepr der Menschheit zum Symbol des Jubels dienen. Der Hetman, den schwarzen Butterkübel kühn über das linke

Ohr gestülpt, den Riemen kokett mit den Zähnen zernagend, nahm Agafia unter dem Arm, auf französisch, stolzierte mit ihr in die Mitte des Kreises, entließ sie mit einer Verbeugung aus dem Zeitalter Ludwigs XIV., dann gab er ihr seine Künste zum besten, wie besessen um sie herumtobend, bald auf dem Boden kauernd und die gestiefelten Beine nach allen Richtungen herumschleudernd, bald hoch aufschnellend wie ein Teufel aus einer Schachtel, bald in Cancanschritten, den Säbel in der Rechten, gegen sie anstürmend, als gälte es Mauern zu überspringen und Schanzen zu erobern; während dieser Arbeit lief ihm der Schweiß in Strömen über die Stirn, und die langen Haare blieben ihm im Gesicht kleben. Agafia ihrerseits wand und drehte sich wie eine Schlange, mit dem Taschentuch in den Lüften fuchtelnd, um die Grazie einer vornehmen Dame zu erreichen, alles würdig und feierlich, die Blicke selbstgefällig vorn und seitwärts und rückwärts an ihrer Gestalt herumschickend, bis schließlich der wahnsinnige Takt des unaufhörlich fortplärrenden Liedes über ihre Ziererei siegte, worauf sie wie ein Kobold mit Riesenschritten auf ihren Küchenstiefeln cancanierte, daß das Wehen des Gazekleides den Sängern den Atem zu rauben drohte. Und so oft sie an Tullela vorübersauste, jagte sie ihm einen durchbohrenden Liebesblick zu.

Tullela aber, obschon im Grunde nicht wenig stolz auf die Künste und Triumphe seiner Braut, schielte mißtrauisch von einem Kosaken zum andern und murmelte von Zeit zu Zeit halblaut vor sich hin: «Das ist meine.»

Abends gegen zehn Uhr, also noch bei hellem Tage, fuhr das Kriegsschiff mit vollen Segeln zwischen den Schären hindurch und legte sich auf Schußweite vor Anker. Eine ungeheure Aufregung bemächtigte sich bei diesem Anblick der Bürger, die von der Abmachung zwischen dem Gouverneur und den Engländern nichts wußten. In den Straßen wimmelte es wie in einem Ameisenhaufen; die wehrfähigen Männer, mit Messern, Sensen, Angelhaken und Dreschflegeln bewaffnet, eilten kampfesmutig entweder zum Hafen oder nord- und südwärts der Stadt nach dem Strand, wilde Verwünschungen ausstoßend; der furchtsamere Teil der Bevölkerung versteckte sich in die Keller oder in die Kirchen; einige beherzte Frauen sammelten Wasser in Kesseln, Kübeln und Eimern, um für den Brandschaden gerüstet zu sein, denn eine Feuerwehr hatte Åbo damals noch nicht. Abordnungen der Finnen und Schweden lösten einander ab, um dem Gouverneur bald diese, bald jene Maßregel zu empfehlen; die beiden lutherischen Pfarrer aber samt dem Bürgermeister stellten ihm den unersetzlichen Wert von dreißigtausend Menschenleben vor Augen, von welchen er dereinst am Jüngsten Gericht Rechnung werde ablegen müssen, und heischten die Übergabe der Stadt, mit eifriger Beteuerung ihrer unverbrüchlichen Anhänglichkeit an den Kaiser. Der Gouverneur hielt für alle diese Zumutungen stets dieselbe Antwort bereit. «Gut, Freunde! Ausgezeichnet! Das Vaterland dankt Ihnen. Übrigens: das geht mich an. Bemühen Sie sich daher nicht weiter.» Als jedoch die Pfarrer und der Bürgermeister Miene machten, die säugenden Mütter und die unmündigen Kinder herbeizuholen, entwich ihm jählings die Geduld.

«Mein Palast ist keine Hebammenanstalt. Meinetwegen können Sie, wenn Sie Kindervorstellungen geben wollen, die Komödie im Sozietätshaus aufführen oder in der Kirche oder wo Sie sonst wollen. Genug. Steigen Sie mir gefälligst den Bukkel hinauf. Ich habe die Ehre, meine Herren.»

Er hatte die Truppen verteilen lassen, Kompanie von Kompanie weit getrennt, meistens im Süden der Stadt, landeinwärts, in der Gegend des Schlosses, möglichst von der Ziegelhütte entfernt, damit sie nicht störten. Nur eine Batterie von vier Kanonen hatte er in der Nähe der Ziegelei aufgepflanzt, ansehenshalber. Er selbst mit seiner Frau, begleitet von Balvan Balvanowitsch, dem Generalstabe und einer halben Kompanie finnischer Garden, begab sich ans Ziel der Bumbardirovka, einen kleinen Hügel nordwärts der Stadt, auf welchem Tullelas Haus und Schuppen stand, hart über der See, genau dort, wo gegenwärtig das «Hôtel de l'Océan» mit seinen gemalten Marmorpfeilern aus Lärchenholz in falschem Glanze prunkt. Am Fuße des Hügels, in einer Versenkung des Bodens, wurde Stellung genommen; man war dort einigermaßen entfernt und geschützt, während man zu gleicher Zeit sowohl das Schiff als die Fahne beobachten konnte, die der Gouverneur auf das Dach der Ziegelei hatte stecken lassen, damit der Feind das Ziel ja nicht verfehle. Balvan Balvanowitsch, beständig von Visionen des Kriegsgerichts geplagt, kauerte mit gedankenlosem Blicke auf seinem hohen Rappen;

der Helm schien seine niedere Stirn noch tiefer herunterzudrücken, und alle seine Bemühungen, mit dem Gouverneur ein kameradschaftliches Gespräch anzuknüpfen, trugen ihm bloß verächtliche Mienen und wegwerfende Bemerkungen ein. Jetzt versuchte er es mit der Gouverneurin, vor welcher er seine ungeschlachte Galanterie, die er bisher einzig an Cafésängerinnen und Badedienerinnen geübt, hervorkramte und mit größter Anstrengung sammelte.

«Ich bitte», hub er an, «Pelageja Iwanowna, hier sind Sie den Kugeln ausgesetzt. Ist Ihnen nicht vielleicht gefällig, daß ich Sie weiter gegen die Stadt hin begleite? Ich werde Ihnen eine Kompanie für Ihre Sicherheit zur Verfügung stellen.»

«Nein, ich danke», lautete die ungnädige Antwort, «ich liebe die Kugeln.»

«In diesem Falle stehe ich Ihnen zu Diensten. Darf ich Sie den Hügel hinaufführen?»

«Nein, auf dem Hügel zieht es.»

«Zieht es? Sie sind doch hoffentlich nicht unwohl, Pelageja Iwanowna?»

«Gott im Himmel! Was für ein zudringlicher Mensch! – Ich fühle Schmerzen auf der Brust.»

«Auf welcher, wenn es zu fragen erlaubt ist, auf der linken oder auf der rechten?»

«Durak!»* zischte die Gouverneurin wütend.

Allein er ließ nicht ab.

«Ihre zarten, samtnen Beine, Pelageja Iwanowna, werden müde werden, ewig so dazustehen. Darf ich Ihnen vielleicht mein Pferd anbieten?»

---

* «Dummkopf!»

Die Generalin betrachtete das schöne, feurige Tier unwillkürlich mit Wohlgefallen. Schon war Balvan Balvanowitsch diensteifrig auf die Füße gesprungen und nötigte sie zum Aufsitzen.

«Ich bitte», sprach er artig, den Steigbügel hinhaltend.

Pelageja Iwanowna warf einen Blick auf ihr Kleid – es war kein Reitkleid –, einen zweiten auf die Truppe und zauderte.

Balvan Balvanowitsch erriet ihre Bedenken.

«Die Offiziere hinter die Front!» kommandierte er angelegentlich.

Nachdem sie sich versichert, daß dem Befehl Folge geleistet worden, schwang sie sich behend in den Sattel, rittlings, nach Männerart, und ihre faule Haltung verwandelte sich plötzlich zu amazonenhafter kühner Grazie. Ihre Augen leuchteten, und der Rappe, der leichten Last und der ebenso weichen wie sichern Zügelführung froh, begann zu tänzeln, zu schnauben und mit dem Schweife zu peitschen.

«Gut!» erklärte die Gouverneurin, mit gnädigem Kopfschütteln dem Major dankend.

Dieser atmete tief auf, keuchend und pustend im Gefühl der entschwundenen Angst.

«Da! Gott sei Dank! Jetzt kann alles wieder gut werden!» brummte er getröstet; «eine Generalin, jung und glatt und sauber, das ist das beste Mittel gegen ein Kriegsgericht.»

Die Fregatte trieb eine Rakete in die Luft, dann eine zweite und eine dritte.

«Es fängt an», polterte der Major gleichgültig.

Aus der ersten Schiffsluke links in der obersten

Reihe kräuselte ein blaues Wölklein, sausend und zischend pfiff etwas in den Birkenbusch unten am Bach hinter der Brennerei, die Äste zerschleißend, und aus der Ferne krachte ein dumpfer Schuß.

«Fehlgetroffen!» markierte ein Artillerist ruhig, und die übrigen wiederholten nachlässig: «Fehlgetroffen!»

Eine zweite Rauchwolke folgte der ersten aus der Nachbarluke. Auf der Meeresfläche tänzelte eine Kugel, lustig auf- und abspringend, Schaum und Gischt um sich spritzend. Die Soldaten wurden mutwillig.

«Aber jetzt paßt auf, Brüder!» sprach überlegen und ernsthaft der Offizier, «jetzt kommt's richtig!»

Allerdings platzte die dritte Granate hart vor dem Hause, auf dem Wege Rasenstücke und Lehm herumschleudernd bis hinunter in die Versenkung, die Dortstehenden mit Staub und Schmutz besprengend. Ein fröhliches Gelächter begrüßte die Bescherung, und der Major benützte die Gelegenheit, um das Kleid der Generalin zu reinigen, eifrig schüttelnd und blasend.

«Schadet nichts! Hat nichts zu sagen!» beteuerte diese freundlich. «Bemühen Sie sich nicht, Balvan Balvanowitsch. Es ist ein ganz altes Kleid. Natürlich, Sie begreifen doch, zu einer Bumbardirovka putzt man sich nicht wie zu einem Ball, obschon nach meiner Meinung ein hübsches, sauberes, gewaschenes Granätchen, das am richtigen Ort platzt, unterhaltender ist als manche lange Masurka mit Knallbonbons.»

Die vierte Kugel schlug die Signalstange auf dem Dach entzwei, daß die Fahne heruntertorkelte.

«Bravo!» riefen die Soldaten. «Ein Held! Ein Jüngling! Ein Offizier! Diese Granate! Die versteht's!»

Und einer aus der finnischen Garde trat schüchtern aus dem Glied, die Hand grüßend an den Helm gelegt.

«Euer Hochwohlgeboren», stotterte er gegen den Major. «Bitte! Erlauben! Die Fahne wieder aufstecken!»

«Durak!» brüllte dieser. «Schweigen und stillestehen!»

Mit tiefem Bedauern schlich der Infanterist wieder in die Reihe zurück, als wäre ihm ein Urlaub verweigert worden.

Jetzt aber hüllte sich das ganze Schiff in dunklen Rauch, so daß allein der Hauptmast aus der Wolke hervorragte. Ein höllisches Knistern, Prasseln und Wettern in der Ziegelhütte, ein dichter Hagel von Steinen, Scherben und Splittern, ein gewaltiger, lang dauernder Knall – und aus dem ganzen Dachgefüge loderten die hellen Flammen empor. Ein grimmiger Zornruf entfuhr den Soldaten, und ehe man sich's versah und es wehren konnte, stürmte die Garde den Hügel hinan, aufgelöst, ohne Befehl und Ordnung. Ihnen nach mit fürchterlichen Verwünschungen der Major, so schnell es ihm seine ansehnliche Beleibtheit gestattete.

«Wollt ihr gleich rückwärts? Ihr Viehstücke! Was habt ihr dort oben zu suchen! Schnaps gibt es dort keinen. Oder meint ihr etwa, die Engländer säßen auf ihren Kugeln wie der Baron von Münchhausen! Da könnt ihr lange umsonst warten. Das sind Feiglinge. Die schießen bloß, wenn sie sich in Sicherheit wissen!»

«Das heißt, wenn sie wissen, daß der Feind die Kugeln verkauft hat», ergänzte der Gouverneur trocken.

Der Gouverneur erhielt übrigens ebenfalls der Arbeit genug, denn vom Schlosse her eilten die Truppen herbei, dem Befehl zuwider, von dem Knall der Kanonen unwiderstehlich angezogen. Es dauerte eine geraume Weile, bis alles wieder in Ordnung zusammengeschimpft war, und mancher Offiziersfluch erscholl noch vereinzelt zur Vorsorge, um einer Wiederholung der Auflösung vorzubeugen.

Eine Breitseite nach der andern knallte das Schiff in rascher Folge ab, so daß binnen kurzem die Lohe aus allen Fugen und Fenstern züngelte, über den Dächern zu einer Flammensäule sich vereinigend und eine riesige Wolke von Qualm bald hierhin, bald dorthin wälzend, je nachdem der Wind eben blies. Der Rappe der Generalin drehte sich um seine eigene Achse, bäumte sich und schlug aus, so oft die Granaten pfiffen oder das Gewölk seine Nüstern erreichte. Balvan Balvanowitsch, die Zügel festhaltend und immer bemüht, sich angenehm zu machen, wagte einen Spaß, da er bemerkte, wie die Gouverneurin gierig den Qualm und Pulverdampf einsog.

«Die Bumbardirovka», schmunzelte er, «schenkt Ihnen eine Accompagnirowanje von Parfümirowanje.»

Pelageja Iwanowna geruhte den Spaß nach ihrem Geschmack zu finden.

«Was ist Ihnen nur heute passiert, Balvan Balvanowitsch? Sind Sie krank? Sie machen mir Sorgen.

Wenn das so weitergeht, so steht zu befürchten, daß Sie schließlich noch geistreich werden. Sie müssen das pflegen, Balvan Balvanowitsch; das darf man nicht einreißen lassen.»

«Ich bitte um die Gefälligkeit, Pelageja Iwanowna, bitte dringend! Seien Sie mein Arzt! Einen weicheren und saubereren könnte ich in ganz Rußland unmöglich finden.»

«Lassen Sie die Galanterie! Tun Sie mir den Gefallen! Sie sind so täppisch wie ein Marineoffizier. Halten Sie mich denn wirklich für so dumm, daß ich einen andern von Geist heilen könnte?»

Balvan Balvanowitsch ließ den Mund hangen. Die Generalin aber, von jähem Übermut der Gefahr erfaßt, wie er den Russen eigen ist, schrie plötzlich befehlend: «Lassen Sie die Zügel los!»

Und als der Major gehorchte, sprengte sie gestreckten Galopps den Hügel hinan mitten in die Feuerlinie vor das brennende Gebäude. Ein donnernder Jubelruf der Soldaten belohnte ihre Tapferkeit, und vergeblich bemühte sich der eifrig ihr nachhumpelnde Major, sie wieder herunter zu beschwören.

«Lassen Sie sie nur laufen, die Närrin!» mahnte der Gouverneur gleichgültig. «Wenn sie durchaus getroffen werden will, das ist ihre Sache.»

So behielt Pelageja Iwanowna ihren Willen. Freilich, auf dem Hügel standzuhalten, erlaubte ihr der Rappe nicht. Von Sinnen vor Todesangst, bäumte er sich hoch auf, trug sie, auf den Hinterbeinen stelzend, rückwärts bis nahe an die Flammen, so daß die Glut ihre Locken ansengte, bis daß die Funken auf das Hinterteil des Gauls regneten, worauf dieser dann einige Male im Kreise herumwirbelte und in rasendem Lauf den Hügel hinabsauste, unaufhaltsam flüchtend bis tief in die Stadt und über die Brücke, während die Gouverneurin umsonst mit blitzschnellem Zügeldruck bald links, bald rechts zu wenden versuchte.

«Wie herrlich! wie köstlich! was für ein prächtiges Pferd!» rief sie im Vorüberrasen ihrem Mann mit erstickter Stimme zu.

Nach einigen Minuten kehrte sie aus der Stadt zurück, seitwärts traversierend, das angstvolle, an allen Gliedern zitternde, dampfende und mit weißem Schaum bedeckte Tier Schritt für Schritt im Zickzack den Rain hinanzwingend. Oben begann das Kreiselspiel von neuem, und wenige Augenblicke später kam sie wieder den Berg heruntergerast.

«Aber wir», fragte der Artilleriekapitän, «wir, Balvan Balvanowitsch, werden wir nicht auch schießen?»

«Schießen? Ich bitte Sie, womit schießen? Kugeln gibt es keine.»

«Genau wie in der Krim!» murmelte der Kapitän finster vor sich hin. «Gott gewähre Rußland Galgen!»

Dann verkündete er seinen Leuten: «Geduld, Brüder! Gott hat Kugeln verboten.»

Diese ließen die Arme hangen und schauten traurig vor sich hin.

Indessen, irgend etwas mußte man doch tun, um die Bumbardirovka zu begrüßen. Als daher einmal eine Granate, das Ziel verfehlend, in der Nähe der Batterie mit zischendem Zünder zu Boden fiel, rief einer der Gunteroffiziere*, ein flotter junger Kerl aus der Gegend von Kiew, der Lustigmacher der Garnison: «Was willst du denn hier, Täuberich? Was zischest du so begehrlich? So jemand wie dich kann ich gerade brauchen. Zigaretten hab' ich, aber leider keine Streichhölzchen! Brüder! Heute ist Festtag! der Feind schenkt uns Streichhölzchen!»

Hiemit lief er eilends der Granate zu; umsonst schrien ihm die Offiziere von weitem entgegen, das ganze reichhaltige russische Schimpfwörterbuch erschöpfend, um ihn zu retten.

«Macht nichts! Macht durchaus nichts! Brüder! Gott ist gnädig!» begütigte er höflich, hielt gemütlich die Zigarette an das fauchende Ungetüm und kehrte befriedigt zurück mit Gebärden, als ob er schmauchte und paffte. Ein schwacher, puffender Knall, eine kleine rot und blaue Lichtgarbe, nach drei Seiten blitzend – der Gunteroffizier warf seinen Kopf zurück, griff mit beiden Händen an seinen Rücken, stieß ein jämmerliches Geschrei aus und stürzte rücklings zu Boden, sich wälzend und sich windend wie eine Weinrebe.

Fluchend eilten die Offiziere herbei. Einige Kameraden aber faßten ihn an Armen und Beinen, wie es eben kam, ohne seiner Schmerzen zu achten. Dabei trösteten sie ihn auf ihre Weise.

«Schrei doch nicht so, du Hund!» rief der eine. «Man könnte meinen, was geschehen wäre! Ein Soldat mehr oder weniger auf der Welt, darauf kommt es doch nicht an. Der Kaiser hat ihrer noch genug.»

---

* Unteroffiziere

Und ein anderer sagte: «Nun, was? Bruder? Was? Ein bißchen sterben, weiter nichts. Was ist da Großes dabei? Dafür sind wir Soldaten.»

So schleppten sie ihn nach der Stadt.

Das Gebäude war beinahe auf den Grund verbrannt, die Kugeln schwiegen, da stürzte ein junger Bauer im grauen finnischen Kittel aus der Nikolajstraße daher, beide Arme mit Steinen beladen, mit verzerrtem Angesicht, wutschnaubend und von Zeit zu Zeit ein grimmiges «Satanaperrkele» zwischen den Zähnen hervorstoßend. Ihm nach, an seinem Rock sich festhaltend und mühsam mitgaloppierend, halb von dem Wütenden geschleift, ein Dämchen in blauseidenem Ballkleid, die Schleppe beschmutzt und zerrissen, das Haar in wilden Strähnen aufgelöst über die Schultern fliegend, Strümpfe und Busentuch in loser Unordnung.

«So warte doch, mein Täuberich! Was läufst du so wie ein Rentier!» keuchte Agafia weinend und scheltend. «Gott im Himmel! halt doch ein wenig!»

Doch Tullela, beim Anblick seines zerstörten Eigentums, rannte nur noch schneller, ab und zu im Laufe noch einen Stein aufhebend.

«Was ist das für ein Kerl? Was will er?» herrschte der Gouverneur, und einige Bajonette versperrten dem Eilenden den Weg.

«Ach, mein Herr! Euer Exzellenz! Baraban Barabanowitsch!» flennte Agafia, ihren Bräutigam festhaltend und ihm Stein für Stein mit sanfter Gewalt zu Boden werfend, «Sie wissen nicht! Der Arme! Der Unglückliche! Das ist sein Haus, das der Feind verbrannt hat. Sein Haus! und wir wollten nächste Woche heiraten. Was jetzt machen? was anfangen?»

Ein Murmeln des Bedauerns durchlief die Reihen der Soldaten, und tiefgefühlte Verwünschungen wurden gegen die Deutschen, Türken und Engländer wegen ihrer unmenschlichen Grausamkeit laut.

Der Gouverneur, zuerst etwas verlegen, gewann rasch seine Fassung. Mit pathetischer Gebärde erst auf das qualmende Gebäude, dann auf Tullela weisend, brandmarkte er in kurzen, kräftigen Worten die ruchlose, der Menschlichkeit und des Völkerrechts spottende Untat des Feindes; hierauf fing er an, Tullela zu bearbeiten.

«Schaut hin, Brüder!» rief er den Soldaten zu. «Seht ihn an, diesen jungen, unscheinbaren Finnen in seinem armen Kittel, ohne Bildung, ohne Glauben, ohne Amt und Stellung, und doch könnte er manchem, der hochmütig mit seinem Rang und Reichtum prunkt, zum Beispiel dienen. Schaut ihn an, den Helden, wie er ohne Murren, freudig und freiwillig sein Liebstes für Kaiser und Vaterland opfert! Wie er strahlt in dem Bewußtsein, durch den Verlust seines Eigentums die Stadt vom Verderben gerettet zu haben!»

Und mit militärischem Schritt auf das unglückliche Opfer zutretend, klopfte er ihm zärtlich auf die Schulter und fuhr mit sanfter, gerührter Stimme fort: «Wie heißest du, braver Mann? Schäme dich deines Namens nicht, denn du hast ihn zu einem Ehrennamen in Rußland gemacht!»

Tullela ließ die letzten Steine fallen, schwieg eine

Weile, mißtrauisch umherblickend, ob man sich nicht über ihn lustig machte; endlich polterte er mit plötzlicher Anstrengung seinen Namen hervor. Der General erhob wieder die Stimme zur pathetischen Rede.

«Tullela!» rief er; «Tullela! empfange aus meinem Munde die Anerkennung deines Kaisers! Tullela! das heilige Rußland spendet dir seinen Dank und Segen! Tullela! fahre fort auf diesem Wege, den du betreten! Beharre auch ferner in deiner löblichen opfermutigen Gesinnung, so wird Finnland stolz darauf sein können, dich erzeugt, geboren, gesäugt und erzogen zu haben. Tullela! Das Haus, das dir der Feind zerstört, in deinem Herzen findest du es wieder, schöner und größer, als wenn es in plumper leiblicher Gestalt roh und greifbar von dir stände. Ein kostbarerer Besitz als Geld und Gut und Reichtum ist Tugend und Rechttun. Eine Ziegelbrennerei hast du verloren – einen Tempel des Bewußtseins hast du gewonnen; und wo ehemals dein Herd stand, da thront jetzt der Altar des Vaterlandes! – Uff! ich ersticke! – Ist das lang, solch eine Rede! Ist das mühselig! ist das dumm! – Genug! Der Halunke wird mich noch umbringen!»

Hierauf löste er feierlich einen seiner vierundzwanzig Orden von der Brust und heftete das Kinkerlitzchen an Tullelas Kittel.

«Urrah!» schrien die Soldaten, und die Trommeln wirbelten.

Aber trübe stierte Tullela bald auf seine Verzierung, bald auf sein zerstörtes Haus.

«Weine nicht! zürne nicht! mein Süßer!» schmeichelte Agafia, kosend seinen Arm ergreifend und seine Faust lösend, welche noch immer einen Stein krampfhaft umklammert hielt. «Du hast ja jetzt einen Mandeli*. Da grüßen dich die Gendarmen, wenn du vorübergehst, und du darfst bei der Parade in der vordersten Reihe stehen. Und in der Butterwoche**, wenn du betrunken am Boden liegst, sprechen die Gendarmen zueinander: ‹Rühr den nicht an, er ist ein Bruder des Kaisers›, so daß du ruhig bis zum andern Morgen liegenbleiben kannst. Und weißt du, wenn der Kaiser erfährt, daß der Feind dir dein Haus zerstört hat, so läßt er dir ein neues bauen aus Marmor und Gold und Lapislazuli, wie die Isaakskirche; er ist ja so reich, man bekommt ganz Angst davor, daran zu denken, wie reich. Und eine Schaukel wird dir der Kaiser schenken und eine Mütze mit Pfauenfedern ringsum, und ein Badezimmer mit einem hohen Ofen, um darauf zu klettern, und Tee und Zuckerkandel und eine große, gelbe, angorene Katze, und du wirst ein Baron sein und ein hoher Offizier, daß du alle kujonieren kannst und, wenn es dir gefällt, nach Sibirien schicken, geraden Weges über Moskau.»

«Aber Hausknecht, was meinst du, Tullela, Hausknecht, willst du Hausknecht bei mir werden?» fragte der General.

Tullela schwieg.

«Natürlich, ja! Natürlich!» erwiderte Agafia statt seiner. «Das heißt, bis zu der Zeit, daß das Haus fertig ist, welches ihm der Kaiser bauen wird.»

---

* Medaille

** Fastnachtwoche

Baraban Barabanowitsch lachte verächtlich.

«Gans, dumme! Der Kaiser hat andere Katzen zu peitschen, als dem Schatz einer Köchin Häuser zu bauen.»

«Wieso, Euer Exzellenz? – Aber Geld wird er ihm doch wenigstens geben zur Entschädigung.»

«Ich glaube, du bist verrückt. Wen's trifft, den trifft's. Wofür hat man denn sonst den Krieg? – Spute dich jetzt und schaffe zu Hause schnell den Tee für die Herrin. Denn es ist kühl.»

Agafia war verblüfft, doch ihre leichtsinnige Natur ließ keinen Schmerz in ihr aufkommen.

«Einerlei», tröstete sie, indem sie ihren Bräutigam mit sich heimzog; «weißt du, Schatz, von nun an wohnst du bei mir in der Küche und schläfst auf dem Herde! Ich zünde dir ein großes Feuer an, damit du warm liegst, und abends spielen wir Karten und singen bis Mitternacht das Lied vom Gemüsegarten: ‹Agarot, Agarot! Turilili, Turilila!› Köstlich wird es sein, sage ich dir, eine wahre Lustbarkeit, ein Festtag, ein Spaziergang!»

Unterwegs holte der Major Balvan Balvanowitsch die beiden ein, stieß den Finnen mit militärischer Grobheit einfach beiseite und wollte Agafia am Arm führen. Agafia wehrte sich eifrig.

«Wagt das nicht, Balvan Balvanowitsch, denn der Gouverneur ist eifersüchtig und», fügte sie schelmisch lächelnd hinzu, «möglicherweise die Gouverneurin auch.»

Balvan Balvanowitsch seufzte. Das Kriegsgericht stellte sich wieder vor seiner Phantasie ein. Agafia hatte recht, sein Platz war in der nächsten Zeit an der Seite der Generalin. Froh, nicht bemerkt worden zu sein, eilte er daher hastig wieder von dannen, um seinen Posten einzunehmen.

Allein der Gouverneur mit seiner Frau befand sich ebenfalls schon auf dem Heimweg, in ehelicher Traulichkeit sich zankend.

«Durak!» stöhnte die Generalin mit ihrer zauberhaft wohlklingenden und volltönigen Stimme. «Einfach Durak, weiter nichts! Wie kann ein Mensch so dumm sein, den Liebhaber der Köchin in Dienst zu nehmen?»

«Wieso? Es schickt sich doch immerhin, den Hundesohn, nachdem man ihm sein Haus zusammengebrannt, nicht auf der Straße liegenzulassen.»

«Was sich schickt, ist eine Kleinigkeit. Aber der Liebhaber meiner Köchin gehört nicht in meine Küche. Einfach. Sie wird zerstreut sein, sie wird jede Sauce verderben. Und wenn du auch nur ein Fünkchen gesunden Menschenverstandes besäßest, so würdest du begreifen, daß es auch deinem eigenen Vorteile zuwider ist, wenn Agafias Schatz beständig um sie herumkriecht.»

«Geduld! meine Seele! Geduld! Erzürne dich doch nicht! Wer sagt denn, er werde bleiben? Es ist ja nur für den Anfang, damit es doch eine Art hat, damit die Leute sehen, daß man auch ein Herz hat. Morgen wird sich schon ein Anlaß geben, den Halunken fortzujagen. Gott ist gnädig.»

Unter solchen Gesprächen mündeten sie in den Hausgang des Palastes ein.

Am folgenden Morgen hatte das Kriegsschiff seinen drohenden Standpunkt verlassen und sich wieder hinter die Schären zurückgezogen. Darob ungeheure freudige Erregung in der Stadt Åbo. Denn wenn schon noch nicht alle Gefahr vorüber war – die Bumbardirovka konnte ja am Abend wieder beginnen –, so sah man doch ein, daß in dem Gebaren des Feindes überlegte Regelmäßigkeit wohnte, welche vor unliebsamen Überraschungen schützte und das stillschweigende Versprechen zu enthalten schien, die Bevölkerung zu schonen. Wozu sonst die warnenden Raketen, ehe die Kugeln flogen? Das war nicht die wilde, barbarische, aller Menschlichkeit ledige Mord und Brandlust, die man ihnen geschildert hatte. Sich an einer Stelle vor Anker zu legen, wo man mit Leichtigkeit die ganze Stadt hätte in Brand stecken können, um sich schließlich mit einer einsam stehenden Ziegelhütte zu begnügen, das bekundete Absichtlichkeit, und zwar wohlwollende Absichtlichkeit. Wollte der Feind bloß seine Macht symbolisch andeuten, oder handelte es sich um einen originellen, echt englischen Narrenstreich? Über diese Frage wurde jetzt eifrig gestritten, doch nicht mehr in erbitterter Stimmung, sondern mit dem Gefühl der Befriedigung, ja der Hochachtung. Die Neugier, wie sich die Bumbardirovka wohl weiter abwickeln werde, mischte überdies eine gewisse Freude in den Zweifel, denn etwas Abwechslung in dem langweiligen, abgelegenen Küstennest konnte nichts schaden.

Inzwischen spektakelte der Gouverneur mit seiner Frau den unnützen Tullela zum Hause hinaus, was nicht schwerhielt, denn der Gouverneur hatte recht: Gott war gnädig. Behufs dieses Werkes wußte Pelageja Iwanowna Klagetöne anzustimmen, daß man hätte meinen können, nicht Tullela, sondern sie selber würde vertrieben. Agafia weinte dabei in Strömen, wie die Katzen am Grabe des Struwwelpeterpaulinchens; sie wäre auch ohne weiteres ihrem Bräutigam gefolgt, hätte sie nicht die Besorgnis um ihren Jahreslohn zurückgehalten. Dieser Lohn bedeutete ja jetzt das ganze Vermögen der beiden Liebenden. Indessen gegen ihre hübsche, junge Gesundheit, ihre frivole Gotteszuversicht, ihre Gewohnheit, andere zu trösten, hielt ihre Traurigkeit nicht lange stand. Wohl schluchzte sie mit Tullela um die Wette, während sie ihn die Treppe hinunterbegleitete; doch kaum befand sich der letztere auf der Straße, so lächelte sie ihn lustig an, um ihm anzubefehlen, sie ja noch am selben Tage abends heimlich zu besuchen, beteuernd, sie werde ihm einen guten Bissen beiseite legen und den Samowar warm halten. Dann steckte sie ihm mit ihrem feinen, weichen Tätzchen hurtig eine Faust voll Zucker in den Mund.

«Jetzt küß mich! Täuberich!» heischte sie. «Noch einmal! Noch!»

Hierauf gab sie ihm ihre feierlichste Verbeugung zum besten und hüpfte kokett mit Kichern und Lachen die Treppe hinauf.

Tullela guckte die Straße auf, die Straße ab und blieb ratlos stehen. Da flog über ihm ein Fenster auf.

«Zum Teufel!» brüllte die Stimme des Gouverneurs, und augenblicklich schloß sich klirrend das Fenster.

Tullela wackelte langsam zum Pfarrer.

«Pappi!» begann er kleinlaut, die Mütze zwischen den Daumen drehend, «gib mir eine Stelle.»

Der Pfarrer, welcher das unverschuldete Unglück Tullelas kannte, empfand Mitleid mit ihm.

«Was für eine Art Stelle würdest du vorziehen?»

«Ich weiß nicht.»

«Was kannst du, und was weißt du?»

«Nichts.»

«Aber lesen und schreiben kannst du doch?»

«Ja.»

«Und wahrscheinlich verstehst du Schwedisch?»

«Ja.»

«Und Deutsch.»

«Ein bißchen.»

«Und Russisch?»

«Ein bißchen.»

«Was weiter noch?»

«Nichts.»

«Gar nichts?»

«Was man so in der Schule lernt.»

Der Pfarrer pröbelte ein wenig mit Fragen an ihm herum, dann klopfte er ihm freundlich auf die Schultern.

«Du bist ein braver Bursch, Tullela! Du hast fleißig gelernt, wie ein echter Finne. Halt jetzt den Kopf gerade in die Höhe wie Gustav Wasa am Reichstag von Westerås und sing mir Nummer Sechzehn aus dem Gesangbuch, so laut als du vermagst. Ich hoffe doch, du kannst das Gesangbuch auswendig?»

«Ja», versetzte Tullela.

Danach stellte er sich aufrecht, hielt beide Arme krumm vom Körper entfernt, guckte den Pfarrer steif an und hub mit dröhnender Stimme an zu singen, so daß die Wände zitterten.

«Brav!» verkündete der Pfarrer, nachdem sämtliche Strophen zu Ende waren. «Willst du in meiner Gemeinde den Kantor machen?»

«Ja.»

«So gebe der Allmächtige seinen Segen dazu. Wir halten eben heute morgen einen Gottesdienst zum Dank für die Erlösung der Stadt aus den Händen der Feinde, und wir singen das sechzehnte Lied.»

Eine halbe Stunde später spazierte Tullela im schwarzen Chorrock hinter seinem Pappi nach der Kirche.

Pelageja Iwanowna, froh darüber, daß es ihr gelungen, Agafia in ihrem Dienst zu behalten, und angenehm angeregt durch die Strapazen einer zu Pferde durchwachten Nacht – denn dergleichen war ihrer Stimmung zuträglicher als Essen und Schlafen –, suchte ihren Mann im Arbeitszimmer auf, um ihm eine kleine Strafpredigt zu halten, der Übung wegen.

«Sage mir doch, ich bitte, was soll das bedeuten? Ist das Lebensart? Jetzt, da alles über Wunsch gutgegangen, könntest du wahrlich deiner Frau auch einige Augenblicke gönnen.»

«Geht nicht, mein Täubchen, geht durchaus nicht. Ein Schrecken, wie viel ich zu tun habe.»

«Dummheiten! Das kannst du jemand anders weismachen. Ein Gouverneur hat niemals etwas zu tun.»

«Aber ums Himmels willen, so bedenke doch, meine Seele, ich muß nach Petersburg wegen der Bumbardirovka Bericht erstatten. Du hast, denk' ich, schwerlich etwas dagegen, wenn ich für die erlittenen Verluste Entschädigung erhalte. Oder? Hoffentlich setzt es zugleich eine Belohnung und Beförderung ab. Jedenfalls versuchen schadet nichts.»

«Das hättest du mir gleich sagen sollen, mein Freund! Das ist etwas ganz anderes. Natürlich, natürlich mußt du eine Entschädigung verlangen. Und um Gottes willen sei nur nicht wieder so bescheiden wie die letzten Male; das ist dein größter Fehler. Wer dankt dir's? Der Kuckuck. Du weißt ja, wie sie sind in Petersburg. Begehrt ein Beamter nicht unaufhörlich Geld, daß sie nicht wissen, wo ihnen der Kopf steht, so meinen sie, er habe nichts geleistet. Also nur kräftig drauflosgeknallt. Eine kleine, hübsche, saubere, runde, gewaschene Null dazu. Geniere dich nicht. Wozu hat man denn sonst den Staat? Die Ziegelbrennerei für sich allein ist wenigstens zweimal hunderttausend Rubel wert; dazu der Verbrauch von Waffen und Munition, die Entschädigung der Opfer, die Gehaltsaufbesserung der Offiziere und Unteroffiziere, die sich ausgezeichnet, die Schanzen, die wir errichten müssen, um einem ähnlichen Überfall vorzubeugen, und die Angst, die ich ausgestanden und wegen derer ich mich noch jahrelang werde einer Kur unterziehen müssen, und so weiter und so weiter. Ohne Pferde können wir auf die Länge ebenfalls nicht auskommen. Man muß doch seinem Amte Ehre machen; das geht den Kaiser ebensogut an wie uns.»

«Aber Pferde, meine Teuerste, Pferde kosten Geld, Pelageja Iwanowna! Da heißt es einen Kutscher kaufen und Hafer und Stroh. Und der Stall ist auch nicht mehr in Ordnung. Der muß repariert werden.»

«Erbarme dich, Baraban Barabanowitsch, du bist doch kein Kind. Wer sagt denn, wir müßten die Pferde behalten? Das fehlte noch. Für wen? Für die paar Schwedinnen, welche wie Köchinnen gekleidet gehen? Oder etwa für die lutherischen Seelsorger? Dafür dank' ich. Das einzige Erträgliche an diesem verwünschten deutschen Nest ist, daß man wenigstens Ersparnisse machen kann. Balvan Balvanowitsch wird dir die Pferde schon abkaufen. Er hat solche dringend nötig. Erst letzte Woche schrieb er wieder darum nach Petersburg. Übrigens, weil wir eben von Balvan Balvanowitsch sprechen, weißt du, Schatz, im Grunde bleibt er doch ein herzensguter Kerl, obwohl ein bißchen roh und ungebildet; du wirst doch nicht etwa so dumm sein, ihn zu verklagen wegen den paar lumpigen Unregelmäßigkeiten?»

«Keine Gefahr, meine kleine Seele, fällt mir nicht ein. Was geht dergleichen überhaupt die Petersburger an? Ich werde ihm ein wenig den Kopf waschen. Voilà tout!»

Als der Gouverneur seinen Bericht beendet und den Adjutanten mit demselben spediert hatte, rieb er sich die Hände.

«Dumme Kerle, die Engländer!» sprach er spöttisch vor sich hin. «Die haben mit Rubeln bombardiert. Ist es Ihnen vielleicht gefällig, meine Herren, nochmals anzufangen? Stehe zu Ihren Diensten! Bitte sehr, Sie werden mich damit verpflichten!»

Hierauf stolzierte er aufgeräumt nach der Wohnung des Majors, schimpfte denselben, der noch tief in den Federn lag, wach und redete mit unterdrückter Stimme so lange drohend auf ihn ein, bis dieser so gefügig wurde wie ein Ballhandschuh und heilig versprach, nie in seinem Leben wieder für seine Privatrechnung allein stehlen zu wollen.

«Aber Zigarren, Euer Exzellenz», schloß der Major seine Beteuerung. «Zigarren erlauben Sie mir Ihnen anzubieten?»

Der Gouverneur staunte: «Zigarren? Wieso Zigarren? Woher Zigarren?»

Schmunzelnd erklärte der Major. «Echte! von Tenkado am Newskij-Prospekt. Durch eine Stafette gestern erhalten. Feuer, Baraban Barabanowitsch? Wollen Sie Feuer? Da! – Erweisen Sie mir die Ehre! Und für Pelageja Iwanowna ließ ich zweitausend Stück Zigaretten kommen, gestoßene, ‹La Ferme›, starke; diesen Nachmittag, wenn Sie erlauben, werde ich mir das Vergnügen gestatten, dieselben persönlich zu überreichen.»

«Was für ein liebenswürdiger Kavalier Sie im Grunde doch sind, Balvan Balvanowitsch. Immer aufmerksam. Immer galant. Meine Frau sehnt sich schon lange nach Zigaretten. Denken Sie sich, ich bitte Sie, Sie glauben es gar nicht, sie hat nur noch achtzig Stück. Und bei dem Krieg, wo soll man da in der Eile neue schaffen? Man hat gut reden, es bleibt doch oft eine recht unangenehme Sache, so ein Krieg. Ich habe die Ehre, Balvan Balvanowitsch! – Auf das Vergnügen!»

Als der Gouverneur gegen seinen Palast zurückkehrte, gewahrte er zu seiner Überraschung eine Menge Volk vor demselben.

«Nun, was, Bruder?» fragte er einen Soldaten.

«Ein englischer Parlamentär, Euer Exzellenz.»

«Wie? Fängt die Geschichte von neuem an?»

«Haarscharf genau, Exzellenz, wie Sie sagen. Von neuem fängt sie an, scheint es. Das heißt, wenn Sie es befehlen, Exzellenz.»

Lachend eilte der General in seinen Palast und rief dem Parlamentär schon von weitem entgegen: «Eine zweite Bumbardirovka? Ich stehe zu Ihren Diensten.»

Der Engländer antwortete nach kurzem, steifem Gruß phlegmatisch: «Nein, Exzellenz, wir fahren heute weiter; ich bin gekommen, den Schaden abzuschätzen und zu vergüten.»

Baraban Barabanowitsch glaubte im ersten Augenblick, sich verhört zu haben. Doch da er für das Bezahlen anderer stets offene Ohren und einen aufgeweckten Sinn hatte, schickte er sich mit wahrer Genialität blitzschnell in die neue Lage und begann sofort mit dem Schrauben der Entschädigungssumme.

«Der Spaß kostet Sie sechshunderttausend Rubel, meine Herren, keinen Kopeken weniger. Sie können den Preis für ein Geschenk halten. Eine ganz neue, prächtige Ziegelei, erst vor vier Monaten aufgebaut mit Wohnhaus und Scheune und Garten und funkelnagelneuen Möbeln. Ein wahres Schmuckkästchen, sage ich Ihnen. Sechshunderttausend Rubel auf die Hand, oder wir lassen Ihr Schiff in die Luft sprengen. Sie müssen wissen, daß Sie sich in einer Mausefalle befinden. Auf den Schären haben wir maskierte Batterien rings um Sie herum, und der ganze Meeresboden ist unterminiert.»

Allein der Engländer bestand darauf, den Schaden selber abzuschätzen. Man verband ihm die Augen und führte ihn unter fortwährendem Drauf- und Dreinreden an die Brandstätte, und mit jedem Schritte wurde der Schaden größer.

«Vierhunderttausend Rubel», erklärte ruhig der Parlamentär, nachdem er die Ruinen gemustert.

Ein Murmeln des Erstaunens, ja der Bewunderung begrüßte die Summe, welche den Verlust um das Sechsfache übertraf. Bloß der Gouverneur nahm mit verzweifelten Gebärden alle Heiligen diesseits und jenseits des Ural zum Zeugen, daß er elendiglich bestohlen werde. Endlich, als der Parlamentär sich anschickte, abzuziehen, seufzte er: «Sie zählen auf die russische Gutmütigkeit, mein Herr! Sie wissen, daß der Russe ein Kind ist, dem man alles bieten darf. Nun, Sie haben recht, von diesem Fehler werden wir uns niemals gänzlich befreien, wenn wir auch noch so oft deshalb von Europa übervorteilt werden. In Gottes Namen denn, geben Sie her, wenn es nicht anders sein kann, um des lieben Friedens willen.»

«Wo ist der Eigentümer?» heischte der Engländer.

Der Gouverneur wurde totenblaß.

«Wieso der Eigentümer?» knirschte er; «meinen Sie etwa, ich wollte die Summe unterschlagen?»

Der Parlamentär beharrte auf seinem Begehren und blieb gelassen eine halbe Stunde lang stehen wie eine Schildwache, bis Tullela in der Kirche aufgefunden und in seinem Chorrock dahergebracht wurde. Jetzt verlangte jedoch der Engländer überdies den Bürgermeister als Zeugen, und als dieser anrückte, mußte er wieder heim, weil er vergessen hatte, seine Schärpe anzuziehen. Dann hatte er die Schärpe über die linke Schulter gehängt statt über die rechte. Die Spannung wurde immer größer, und schon argwöhnten die Bürger, diese Verzögerungen möchten bloß einen Vorwand abgeben, um schließlich die Zahlung zu verweigern; da ließ der Parlamentär sein «alles in Ordnung» vernehmen, und ohne weiteres öffnete er seine mit Banknoten gefüllte Briefmappe.

«Ich glaube, Sie sind verrückt», schnaubte der Gouverneur; «Sie werden doch dem Hundesohn für seine elende, lumpige, verschimmelte Baracke nicht vierhunderttausend Rubel auszahlen! Der Kerl bestiehlt Sie auf die empörendste Weise. Nicht vierzigtausend, nicht zwanzigtausend, nicht zehntausend ist sie wert. Geben Sie dem Halunken ein Trinkgeld und einen Tritt in den Rücken, und Gott mit ihm.»

Der Engländer kehrte sich nicht im mindesten an die Wut des Generals, sondern zählte Tullela das Geld in die Hand und ließ sich vom Bürgermeister einen Schein dafür ausstellen. Hierauf erklärte er seine Mission für beendet, winkte, daß man ihm die Augen verbinde, und marschierte blindlings nach dem Hafen, geführt von einem Soldaten und begleitet von einer ungeheuren, stets wachsenden Volksmenge, welche ehrerbietig die Mütze in der Hand trug.

Am Nachmittag, während die Fregatte eben zur Abfahrt nach Björneborg die Anker lichtete, schaukelte ein halbes Dutzend Fischerboote mit weißen Flaggen durch die Schären. Einzeln wurde die Mannschaft aufs Verdeck zugelassen, mit Beachtung aller Vorsichtsmaßregeln und Pedanterien. Es waren biedere finnische Bauern, unbewaffnet, verlegen und nicht wissend, was sie sagen sollten, die Mütze in der Hand drehend. Endlich begann der Führer: «Erre Majori, wir wohnen auf der zweiten Schäre, dort gegenüber der Flußmündung. Das Leben ist schwer in diesen Zeiten, Erre Leutenanti! Nach Tukholmi* verkaufen können wir nicht wegen des Krieges, und in Finnland ist kein Geld. Und so haben wir gedacht, Erre Kapitäni, weil wir doch beide Lutheraner sind, Erre Kennerali, ein bißchen – Sie wissen, Pummi, Tulipummi, Pumpartirowaniri unser Dorf, Erre Atmirali, wenn Sie so gut sein wollen, bitten wir.»

Ähnlich lautete das Begehren der übrigen Deputationen. Und auf dem ganzen Wege nach Björneborg erging es ihnen gleich. Vor Björneborg aber, außerhalb der Schären, lag eine ganze Flottille bereit, so daß die Engländer, entsetzt über den übermächtigen Bombardementseifer, eilends nach Süden abschwenkten, in der Hoffnung, um Helsingfors eine etwas zugänglichere, feindseligere Bevölkerung zu treffen.

Es mochten ungefähr drei Wochen nach dem Abzug der Engländer verflossen sein, Agafia hatte hochzeitshalber trotz allen Bitten und Drohungen ihren Dienst verlassen, ihrem Lohn entsagend, den sie übrigens nachträglich aus Gnaden doch zugesandt erhielt, da ging es eines Morgens im Arbeits-

* Stockholm

zimmer des Gouverneurs unheimlich zu. Baraban Barabanowitsch und Balvan Balvanowitsch saßen kleinlaut in der Mitte des Zimmers, bleich, wie zwei arme Sünder, immerfort nach Luft und Ausreden hustend. Am Tisch aber schrieb ein feiner, vornehmer Junge im elegantesten Zivilanzug, eine Zigarette paffend. Von Zeit zu Zeit führte er eine nachlässige, drehende Handbewegung aus, guckte über seine Schulter halb rückwärts und richtete mit dünner, scharfer Stimme eine Frage an den einen oder den andern oder auch an beide zugleich.

«Am 2. Juni, meine Herren, haben wir Ihnen auf Ihr Verlangen dreitausend Gewehre zugeschickt. Ist es Ihnen vielleicht nicht unangenehm, mir mitzuteilen, was aus denselben geworden ist?»

Der General und der Major husteten vergebens nach einer Ausrede.

«Gut. Ich begreife. Ich danke Ihnen. Geben Sie sich weiter keine Mühe. Aber vielleicht wollen Sie mir jetzt gefälligst Auskunft darüber erstatten, wenn ich Ihnen damit nicht allzu viele Mühe zumute, warum die Schanzen zum Schutz der Küste, für welche Sie seit zwei Jahren Geld und Material bezogen haben, noch nicht in Angriff genommen worden sind?»

«Wieso nicht in Angriff genommen worden!» pustete Balvan Balvanowitsch mit erkünsteltem Zorn. «Sie können ja den Graben dort beim Schlosse sehen, Feodor Grigorowitsch! Mit eigenen Augen können Sie ihn sehen, Feodor Grigorowitsch! Bitte, bemühen Sie sich, ich will Ihnen denselben zeigen.»

Hiemit erhob er sich.

«Ganz unnötig, Balvan Balvanowitsch! Ich möchte Ihnen nicht die Unbequemlichkeit veranlassen. Bitte, nehmen Sie wieder Platz. Ich setze nicht den mindesten Zweifel in die Wahrheit Ihrer Behauptungen. Der Graben befindet sich beim Schlosse, Sie sagen es, darum glaube ich es. Ich glaube es um so mehr, als er schon seit sechsundzwanzig Jahren dort steht und bereits fünfmal von uns bezahlt worden ist, wie ich Ihnen aus meinen Papieren beweisen kann, wenn Sie sich die Mühe nehmen wollen, sich davon zu überzeugen.»

In diesem Stil ging es weiter, lange, unendlich lange Stunden, den ganzen Vormittag. Umsonst spähten die unglücklichen Offiziere nach der Tür, ob kein Retter eintrete. Der unheimliche junge Herr hatte den Schlüssel von innen umgedreht. Endlich um halb zwei Uhr steckte Feodor Grigorowitsch eine frische Zigarette in Brand, klappte seine Mappe sorgfältig zu, stand auf, verbeugte sich und verkündete mit verbindlichem Lächeln: «Gut! Meine Herren, ich danke Ihnen, wir sind fertig! Verzeihen Sie mir, daß ich gezwungen wurde, Sie so lange zu bemühen. Erlauben Sie mir jetzt, Sie zum Schlusse anzufragen, ob es Ihnen nicht vielleicht möglich wäre, mich sogleich nach dem Frühstück nach Petersburg zu begleiten? Man ist dort weit weniger unbequem, und im Kriegsministerium arbeitet sich's leichter.»

Die beiden Schuldigen, die sich ebenfalls erhoben hatten, schwankten bei diesem Bescheid, daß sie sich an der Stuhllehne festhalten mußten. Jetzt, vor der unmittelbar drohenden Strafe, verloren sie sogar ihre Würde.

«Bitte, Feodor Grigorowitsch!» schmeichelte Balvan Balvanowitsch, sich an den Untersuchungsbeamten herandrückend, «was haben Sie schließlich davon, wenn wir degradiert und deportiert werden? Sie dienen ja selber dem Staate. Was würde aus unserm armen Vaterlande werden, wenn einer den andern verzeigen wollte?»

Der Beamte zuckte bedauernd die Achseln, ohne eine Miene zu verziehen.

«Erlauben Sie mir, Ihnen zu sagen», sprach Baraban Barabanowitsch mit einem Anflug von Rührung in seiner stolzen militärischen Stimme, «Sie sind ja, wie ich aus der Eleganz Ihrer Sprache und Kleidung schließen muß, ebenfalls in Paris gewesen und kennen daher die Gesetze der Galanterie. Ich habe eine Frau, Feodor Grigorowitsch; der Kummer über meine Schande würde sie töten.»

Feodor Grigorowitsch verbeugte sich: «Mein Amt ist schmerzlich, da es mich zwingt, eine Dame zu bekümmern; allein mir befiehlt meine Pflicht und mein Gewissen.»

Jetzt brauste der Major plötzlich auf: «Pflicht und Gewissen?» brüllte er, «Pflicht und Gewissen? Erbarmen Sie sich! Und Sie wollen ein Russe sein, Feodor Grigorowitsch? Tun Sie mir den einzigen Gefallen und überlassen Sie die Heuchelei den Deutschen und Engländern!»

Feodor Grigorowitsch erbleichte, und seine Lippen bebten. Einen durchdringenden, stechenden Wolfsblick auf den Major werfend, herrschte er ihm feindselig zu: «Wohl möglich, Balvan Balvanowitsch, gar wohl möglich, daß es auch unter den Russen noch Pflicht und Gewissen gibt. Nicht alle sind Räuber und Spitzbuben, wenn es schon von solchen in unserm Staate wimmelt wie von Salamandern in einem Sumpf. Aber was mich betrifft, tun Sie mir die Ehre an, es zu glauben, ich will das Meinige dazu beitragen, den Sumpf zu reinigen, verlassen Sie sich darauf, Balvan Balvanowitsch, und sollte ich die Generäle, Obersten und Majore regimenterweise nach Sibirien spedieren müssen!»

«Erzürnen Sie sich doch nicht, Feodor Grigorowitsch, wegen eines unbedachten Wortes», wollte der Gouverneur beschwichtigen.

Allein jener stand schon an der Tür und drehte mit zitternder Hand den Schlüssel um, den Offizieren nur ein kurzes, verächtliches Kopfnicken zum Abschied gönnend. Als er die Tür öffnete, stutzte er und blieb regungslos stehen, während eine dunkle Röte sein bleiches, nervös zuckendes Gesicht überflog.

Vor der Tür nämlich stand die Gouverneurin im schwarzen Samtkleid, schön wie ein Engel, verführerisch wie eine Polin und vornehm wie eine Russin. Ein geschmeidiges Lächeln glitt über ihre ganze Gestalt, während sie den bösen Gast begrüßte, und sowie sie die Überraschung bemerkte, welche ihre Schönheit bewirkte, fand sie sogleich die unbefangensten Töne auf dem Register ihrer Stimme.

«Wie bin ich froh, endlich die Ehre zu haben! Wissen Sie, meine Herren, daß ich schon eine Stunde an der Türe warte wie eine Odaliske des Sultans, um der Gnade teilhaftig zu werden, Sie alle zusammen zum Frühstück einzuladen. Galant sind Sie nicht, das müssen Sie selbst zugeben, daß Sie meine Nähe nicht im Herzen gespürt haben. Daran merkt man, wie man verheiratet ist und wie man alt wird. Mein Herr, ich bin Ihnen Dank schuldig, denn Sie müssen meinen Mann vorzüglich unterhalten haben, daß er so ganz das Frühstück vergaß; das widerfährt ihm sonst das ganze Jahr über nicht. Darf ich bitten, mir Ihren Arm zu leihen und mich ins Speisezimmer zu führen? Freilich, ich zittere, was werden Sie von mir denken, ich wage es Ihnen fast nicht zu gestehen, seit mir Agafia untreu geworden ist, habe ich nichts als eine finnische Gans zur Köchin; ich kann Ihnen daher, werden Sie mir's verzeihen können? nichts zum Frühstück bieten als Lachs und Braten und etwas Wildbret. Balvan Balvanowitsch, mit Ihnen brauche ich keine Umstände zu machen, Sie sind ja unser alter lieber Hausfreund. Sie werden jedenfalls mit uns speisen, dem seltenen Gast zu Ehren.»

Feodor Grigorowitsch, von dem Zauber der Verführerin im Herzen getroffen, verteidigte sich gleichwohl tapfer.

«Madame, so schwer es mich ankommt», antwortete er stammelnd, doch entschlossen, «so muß ich doch dem Vergnügen entsagen, Ihre gütige Einladung anzunehmen. Ich bin nicht allein. Zwei Offiziere, Kameraden, aus Petersburg zugleich mit mir hier angekommen, erwarten mich im Gasthaus.»

Die Generalin nahm ihren ganzen Verstand zusammen.

«Wie schade!» klagte sie; «aber erlauben Sie, wie ist Ihr Name?»

«Feodor Grigorowitsch.»

«Wie schade, Feodor Grigorowitsch! Doch ich will mir natürlich nicht anmaßen, Ihren Willen zu beeinflussen. Ich darf Sie um so weniger nötigen, als Sie leider der Gesellschaft meines Mannes beim Frühstück entbehren müßten. Er hat heute ein dringendes Geschäft auf dem Schloß, wo er bis abends spät bleibt. Und Balvan Balvanowitsch, den kenne ich, der läßt sich niemals erweichen, eine Einladung anzunehmen, wie sehr man ihn darum bitten möge. Die Unterhaltung einer Dame allein aber, noch dazu einer Dame aus der Provinz, bietet für einen jungen Herrn aus Petersburg zu wenig Interesse, als daß ich ihm zumuten dürfte, sich mit derselben zu begnügen.»

Feodor Grigorowitsch hielt noch immer wacker stand, obschon schweigend und todesblaß mit den Lippen zuckend. Inzwischen hatte jedoch der General schon sein Zaudern benützt.

«Auf heute abend also!» sprach er offen und natürlich, mit der ganzen Ritterlichkeit des Hausherrn. «Darf ich hoffen, daß Sie bis dahin meine Abwesenheit entschuldigen werden?»

Und ehe man sich's versah, war er verschwunden.

Auch in Balvan Balvanowitschs niederer Stirn dämmerte eine Ahnung davon, daß er gerettet werden solle; nur bewirkte die Vorstellung des Lachses und des Wildbrets einen harten Kampf in seinem Innern, und es bedurfte unzweideutiger Blicke der Gouverneurin, bis er sich zum Weichen entschloß.

«Ich habe die Ehre», polterte er schließlich zum Abschied hervor, fügte indessen zum Zeichen, daß er nicht der Dümmste sei, schalkhaft mit Augenzwinkern hinzu: «Wünsche Ihnen ein vergnügtes Frühstück, Feodor Grigorowitsch!»

Dieser fuhr wie von einem Skorpion gestochen in die Höhe, wurde aber sofort von Pelageja Iwanowna zuvorkommend besänftigt.

«Zürnen Sie ihm nicht, Feodor Grigorowitsch!» bat sie, indem sie eine Hand auf seinen Arm legte; «er ist ein ungebildeter, roher Soldat. Und wenn jemand von seiner Unzartheit beleidigt worden ist, so bin ich es doch wahrlich. Und nun wollen Sie mich obendrein noch seine Taktlosigkeit entgelten lassen? Was kann denn eine arme, verlassene Frau dafür? Kommen Sie, Feodor Grigorowitsch, ich freue mich wie ein Kind darauf, von Ihnen über Petersburg und den Hof zu hören. Sie verkehren gewiß viel in der großen Welt.»

Feodor Grigorowitsch machte eine Bewegung, um seinen Arm zu befreien, und hielt seinen Schritt zurück. Da küßte er plötzlich stürmisch die Hand der Generalin, ohne daß er selber wußte, wieso und warum. Die Gouverneurin lächelte ihm unbefangen Beifall zu.

«Da», sagte sie, «haben wir den wahren galanten Weltmann! Sie wissen, was guter Ton ist. Feodor Grigorowitsch, ich glaube, wir werden uns verstehen! Du lieber Himmel! hier in diesem elenden Nest wird man mit Galanterien nicht verwöhnt. – Nein, Sie zuerst, ich bin hier zu Hause. – Nun, wenn Sie durchaus befehlen ...»

Bald darauf erhielt der Gouverneur General Baraban Barabanowitsch Stupjenkin für seine heldenmütige Verteidigung der Stadt Åbo den Alexander-Newskij-Orden mit einer jährlichen Ehrenpension von zehntausend Rubeln, unbeschadet seiner Ernennung zum Generallieutenant und seiner Versetzung in eines der saftigsten Gouvernemente von Südrußland, wo Pelageja Iwanowna Gelegenheit fand, drei russische Köchinnen statt einer anzuwerben und sich die Wildhühner in schwedischer Sauce zubereiten zu lassen. Balvan Balvanowitsch aber wurde in Anbetracht seiner persönlichen Auszeichnung während des Bombardements zum Obersten befördert.

Tullela baute im künftigen Frühjahr eine gewaltige Schnapsbrennerei, groß genug, um den Durst von ganz Finnland zu stillen, in der Nähe von Wiborg, denn Agafia wollte durchaus an der russischen Grenze wohnen, damit sie des Winters auf den «Schweizer Bergen» von Petersburg kutschieren könne. Im Herbst, als die wohltätige Anstalt fertiggestellt war, hielten sie im Societätshüß von Åbo eine glänzende Hochzeit, wobei eine Unmasse von Mendali*, Rosinen, Haselnüssen, Nuga, Baba und Zuckerkandel vertilgt wurde. Balvan Balvanowitsch und der Bürgermeister waren Brautführer; während der Tafel spielte die Regimentsmusik, und nach der Mahlzeit erschienen sämtliche Kosaken der Garnison zu Gast, auf der Straße tanzend, plärrend und trinkend, bis sie haufenweise am Boden vor den Türen lagen, wie im Paradiese.

«Was habe ich dir gesagt, Tullela?» schmunzelte Agafia seelenvergnügt, als sie des Abends, die

* Mandeln

schimmernde Hochzeitskrone auf dem Kopf, über die Haufen der Betrunkenen auf die Straße stieg, dem Wagen zu. «Gott ist gnädig, habe ich dir gesagt; gestern Bumbardirovka, heute Hochzeit und Mendali. Das macht, daß er ein rechtgläubiger Gott ist, ein russischer, ein guter. Hörst du? – Weißt du, mein Täuberich, jetzt bist du ein großer, reicher Herr, der niemand untertan ist als dem Kaiser. Von jetzt an mußt du, wenn ich sage, hörst du? mir immer antworten: ‹Ich gehorche, wie ein gebildeter Herr.›»

«Ich gehorche», murmelte Tullela.

Danach bestiegen sie den zweirädrigen Karren und rasselten im Galopp landeinwärts auf die Hochzeitsreise nach Tammerfors.

«Wie lustig! wie köstlich!» jubelte Agafia, als sie in dem harten Karren hin- und hergeschleudert wurde wie die Spreu in einer Tenne, daß ihr die Knochen knackten, «aufs Haar wie in einer Telega!»

Den Pfarrer von Åbo, welcher Tullela in höchster Not zum Kantor befördert hatte, ließ dieser aus Dankbarkeit zum Branntweininspektor des Distriktes Wiborg ernennen, denn Tullela gewann durch seinen Reichtum bald großen Einfluß in der Lokalverwaltung.

Aber bis auf den heutigen Tag sagen die Schweden von Åbo, wenn sie einen Menschen plötzlich Reichtum zur Schau tragen sehen: «Der Tausendskerl! Sieh einmal ‹auf› diesen! Alle Wetter von Stockholm! Entweder er hat von seinem Onkel, dem Teufel von Wexiö, geerbt, oder er ist bombardiert worden!»

CONRAD DER LEUTNANT

Vorbemerkung des Verfassers

Unter «Darstellung» verstehe ich eine besondere Kunstform der Prosa-Erzählung mit eigentümlichem Ziel und mit besondern Stilgesetzen, welche diesem Ziel als Mittel dienen. Das Ziel heißt: denkbar innigstes Miterleben der Handlung. Die Mittel dazu lauten: Einheit der Person, Einheit der Perspektive, Stetigkeit des zeitlichen Fortschrittes. Also diejenigen Gesetze, unter welchen wir in der Wirklichkeit leben.

Mit erläuternden Worten: Die Hauptperson wird gleich mit dem ersten Satz eingeführt und hinfort nie mehr verlassen. Es wird ferner nur mitgeteilt, was jene wahrnimmt, und das so mitgeteilt, wie es sich in ihrer Wahrnehmung spiegelt. Endlich wird die Handlung lebensgetreu Stunde für Stunde begleitet, so daß der Erzähler sich nicht gestattet, irgendeinen Zeitabschnitt als angeblich unwichtig zu überspringen. Aus dem letzten Gesetz ergibt sich wiederum die Notwendigkeit, die Handlung binnen wenigen Stunden verlaufen zu lassen.

Selbstverständlich eignet sich nicht jeder Stoff zur «Darstellung», im Gegenteil, von Fragmenten abgesehen und Irrtum vorbehalten, bloß eine einzige Gattung von Stoffen, nämlich die gedrängten und geschlossenen («dramatischen»). Ja sogar unter ihnen nur solche, die es erlauben, auf ungezwungene Weise sämtliche wichtigen Motive unmittelbar vor der Entscheidung vorzuführen. Der Faden wird dann kurz vor der Entscheidung angefaßt und nach dem Willen der Wahrheit gesponnen. Erweist sich bei dunklen («tragischen») Stoffen mit großer Personenzahl nach dem Tode der Hauptperson noch ein abschließender Anhang als notwendig, um die Handlung von allen Seiten ausklingen zu lassen, so wird der abschließende Anhang aus der Perspektive einer überlebenden zweiten Hauptperson nach den nämlichen Gesetzen gearbeitet.

Der junge Conrad Reber aus dem «Pfauen» in Herrlisdorf, der Leutnant, strich durch den Stall, hinter den Gäulen vorbei, welche bei seiner Ankunft den Hals emporschleuderten und sich polternd zurechtstellten. Aber die rote Lissi, zuhinterst in der Ecke, schaute sich zutraulich um, hob den Schweif und spreizte die Schenkel.

«Was ist, Lissi?» machte der Leutnant. «Sag's, was möchtest mir klagen? Gelt, möchtest auch lieber auf dem Frauenfelder Exerzierplatz galoppieren, morgens früh um fünf, wenn die Trompeten schmettern, und Fensterparade am Sonntag vormittag und am Abend schöne Fräulein, die dir die Mähne streicheln, dir ein Zückerchen und mir ein Küßchen, als daheim Mist auf den Acker fahren und Zank und Schelten und saure Gesichter den langen Tag! Kehr dich links, kehr dich rechts, bück dich, streck dich, geschimpft wird auf jeden Fall. Hört das Schimpfen auf, so fängt das Seufzen an. Allein was meinst, Lissi? meinst nicht auch selber: wenn's zuviel ist, so ist's zuviel, und wenn's zu lange währt, so muß es ein Ende nehmen. So oder so, hinter sich oder für sich, in Güte oder in Krieg.»

Hiermit klatschte er dem Rößlein mit der Flachhand aufs Kreuz, daß es vor Mut strampelte.

Und da eben der Scheck und der Bläß einander

futterneidisch anfletschten, jauchzend vor Haß, raffte er die Geißel vom Fenster und zog ihnen ein paar sausende Streiche unter dem Bauch durch, daß sie aufjuckten wie die Forellen beim Gewitter.

«Friede in des heiligen Dreiteufels Namen!» herrschte er. «Muß denn in diesem zänkischen Hause sogar das vierfüßige Vieh hadern?»

Und nachdem er ihnen nachträglich noch ein paar feine Zwicker um die Knie verabreicht, zum Vorrat für später, verblieb er mit ausholendem Arm, bis die Aufregung sich gelegt hatte und ein gleichmäßiges Mampfen aus sämtlichen Krippen knusperte. Hierauf schob er sich mit unhörbaren Schritten nach der Fensternische und hängte die Geißel an den Nagel, behielt jedoch den Griff in der Hand, die er erst nach geraumer Zeit verstohlen an sich zog. Hernach verharrte er regungslos, an den Sims gelehnt.

Ein weißer Lichtstab zuckte in gebrochenen Winkeln durch die Stalltür, zwei Schwalben aufscheuchend, welche blitzschnell über die Türspalte flüchteten; und eine Hand nestelte schwächlich am Verschlußkettchen. «Conrad, bist du's?» heischte vertraulich eine Frauenstimme von draußen. Dann bat sie dringender: «Mach auf, Conrad, ich bin's, Anna, die Schwester.»

«Die Stalltür bleibt zu», versetzte er bestimmt. «Hingegen das Scheunenpförtchen ist offen.» Einige Sekunden später tastete, vom Stalldunkel geblendet, die Schwester behutsam zwischen Mauer und Gosse herbei, die Kleider zusammenfassend.

«Guten Tag, Anna», grüßte er ihr entgegen, um ihr den Weg zu weisen.

«Was versteckst du dich den lieben langen Vormittag, daß dich kein Mensch findet?» schmälte sie mit freundschaftlichem Ton.

«Bin ja doch überall im Wege.»

«Gleichviel. An einem Maisonntag, wo jeder Bahnzug ein halbes Hundert Gäste bringen kann, gehört der Meister ins Haus und nicht in den Stall.»

«Wer? Der Meister? Ich der Meister? Als ob es vom Keller bis zum Estrich eine Seele gäbe, die weniger zu sagen hätte als ich! Der Sündenbock, das bin ich; die Zielscheibe für jedermanns üble Laune! Meister! Ich der Meister!»

Sie lehnte sich besänftigend an ihn. «Du solltest mit dem Vater ein bißchen mehr Geduld haben, Conrad», schmeichelte sie.

Da brauste er auf: «Wenn ich nicht Geduld hätte, viel Geduld, sehr, sehr viel Geduld, meinst, ich wäre nicht längst schon dreingefahren? Und wie! Übrigens handelt es sich keineswegs bloß um Geduld oder nicht Geduld. Ich bin vierundzwanzigjährig, stimmfähig, Militär und sogar Offizier, außerdem Kommandant der Feuerwehr. Meine Kameraden haben ihre Freiheit, ihren Willen, ihre selbständige Tätigkeit, einige sogar Amt und Familie. Ich dagegen werde von meinem Alten wie ein Bube geschurigelt. Wer aber im eigenen Hause nichts gilt, der ist auch in der Gemeinde nichts wert. Das ist's, was mich wurmt, das ist's, was ich nicht verwinde.»

Sie schwieg ein Weilchen, die Augen niederschlagend, während sie zerstreut mit den Schellen eines Pferdekumts tändelte. Endlich, nach langem Zögern, warf sie halblaut hin: «Wer weiß denn, wie lange er überhaupt noch lebt.»

Conrad schaute betroffen auf, wie damals, als er in der Rekrutenschule zum ersten Male den teuflischen Pfiff einer Pikrinrakete vernommen hatte. Dann runzelte er die Stirn: «Du, Anna, hör einmal, ob ich mich schon nicht aufs Vermitteln verstehe wie du, einen solchen ruchlosen Gedanken, weißt du, hätte ich mir doch nie erlaubt, nicht einmal im Traum.»

Sie senkte den Kopf und starrte durch das Fenstergitter über die ziegelroten Dorfdächer, dorthin, von wo aus unsichtbarer Waldeshöhe der Kuckuck sang, so laut und innig, als ob er den Himmel noch blauer singen wollte; dann plötzlich warf sie sich mit elendiglichem Schluchzen über den staubigen Sims, den Kopf zwischen den Armen verbergend, auf welche die Tränen niederströmten, überjährige, reife Geburtstagstränen, in stillen Nächten gesammelt und im verschwiegenen Herzen gezeitigt.

Und abermals erstaunte er, zwischen Mitleid und Andacht, als ob er, über ein gedecktes Brunnenloch schreitend, durch die Bretterfugen tief unten im finstern Wasser etwas Lebendiges sich regen sähe. Teilnehmend bückte er sich und liebkoste tröstend ihren Scheitel. «Anna», beschwichtigte er.

«Meinst du denn, einzig nur du allein habest Schweres zu tragen?» stieß sie hervor.

«Was ist? Wollen sie dir deinen Doktor nicht geben?»

«Der Vater schon, hingegen die Mutter nicht.»

«Ich habe den Vater, und du hast die Mutter», urteilte er finster.

Sie aber, da draußen Stimmen laut wurden, sprang hurtig auf und schüttelte den Jammer vom Herzen. «Sieht man mir's an?» fragte sie frisch, die Augen wischend und das Kleid glättend. Dann mahnte sie überlegen: «Komm also jetzt, es ist Essenszeit; wir speisen nämlich heute eine Stunde früher.» Und vertraulich raunte sie ihm zu: «Der Vater ißt besonders, ich habe ihm in der Wohnstube gedeckt. Auch die Mutter kommt wahrscheinlich nicht zu Tisch herunter.»

«Warum?» fragte er besorgt, «sie ist doch hoffentlich nicht krank?»

«Nein, bloß Migräne. Vor Aufregung und Angst.»

«Angst?»

«Nun ja. Vor allem, was es heute könnte zu tun geben. Du weißt ja.»

Erleichtert atmete er auf. «So kann man doch wenigstens einmal ausnahmsweise im Frieden zu Mittag essen.»

«Gewiß. – Das heißt, die Base ist zwar zur Aushilfe da.»

«Was für eine?» forschte er mißtrauisch.

Sie brachte die Antwort kaum zum Vorschein. «Beide», gestand sie endlich kleinlaut, «die Rosinenbase und die Hexenbase.»

«Warum nicht gleich ein ganzer Hühnerhof voll?» höhnte er.

«Nur auf einen halben Tag», entschuldigte sie. «Vor einer Stunde angekommen und am Abend wieder fort. Das wird, denk' ich, auszuhalten sein!» Und klugerweise, damit er den Bissen besser verdaue, goß sie drei Tröpfchen Humor nach: «Ich wollte, du hättest sie sehen können, wie sie miteinander anrückten, Arm in Arm, unter einem urweltlichen Regenschirm, wackelig wie die liebe alte Zeit und ausgelassen wie jährige Osterhäslein. Den Vater haben sie vor lauter Übermut an der Nase gezupft, stell dir das einmal vor! Gegenwärtig zanken sie sich weidlich in der Küche herum. In aller Wohlmeinenheit natürlich.»

Wirklich brachte sie ihn zum Lächeln. Nicht über den Humor des Bildes, da er als Willensmensch wenig Empfänglichkeit für Humor besaß, sondern über dessen Freundlichkeit. Denn sieben Kinderjahre grüßten ihn aus ihren Runzeln. «Wenn nur die Hexenbase nicht eine so scheußliche Zunge hätte», wandte er nachgiebig ein, halbwegs umgestimmt. «Wenn ich sie reden höre, ist mir immer, als hätte sie allen Sprachunrat des Kantons von der Landstraße aufgelesen.»

«Sie meint's ja seelengottengut. – Und kocht Nummer eins.»

«Ich sage nicht nein. Aber ein Maulkorb gehörte ihr von Rechts wegen, auf Beschluß des Regierungsrates, in feierlicher außerordentlicher Sitzung.»

Die Schwester erachtete Weiterungen für überflüssig, verzichtete auf Widerspruch, faßte die Röcke zusammen und trippelte auf den Zehen umsichtig davon. «Also du kommst jetzt zum Essen», schloß sie bestimmt, ohne sich nur nach ihm umzusehen, und ließ das Scheunenpförtchen offen. Sollte er wirklich? Mußte er's durchaus? Fort aus dem sichern Verlies in den Haß und Hader? Doch das offene Pförtchen mahnte ihn fortwährend, mit der Stimme der Schwester, und Appetit spürte er, ehrlich gestanden, auch. Zögernd, widerwillig folgte er. «Einmal Herr und Meister sein!» stöhnte er grimmig vor sich hin, «gebieten können, strafen und belohnen dürfen, Achtung erfahren, Frieden haben, keine ungerechten Vorwürfe einstecken müssen – und wäre es auch nur auf eine einzige Stunde – oder eine halbe!»

Draußen auf dem weiten Dorfplatze im grellen Vormittagssonnenschein unterhielten sich Gruppen steifgekleideter Sonntagsbauern, das Kirchengesangbuch in der Hand. Ohne sich zu rühren, glotzten sie ihn an. «Prächtiges Kirschenwetter heute», rief Conrad im Vorübergehen leutselig. Antwort erhielt er keine. Da runzelte er die Stirn. «Mach dich gemein, laß dich herab, sei freundlich und zuvorkommend, sofort lassen sie dich's büßen.»

An der Hausecke des «Pfauen», gegen die Terrasse, balgten sich unter wieherndem Gelächter der Portier und Benedikt, der Kutscher. Der Portier, die Mütze schief auf dem Hinterkopf, schlenkerte das Bein gegen Benedikt, das dieser zu packen trachtete. Beim Anblick des jungen Meisters trat der Kutscher grüßend zur Seite, der Portier dagegen, nachdem er erst unwillkürlich nach seiner Mütze gegriffen, besann sich anders, behielt sie auf dem Kopf und setzte das rohe Spiel fort.

Der Leutnant bedachte ihn mit einem scharfen

Blick, dann schwenkte er nach dem Seitenpförtchen neben der Küche ins Haus.

Vor der Schwelle stockte er mit einem Ausruf der Entrüstung. Nämlich Taubenfedern lagen herum, und einige rote sternförmige Tropfen Blutes befleckten die oberste Stufe.

«Hat da wieder einmal so ein armes unschuldiges Täubchen sein junges Leben lassen müssen, damit irgendein verwöhnter Lecker seinen schalen Gaumen mit dem magern Bissen kitzle!»

Ehe er eintrat, schöpfte er, rund um sich blikkend, einen großen Atemzug freie Luft. «Mut!» murmelte er, während ihn Ekel durchschauderte.

Hernach schritt er leise über die Schwelle in den Hausgang, wo er argwöhnisch lauschte wie auf Feindesboden. Nichts Verdächtiges in der Nähe; Leere ringsum und Stille in den Räumen. Das Unheil schlief also irgendwo in einem entlegenen Versteck, unter einem Strohwisch. Nur von der Küche, aus verwinkelter Ferne drang der Zank der Basen an sein Ohr.

Aber wenn das einen «wohlmeinenden» Zank bedeutete, wie lautete dann ein «übelmeinender»? Ein Duett, als ob zwei tropfnasse Katzen mit verknoteten Schwänzen durch einen Affenkäfig gepeitscht würden.

Belustigt, mit der Wonne des Gemaßregelten, wenn seine Zuchtmeister aneinander geraten, weidete er sich an dem Konzert. «Jetzt laßt sehen, wer wird Meister? die Hexenbase oder die Rosinenbase?», und er ließ mit erhobenen Händen die Zeigefinger gegeneinander fechten, wie das Krokodil und der Teufel im Kasperletheater.

Darüber flog die Küchentür auf, und Flucht und Verfolgung tanzten in den Korridor. Den erläuternden Text gewährte die grölende Stimme der Hexenbase: «Pack dich! drück dich! hüpp! alehoppla, marsch!»

«Wart nur», drohte es zurück, im greinenden Ton eines gesteinigten Propheten, «wart nur ganz ruhig, bis der Conrad einmal Meister wird. So jagt er dich aus dem Hause, wie du mich heute aus dem Hause jagst.»

«Amen, es geschehe!» betete Conrad und begab sich ins Speisezimmer.

Es war noch menschenleer. Ein Gemisch von kühlem Frühling und warmem Sonnenstrahlenbad – «frappierter Sommer», dachte er – zog durch das saubere, wohnliche Gelaß aus und ein. Freundliche Reinheit um und um. Auf den gedeckten Tischen funkelten die Gläser und Wasserflaschen wie Nebensonnen. Ein kleiner Tisch für die Familie, ein langer, etwas getrennt davon, für das Gesinde der Aufwärterinnen. Beide mit Fliedersträußen geschmückt und das Besteck so regelrecht geordnet wie mit dem Zollstab abgemessen.

Da überkam ihn eine Pulswelle Lebenslust, daß er anfing, eine muntere Marschweise vor sich hin zu pfeifen. Wie er indessen an der Wohnstube vorübergeriet, zuckte er zusammen, verstummte und schlich sich verstohlen ans nächste Fenster hinüber. Er hatte durch die klaffende Lücke der nur zu drei Vierteln geschlossenen Tür die Gestalt des Vaters wahrgenommen, der drinnen in der Wohnstube im Lehnstuhl saß. Nur einen Augenblick, allein es hatte ihn wie ein Faustschlag getroffen.

Und nun schwebte ihm das verhaßte Bild, von der Phantasie vergrößert, in ungeheuerlichen Umrissen nach, riesenhaft und schwarz. Dabei drehte sich etwas in ihm um, feindselige Gefühle an die Oberfläche fördernd; und mit klopfenden Pulsen, die Stirn an eine Fensterscheibe gedrückt, starrte er auf die Terrasse hinab.

Da, während er also ziellos hinbrütete, tauchte unversehens der frevelhafte Spruch seiner Schwester in seinem Gedächtnis auf: «Wer weiß denn, wie lange er überhaupt noch lebt!» Ob er das Wort noch so heftig verbannte, es kam wieder und hüpfte unablässig in seinem Ohr. Gewiß nicht als Wunsch und Hoffnung – pfui! –, sondern einfach als eine Frage. Und schließlich, im Grunde, warum sollte er sie nicht beantworten? Eine unbezwingbare Neugierde wuchs in ihm heran, so daß er sich eine Schrittlänge seitwärts am Fenster zurückstahl, bis sein Blick durch die Türspalte den Vater streifend erreichte, die rechte Seite des Körpers und, je nachdem jener sich bewegte, auch den Kopf. Und nun begann er ihn verhaltenen Atems zu beobachten, wie er ihn noch nie beobachtet hatte, mit dem lauernden Blicke des Spions, welcher nach des Feindes Schwächen späht. Im einzelnen prüfte er ihn, von oben bis unten, um es schließlich zusammenzurechnen: das schreckliche Antlitz, glatt und bartlos, mit braunen Flecken schauerlich getigert, die fürchterlichen, rot unterlaufenen Doggenaugen, den gedunsenen Leib, der unter keuchenden Atemzügen seitwärts wogte, wie der Busen eines Weibes, die unförmlichen Klumpenbeine, welche trotz der sommerlichen Wärme in Pelzstulpen steckten. Und heimlich zählend, überflog er sein Alter: vierundsechzig im Herbst. Jedesmal, wenn zufällig sein Blick den des Vaters kreuzte, schnellte er den seinigen erblassend zurück, während der Vater geräuschvoll schnurfelnd ausspuckte.

«Männlein, was sinnst?» raunte ihm die Schwester ins Ohr.

Da fuhr er wie ein bleichsüchtiges Mädchen schreckhaft zusammen, daß ihm das Herz stillestand.

Sie aber beschrieb mit ihren seelenvollen Händen eine wischende Bewegung vor seiner Stirn, wie der Zauberkünstler, wenn er etwas verschwinden läßt. «Infernalibus», flüsterte sie. Dann erhob sie drohend den Zeigefinger: «Männlein, sei lieb», mahnte sie. «Wenn du lieb bist, aber sehr, sehr lieb, will ich dir etwas Schönes zeigen.» Das sagte sie in einem Ton, als ob sie ein Geschenk hinter dem Rücken verborgen hielte.

«Was?» fragte er zerstreut, noch vom Schreck verstört.

Sie wies neckisch nach der Landschaft, daß ihr Finger seine Nase streifte. «Zum Beispiel der rosarot gesprenkelte Apfelblust dort unten in der Matte, ist der etwa nicht schön?»

Hiernach huschte sie fröhlich nach dem Eßtisch hinüber, unterwegs die Wohnstubentür unauffällig schließend, und machte sich mit dem Besteck zu schaffen, indem sie nachträglich Kuchenmesser auflegte, sowohl für das Gesinde wie für die Herrschaft. Und während er nach wie vor in finsterer Verbohrtheit zum Fenster hinausstierte, sang sie hinter seinem Rücken über der Arbeit ein Liedchen, bald leise summend, bald mit nachdrücklicher Betonung, je nachdem der Wortlaut oder ihre Willkür es begehrte:

«Weißt, was der Kucker im Frühling singt?
Kein Mensch weiß, was ihm der Sommer bringt.
Der Sommer, der schläft hinterm Gitzlisberg.
Gar vieles kommt anders und überzwerch,
Doch manches wieder kommt plötzlich gut,
Wenn's niemand erwartet und hoffen tut.

Januar und Februar:
Gotts Segen ins Jahr.
Im März und April
Gibt's Wetter, wie's will.
Im Maien der Schnee
Tut der Apfelkammer weh.
Brachmonat, August –
Trag willig, was mußt.
Im Herbst wächst die Nacht,
Bis es Winter macht.
Der Ofen tut not,
Die Blümlein sind tot.

Die Blümlein, die sind halt den Frost nicht gewohnt.
Wenn's nur meinen Liebsten, meinen Einzigen verschont.»

Statt «Einzigen» aber setzte sie «Conrad», indem sie jedesmal bei diesem Namen einen herzinnigen Blick dem Bruder zuschickte, glückzufrieden, unbekümmert, ob er es bemerke.

Jetzt bimmelte die Eßglocke, und nach einer kleinen Schicklichkeitspause rauschten die Kellnerinnen ins Zimmer, einzeln und gruppenweise. Beim Eintritt wünschte eine jede dem jungen Meister ein treuherziges «Guten Tag», nicht ehrfürchtig, vielmehr kameradschaftlich und vertraulich, wofür er jedesmal mit lauter Stimme dankte, übrigens ohne sich umzuwenden. Ein anmutiges Summen flüsternder, schwatzender, trällernder Mädchenstimmen bewegte sich hinter ihm hin und her. Mit der Zeit schob sich in seine Hände, die er hinter dem Rücken verschränkt hielt, ein Blumenstengel. Weil aber ein Fensterflügel spiegelte, erkannte er die Täterinnen. «Josephine», urteilte er, «das errät man an der Narretei.»

Dann kreiste ihm eine Hand übers Gesicht. «Solch eine vorsintflutliche Patsche hat einzig in der Welt Brigitte», erklärte er.

«Betrug!» verkündete ein empörter Ausruf. «Er sieht uns im Fenster.» Und sofort zerstreute sich der Schwarm. Dagegen erschien jetzt seine Schwester neben ihm.

«Nun denn, was sagst du jetzt dazu?» forschte sie.

«Wozu?»

«So sperr doch endlich deine Guckaugen auf, Tolpatsch!»

Er drehte sich nachlässig um, und wie sein Blick über den Mädchenhaufen glitt, bunt und fröhlich wie ein Junimorgen im Garten, entdeckte er unter den Kellnerinnen eine neue: hochgewachsen, stattlich und bolzgerade aufrecht, in reichster Bernertracht, lötig Silber und Samt und Seide, steifgewölbtes Vorhemd, panzerhartes Mieder, gestickte Halbhandschuhe, alles genau bis ins einzelste, wie in einem Trachtenbilde für die Fremden hinter einem Schaufenster von Interlaken.

«Aus was für einer Spielschachtel hast du die bezogen?» bemerkte er beifällig, doch gleichgültig.

«Gelt?» lachte sie. «Oder habe ich dir denn nicht versprochen, etwas Schönes zu zeigen? – Aber nichts da von Spielschachtel, loses Menschenkind! Potztausend, damit wird nicht gespielt, hörst du? Nur zum Ansehen. Und sorgfältig mit umgehen, wohlgemerkt, denn das ist eine kostbare Präsidententochter, spröd und stolz. Übrigens für sie ist mir nicht bange, denn sie hat drei Reihen Nadeln auf der Zunge wie ein Hecht – um so mehr für dich – wehe deinem Herzen! armer Conrad!» Hiermit hüpfte sie triumphierend von ihm weg, singend in jauchzenden Oktaven.

Er aber behielt die Bernerin im Auge, und jählings von übermütigem Selbstgefühl gepackt, manövrierte er sich angriffslustig zu ihr hinüber.

«Also wahrscheinlich Bäbeli oder Marianneli», machte er plötzlich, indem er unvermutet vor sie hintrat, so nahe, daß seine Stirn beinahe die ihrige berührte, damit sie ihm weiche.

Sie hielt ihm jedoch trotzig stand, mit zusammengezogenen Brauen. «Weder Bäbeli noch Marianneli, sondern Cathri», erwiderte sie barsch und wich ihm nicht um Zolles Breite.

«Von Langnau oder von Signau?» stocherte er weiter.

«Ich an Eurer Stelle», rief sie hitzig, «wenn ich mich aufs Raten nicht besser verstände, ließe es bleiben. Von Melchdorf bin ich.»

«Melchdorf? Von Melchdorf? Wo ist doch

Melchdorf? Übrigens wo von Melchdorf? Aus der Säge oder aus der Mühle? Nämlich Melchdorf, müßt Ihr wissen, Melchdorf ist groß.»

«Jetzt sagt Ihr eine Dummheit; denn Melchdorf ist klein. Besitzt auch überhaupt weder eine Säge noch eine Mühle. Übrigens, wenn Ihr denn so wundergierig seid, es ist kein Geheimnis, man darf's wissen: im Taubenhof bin ich daheim.»

«Im Taubenhof? Ach so, im Taubenhof. Im Taubenhof also. Keine fehlgeratenen Täubchen, fürwahr, in jenem Taubenhof.» Und indem er sie vom Kopf bis zu den Füßen musterte, auf und ab: «Hat er noch mehr dergleichen saubere, milchweiße Riesenvögelein, Euer Vater, der Präsident, in seinem Taubenschlag, von dieser Höhe?»

Freudiger Stolz erhellte ihr Antlitz: «Unser sechs Geschwister sind wir, immer eins bäumiger als das andere. Mag leicht sein, unser Ältester, der Hans, ist noch einen halben Kopf größer als Ihr.»

Conrad kniff zweifelnd ein Auge zu.

«Es steht jedem frei zu blinzeln, der blöde Augen hat», bemerkte sie zornig. «Ich aber behaupte, was ich weiß und was Tatsache ist. Unser Hans schaut mir bequem über den Scheitel. Hiernach könnt Ihr's selber ausrechnen, wenn Ihr rechnen gelernt habt.»

«Oder abmessen?» meinte er.

«Meinetwegen.»

Und beide streckten sich herausfordernd auf den Zehen, halb im Spaß, halb im Ernst.

«Nicht so», schalt Josephine, «sondern rechtschaffen, Rücken an Rücken, wie es Brauch ist.» Hiermit drehte sie keckerhand die beiden um, drängte sie an die Wand und stieß sie rücklings zusammen. «Einen Schemel, ein Lineal und einen Bleistift her!» befahl sie. «Schnell!»

Allein Anna unterbrach das Spiel. «Zur Suppe», mahnte sie, mit einladender, singender Stimme, einen Blick mütterlicher Huld auf das Paar hinübersendend. «Zur Suppe», wiederholten lustig die Mädchen, indem sie den ziehenden Ton in der Nachahmung überboten. Und hurtig schwärmte das junge Völklein nach dem Gesindetisch. Mit ihnen Cathri, worüber sich Conrad baß verwunderte, wie über etwas Ungebührliches.

Er überlegte. Sollte er's wagen, sie eigenmächtig an den Familientisch zu befördern?

Allein sie hatte schon gravitätisch die Serviette über den Schoß gebreitet und lachte ihm von weitem zu, belustigt über sein Erstaunen. «Ich sitze hier vortrefflich», versicherte sie.

Während er zögernd seinem Platz zusteuerte, traf ihn ein Rippenstoß, und zwar ein recht knochiger. «Und mich», belferte eine kurzatmige Stimme, «mich, gelt, mich grüßt man, versteht sich, nicht? unsereinen, natürlich, übersieht man? Freilich, kann dir leider nicht mit einem glatten Frätzchen aufwarten, bin halt nur die alte Ursula oder die ‹Hexenbase›, wie du mich getauft hast, vorzeiten, weißt du noch? als du meintest, wenn ich dagewesen sei, gebe es nachher immer ein Unglück. Weil du per se jedesmal etwas Dummes angerichtet hattest und dafür die Rute bekamst; das eine Mal aufs Dach geklettert und die Ziegel verschimpfiert, das andere Mal dir das Gesicht verpülvert, das dritte Mal die Pferde in Heinis Garten gelassen und so weiter, was weiß ich. Aber so sind die Menschen. Wenn einer einen Unsinn gemacht hat und nachher löffeln muß, was er eingebrockt hat...»

«Guten Tag, Base», hemmte er den Erguß. «Übrigens hatte ich heute bereits das Vergnügen, wenn auch nur aus der Ferne. Alle Achtung, das muß man dir lassen: du bist eine tapfere Base, ein wahrer St.Georg. Nur so mir nichts, dir nichts aus dem Hause gejagt? eins, zwei, drei? die arme Rosinenbase? was?»

Sie schickte einen bösen Blick in die Luft, an die Adresse der Rosinenbase, und klappte die Kiefer zusammen, wie der Dachshund, wenn er eine Ratte verschluckt hat: «Es kann nur einer im Hause regieren, nicht zwei», posaunte sie.

Er verbeugte sich förmlich. «Meinen untertänigsten Gehorsam der Alleinherrscherin im Hause.» Dann bot er ihr nachträglich die Hand zum Gruß.

Doch sie zog geziert beide Hände weg und hüpfte rückwärts. «Du mußt keineswegs, wenn du nicht magst. Zwingen will ich dich nicht.»

«Und ich dich ebenfalls nicht», erwiderte er, ließ sie hüpfen und setzte sich. «Anna, kommt eigentlich die Mutter zum Essen?»

«Ich glaube ja; aber später. Sie zieht sich eben an.»

«Und du? issest du denn nicht mit?»

«Nein, ich bediene den Vater.»

«O weh!» stöhnte er.

Die dampfende Suppe wirkte Behagen und weckte die Gesprächslust.

«Woher kommen nur alle die herrlichen Lilasträuße?» fragte Conrad zu der Base gewandt, indem er eine Blume herausholte und an die Nase führte.

Keine Antwort.

«Eine Staatssuppe», urteilte er nach einer Weile. «Alle Achtung vor dem, der sie gekocht hat.»

Die Base betrachtete ihn hämisch von der Seite und meckerte vor sich hin. Endlich versetzte sie: «Aber, gelt, nicht wahr, wenn du gewußt hättest, ich habe sie gekocht, so hättest du sie schlecht gefunden?»

Nach einigem Abwarten versuchte er's zum drittenmal: «Ein Prachtwetter heute, kein Wölklein am Himmel.»

«Ja, das Wetter wäre schon recht», keifte die Base, «wenn nur auch die Menschen recht wären.»

Jetzt hatte er genug, tat sich Gewalt an und verdrückte die Redelust, indem er zugleich geflissentlich den Blick von der sauertöpfischen Base abzog. Hierbei bekam er zufällig die Kellnerinnen zu Gesicht.

Und siehe da, es war ein ergötzlicher Anblick. Nein, wirklich, im Ernst, sie sahen verdammt nett aus, in ihren neuen, leichten Sommerröckchen, deren Farben die unmöglichsten Sprünge verübten, ohne einander auf die Zehen zu treten. Man wußte wirklich nicht, welcher den Vorzug geben, ob der Bertha mit ihrem seidenweichen welligen Kastanienhaar, angetan mit einem weiß und meergrün gestreiften Gewändchen – hatte er nun etwa nicht recht mit seiner Vorliebe für meergrün? –, oder der durchsichtigen, gerstenblonden Helene –

das weiße Kleid mit den rosafarbenen Schleifen aufgeputzt, wie ein Albumschäfchen, das ein Engel am Bande führt –, oder der rotkrausen Josephine – ja aber trägt man denn Schwarz im Sommer? Nun, das muß Josephine besser wissen als er, item, es stand ihr abgefeimt gut. Bloß Brigitte, natürlich, versteht sich, das faule Mammut, mußte in einem plumpen, braunen Werktagsrock kommen. Dazwischen thronte Cathri steif und starr in ihrer majestätischen Vollkommenheit, in ihrer harten weiß und schwarzen Wappentracht, fast hätte er gesagt «Uniform». Man brauchte ihr bloß statt Messer und Gabel einen Schild und Lanze zu reichen, so war sie die vollendetste Helvetia auf einem silbernen Fünffrankentaler oder eine geflügelte Allegorienfigur auf dem Reklamezettel einer Landesausstellung. Ackerbau und Volksfleiß, so etwas. Schaute man sich nicht unwillkürlich nach dem Alpenglühen um, wenn man sie sah?

So unterhielt er seine Blicke. Die Mädchen ihrerseits guckten zu ihm herüber, und so entwikkelte sich ein munteres Augenspiel hin und her mit Blinkern und Zwinkern. Darüber juckte ihn die Zunge und kitzelte ihn der Übermut.

«Aufs Wohl, Brigitte», begann er, das Glas erhebend, «habt Ihr auch schon einmal nikotinfreien Wein versucht?»

Brigitte verwahrte sich entrüstet. «Äh, Wäh, Ch», schnurrte sie verächtlich und wischte sich angeekelt die Lippen, «nikotinfreier Wein, das wäre ja wie zuckerfreier Honig.» Dabei schaute sie sich triumphierend um, ob man auch allseits das Salz ihres Witzes schmecke.

Und da jetzt ein Spottgelächter um sie herfiel, mit mühseligen Belehrungen – denn sie wollte schlechterdings nichts begreifen –, machte er sich an Josephine, welche auf Brigitte so eifrig einredete, als ob sie sie zum Islam bekehren wollte.

«Ihr, Josephine, da Ihr Euch doch gar so über die Maßen gescheit dünkt, könnt Ihr folgendes Rätsel lösen? Wer nimmt was womit?»

Josephine dachte aus Leibeskräften... «Wer nimmt was womit?» wiederholte sie murmelnd, indem sie mit den Augen die Zimmerdecke absuchte. Plötzlich erklärte sie zuversichtlich: «Der Herr Reber nimmt nur eine mit viel Geld.»

«Sehr gut», belobte Conrad, «schade, daß es nicht wahr ist. Sondern: Achtung. ‹Es nimmt ein Ende mit Schrecken.›»

Es erfolgte eine große Chor-Pantomime des Mitleids, welche mit ausdrucksvollem Gebärdenspiel den Hinscheid seines Geistes beklagte.

Aber Cathri hatte die Zunge geläufiger als die Gebärde: «Das ist einer vom Exerzierplatz», urteilte sie wegwerfend.

«Wohl, dann will ich Euch mit Eurem Kanton Bern aufwarten. Ich fürchte nur eines: es könnte Euch ein wenig zu hoch sein, denn jetzt geht es die obersten Stufen der Bildungstreppe steil bergan. Also: Welche Rose gedeiht im Kanton Bern am besten?»

«Die Rose der Liebe», flötete geschwind Helene.

«Der unumwundenen Offenheit und Lauterkeit», verbesserte Cathri selbstgefällig, indem sie sich vor Rassebewußtsein ordentlich brüstete und blähte.

Conrad aber, von ihrem kantonalen Dünkel gereizt, übergoß sie mit einem Blick rückhaltlosen Hohnes. «Rose der unumwundenen Offenheit», spottete er: «Unumwunden, also jedenfalls keine Schlingrose. ‹Offenheit›, mithin keine Knospe. – Nein, nicht ‹Rose der› oder ‹Rose des›, sondern einfach Rose: die Phosphor-Nekrose.»

Ein Beifallssturm billigte die kleine Bosheit, während die gedemütigte Cathri, puterrot vor Scham und Zorn, ihm einen wütenden Blick zujagte.

Allein Josephine erklärte sich mit dem Gespräch überhaupt nicht einverstanden. «Was ist denn nur heute mit unserm gestrengen Herrn und Meister», schalt sie, «daß er uns hartnäckig Kirchhofrätsel auftischt. ‹Ein Ende mit Schrecken›, ‹Nekrose, Nekrolog›. Puh, man könnte wahrhaftig glauben, Ihr wolltet Euer Testament machen. – Sondern jetzt will ich Euch ein Rätsel spendieren – Achtung, stille, aufgepaßt! spitzt die Ohren: Was geht auf zwei Beinen und ist doch kein Huhn? und warum?»

«Benedikt, der Kutscher», meinte Bertha aufgeräumt.

Josephine zog eine weise Schullehrermiene: «Bertha, du bist unlogisch. Denn erstens geht Benedikt nicht, sondern er stolpert; zweitens, wenn es kein Huhn ist, so kann es doch kein Mann sein, denn sonst wäre es ja kein Hahn; drittens könnte man bei Benedikt unmöglich fragen: ‹Warum?› Man braucht ihn ja bloß anzusehen, um zu wissen, warum. Sondern Brigitte, weil sie eine Gans ist.»

Brigitte, um den Empfang zu bescheinigen, verübte eine Grimasse, zischte Josephine an, gab die Zunge aus dem Munde und blökte.

Jetzt aber ertrug die Base nicht mehr länger diese nichtsnutzigen Späße. Schon öfters hatte sie geräuschvolle Zeichen des Mißfallens kundgegeben, geknurrt, gebrummt, gehustet, mit den Füßen gescharrt, den Stuhl geschoben, die Löffel und Teller geschmissen; jetzt riß ihr die Geduld: «Seit wann sitzt denn der Portier nicht mehr bei Tisch?» fuhr sie den gegenübersitzenden Conrad grob an, mit dröhnender Stimme wie aus einem zersprungenen Kochhafen. «Doch ich verstehe, der ist wohl dem Herrn Leutnant nicht mehr vornehm genug.»

«Es handelt sich nicht um vornehm oder nicht vornehm», entgegnete Conrad ruhig, «sondern darum, daß der Portier ein frecher Flegel ist, mit welchem ich nächstens ein Wörtchen reden werde.»

«Ich weiß nicht», fuhr sie seufzend fort, die Augen wie eine Märtyrerin verdrehend, «aber seit dem verwünschten Militärdienst bist du wie ein umgekehrter Handschuh.»

«Das wäre ja lauter Gewinn», erwiderte er, «genoß doch der Handschuh niemals das Glück deines Beifalls.»

«Überhaupt», knurrte sie, «wozu das dumme unnütze Soldäteln? Wenn die Völker Frieden halten wollten, wenn die Fürsten Europas in ihrem nimmersatten, ländergierigen Ehrgeiz...»

Conrad fiel ihr in die Phrase: «Jetzunder, ihr Völker und Fürsten Europas, beißt die Zähne zusammen, allerhöchst die Base Ursula von Hutzlisbühl liest euch den Text.»

Gelächter vom Kellnerinnentisch her unterstützte die Abfertigung, und nun hatte die Base ihrerseits den Verleider.

Stumm und verdrossen schlich nunmehr die Mahlzeit voran, mit heftigem Schlingen und endlosen, unausstehlichen Pausen. Draußen aber in der Wiese pfiff ein Vogel unaufhörlich einen nämlichen sägenden Doppelton des Jubels, «tüitü», als könnte er des Maienglücks nicht genug erzählen.

Die Köchin, die alte treue Lisabeth, nachdem sie das Gemüse aufgetragen, blieb bei der Base hangen, zischelnd, mit gehässigen Blicken nach der Bernerin.

Die Base wulstete die Lippen. «Jedes Tierchen hat sein Pläsierchen», grölte sie überlaut, indem sie nach Cathri schielte: «Es scheint, es gibt Gäste, die lieben das.»

«Was?» fragte Conrad drohend.

«Nun», lautete die Antwort, «wenn eine Kellnerin sich herausdonnert wie ein Schaf zum Auskegeln und die bloßen Arme feilhält, daß einem davon übel wird, und die Augen unverschämt aufsperrt wie eine Ich-weiß-nicht-was.»

Conrad suchte nach einer gepfefferten Zurechtweisung. Allein schon war Cathri leidenschaftlich aufgefahren und warf mit schneidender Stimme herüber: «Die Tracht, die ich trage, ist eine ehrbare Landestracht. Und an bloßen Armen kann höchstens ein ausgeschämter, abgelebter Wüstling Anstoß nehmen oder aber eine neidische alte Vogelscheuche. Und wenn ich die Augen aufsperre, so geschieht das, weil ich nicht wüßte, weswegen und vor wem ich sie niederzuschlagen brauchte. Übrigens, falls ich etwa hier jemandem im Wege bin, so hat er sich bloß zu melden. Ich habe mich nicht aufgedrängt, sondern bin einzig deswegen hier, weil mich die Jungfer Anna Reber persönlich im Kurbad aufgesucht und mit Bitten und Beten zur Aushilfe gedungen hat.»

«Cathri», sprach Conrad nachdrücklich, «wenn Ihr von meiner Schwester gedungen seid, so gilt das genausoviel, als wäret Ihr von Vater und Mutter gedungen. Ich ersuche Euch daher in ihrem Namen höflich, zu bleiben und Euch durch keine Schnödigkeiten Unberufener irremachen zu lassen.»

Da setzte sie sich gelassen nieder. «Steht es so», sagte sie, «dann steht es gut. Ihr seid der Meister, an Euer Wort halte ich mich. Was andere dagegen reden, das schätze ich weniger als das Klappern einer Mühle.»

Die Base jedoch vermochte ihre Niederlage nicht zu verwinden. Nach öfteren unartikulierten Anläufen platzte sie gegen Conrad los: «Du gehörst scheint's auch zu den vielen, es braucht bloß ein paar ziegelrote Bäcklein, so verdrehen sie schon verliebt die Augen, wie das Huhn vor einem Mistkäfer. Nach dem innern Wert natürlich, nach der Tugend, darnach frägt keiner.»

Jetzt brauste Conrad auf. «Und du», erwiderte er, «du gehörst auch zu den vielen, die da meinen, die Tugend einer Frau beweise sich durch einen Kropf.»

Die unbändige Lachsalve, die diesem Ausspruch folgte, und die feuchten Augen der Base belehrten ihn, daß er genauer getroffen, als er gezielt hatte, und gerne hätte er das grausame Wort zurückgeholt. Wirklich, er hatte es nicht bedacht, daß die Base selber einen dicken Hals hatte, und jetzt tat ihm sein Ausfall bitter leid. Eifrig suchte er nach einem Mittel, ihn wieder gutzumachen. Inzwischen hatte sie das Schnupftuch hervorgekrabbelt, und während sie sich die Augen wischte, stammelte sie: «Schweig nur, schweig, Conrad. Es gab eine Zeit, da war ich dir nicht zu häßlich, mitsamt meinem Kropf.»

«Die Zeit ist noch lange nicht vorüber», beteuerte er herzlich, «du bist mir auch jetzt durchaus nicht zu häßlich.»

Doch ohne auf diese Brücke einzulenken, klagte sie opferleidig weiter: «Waren das schöne Zeiten, damals, als du noch ein kleines Büblein warst.»

«Liebste, beste Base, was kann denn ich dafür, daß ich kein kleines Büblein mehr bin? Übrigens in dieser Beziehung hältst du es genau wie meine Mutter. Beständig spielt man mir's wie einen Verrat ins Gesicht, daß ich nachgerade ein Mann geworden bin. Zum Teufel, ich kann doch nicht euch zu Gefallen zeitlebens mit einer Saugflasche umherwandeln; oder was verlangt ihr denn eigentlich von mir?»

Als hätte er nichts gesagt, spann sie ihren grauen Faden fort, mit beschuldigendem Seufzen: «Du lieber Gott, wie manches Mal bist du mir auf dem Schoß gesessen.»

Dieser unaufhaltsame Quark von Dummheit und Ungerechtigkeit reizte ihn wieder.

«Wenn's nur daran fehlt», erwiderte er ärgerlich, «dem wäre ja abzuhelfen, das heißt, wofern es wirklich im Ernst dein Wunsch ist, daß ich mich auf deinen Schoß setze.»

Diesmal blieb jedoch das Lachen der Mädchen aus, welche vielmehr ernst und verlegen vor sich niederschauten, und als er sich verwundert nach der Ursache umsah, erblickte er neben sich die Mutter am Tisch sitzend, krankenbleich und schwach, den Kopf in Tücher gehüllt.

Er erblaßte, darauf ermannte er sich. «Guten Tag, Mutter, wie geht es dir?» fragte er teilnehmend, mit kleinlauter Stimme.

Ein schmerzliches Zucken um ihre blutleeren Lippen und ein anklagender Blick waren die Antwort.

«Wie es dir gehe, habe ich dich gefragt», wiederholte er empfindlich.

Kaum hörbar hauchte sie, das Gesicht wegwendend: «Es geht, wie es gehen kann.»

«Es kann verschiedentlich gehen», entgegnete er. «Aber wie es gegenwärtig dir gehe, hätte ich gerne erfahren mögen.» Seine Stimme bebte, denn es empörte sich etwas in ihm, das er mühsam niederkämpfte.

Und abermals drückte Schweigen über der Mahlzeit, doch diesmal nicht mehr das Schweigen des Verdrusses, sondern der Bangigkeit. Bloß die Mutter und die Base tauschten ab und zu kurze Bemerkungen, mit Ausschluß der übrigen, als speisten sie allein.

«Wie die Grillen lärmen», lispelte die Mutter, schmerzhaft die Stirnmuskeln runzelnd und die Tücher ängstlich übers Ohr ziehend mit ihren dünnen, bleichen Leidensfingern.

Die Base ergänzte zustimmend: «Die Amseln in Hutzlisbühl haben auch bereits schon um vier Uhr morgens wüst getan.»

Conrad biß sich auf die Lippen und starrte mit großen Augen nach der Zimmerdecke. «Die Amseln wüst getan», wiederholte er mechanisch, «Amseln, die wüst getan haben. ‹Amsel› – und wüst tun.» Plötzlich übermannte ihn ein unbändiges Gelächter, das seinen ganzen Körper schüttelte.

Da griff die Base wieder zum Schnupftuch, die Mutter aber maß ihren Sohn mit einem langen Blick des Kummers und der Verzweiflung.

Dieser Blick schlug sein Lachen nieder, statt dessen meldete sich in seinem Herzen ein finsterer Grimm.

Eine beträchtliche Weile hielt er noch an sich, endlich aber, wie sich immer und ewig kein Laut mehr hervorwagte, weder an diesem noch an jenem Tisch, überschäumte er.

«Man sollte meinen, man befände sich an einem Leichenschmaus», knirschte er, Messer und Gabel wegwerfend.

«Nicht jedermann ist beständig zum Lachen und Gaukeln aufgelegt wie du», bemerkte die Mutter strafend.

Ob diesem Vorwurf verlor er vollends die Selbstbeherrschung.

Mit schallender Stimme rief er durchs Zimmer, wie der Pfarrer durch die Kirche: «Und ich meinesteils behaupte, es ist nicht recht, es ist nicht erlaubt, es ist eine unverzeihliche Frivolität, wenn das Unglück ein Haus verschont, wenn man nichts Wichtiges zu klagen hat, wenn einem nichts Ernstliches fehlt, wenn alle am Leben und soweit gesund sind, und keine Sorgen, und zu essen genug – und man gebärdet sich, als ob der Tod eingeschlagen hätte. Das ist nicht recht, das ist ein Undank, das heißt die Schonung, die einem das Schicksal gewährt, nicht verdienen!»

Da war Anna hinter ihm, er wußte nicht wie, und rüttelte ihm heftig den Arm. «Conrad», schalt sie gedämpft, «bist du von Sinnen?»

«Nein, ich bin nicht von Sinnen», rief er noch lauter, «sondern ich sage eine vernünftige ernste Wahrheit und sage sie noch einmal. Das Glück besitzen und die Maske des Unglücks vorlegen, aus eitler Jammersucht und Wehwichtigkeit, das ist nicht recht, das ist ein Frevel, das ist eine Vermessenheit, das heißt geradezu das Unglück herausfordern.»

Jetzt erhob sich die Mutter, die Hände auf den Tisch stützend, und wankte zur Tür hinaus.

Die Base aber meinte die Erbschaft ihres Kummers antreten zu sollen und übersetzte das in ihre griesgrämige Art, indem sie mit scheelen Blicken jede frohe Regung totschoß. Und da die Mädchen, allmählich entschüchtert, leise zu plaudern begannen: «Maul halten!» bellte sie. Und später, als Lisabeth einen gewaltigen Braten an den Gesindetisch hinübertrug, fuchtelte sie entsetzt mit den Händen: «Behüt uns Gott im Himmel», besegnete sie sich, «was für ein unmenschlicher Kalbsbraten! Zu meiner Zeit, da war das Gesindevolk pudelnarrenfroh, wenn es ein mageres Stückchen Suppenfleisch gab.»

Als hätte eine Bombe eingeschlagen, schnellten

die Aufwärterinnen von ihren Sitzen, die Teller wegstoßend, krebsrot vor Zorn, pustend, pfupfend, aufbegehrend. «Wenn's Euch reut», plärrte Brigitte, «wenn Ihr's uns mißgönnt, so freßt's selber, wir rühren nichts an.»

Bei diesem Anblick überlief der Base die Galle. «Abhocken», grölte sie. Und dem Befehl gab sie durch das Beispiel Nachdruck, indem sie den Rumpf vom Stuhl erhob und hart niederfallen ließ. Gleichzeitig klopfte sie mit dem Messerheft wie mit einem Hammer auf den Tisch.

Unwillkürlich gehorchten die Mädchen, obschon zögernd und murrend. Den Braten jedoch berührten sie gleichwohl nicht, sondern steckten die Hände meuterisch unter die Schürze.

Da humpelte ihnen die Base entgegen, packte die Bratenschüssel und gab ihr einen schleudernden Ruck. «Fressen!» schnob sie, «nachdem's doch einmal da ist! bevor's kalt wird.»

Böse Blicke aus glühenden Gesichtern flammten ihr zurück. Josephine zischte Verwünschungen; Brigitte fletschte die Zähne; Helene und Bertha weinten vor Ärger. Keine rührte einen Finger. Außer Cathri, die überhaupt gemächlich sitzen geblieben war. «Was mich betrifft», erklärte sie trocken, «ich esse ruhig.»

Der Base versagte der Witz. Schlagen, das sah sie immerhin ein, schlagen konnte sie die kräftig ausgewachsenen Jüngferchen nicht wohl, war es ja auch nicht gewohnt, ein lebendiges Geschöpf zu schlagen. Und doch schien ihr das der einzige richtige Trumpf. Einen anderen fand sie nicht. Ohnmächtig, ratlos stand sie da, und ihre boshaft schillernden Blicke trübte der Jammer; gleich einer ausgelebten Viper, die zum ersten Male ihr Gift wirkungslos sieht. Wie hatte sie vormalen Zucht im «Pfauen» geübt! Wenn eine Magd gedrillt werden sollte, wenn eine Köchin nicht parieren wollte, wenn man unbändige Gäste voraussah, flugs holte man die Base Ursula von Hutzlisbühl. – Und jetzt mußte sie sich von diesen Rotznasen offene Auflehnung bieten lassen! Die Bresten des Alters kannte sie längst und überwand sie heldenmütig, jetzt aber spürte sie zum ersten Male des Alters Elend. Als sie schließlich wieder ihrem Platz entgegenhinkte, war es der Rückzug nach einer verlorenen Entscheidungsschlacht. Sie spürte: ihr Regiment war aus. Und da sie sich mit dieser Tatsache nicht vertragen konnte, strebte sie fort, fort nach Hause, je eher, desto lieber, zu ihren drei Katzen, zu ihrem Zichorienkaffee, zu ihrem gefügigen Waisenmädchen.

Conrad empfing sie mit einer wohlvorbereiteten Rüge, nicht zu scharf und nicht zu stumpf, kühl und gemessen: «Du, Base», sagte er, «unsere Verwandtschaft in Ehren und allen schuldigen Dank für deine uneigennützige Hilfe – aber daß du uns die bewährtesten, wägsten Kellnerinnen mir nichts, dir nichts vergelsterst, ohne den mindesten Grund und Anlaß, das ist wohl schwerlich die Meinung meiner Eltern!»

«So geh doch! geh nur!» kollerte sie, «geh, geh, nimm sie um den Hals und schmatze sie ab, deine lieben, lieben Kellnerinnen. Geh! worauf wartest du? Ich will dich nicht hindern. Ich räume das Feld. Bin doch ohnehin längst schon überflüssig, seit der gnädige Herr Leutnant, wie es scheint, jetzt hier im Hause kommandiert.»

«Ich verlange keineswegs, daß du das Feld räumest», erklärte er, «im Gegenteil, wir sind dir dankbar, daß du uns mit deiner Erfahrung zur Hand gehst, und wissen deine wertvolle Unterstützung zu schätzen. Nur sehe ich die Notwendigkeit nicht ein, warum du uns deswegen die Kellnerinnen verunglimpfen müßtest.»

Doch sie steifte sich störrisch auf ihren Einfall. «Ich gehe ja, ich gehe. Brauchst dich nicht zu ereifern. Ich gehe ja bereits. Meine kleine Reisetasche ist bald gepackt.»

Wirklich, wahrhaftig, sie wackelte nach der Tür. Da ward ihm jählings angst, ihm, dem erwachsenen, starken Manne, dem selbstbewußten stimmfähigen Bürger und Soldaten, angst vor der kleinen, krummen, baufälligen Base, schrecklich, fürchterlich angst, wie einem armen Schulbuben, wenn sich der Lehrer aufmacht, um ihn bei den Eltern zu verzeigen.

Er stand auf und ging ihr verschüchtert nach: «Base», bettelte er demütig.

«Ach was», kläffte sie, «Entenhörner und Schneckenflügel! Der Ulihansjakob hat zum Sonntag gesagt: wo ist der Samstag?» Und unaufhaltsam zottelte sie aus dem Zimmer, mit überstürzter Hast, als ob sie verfolgt würde.

Die Mädchen aber erteilten ihr einen üblen Abschied: «Glück zur Abreise! komm niemals wieder!» – «Boshafte Hexe.» – «Erlöse uns von allem Bösen» und dergleichen mehr.

Doch Conrad verwies ihnen das mit einer kurzen Handbewegung. Er hatte sie halt trotz allem doch lieb, die Hexenbase, denn sie war vorzeiten sehr, sehr gut gegen ihn gewesen.

Noch zitterte die Türklinke, und aller Augen hafteten an der Wand, hinter welcher die Base verschwunden war, da brach mit wuchtigem Elefantentritt die schreckliche Riesengestalt des alten «Pfauen»-Wirts herein, doch nicht aus der Wohnstube, sondern gegenüber, von der Terrasse. Mit einem fürchterlichen Blick die Kellnerinnen musternd, brüllte er sie an: «Fressen, saufen, zanken, liebeln, das verstehen sie. Hingegen die Gäste bedienen, daran denkt keine.»

Wie ein Hühnervolk, vom Hunde aufgescheucht, stoben die Mädchen in wilder Flucht vom Tisch, der nächsten Tür zu.

Aber der Alte vertrat ihnen den Weg. Dazu wollte er gewohnheitshalber mit der Ferse stampfen, zur nachdrücklichen Betonung seines Willens, indessen führte er das nur halbwegs aus, da ihn das Bein beim festen Auftritt schmerzte. «Diesmal bediene ich schon selber», wehrte er, seinen Schmerz verbeißend, «nachdem ich einmal die Bestellung angenommen. Schaut zu, daß ihr künftig auf dem Posten seid.»

Da verzogen sie sich kleinlaut und mißmutig, indessen hinter ihrem Rücken ein leckerer Kuchen auf den verlassenen Tisch marschierte. Cathri, nachdem sie sich erst mit den übrigen aufgemacht, besann sich anders, kehrte zurück und spazierte mit Storchenschritten im Zimmer auf und ab.

Der Alte drang auf sie ein: «Und Ihr», knurrte

er, «Ihr dünkt Euch offenbar zu vornehm, mit Euren hoffärtigen Kettelein und verwöhnten Fingerchen.»

Sie wies durchs Fenster. «Neun Kellnerinnen auf ein einziges schmächtiges, schäbiges Bäuerlein, das ist schon mehr als genug.» Und da er ihr einen entsetzlichen Blick zuschleuderte, schüttelte sie lachend die Hände vor seinen Augen.

«Herr Reber, ob Ihr schon ein Unflat seid, mir macht Ihr keineswegs bange. Nämlich ich habe zu Hause einen Vater, gegen den seid Ihr ein harmloses Kind.»

Er betrachtete sie eine geraume Weile, mehr und mehr besänftigt, brummte allerlei unverständliche Worte vor sich hin, grunzte schließlich beifällig und entfernte sich, eine Flasche Wein und ein Glas zwischen den Fingern, schwerfällig nach der Terrasse.

Conrad saß noch, wo er gesessen hatte. Abseits in einiger Entfernung ließ sich Cathri an einem Fenster nieder und trommelte mit den Fingern auf dem Sims. Zu ihnen gesellte sich Anna. Leise, mit traurigem Ton, schmälte sie den Bruder.

«Conrad», klagte sie wehmütig, «du böser, böser, böser Mensch, was hast du wieder angerichtet! Und zu allem sitzt noch die Base bei der Mutter und hetzt sie und will mit Gewalt heim. Du hättest sie fortgejagt, behauptet sie.»

«Behauptet sie fälschlich», versetzte Conrad.

«Lügt sie», bekräftigte Cathri.

«Und das arme Täubchen», bedauerte Anna, «das die Mutter eigens für dich hat herrichten lassen.»

«Was für ein Täubchen? Für mich? Von der Mutter? Wo?»

Sie zeigte auf eine Platte vor ihm. «Ja, jetzt ist es zu spät, jetzt ist es kalt.»

«Ich hatte halt anderes zu tun bei der Mahlzeit, als aufs Essen achtzugeben», versetzte er trübe. Darauf zog er das Täubchen an sich und begann es gewissenhaft zu verzehren, der Mutter zu Gefallen, ohne zu schmecken, was er schluckte.

Unterdessen wandelte Anna mit Cathri kameradschaftlich im Zimmer auf und ab, Hand in Hand und einen Arm um die Hüfte der andern geschlungen, wie die Kinder, wenn sie Offizierschritt spielen. So oft sie an Conrad vorbeikamen, tauschten sie verstohlene Blicke, flüsterten und kicherten ausgelassen. Endlich hielten sie an und küßten einander.

«Gelt, möchtest gerne mithalten?» neckte Anna, indem sie sich schelmisch die Lippen leckte. Dann machte sie sich an ihn heran, lehnte sich über seine Schulter und raunte ihm zu: «Spürst du's? Tut's weh? Schadet nichts, geschieht dir recht. Tust oft genug auch andern weh. – Aber wohlverstanden, nicht etwa zum Heiraten!»

«Daran denkt kein Mensch im Traum», antwortete er laut. «Übrigens, gesetzt den Fall, weshalb nicht?»

Sie hielt ihm den Mund zu, beugte sich über seine andere Schulter und zischelte ihm ins Ohr: «Sie hat kein Herz.» Hiermit eilte sie davon.

Unter der Tür drehte sie sich um und rief: «Jetzt sollte ich in der Küche sein, im Keller sein, den Vater gaumen, die Base besänftigen, die Mutter versöhnen und habe doch nur zwei Beine, zwei Augen und einen Mund. Wenn nur jemand wenigstens der Mutter ein gutes Wort gönnte!»

Somit blieben Conrad und Cathri abermals allein, dieses Mal stumm und verlegen, ohne zu wissen, was mit sich und dem andern anzufangen. Doch nur einen kurzen Augenblick. Denn schon kehrte der Alte mit der leeren Weinflasche zurück, die er auf den Schaft stellte. Nachher drehte er sich um und betrachtete den Sohn. «Du bist, wie mir scheint, heute an den Tisch angewachsen. Es würde dir wohl auch nicht schaden, den Tanzsaal ausräumen zu helfen, statt in alle Ewigkeit wie angenagelt beim Essen zu sitzen.»

«Den Tanzsaal ausräumen? Wie kann ich denn wissen, daß heute getanzt wird, wenn niemand sich die Mühe nimmt, mir's mitzuteilen?»

«Sollte man etwa zuvor den gnädigen Herrn Leutnant untertänig um Erlaubnis angehen? Selbstverständlich wird heute getanzt, wie jedes Jahr. Oder hast du vielleicht etwas dagegen einzuwenden?»

«Das würde ich mir niemals getrauen.»

Der Vater rückte ihm näher. «Niemals getrauen? Getrau dich, es frißt dich niemand auf.»

Cathri verließ unauffällig das Zimmer.

«Sag's doch», heischte der Alte dringender, «sag's nur, wenn du etwas Vernünftiges zu sagen hast.»

«Man muß wissen, was man will. Entweder man will eine Bauernwirtschaft oder man will einen Gasthof.»

Jetzt nahm der Vater den Ton höher und kräftiger: «Es ist bisher immer so gehalten worden, und ich bin nicht gesonnen, es deinetwegen anders zu halten. Später, wenn ich einmal unter dem Boden liege und dir dann meine Bauernwirtschaft nicht mehr vornehm genug ist, magst du's halten, wie es dir beliebt. Einstweilen aber bin ich noch Herr und Meister.»

Hiermit dachte er ihn abgefertigt zu haben. Allein Conrad, nach einem flüchtigen Blick nach dem Himmel, bemerkte: «Wer wird denn überhaupt bei dem schönen Wetter tanzen!?»

«Dafür ist bereits gesorgt. Wenn wir uns schon nicht so viel einbilden wie die jungen Naseweise, verstehen wir immerhin noch unser Geschäft. Die Wagginger haben bereits zugesagt, und zwar schriftlich, nur damit du's weißt. Und noch dazu beide Wagginger, die oberen und die unteren.»

Da erhob Conrad großen Auges den Kopf: «Die Oberwagginger und die Niederwagginger zusammen? Am selben Tag? Im nämlichen Tanzsaal? Acht Tage nach den Wahlen?» fragte er bedenklich und ließ das Messer spielend auf dem Tisch tanzen.

«Es ist durchaus kein Anlaß, solch eine überlegene Miene aufzusetzen», drohte der «Pfauen»-Wirt. «So gescheit sind wir natürlich auch noch, um zu wissen, daß Oberwagginger und Niederwagginger nicht zusammenpassen, daß die einen konservativ sind und die andern liberal. Und daß es niemand eingefallen ist, sie gleichzeitig einzuladen, soviel Hirnschmalz könntest du mir immerhin auch noch zutrauen, ob ich schon nicht Leutnant bin, sondern bloß Wachtmeister. Zuerst hat man natürlich bei den Oberwaggingern angefragt, die haben abgesagt, dann haben die Niederwagginger zugesagt und gestern die Oberwagginger nachträglich ebenfalls. So ist's gegangen.»

Conrad erwiderte nichts, sondern spielte, nach der Zimmerdecke starrend, mit dem Messer.

«Es scheint, das zu begreifen ist eine schwierige Aufgabe für deinen Verstand, daß du kein Wort darauf zu sagen weißt.»

«O nein», erwiderte Conrad, «ich begreife nur zu gut: das gibt eine mordsmäßige Keilerei.»

«Sie werden einander nicht den Kopf abbeißen!»

«Schlacht ist Schlacht, ob nun mit Säbeln und Bajonetten oder mit Knütteln und Fäusten. Womit aber eine Schlacht endet, kann niemand voraussagen. Denn der Haß hat kein Bedenken und die Waffe kein Gewissen. – Übrigens, ganz abgesehen hiervon, ob eine Bauernprügelei im Tanzsaal nach dem Geschmacke deiner Gäste sein möchte, zumal der Gäste aus der Stadt, darunter Frauen und Kinder, das möchte ich sehr bezweifeln.»

«Ich bin auch noch da», rief der Alte ungeduldig. «Habe ich bisher verstanden, Ordnung zu schaffen, so werde ich's wohl heute auch noch verstehen. Oder hältst du mich schon für vollends invalid? Einstweilen besitze ich gottlob noch meine ganzen Glieder, um meine Autorität zu wahren, und zwar sowohl nach innen wie nach außen.»

«Bis du einen Hieb abbekommst.»

«Ich bin schon mit stärkeren Leuten fertig geworden als mit den Waggingern.»

«Zugegeben. Allein die Wagginger sind schlimmer als stark, nämlich feige, das heißt tückisch. Gränzer Falschlenzer.»

Jetzt verlor aber der «Pfauen»-Wirt die Geduld.

«Stehe ich denn eigentlich vor dem Staatsanwalt», schäumte er, «daß ich mich von dir verhören lassen muß wie ein Angeklagter? Kurz, ich habe beschlossen, daß getanzt wird, und darum wird getanzt, mit oder ohne deine Erlaubnis. Das scheint mir klar und einfach. Oder hast du's etwa noch nicht begriffen?»

«Ich habe es vollkommen begriffen.»

«Gut, so schweig und halt's Maul!»

«Du brauchst mir das nicht so brutal zu sagen, nachdem du mich doch selber zum Reden aufgefordert hast.»

«Ich werde hoffentlich noch kein Komplimentierbuch nötig haben, um mit dem Herrn Leutnant zu sprechen. Bist du jetzt endlich einmal fertig, oder hast du vielleicht noch etwas zu bemerken?»

Nun rührte sich auch bei ihm der Ärger. «Wohl», versetzte er, «da wir doch einmal daran sind, ja. Ja, allerdings habe ich noch etwas zu bemerken. Ich habe nämlich zu bemerken, daß es mir lieber wäre, du würdest in Gegenwart anderer manierlicher mit mir sprechen. Das habe ich zu bemerken.»

«In Gegenwart anderer? Ist es etwa mein Fehler, wenn man dein benedeites Antlitz jeweilen nur da zu erblicken das Glück hat, wo irgendeine Schürze in der Nähe ist?»

«Vater», brauste er auf, mit wilder Stimme. «Vater! sieh dich vor! Beschimpfen, beschimpfen lasse ich mich nicht!»

«Beschimpfen? Ist es etwa nicht die buchstäbliche Wahrheit? Habe ich dich denn nicht soeben mit der Bernerin getroffen, allein in einem Zimmer?»

«Was der Bock weiß, traut er der Geiß», entschlüpfte es Conrad halblaut.

«Was war das? Was meinst du? Sag's laut, wenn du's wagst! Gelt, du wagst es nicht?»

«Doch, ich wag's. Ich meine: ‹allein in einem Zimmer›, es kommt alles darauf an, wie und wann, und wo mit wem.» Dabei schaute er dem Vater bedeutsam ins Auge.

«Wie meinst du das?» keuchte dieser mit erstickter Stimme, indem sein Gesicht sich schwarzrot verfärbte.

«Ich meine», entgegnete der Junge, «mit *mir* darf jedes Mädchen ohne Furcht allein in einem Zimmer weilen.»

Jetzt wankte der «Pfauen»-Wirt mit schwerem Tritt, daß der Boden bebte, an den Tisch, der die beiden trennte.

«Aber mit wem etwa nicht?» heischte er. «Drücke dich deutlicher aus.»

«Deutlicher ausgedrückt: dem Anschein nach zu urteilen wärest du vielleicht lieber selber mit Cathri allein in einem Zimmer geblieben.»

Der Vater holte einen tiefen Atemzug, dann brach er los, mit donnernder Stimme und rollenden Augäpfeln: «Es gibt in Thun ein Gäßchen – verstehst du? mit den Fenstern nach der Aare – verstehst du? und in jenem Gäßchen steht ein Häuschen – verstehst du? und zu dem Häuschen steigen drei Stapfeln. – Battet das? oder muß ich dir's noch genauer bezeichnen?»

Conrad schnellte vom Stuhl: «Und in Bern gibt

es ein Brücklein, verstehst du? und hinter dem Brücklein ein Inselein, verstehst du? Und in dem Inselein an einem Fenster ist mit dem Messer ein Datum eingekratzt und neben dem Datum der Name eines Dragonerwachtmeisters, verstehst du? Und der Name fängt mit einem R an und hört mit einem r auf. Genügt das? oder begehrst du Einläßlicheres?»

Sie schleuderten das einander ins Gesicht, über den Tisch gebeugt, bebend vor Wut. Und die feindliche Rede ergänzten haßerfüllte Blicke. Aber als nun von draußen aus dem Gange lebhaftes Händeklatschen laut ward und unterdrücktes Beifallrufen weiblicher Stimmen Conrads Sieg markierte, schwenkte der Alte unversehens in die Wohnstube, ohne ein abschließendes Drohwort, mit unheimlichem Schweigen. Conrad aber, augenblicklich ernüchtert, blieb tief erschrocken stehen. Was hatte er nur getan! Er, der, soweit seine Erinnerung reichte, niemals gewagt hätte, seinem Vater zu widersprechen, geschweige denn sich gegen seinen Willen aufzulehnen, hatte ihm jetzt getrotzt, Mann gegen Mann und Feind gegen Feind, und ihm dabei seinen angesammelten Abscheu verraten, mit Blicken und Tönen, die man einem nie mehr verzeiht. Beabsichtigt hatte er es nicht, es war ihm nur so entwischt, in der Hitze der Empörung. Allein geschehen war es nun doch. Und mit zagendem Geiste sah er eine furchtbare Woge Unheil sich heranwälzen, wogegen der bisherige Zustand, der ihm unleidlich geschienen, sich nun wie die schöne alte Zeit ausnahm, so daß er sich gar nicht mit der Vorstellung daranwagte.

Da, in der Not, tat er einen verzweifelten Gedankensprung in die Zukunft. Er sah den Alten, vom Schlage gerührt, auf dem Todbette röcheln und sich daneben stehen, erschüttert, trauernd und vergebend. Und dieses Bild erweckte nun nicht mehr seinen Abscheu, sondern er sehnte es andächtig herbei, nicht aus Haß, sondern aus hoffnungsloser Bedrängnis des Herzens, als den einzigen Weg der Versöhnung, als einen tröstlichen Schutzgeist, zur Verhütung von Schlimmerem.

«Kommt Ihr nicht auch lieber ein bißchen ins Freie, Herr Reber? statt im dumpfen Zimmer zu bleiben?» mahnte Cathri, auf der Schwelle erscheinend.

«Warum nicht?» antwortete er zerstreut und schickte sich an, ihr zu folgen. Doch unterwegs änderte er den Sinn. «Geht nur voran», rief er, «ich komme später», kehrte um und machte sich in der entgegengesetzten Richtung auf, den oberen Stock hinan, nach der Schlafstube der Mutter. Er gedachte ihr ein gutes Wort zu bieten, eingedenk der Mahnung seiner Schwester.

Im Treppenhaus trat eben der Vater zufällig aus der Wohnstube. Sie prallten voreinander weg, wie zwei Bären, die sich unvermutet im Zwinger begegnen. Der Vater schoß in die Stube zurück, der Sohn zog still fürbaß, die Treppe hinan.

Die Schlafstube der Mutter war stockfinster, weil dicht mit Vorhängen verhüllt.

«Seht, da ist es ihn ja selber», empfing ihn eine grölende Stimme aus dem Dunkel, die Stimme der Base. Und den Satz begleitete ein häßliches Lachen, das ihm höhnisch klang. Wie er mit tastenden Armen dem Bett entgegentappte, fiel er strauchelnd über einen Sessel, der im Wege stand. Und im Fall schlug er sich empfindlich an die Bettlade, während irgend etwas Tönernes mit vielfältigem, nicht endenwollendem Lärm auf dem Boden zerschellte.

«Kann er denn immer bloß Schaden und Unheil stiften, der Ungeratene», stöhnte die Stimme der Mutter.

Da drehte er sich heftig um, verließ die Stube und stieg wieder die Treppe hinab. «Das habe ich nicht verdient!» knirschte er. «‹Ungeraten›; man ist nicht ‹ungeraten›, wenn man ehrlich und fleißig und unbescholten ist! Obschon man auch seine Fehler haben mag wie jeder andere.» Und immer wieder klaubte er an dem Wörtchen «ungeraten» wie an einem Widerhaken im Fleische. «Wer eine Rettungsmedaille in der Schublade liegen hat, wer von seinem Obersten vor versammelter Front als das Muster eines Offiziers zum Vorbild hingestellt worden ist, der ist kein Ungeratener. Die Ungeratenen, die sitzen in der Kneipe oder je nach Umständen im Zuchthaus.»

Unterhalb der Treppe hinter dem Granatbusch hielt er an und blickte durchs Fenster. Auf der Terrasse räumte das Gesinde den Tanzsaal; daneben saß Cathri giltstmirgleich auf einem Tisch im Schatten eines Oleanders und pendelte mit den Füßen. Doch er war nicht bei seinen Augen; er war bei seinem Zorn, so daß er hin und wieder die Faust ballte. «Artillerieleutnant, das kann man noch nicht ungeraten nennen», murrte er finster. Und nach einer Weile: «Wer weiß, es wäre wohl manch eine Mutter froh, ihr Sohn wäre, was ich bin und wie ich bin.» Hierüber blieb er am Fenster kleben, nicht weil er hier bleiben wollte, sondern weil er doch irgendwo sein mußte und anderswohin nicht eher gehörte als hierhin.

Währenddessen stapfte die Base die Treppe herunter, in Hut und Schal, eine Ledertasche in der Hand.

«So, jetzt gehe ich denn», krähte sie, als sie ihn gewahrte. «Bist du nun zufrieden?»

Er überwand sich. «Nein, ich bin nicht zufrieden. Im Gegenteil, es würde mich freuen, wenn du bliebest. Ich hatte es nicht böse gemeint.»

«Ei was, Schneegänse im Sommer», belferte sie. «Verstell dich nur nicht, es ist heute nicht Fastnacht. Hast ja doch einzig nur noch Augen für deinen Zaupf.»

«Zaupf? Was heißt das auf deutsch?»

«Oder meinetwegen Gof oder wie du's am liebsten nennen magst. Ich verstehe mich halt leider nicht so gebildet auszudrücken wie der Herr Leutnant. Übrigens, für die hergelaufene Truschel wird die Bezeichnung wohl noch ehrerbietig genug sein.»

«Wen nennst du eine hergelaufene Truschel?»

«Nun, wen sonst? Diejenige, die einzig noch für dich auf der Welt zu sein scheint, diejenige, nach der du dir die Augen ausguckst, die hochmütige, pompatzige Bernerin, mit einem Wort. Siehst du, wie du strahlst, wie du schmunzelst, wenn man bloß ihren Namen ausspricht. Mach doch nicht Augen, als ob du mich verschlucken wolltest wie der Wolf das Rotkäppchen. Nur ruhig, ich gehe ja, ich laufe, ich springe, ich fürchte mich. Nichts für ungut, daß ich gewagt habe, ihren erlauchten Namen in meinen alten zahnlosen Mund zu nehmen. Leb wohl! Kannst ja viel ungestörter um sie herumschwänzeln, nachdem ich fort bin. Sei doch nicht so grausam, laß sie doch nicht so lange auf dich warten. Sie verzappelt ja vor Ungeduld. Also leb wohl denn, leb wohl! nichts für ungut. Und hoffentlich gibt's dasmal kein Unglück, weil die Hexenbase da war. Verdient hättest du's zwar. Also leb wohl denn, du siehst mich wahrscheinlich im Leben zum letztenmal.»

Da ließ er sie ziehen.

Aber nach einigen Schritten drehte sie sich um: «Ich hatte dir eigentlich auch ein Krämlein mitgebracht; es liegt bei der Mutter, sie soll dir's morgen geben, wenn du wieder artiger bist. – Übrigens, du magst mir zuleid tun, soviel du willst, ich bleibe doch immer deine alte häßliche Hexenbase, die dich vorzeiten auf dem Schoß geschaukelt hat, weißt du noch? Leb wohl, Conrad. Leb dennoch wohl!»

Hiermit trollte sie sich.

Er aber begab sich zu Cathri auf die Terrasse.

«Ihr habt also gleichfalls einen bösen Vater?» begann er trübselig.

«Euer Vater ist von Holz, meiner von Stein.»

«Ich begreife nur nicht», bemerkte er, «wie jemand das Bedürfnis verspüren kann, seinem Nächsten das Leben zu versauern.»

Sie zuckte die Schultern. «Wer weiß, wie wir

uns dereinst aufführen werden, wenn wir einmal alt sind. Ihr zum Beispiel scheint mir ebenfalls nicht einer von den Gelindesten.»

«Wieso? Glaubt Ihr denn, das hange mit dem Alter zusammen?»

«Eine einfältige Frage. Mit dem Alter oder mit der Bresthaftigkeit, es kommt auf eins heraus. Oder meint Ihr etwa, Euer Vater wäre zeitlebens so gewesen? Er hätte niemals Maien auf den Hut gesteckt und Jauchzer losgelassen? Ich kann mir's nicht anders zurechtlegen, als es sitzt den Alten ein Skorpion in der Leber, der sie beständig zwackt, so daß sie gallig werden und keinem Menschen mehr ein gutes Wort geben können, ob sie's noch so gerne möchten.»

Conrad verfiel ins Nachsinnen. «Sonderbar, das ist mir nie eingefallen. Überhaupt, mir ist, wenn Ihr immer bei mir wäret, ich würde manches leichter ertragen.» Und da sie ob diesem Wort ein wenig rot wurde, berichtigte er angelegentlich: «Verzeiht, ich hatte es nicht so gemeint.» Nachträglich indessen errötete er mehr als sie.

«Und ich habe es auch durchaus nicht so aufgefaßt», beruhigte sie.

Darauf stockte die Unterhaltung.

Anna nahte. «Die Schlüssel zum Stall verlangt der Benedikt», sagte sie gleichgültig, die Hand ausstreckend. Nachdem sie die Schlüssel behändigt hatte, warf sie wie beiläufig die Bemerkung hin: «Ihr solltet doch besser vermeiden, so lange beisammenzustehen. Es könnte auffallen.»

«Und wenn?» entgegnete Conrad. «Das heißt, vorausgesetzt, daß es Cathri nicht verdrießt.»

«Mich?» lachte diese verächtlich. «Ich, wofern ich nichts Böses tue, so ficht mich nicht soviel an, aber auch nicht soviel, was die Leute schwatzen mögen.»

«Ach so?» erwiderte Anna spitzig, «seid Ihr schon so weit miteinander gediehen? In diesem Falle maße ich mir freilich nicht an, mich einzumischen.» Und sie verließ mit empfindlicher Miene das Paar, als wäre ihr ein Unrecht widerfahren.

Conrad aber suchte dem Gespräch wieder auf die Beine zu helfen. «Ihr habt Euch's doch nicht etwa zu Herzen genommen, hoffentlich?» begann er auf Geratewohl, «die Schnödigkeiten der Base?»

Cathri lachte. «Warum nicht gar? Dergleichen dringt mir nicht einmal durch die Haut, geschweige denn ins Herz. Du lieber Himmel, da habe ich schon andere Dinge geschluckt, daheim, vom Vater. Überhaupt, wehe tun einem ja nur die Eigenen. Ein ganzer Suppenlöffel voll Gift von fremden Leuten brennt weniger als ein Tropfen daheim. Darum bin ich draus, aus und davon, aus dem Feuer. Und seit ich fort bin, ist mir wohl, ob es schon nicht lauter Rosen sind, was mir die Menschen streuen, wenn man das Geld selber verdienen muß, Fränklein um Fränklein, während man daheim im Dorf die reiche Cathri hieß und die Erste war und des Präsidenten Tochter.»

Sie hatte das mehr für sich gesprochen, in sich hineinschauend; doch Conrad fühlte es mit, so daß er andächtig schwieg, nachdem sie geendigt hatte. Dafür gönnte sie ihm nun ihrerseits etwas Teilnahme, und zum ersten Male klang ihre Stimme nicht völlig frostig, sondern beinahe freundlich, als sie jetzt das Wort an ihn richtete: «Ihr solltet auch ein wenig fort, Herr Reber», riet sie gnädig. «Und wäre es meinetwegen nur auf einen Tag oder einen halben. Das beständige Daheimkleben ist für einen jungen Mann nicht natürlich, das macht Euch böses Blut, darum seid Ihr so gereizt und unwirsch. Den Hut auf den Kopf, den Stock in die Hand und hinaus in die reine Frühlingsluft.»

Conrad schaute gierig in die Weite. «Zum Beispiel mit dem Offiziersverein auf die Hochburg? mit dem Zweiuhrzwanzig-Zug?» entfuhr es ihm mit einem tiefen Seufzer. Hiermit zog er die Uhr aus der Tasche und schaute eine lange Weile, sich vergessend, auf das Zifferblatt.

«Ja, oder einfach ein Stündchen ins nächste beste Dorf. Nur damit Ihr neue Gesichter seht und frische Eindrücke empfangt.»

Wieder blickte er sehnsüchtig in die Runde, dann ließ er den Kopf hangen und steckte die Uhr in die Tasche. «Ich kann nicht, ich darf nicht», murmelte er niedergeschlagen, «heute am allerwenigsten.»

«Warum nicht?»

Er wurde ärgerlich: «Warum nicht? Ihr seid doch sonst nicht so schwerfällig von Begriffen. Warum nicht? Darum nicht, weil heute Sonntag ist, weil wir am Nachmittag das Haus voll Gäste haben werden, weil am Abend getanzt wird, kurz, weil ich nicht kann. Oder meint Ihr, wir hätten umsonst ein halbes Dutzend Kellnerinnen mehr aufgeboten?»

«Ja, ist es denn besser, Ihr zankt Euch mit dem Vater und der Mutter und der Base und womit weiß ich noch herum? Es tut heute nicht geheuer im ‹Pfauen› von Herrlisdorf. Es sitzt ein Teufel auf dem Dach. Glaubt mir's, Herr Reber, ich verstehe mich auf derlei Zeichen, ich habe das von klein auf studiert.»

«Seid Ihr etwa abergläubisch?» spöttelte er.

Sie ließ sich's nicht anfechten. «Das weiß ich nicht», antwortete sie fest. «Übrigens ist wohl jeder mehr oder minder abergläubisch, der einmal die rote Hahnenfeder des Todes in der Nähe gesehen hat oder die schwarze Schnauze des Unglücks. Oder, was meint Ihr, wenn man den eigenen Bruder am Morgen gesund und frisch hat in den Wald ziehen sehen, und zum Mittagessen bringen sie ihn auf der Bahre, und er einem beim Weggehen zugejauchzt: ‹Cathri, so glücklich wie heute war ich meiner Lebtag nicht, ich meine, ich sei im Himmel›, und der Vater ihm nachgerufen: ‹Daß du mir vor elf nach Hause kommst, du Aas, oder nie mehr›, was meint Ihr, könnte man da abergläubisch werden oder nicht? Er kam freilich vor elf nach Hause, der arme Baschi, genau vier Minuten vor elf, aber tot; nicht als Aas, aber als Leichnam. Doch um darauf zurückzukommen, abergläubisch oder nicht abergläubisch, Ihr mögt's nun auslegen, wie Ihr wollt, es tut heute nicht geheuer im ‹Pfauen›, es droht ein Wetter, es ist Krieg in der Luft.»

«Oh, was das betrifft», versetzte er bitter, «Krieg ist bei uns immer in der Luft.»

«Schon recht», entgegnete sie, «aber es ist nicht bloß das. Es ist wie verschworen, wie mit einer Salbe angestrichen. Jeder von euch sagt etwas anderes, als er möchte; keines von allen meint es mit dem andern bös, und jedes treibt dem andern spitzige Nägel ins Herz. Das beweist doch, daß der Teufel oder etwas Ähnliches auf dem Dach sitzt? oder nicht?»

Erst spielte noch ein Lächeln um seine Lippen, dann ward ihm allmählich ernst und schwer. Lange Zeit blickte er sinnend auf seine Füße, während er mit der Schuhspitze im Kies wühlte. «Was denn tun?» fragte er gedämpft, ohne den Kopf zu erheben.

«Fort!» antwortete sie. «Dem Teufel aus dem Kreis.»

Plötzlich schaute er sie an: «Kämt Ihr mit?» fragte er einladend.

«Herr Reber, jetzt schwatzt Ihr Unsinn», rief sie ärgerlich und protzte von dannen.

Wiederholte Male während dieser Unterredung hatte Conrad beiseite treten müssen, um nicht von den Tischen gestoßen zu werden, welche das Gesinde aus dem Tanzsaal beförderte, ausgelassen schäkernd, unachtsam und rücksichtslos. «Platz für sieben Mann, es kommt ein halber», pflegten sie lachend zu befehlen, und jedermann ohne Unterschied mußte weichen. Daran hatte er zwar zunächst kein Ärgernis genommen, da das Gespräch seine Aufmerksamkeit abzog, aber jetzt stieß es ihm nachträglich auf. Und als er vollends den Portier gewahr wurde, wie er Brigitte mit Kies bewarf, nahm er den aufs Korn.

«Portier», befahl er schroff, «tragt diesen Stuhl da ins Eßzimmer.» Und da ihm weder Gehorsam noch Antwort zuteil wurde, verstärkte er den Ton: «Habt Ihr mich verstanden oder nicht?»

«Es wird wohl nicht so gewaltig pressieren», maulte der Portier, indem er neuerdings eine Handvoll vom Boden raffte.

Da wetterte ihm Conrad wie der Sturmwind entgegen: «Wenn ich etwas befehle, so pressiert es immer», erklärte er. Damit packte er ihn mit grausamen Fingern am Ohrläppchen wie mit einer Zange und zerrte ihn schonungslos an den Stuhl, daß ihm die prahlerische Mütze vom Kopfe taumelte. «Meinst, ich werde dich pressieren lehren? meinst, ich bringe es zustande?»

Jetzt gehorchte der Portier greinend. Doch unter der Haustüre angelangt, warf er den Stuhl von sich, fing an zu plärren und drehte sich mit einer rachedrohenden Grimasse nach dem Meister um, ehe er verschwand.

«Recht so», rief Cathri, vergnügt mit den Händen klatschend, «genau wie unser Hans.» Die Kellnerinnen indessen starrten Conrad scheu an, als sähen sie ihn zum ersten Male. Eine Weile standen sie wie festgebannt, dann flüchteten sie jählings auseinander, bis sie allmählich neugierig zurückkehrten, um sich heuchlerisch etwas zu schaffen zu machen, wobei sie bald ängstlich nach dem Hause lauerten, bald verstohlen den Blick zu Conrad erhoben. So oft eine bei ihm vorbei mußte, wich sie ihm in einem großen Bogen aus.

«Jetzt aber beißt die Zähne zusammen, Herr Reber», warnte Cathri aufgeräumt, «Ihr könnt Euch auf ein Donnerwetter gefaßt machen.»

Zuerst hatte es nicht den Anschein, als ob sich

die Weissagung erfüllen sollte, so daß die Kellnerinnen nach und nach Mut schöpften und, ihre Furcht abstreifend, das Erlebnis ins Komische kehrten.

«Es hat ihm gehört, dem pressiert's ein andermal schneller.»

Josephine hob die Portiermütze vom Boden, schlug sie vom Staub rein, stülpte sie sich als Siegeszeichen auf den Kopf und paradierte damit herum.

Da klappte das Wohnstubenfenster auf, und der Kopf des Vaters erschien darin, nach Conrad gerichtet. «Es scheint, du verlangst, daß man dir noch die Rute verabfolge wie einem kleinen Kinde», schrie er.

Conrad schnellte auf den Absätzen herum. «Es soll das ein einziger Mensch auf der ganzen Welt versuchen», schrie er zurück, mit einer Stimme, die über die Dächer schallte.

Siehe, da bewegten sich in der Schlafstube der Mutter die Vorhänge. Das wirkte auf ihn wie ein Mirakel, so daß er sich augenblicklich bezwang. Der Vater seinerseits, nachdem er umsonst auf eine Herausforderung gewartet hatte, zog endlich langsam den Kopf wieder einwärts. Das Klappfenster schloß sich geräuschvoll, dann ward alles wieder stumm.

Cathri aber machte sich an Conrad heran. «Im Ernst, Herr Reber», redete sie ihm zu, «ich wiederhole es zum drittenmal: flieht!»

«Jetzt nicht mehr», knirschte er. «Jetzt erst recht nicht. Fliehen? Nein, fliehen, das ist nicht meine Art.»

Helene warf ihm im Vorübergehen heimlich das Wort zu: «Herr Reber, der Kutscher läßt Euch melden, ob Ihr auch wüßtet, daß er die Lissi für den Herrn Regierungsrat Lauterbach anspannen müsse? Aber Ihr möchtet ihn doch ja um Gottes willen nicht verraten, daß er's Euch verraten hat.»

«Was? Die Lissi?» brauste er auf. «Ich glaube, Ihr redet im Fieber. Es hat bisher noch niemand gewagt, über die Lissi ohne meine ausdrückliche Einwilligung zu verfügen.»

«So schaut selber nach», erwiderte sie gedämpft. «Sie steht vor dem Haus, schüttelt den Kopf und scharrt mit den Füßen.»

«Das möchte ich denn doch erst mit meinen eigenen Augen bewahrheiten, ehe ich es glaube», rief er mit rollenden Augen und machte sich eilends auf, trotzig und entschlossen.

Richtig, da stand sein Rößlein leibhaftig zwischen den Landern, vor dem Einspänner, munter und wohlgemut, mit den Füßen scharrend und die Gebißstange kauend, daß der Schaum spritzte, und glotzte ihn unverschämt an, die treulose, als wäre alles richtig und in Ordnung.

«Benedikt», forschte er strenge, «wer hat Euch geheißen, die Lissi anspannen?»

«Euer Vater, der ‹Pfauen›-Wirt selber.»

«Gut. So spannt das Rößlein wieder aus und sattelt es. Ich will ausreiten.»

«Euer Vater ist mein Meister, und Ihr seid ebenfalls mein Meister. Ich habe nichts als einfach zu gehorchen. Befiehlt man mir anzuspannen, so spanne ich an, befiehlt man mir wieder auszuspannen, so spanne ich wieder aus. Aber wohlverstanden: die Verantwortung übernehme ich nicht, ich berufe mich auf Euch.»

«Selbstverständlich. Also ich gehe jetzt die Sporen und Reithosen anziehen. Ihr sorgt dafür, daß gesattelt ist, wenn ich zurückkomme.»

«Das wird bald richtig sein – vorausgesetzt, daß kein Hindernis dazwischentritt.»

Conrad faßte ihn scharf ins Auge: «Wenn ich etwas befohlen habe», bedeutete er nachdrücklich, «so tritt kein Hindernis dazwischen. Die Lissi ist mein. Ich habe sie gekauft, aus meinen langjährigen Ersparnissen; deshalb habe ich über sie zu verfügen und niemand anders.» Dann liebkoste er einen Augenblick seinen Gaul, gewohnheitshalber, ihm die Nase klemmend. Hierauf begab er sich ins Haus.

Im Hausgang versperrte ihm der Vater den Weg mit seinem massigen Körper, der zu beiden Seiten beinahe die Wand berührte.

«Verzeih, Vater», heischte Conrad höflich, doch bestimmt, «sei so gut und laß mich durch.» Damit drückte er sich behutsam an ihm vorüber.

«Wohin?» schnob ihn der Alte an, als er vorbei war.

«Ausreiten!»

«Du reitest nicht aus!» brüllte er ihm nach.

«Ich reite aus.» Und eilte die Treppe hinauf nach dem zweiten Stock in seine Mansardenkammer, verriegelte die Tür und zog sich gemächlich um, ohne sich im mindesten zu sputen. Knappe Lederhosen, gesporte Wadenstiefel, Samtwams und eine dunkelblaue Halsbinde, die er kunstgerecht zu einer losen Schleife schürzte. Hierauf prüfte er sich oberflächlich im Spiegel, ob er bestehe, ob nichts mangle und nichts gebreche, ringelte sein kleines Schnäuzchen, damit es keck in die Welt schaue, und stolzierte dann mit schallendem Gesang über die Schwelle. Denn der flotte, saubere Reiterstaat hatte ihm Leibesmut und Lebenslust aufgefrischt.

Vor der Mansardentür empfing ihn seine Schwester mit Schmeicheln und Bitten. «Conrad», flehte sie, «treib's nicht zum Äußersten. Tu's mir zuliebe. Was verschlägt es dir, ob du heute ausreitest oder ein anderes Mal?»

«Mich wundert's im Gegenteil», entgegnete er hitzig, «daß ich's von jemand anderen als von dir erfahren muß, wenn man mir heimtückisch die Lissi entzieht. Oder hältst du's vielleicht jetzt auch schon mit dem Vater?» Und während er sprach, schob er sie mit schonender Hand hurtig beiseite.

«Und der Herr Regierungsrat, der auf die Lissi wartet und dem man sie versprochen hat!» wandte sie vorwurfsvoll ein.

«Versprochen? Es kommt darauf an, wer. Ich nicht. Übrigens tut der Bläß oder der Scheck oder der Kohli genau denselben Dienst. Man braucht nicht aus lauter Bosheit, eigens mir zuleide, gerade die Lissi zu wählen.»

«Gelt!» versetzte sie beleidigt, «wenn dich Cathri darum gebeten hätte, du hättest gleich nachgegeben!»

«Und die Handschuhe!» rief sie ihm nach, «die Handschuhe! Du wirst doch nicht ohne Handschuhe ausreiten wollen!»

Im mittleren Stock zitterte die Mutter unter der

Schlafstubentür: «Willst du mich vollends unter die Erde bringen?» hauchte sie.

«O nein», erwiderte er kalt, indem er vorüberschritt, «bloß selber ein bißchen leben, nachdem ich doch einmal auf der Welt bin, und nicht durch meine Schuld. Das heißt, vorausgesetzt, daß man das überhaupt noch ein Leben nennen kann, wenn man einem jede Lebenslust verleidet, jede Freude verdirbt, jedes Lachen, jede freie Bewegung, jedes harmlose Wort zum Verbrechen stempelt.»

Auf dem Weg nach dem Telephonstübchen, wo er die Reitpeitsche hangen hatte, hörte er den Vater in der Wohnstube toben. «Ich bring' ihn um. Ich schlage ihn tot wie einen tollen Hund.»

«Das gäbe eine Beschäftigung für den Staatsanwalt», rief Conrad.

Ob er schon wußte, daß der Vater das Wort nicht vernehmen konnte, gewährte es ihm doch Genugtuung, es laut zu rufen.

Wie er nach Behändigung der Reitpeitsche sporenklirrend auf den Platz trat, der Lissi entgegen, welche, vom Kutscher gehalten, gesattelt und gezäumt bereitstand, folgten ihm unbeholfene, schlurfende Schritte, ein Schatten überholte ihn, er hörte einen mühseligen Atem röcheln, und mit einem schnellen Seitenblick erkannte er den Vater, mit einer Geißel bewaffnet, aber verkehrt, den Griff nach oben, die Faust um die Mitte des Stockes geklammert.

Da musterte er mit absichtlicher Umständlichkeit Zügel und Bügel, untersuchte das Gebiß und prüfte mit untergeschobener Flachhand den Sattelgurt, beobachtete jedoch bei alledem jede Bewegung des Vaters. «Den Sattelriemen eine Nummer fester schnallen, Benedikt; er schlottert.»

Und während der Kutscher dem Gebot nachkam, sprach er der Lissi freundschaftlich zu, welche aufmerksam die Ohren spitzte und sie hierauf eines nach dem andern zurücklegte.

Einiges Volk hatte sich auf dem Platz gesammelt, um das zierliche, schmuck aufgezäumte Tierchen zu begaffen. Vom Hause her aber drang unterdrücktes Flehen jammernder Frauenstimmen.

«Vater, versündige dich nicht! Denk an Gott und den Heiland!»

«Conrad, wie kannst du das vor uns und deinem Gewissen verantworten!»

Ratlose Gestalten, in sinnloser Angst die Hände verwerfend, huschten unentschlossen vorwärts und rückwärts, mit dem schüchternen Bestreben, sich zwischen Vater und Sohn einzuschieben. Darob wurde jedoch die Lissi unruhig, begann zu tanzen und machte Miene, zu steigen und auszuschlagen.

«Weg von dem Rößlein, in des Teufels Namen, mit dem verfluchten Weibervolk», schnauzte der Kutscher in seiner Not, da er das Tierchen kaum mehr bemeisterte.

In dem Augenblick, als Conrad sich anschickte, dem Kutscher die Zügel abzunehmen, stellte sich der Alte mit gespreizten Beinen fester, holte mit weitem Arm aus und hob den Geißelstock. Halb erstickte Schreckensschreie ertönten, das Pferdchen entsetzte sich mit jähem Sprung im Halbbogen um seine Achse; der Kutscher, die Füße stemmend, fluchte den ganzen Kalender herunter, Conrad aber bohrte dem Vater einen feindseligen Blick in die wutentzündeten Augen.

Da trat Cathri ruhig mit langen Schritten vor und legte die Hand auf den Arm des «Pfauen»-Wirts. «Herr Reber», sprach sie gelassen, mit lautem, nachdrücklichem Ton, «der Gaul verträgt die Peitsche nicht. Der ist ohnehin feurig genug. Gebt die Geißel lieber mir.» Und nahm ihm den Geißelstock sanft aus der Hand, einfach und zuversichtlich, als verstände sich das von selber.

Der Alte aber war so verblüfft, daß es geschehen war, ehe er mit sich eins geworden, ob er es dulde oder wehre.

Unterdessen hatte sich Conrad behend und leicht in den Sattel geschwungen, trotz seiner Größe, und ritt nun, Cathri einen militärischen Gruß mit verbindlichem Lächeln bietend, in förderndem Schritt von dannen.

Hinter sich aber vernahm er den empörten Ruf seiner Schwester: «Es sieht nachgerade schon völlig danach aus, als ob Cathri im ‹Pfauen› regierte.»

Er lenkte zum Dorf hinaus, planlos dem Weg folgend, den Rain hinab durch die Kirschenallee nach der Eisenbahn, wo er den Schienenübergang gesperrt fand. «Ihr mögt noch bequem hinüber, Herr Reber», knurrte freundlich der Bahnwärter und hob die Schranken. Jenseits des Geleises aber kam ihm Conrad zuvor, indem er mit dem Pferde schlank über den Balken setzte, in zwiefältigem Ruck, jäh in die Höhe, zurückhaltend hinab.

Dann strebte er weiter, zwischen Station und Stations-Pintenwirtschaft hindurch. Von rechts her warf ihm der Stationsvorsteher einen launigen Gruß nach, den er im selben Stil erwiderte: «Glückliche Reise, Herr Batteriekommandant.»

«Viel Vergnügen, Herr Betriebsdirektor.»

Gegenüber, zur Linken, vor der Pinte, stand die Neuberin, die Schankwirtin, ein Büblein auf dem Arm, das ihn mit übermäßigen Augen bewundernd anstarrte.

«Hast du's gesehen?» lachte sie dem Kinde in die Augen, das sie wie ein Spreuerkissen schüttelte, um seinen Geist aufzurütteln: «Hast du's gesehen, das Rößlein, wie er mit ihm über den Balken sprang, der Herr ‹Pfauen›-Wirt?»

«Hü! hü!» lallte das Büblein, aufjuckend, dann ließ es ein widerspenstiges Geschrei los, denn die Neuberin fraß ihm vor Wonne das Gesicht. Hinter dem Gartenhag aber, unter dem blühenden Kastanienbaum, lungerte die Jucunde, die sogenannte Nichte der Neuberin, mit ihrem unsinnigen Strubel, endlos, weglos und verirrlich wie ein Urwald. Sie machte Augen wie Pflugrädlein, rührte sich jedoch nicht, außer daß sie an den Fingernägeln kaute. Einen brandzündigroten Rock trug sie heute zur Schau, aber natürlich wie immer ohne Gestalt noch Gürtel, sondern bauschig wie ein Schlafrock. Es fehlten zur Hauderin nur die bloßen Füße.

Er vermied geflissentlich, die eine oder die andere zu grüßen, sondern trieb abgewandten Blikkes vorüber. Endlich vorn auf der Landstraße angekommen, in welche sein Weg mündete, schlug er einen Trab an, in der Richtung nach dem Kurbad. Bald indessen verkürzte er die Zügel. Denn seine Gedanken waren daheim geblieben, und die holten ihn nun wie mit langen Hacken ein. Wozu auch vorwärts trotten? Irgendwohin begehrte er nicht; und nachdem er bewiesen, daß über die Lissi er allein zu verfügen habe, war sein Zweck erfüllt. Die Hauptsache aber war: die Gefahr, die seiner zu Hause wartete, zog ihn an. Er spürte: was ein rechter Mann ist, schiebt die Schwierigkeiten nicht in die Zukunft und weicht dem Kampf nicht aus, sondern stellt ihn. Er kehrte also um, den zurückgelegten Weg eilends wieder auflesend, so daß er in wenigen Minuten abermals den Bahnübergang erreichte. Diesmal war soeben ein Zug eingefahren, ein zweiter von unübersehbarer Länge hielt auf der Talseite vor der Signalstange, auf das Zeichen zur Einfahrt harrend. Da schöpfte er einen ansehnlichen Vorrat Geduld, verlängerte die Zügel und wartete vor dem Schlagbaum, wobei die Lissi mit schmunzelnden Nüstern neugierig nach dem Wagenfenster schnupperte, als wollte sie sagen: «Kann mir vielleicht einer von euch ein Schnupftuch leihen?» Es war ein Wagen zweiter Klasse. Gelangweilte Gesichter stierten ihm daraus entgegen, stumm und mürrisch, als ob sie nächstens bellen wollten. Nein, ganz unparteiisch, die Lissi hatte entschieden ein menschlicheres Gesicht. Nebenan aus der dritten Klasse lärmte Fußstampfen, Gejohl und Blechmusik. Köpfe bockten durch die Fenster aus und ein, mit heftigen, überschüssigen, unzweckmäßigen Bewegungen; verdutzte Rudel schossen die Treppe auf und nieder, wobei sich Zusammenstöße ergaben. Allmählich aber hefteten sich alle Blicke auf ihn, den einsam ragenden Reiter, um die zehntausendjährige Neuigkeit zu bestaunen, daß ein Zweibein auf einem Vierbein sitzt. Da er jedoch nicht aufgelegt war, sich von dem müßigen Reisevolk wie ein Jahrmarktswunder anglotzen zu lassen, drehte er sein Pferd um, das Hinterteil dem Wagen zugekehrt.

«Conrad», rief ihn eine bekannte Stimme aus einem der hintersten Wagen an: «Bist du heute abend gegen sechs Uhr daheim?»

Es war Leutolf, der Leutnant der Waldishofer Feuerwehr. Sein silberner Helm mit dem purpurroten Haarbusch glitzerte weithin; neben ihm kamen messingene Helme in großer Zahl zum Vorschein.

«Warum?» fragte Conrad zurück.

«Wir machen nämlich einen Ausflug nach Rubisthal, zu Ehren der Spritzenmusterung, und denken auf dem Rückweg im ‹Pfauen› einzukehren.»

«Ja», beschied er nach einigem Zögern, da er keinen vernünftigen Grund hatte, nein zu sagen. Auch mochte er die Waldishofer als wackere, pflichttreue Leute besonders wohl leiden.

Aus der vorderen Hälfte des Zuges, nahe der Lokomotive, winkte unablässig ein Taschentuch, bis ihm endlich die Ahnung aufdämmerte, das flatternde Fähnchen könnte möglicherweise ihm gelten. Wie er dann Front danach machte, erkannte er die Base.

«Leb wohl, Conrad!» schrie sie ihm zu, mit überschnappender Stimme. «Mach dich lustig! Und bessere dich! – Du nimmst dich gut aus auf deinem Rößlein. – Ja, reiten und soldäteln und dergleichen brotlose Künste, das muß man dir lassen, die verstehst du aus dem ff. Hingegen mit dem Pflug zu Acker fahren, gelt, das ist dir zu gemein, zu schmutzig?»

So von weitem erschien ihm jetzt die Base lieblich und traut, so daß ihm ganz heimatlich ums Herz ward. Und da sich eben der Zug mühsam in Bewegung setzte, rief er zurück, mit der Hand winkend: «Komm bald wieder. Ich zähle darauf.»

«Zählen macht Kopfweh!» grölte sie.

Der Zug geriet inzwischen ins Laufen. «Also du kommst?» schloß er ab: «Du hast mir's versprochen?»

«Wir wollen dann sehen, wenn's finster ist», gackerte sie aus Leibeskräften. Und mit äußerster Anstrengung, den Oberkörper aus dem Fenster biegend, schrie sie: «Paß jetzt nur auf, daß es diesmal nicht wieder ein Unglück gibt.»

Dann reichten ihre Stimmen nicht mehr. Nun winkten sie sich zu, solange sie einander zu unterscheiden vermochten, sogar noch ein Weilchen länger, ledig der Richtung nach. Allmählich verschwand die Base mit dem enteilenden Zug in den verschwimmenden Wagen, einen freundlichen Schimmer zurücklassend, wie ein Sternchen, dessen Namen man kennt.

Allein nun auch den andern Zug geduldig abzuwarten, der jetzt umständlich herbeischlich, mit einer Miene, als wollte er sich auf ewig vor der Station niederlassen, nein, soweit reichte seine Langmut nicht. Er begab sich daher einige Pferdelängen von dem Bahngeleise weg, um die Zeit durch Bewegung zu betrügen.

Plötzlich, wie er neben dem Pintengärtchen anlangte, beim Anblick der roten Kastaniensträuße über der bräunlichen Thujahecke, beizte ihm die großäugige Jucunde, die er hier geschaut hatte, wie gewürzter Speisebrodem in die Vorstellung. Zwar, man mied sonst die Stationswirtschaft, der Jucunde wegen; und er nicht minder als jeder andere, ebenfalls der Jucunde wegen. Doch heute beherrschte ihn einmal der Trotz, so daß er, was sich ihm als verboten aufspielte, um so nachdrücklicher tun mußte.

Er schwenkte also vor die Schenke mit dem bestimmten Vorsatz, jeden, der ihm das später aufmutzen wollte, derb abzufertigen, sprang ab und übergab das Pferd dem beflissen herbeistoffelnden Knecht: «Führt das Tierchen in den Stall», gebot er; «und daß Ihr's keinem andern Menschen ausliefert, wer es auch sei. Verstanden?»

Schmunzelnd trippelte die Neuberin herbei, mit überschwenglichen Freudenbezeugungen ihn bewillkommnend, ein breitspuriges Gerede von unverhoffter Ehre anhebend.

«Und so weiter, trallala!» unterbrach er sie.

«Jucunde!» belferte sie freudig in den Hausgang, «Jucunde, rate einmal, wer uns die Ehre schenkt! – Die wird die Augen aufsperren! Wenn Ihr nur wüßtet, wie sie Euch nachschaut im geheimen, jedesmal, wenn Ihr vorbeireitet! Das einfältige Affending, als ob das jemals zusammenpaßte, der stolze Herrensohn aus dem ‹Pfauen› und die verachtete Jucunde von der Station! Jucunde! Jucunde! Wo hast du nur deine Ohren?!» Einstweilen nahm sie das Büblein vom Boden auf, das ihr an der Schürze hing. «Siehst du, das ist jetzt der schöne Herr, der mit dem Rößlein über den Balken sprang. Betrachte ihn genau, denn wer weiß, wie lange es währt, bis du wieder einmal das Glück hast, ihn von so nahem zu sehen. – Er heißt auch Conrad, wie Ihr», fügte sie zu seiner Empfehlung hinzu.

«Ein hübsches Büblein», geruhte er leutselig. «Und was für prächtige Samtaugen es hat! Wem gehört es? Es gleicht fast ein wenig der Jucunde.»

Die Wirtin verzog ein Schalksgesicht, verlegen, pfiffig und belustigt. «Es gleicht ihr leider nur allzusehr», platzte sie endlich lachend heraus.

Inzwischen bequemte sich Jucunde selber heran, weich und schwer, mit berufsmäßiger Wohldienermiene. Sobald sie aber den «Pfauen»-Wirtssohn erkannte, blieb sie mit sperroffenem Munde stehen, und zwei große Tränen rollten ihr über die Backen.

«So sei doch manierlich, du alberne Wachtel», schalt die Neuberin. «So grüß doch den Herrn Reber, so führ ihn ins Gärtchen und zeig ihm den Weg.»

Jetzt strahlte Jucunde mit der ganzen Breite ihres gutmütigen Gesichts und schritt voraus ins Gärtchen, beständig sich umschauend, ob er auch wirklich leibhaft folge. Und da ihr immer neue Tränen nachrieselten, wischte sie lachend den Arm über Mund und Nase.

«Ihr müßt nichts für ungut nehmen, Herr Reber», entschuldigte sie sich, «ich bin halt ein gar unglaublich einfältiges Geschöpf. Wollt Ihr im Hüttchen Platz nehmen? oder in der Laube? oder vielleicht dort in der Ecke unter dem Kastanienbaum?» Dabei scheuchte sie händeklatschend ein Huhn weg, das auf einem der Tische lustwandelte.

Er wählte die freie Mitte, wo der Kastanienbaum noch knapp mit seinem Schatten reichte und wo er zugleich den «Pfauen» im Auge hatte, der vom Hügel herunterschaute wie eine Burg von einer Schanze.

«Roten oder Weißen?» fragte Jucunde glückselig. «Roten wahrscheinlich.»

Und da er gleichgültig nickte, eilte sie dienstfertig von hinnen.

Er aber dehnte die Glieder und führte die Augen spazieren: Etliche Gäste, Stück sieben oder acht ungefähr, kauerten gelangweilt im Gärtchen. Neue sickerten herbei, teils vom Gartenpförtchen, teils vom Hausgang. Das Bahngeleise war geräumt. Demnach mußte der zweite Zug mittlerweile gleichfalls ausgefahren sein. Von der Station wallte in dichten Scharen Stadtvolk und Landvolk ameisengleich den Rain hinauf, dem «Pfauen» entgegen, offenbar den beiden Zügen entstiegen. Die Mehrzahl steuerte zur Linken die Kirschenallee hinan, andere quer durch die Wiese, auf dem Fußpfad, vereinzelte wenige auch rechts auf dem Karrenweg längs dem Rebberg. Eine Musikbande war darunter, die Instrumente, sorgsam in grüne Zeugfutterale gehüllt, unter dem Arm.

Wirklich, eine vorteilhaftere Aussicht auf den «Pfauen» ließ sich nicht denken. Wie auf einem Teller lag er vor ihm, majestätisch auf vorragender Höhe, stattlich in seiner weitläufigen Breite: links der Gasthof, in der Mitte die gemauerte Terrasse mit den kugelrunden Akazienbäumchen in Reih und Glied, die freilich um diese Jahreszeit noch gar dürftig belaubt waren, hinter der Terrasse der Tanzsaal, endlich zur Rechten, wo die Terrassenmauer auslief, der Holzschuppen und die Kegelbahn. Den luftigen Zwischenraum kreuzten Schwalben, steigend und fallend wie Steinwürfe, hoch oben in der Himmelskrone schwammen leichte Flockenwölklein.

Allein das alles sah er nur so beiläufig, weil er es schlechterdings nicht übersehen konnte. Etwas anderes suchte sein Blick dort oben, jemand, nach welchem sein Haß begehrte, und da der Blick nicht reichte – denn der Abstand war zu weit –, erreichten ihn seine Gedanken.

Also wirklich schlagen, mit dem Peitschenstock über den Kopf schlagen hatte er ihn wollen, der Unhold!

Bei dieser Erinnerung stieß seine Faust den Tisch heftig von sich, daß er torkelte. Beschämt rückte er ihn wieder zur Stelle. Nein, verbesserte er sich, vergriffen, an dem Vater vergriffen hätte er sich doch nicht; trotz allem; soweit kannte er sich immerhin noch selber. – Freilich, zur Notwehr, im Jähzorn, wenn der Schimpf brannte und die Wunde biß! – Und wofür? Bitte wofür? Was hatte er denn verbrochen? Es sollte doch ein einziger Mensch kommen und ihm sagen, was er Unrechtes getan hatte!

Seine Augen rollten, und seine Finger krampften sich, während er einen Falkenblick nach dem Gasthof schickte. Mit gekniffenen Brauen brütete er dann eine Weile geistesabwesend vor sich hin.

«Mörder!» knirschte er unversehens. Und wie berauscht von dem blutigen Klang wiederholte er das Wort immer von neuem, zuerst in längern, dann in kürzeren Pausen. Endlich, beim sechsten Male, sprangen alle Fesseln der Gedanken. Unbedenklich stieß er jetzt mit glühendem Wunsche den Vater in die Grube wie mit einem Dolche. – Darauf seufzte er erleichtert. Welche Erlösung! Kein Zank, kein Verdruß mehr. Herr in Haus und Hof und Feld, geachtet und geehrt, geschätzt und gefürchtet. Niemand, der sich fortan unterstehen wird, ihm einen Verweis zu erteilen. Was ihm belieben wird, wird er befehlen, und was er befehlen wird, wird geschehen!

Und gierig ergriffen nun seine Blicke Besitz von dem väterlichen Eigentum, Stück um Stück, Acker für Acker, Baum für Baum, jubelnd und grimmig, wie der Habicht, der die Faust um die Lerche krallt.

Aber von dem Anschauen des farbenstrotzenden Hügels geriet er allmählich ins Sinnen und vom Sinnen ins Träumen. Ein Bild stieg vor ihm auf: Eine Festhütte unten am Hügel in der Au, worin er die gesamte Mannschaft seiner Batterie freihielt, Offiziere und Gemeine, und zwar großartig, mit einem ausgesuchten Essen, wie man noch keines im Lande erlebte, mit der Konstanzer Musik dazu und Überraschungen für die Offiziere beim Nachtisch und Geschenken für die Soldaten, daß es für jeden einzelnen zeitlebens eine Erinnerung bleiben sollte. Das Bild bestand längere Zeit, deutlich und klar. Dann begann es zu schwanken, und ein anderes trat hervor: An der Stelle, wo gegenwärtig der alte häßliche Tanzsaal sich breitmachte, baute er ein Häuschen, nur ganz bescheiden in Riegelfachwerk, kein «Stil» und Balkone und Badezimmer und Zentralheizung, aber freundlich und wohnlich, mit frohmütigen Zimmern, mindestens drei Meter hoch, und einer geräumigen taghellen Küche, und Wandschränken, soviel nur angingen, und einer breiten, bequemen Laube, damit man im Freien essen kann. Maurer standen auf den Gerüsten, anstellige Welsche aus dem untern Tessin, singend wie die Lerchen, vom Morgen bis zum Abend. Unten hantierten die Maler an den grünen Fensterläden, Wasserdeutsche aus dem Norden in Jägersamt und Schlapphüten – er meinte, er röche die Farbe. Anna guckte ihm über die linke Schulter, der Doktor über die rechte. «Was in aller Welt baust du denn eigentlich da?» knurrte der Doktor in seiner überlegenen Besserwisserei. Denn, seine Wissenschaft in Ehren, und durchaus nicht das mindeste gegen den zukünftigen Schwager, aber sonderlich begabt war er nun einmal nicht, der Doktor, das hätte er selber zugestehen müssen, wenn er nicht ein bißchen zu beschränkt dazu gewesen wäre. Und die Schwester antwortete aus ihren schönen klugen Augen: «Jedenfalls etwas Unpraktisches.» Man ist ja immer «unpraktisch», im Urteil der Weiber. Er aber zog gelassen eine Urkunde aus der Tasche und reichte sie den beiden hin. Da rieselten der Schwester die Freudentränen in den offenen Mund, so daß sie ihm nicht einmal gleich zu danken vermochte. Und der Doktor drückte ihm unaufhörlich die Hand: «Aber Conrad, Conrad, was denkst du auch? Das können wir ja unmöglich annehmen.»

Ein Maikäfer purzelte kopfüber auf den Tisch, zappelnd, um sich aufzurichten. Nachdem er ihn gewissenshalber, wiewohl widerstrebend, vernichtet, knüpften seine Gedanken wieder vorne an. Eigentlich, grübelte er, in gewisser Hinsicht war es beinahe schade, daß Cathri einsprang. Er hätte doch erfahren mögen, ob der Alte den Hieb übers Gewissen brachte. Zwar, an sich betrachtet, eine Staatsleistung war es, so ruhig und einfach, mit dieser überlegenen Sicherheit, dem wahnsinnigen Wüterich gegenüber, der zu allem fähig war, während Schwester und Mutter mit ohnmächtigem Flennen tatenlos zuschauten. Und der Ton, mit dem sie das gesagt hatte! Überhaupt ihre Stimme! Zwar nicht eigentlich, was man eine sympathische Stimme nennt, obschon ja der Ton dem Ohr äußerst wohlgefällig klang: hart und kalt, als ob man einen Degen aus einer Samtscheide zückte. Indessen, eine Stimme, die einem Rettung in der Not gebracht, die hat halt einen besondern Kern! Ihm ward zumute, als hätte er in jenem Augenblick mit Cathri eine Verwandtschaft eingegangen, und zwar eine innige. Oder nein, nicht Verwandtschaft, denn was sind Verwandte? Menschen, die einem das Leben verbittern, mit dem Anspruch, das als einen Beweis der Liebe zu verdanken. Freundschaft vielmehr. Beim Kuckuck, warum auch sollte man nicht mit jemand, der einem zusagt und der einem Gutes getan, plötzlich Freundschaft schließen? Freundschaft ist doch kein Mostapfel, daß sie nur allmählich reifte! Plötzlich lächelte er vor sich hin, als ob er in etwas Leckeres gebissen hätte. Es war ihm nämlich eingefallen, daß Cathri eine ledige Jungfrau war und er ein heiratsfähiger Bursch, woraus sich verlockende Möglichkeitsbilder entwickelten, denen er träumerisch nachhing.

Jucunde erschien mit dem Wein, in einem Atem sich lästerlich anklagend und angelegentlich entschuldigend wegen der sträflichen Vernachlässigung, während sie ihm übereifrig einschenkte. Ehe sie wieder davoneilte, wand sie ihm hastig den Arm ums Gesicht, wie ein Naschwerk, um ihn zu vertrösten.

Er aber stieß angeekelt das fremde Fleisch beiseite und fuhr unbehindert in seinen lieblichen Träumereien fort, denn er hatte sich durch die Störung nur oberflächlich wecken lassen. Freilich, gesetzt den Fall, zum Beispiel, er möchte und sie willigte ein, so würde er natürlich Feuer und Flamme dagegen speien, der alte Drache, daran war nicht der mindeste Zweifel. Nun, um so besser, dann gerade erst recht! Hiermit war er wieder da angelangt, wohin er stets im Kreis zurückkehrte: bei ihm, dem Unvermeidlichen, dem Unausstehlichen, dem Feind seiner Beschaffenheit und Eigentümlichkeit, Feind seiner Wünsche, Pläne und Hoffnungen, Feind in allem und jedem, überall und immer.

Neuerdings packte ihn der Groll und krampfte sich seine Hand, aber diesmal um das Weinglas, das er mit einem einzigen Zuge leerte, trotz dem sauren gepanschten Krätzer. Darob wandelte sich der Groll in Zorn, und der Zorn stiftete ihn wieder zum Trinken an. Bald verwirrte sich sein Geist. Ein Taumel betäubte ihn, durch welchen er bloß noch das Hämmern des Blutes gegen die Schläfen spürte, verbunden mit dem leidenschaftlichen Gelüsten, irgend etwas Gewaltsames zu vollführen, und zwar lieber früher als später, am liebsten auf der Stelle.

Ein roher Lärm tobte durch den Hausgang, untermischt mit festlichen Jauchzern, und gleich einem Feuerläufer kam der Knecht aufgeregt um die Ecke gesprungen: «Die Niederwagginger sind da», meldete er mit wichtiger Miene.

«Jucunde, schnell! Flaschen und Gläser, soviel da sind!» gellte die Neuberin, hüpfend vor Freuden.

Zu spät. Schon ward das Gärtchen von einer Rotte ungeschlachten Volkes erobert, das sich stürmisch auf die Stühle warf, im Nu jedes Plätzchen besetzend. Der Rest wirbelte hin und her, nach Bedienung lärmend und Wein begehrend. Sessel wurden als Beute aus den Zimmern herbeigeschleppt, hoch über die Köpfe erhoben, Weinflaschen reihenweise nach Dachdeckerart von Hand zu Hand vermittelt, alles so tumultuarisch wie möglich, aber in Frieden und Eintracht. «Heute geht's den Oberwaggingern an den Kragen!» triumphierte eine Stimme. «Der Tanz im ‹Pfauen› wird wohl heute schwerlich bis Mitternacht währen», höhnte ein anderer. Beifallsgelächter erscholl, Fäuste wurden prahlerisch geballt, gespannte Muskeln vorgewiesen, Stöcke geschwungen. Hinter den Burschen aber erschien nachträglich ein verschämter Weibertrupp, das Getümmel vermehrend, festlich geputzte Jüngferchen, Feldblumensträuße vor dem flachen Busen. Schüchtern schoben sie sich in die Lücken des aufgeregten Mannsvolkes, glückselig inmitten der Püffe und Tritte. Keine Bedienung vermochte das menschliche Dickicht zu durchdringen. Wo immer die Neuberin oder Jucunde sich hervorwagten, ward ihnen mit handgreiflicher Zärtlichkeit dermaßen zugesetzt, daß sie schleunigst die Flucht ergriffen. Dabei hieben sie weidlich mit den Fäusten drein, die eine wie die andere, unter entrüstetem Quietschen und Belfern, übrigens mit dem vergnügtesten Gesichte der Welt. Sie genasen augenscheinlich in dem Höllenbreugel.

Conrad hatte keine Zeit gefunden, sich vor dem ungestümen Menschenschwall zurückzuziehen; infolgedessen sah er sich auf seinem Platz festgepreßt, so daß ihm nichts übrig blieb, als sich so schmal wie möglich zu zwängen. Das ertrug er zwar ergeben, wie man ein Naturereignis erträgt, allein in der übelsten Laune. Plötzlich juckte er auf und sträußte die Ohren. Nämlich die Worte «Pfauen», «Kellnerinnen», «karessieren» hatten ihn getroffen. Und wie er den Kopf danach wandte, gewahrte er einen langen Lümmel mit einem schiefen Karpfenmaul und abstehenden Ohren, schlüpfrig wie ein Regenwurm, dem er's etwa zutraute. In der Tat, der verdrehte zischelnd die lüsternen Augen. Schon wollte er sich angewidert abwenden, da glaubte er zu hören: «die schöne Anna vom ‹Pfauen›». Nein wahrhaftig, da sagte er's noch einmal, ganz deutlich, der Wicht: «die schöne Anna vom ‹Pfauen›».

«Ihr dort! Nehmt den Namen meiner Schwester nicht in Euer schmutziges Maul», herrschte Conrad hochfahrend, so rauh und beleidigend, daß er selbst davor erstaunte; ein Ton wie eine Ohrfeige.

Der Regenwurm kehrte sich zögernd herum, nicht einmal sonderlich verwundert, betrachtete den Gegner geraume Weile mit lauerndem Blick, dann erwiderte er mit flauer Stimme: «Man sagt ja durchaus nichts Schlimmes von Euerer Schwester, nicht im mindesten, im Gegenteil.»

Hiermit wähnte Conrad den Fall erledigt. Indessen der andere ließ ihn mit seinem tückischen Blicke nicht mehr los: «Es darf ja einer sogar den Namen Gottes aussprechen», munkelte er, «da wird der Name der Jungfer Reber wohl auch noch erlaubt sein. Schließlich ist sie ja doch nur ein Mensch wie wir. Oder was denn sonst?»

Und immer von neuem setzte er verbissen an, während Conrad sich verächtlich abkehrte, aber doch heimlich hinhorchte, wie ein Tiger, der gereizt wird und sich einstweilen noch beherrscht.

«Ein Maul braucht deshalb noch lange nicht schmutzig zu sein, weil es Schwarzbrot ißt statt Weißbrot. Es gibt Mäuler, die Hühnchen fressen und sind doch schmutzig.» Und ferner: «Wenn einer schon reich ist und ein Rößlein im Stall hat und eine Uniform im Schrank, so hat er deswegen nicht nötig, solch einen hochmütigen Ton mit dem Volke anzuschlagen wie mit einem unsinnigen Stück Vieh.» Dann wieder nach einer Weile: «Er kommandiert auch nicht immer so laut, der Herr Leutnant. Daheim im ‹Pfauen›, dem Vater gegenüber, redet er einen sanfteren Violinschlüssel, vorausgesetzt, daß er überhaupt zu reden wagt.»

Ein höllischer Pfiff durch die Finger schrillte Alarm. «Die Oberwagginger!» scholl es wie Kriegsruf.

«Wo?» brüllten Dutzende von weinheisern Kehlen.

«Haraus!» krächzten andere, und wie ein Rudel Hirsche brach die vollzählige Dorfmacht durch den Hag, um des Feindes ansichtig zu werden. Was im Wege stand, wurde rücksichtslos zu Boden gerannt, Tische mitsamt dem Geräte, Stühle zugleich mit den daraufsitzenden Zechern, einerlei wer oder was.

Solange Conrad nur zufällig Stöße mit abbekam, hielt er an sich. Höchstens, wenn sie ihm über die Füße stampften, warf er die nächsten kurzerhand über den Haufen, verteidigungshalber, was diese auch keineswegs wichtig krumm nahmen, sondern sich gleichmütig wieder auflasen, als wären sie über einen Schemel gestrauchelt. Höchstens daß ihm einer oder der andere flüchtig die Faust wies. Einer entschuldigte sich sogar: «Ja so! Uha! Nichts für ungut, Herr», stammelte er verträglich, mit linkischem Gruß.

Ein Hieb jedoch traf ihn so spitzig, so ausdrucksvoll, so beredt in den Rücken, daß er Absichtlichkeit witterte, und wie er sich blitzschnell herumwarf, überraschte er hinter sich den Regenwurm, der keine Frist mehr hatte, eine harmlose Miene zurechtzulegen, sondern, sich ertappt fühlend, die Flucht ergriff, im Gewühl untertauchend, die Arme zum Schutz über den Kopf gekreuzt wie ein Schulbube. Er flugs ihm nach, mitten durch den Haufen, den er gewaltsam teilte. Am Gartenpförtchen hatte er ihn, packte ihn am Kragen und schmiß ihn mit einem Fußtritt auf die Straße. Es war sonst nicht seine Gewohnheit, der Fußtritt. Allein diesmal überkam es ihn wie eine Offenbarung; diesem mußte er einen Fußtritt verabfolgen, seiner Schwester zu Ehren und dem schiefen Maul zuliebe. Nachher spürte er sofort eine wohltuende Zufriedenheit, so daß er ruhig den Aufmarsch der feindlichen Bauernheere besichtigen mochte, als Zuschauer.

Die Niederwagginger waren bereits sämtlich draußen auf der Straße, gefolgt von dem Weibertrupp, der teils abmahnend, teils mit neugieriger Abenteuerlust sich anhängte, alle ohne Ausnahme mit erhöhtem Respekt vor den gewalttätigen Knaben. Erst hielten diese Kriegsrat. «Punkt sechs schlagen wir los, nicht früher und nicht später», lief es durch die Reihen. Dann nahmen sie die Jungfern in die Mitte und schlossen die Glieder; hierauf drückten sie die Hüte tief über die Stirn und schritten mit geducktem Kopf scheinheilig fürbaß, dem Dorfe entgegen. Vor ihnen her in geraumer Entfernung, seitwärts im Kornfeld zur Linken der Kirschenallee, zog die Oberwagginger Dorfschaft mit ihren Weibern, ebenfalls in scheinfrommer Verfassung. Beide Haufen beobachteten einander, sorgsam darüber wachend, daß der Abstand zwischen ihnen sich weder erweitere noch verkürze. Von Zeit zu Zeit schnellte ein Kopf aus der Nachhut empor, wie ein Hahn, der krähen will, schickte rasch dem Feind ein fistelndes «Haraus» entgegen und versteckte sich hurtig wieder im Knäuel. So rückten die beiden Truppen allgemach vor, den Rain hinan, dem «Pfauen» entgegen.

Conrad triumphierte; nämlich die Nuß enthielt für ihn einen süßen Kern. Hatte er denn nicht dem Vater wohlmeinend vom Tanz abgeraten? Und was für einen Lohn hatte er für seinen guten Rat geerntet? Wohl denn, so möge er's haben. Und ein dämonischer Wunsch nistete sich in sein Herz, der Wunsch, daß Blut fließen möge, der Wunsch des mißhandelten Propheten.

Wie er durch das verwüstete und vereinsamte Gärtchen, wo Bruch und Brocken umherlagen, nach seinem Platze zurücksteuerte, seufzte ihm Jucunde entgegen und warf sich erschöpft neben ihn auf einen Stuhl. Wie sie aussah! Zerzaust und zerrissen, mit Wein übergossen, die Lippen hängend, das Auge glanzlos, und der Schweiß troff ihr von der Stirne.

Das war nun also die verführerische Jucunde, welche das Gerücht wie die leibhaftige Todsünde ausmalte! Eine klägliche Todsünde! Das wenigste, was man von einer Todsünde verlangen kann – nicht wahr? –, ist doch, daß sie zum mindesten appetitlich sei. Pfui, wie sie sich von jedes Waggingers knotigen Armen hatte herumzerren lassen! Freilich, man wußte ja ohnehin, daß sie keine Mutter Gottes war, allein wissen und mit eigenen Augen wahrnehmen ist mitunter zweierlei. Entschieden, hier war kein Aufenthalt für ihn. Was für ein Bock hatte ihn nur gestoßen, sich freiwillig in diese Spelunke zu begeben?

Er sah nach seinem Hut. Siehe, der war zerdrückt, zerknittert, überstäubt. «Eine Bürste», befahl er hochfahrend.

Bestürzt schaute ihn Jucunde an, schlich kleinmütig ins Haus und brachte die Bürste.

Er säuberte Hut und Kleid, ohne daß sie wagte, ihm das Geschäft abzunehmen, so strenge gebärdete er sich. Endlich stammelte sie mit demütiger Stimme: «Oh, seid doch nicht ungehalten, Herr Reber! oh, seid mir nicht böse! Ich bitte Euch tausendmal um Verzeihung. Aber warum mußtet Ihr auch gerade einen Sonntag wählen? Gibt es doch Tage in der Woche genug, ach Gott, wo wir stundenlang hätten zusammensitzen können, ohne gestört zu werden. – Was muß ich nur tun, damit Ihr mir nicht mehr gram seid?»

«Was bin ich schuldig?» heischte er kalt und wollte sich erheben.

Da fiel sie laut aufjammernd über ihn her und drückte ihn nieder: «Nein, nein, nein», wehklagte sie erbärmlich, indem sie ihn verzweifelt umklammerte, «nein, jetzt geht Ihr nicht schon wieder fort. Jetzt, wo wir endlich allein sind, jetzt, wo ich Euch zum ersten Mal in meinem Leben habe.»

Es schrie so viel wahrhaftige Herzensnot aus ihrer Stimme, aus ihren Augen, aus ihren Mienen, daß es ihn erweichte. Schließlich, nach Hause kam er immer noch reichlich früh genug für das, was ihn Liebliches dort erwartete.

Er lehnte sich also wieder zur Ruhe.

Da leuchteten zwei Sternchen der Dankbarkeit aus ihren guten Augen; sie setzte sich neben ihn, schlug jedoch mißtrauisch die Hand über seinen Arm, als ob sie besorgte, er könnte ihr unversehens entschlüpfen, wie ein frisch zugelaufener Jagdhund, der noch nicht vertraut ist. Und um ihm die

Abschiedsgedanken zu vertören, überschwemmte sie ihn mit Geschwätz. Zunächst mit vorrätigen Redensarten, dann allmählich, als sie inne ward, daß keine Hinterlist in ihm sei, mit echtem Geplauder aus dem eigenen Seelengrunde.

«Es macht schönes Wetter heute», warf sie ihm als ersten Brocken hin. «Und wüchsiges. Das Gras steht so hoch und saftig wie selten im Maien. Und den Kirschen hat die letzte Woche ebenfalls gutgetan; wenn nur nicht wieder der Regen alles verdirbt. – Wie es grumselt von allen Seiten, schwarz von Volk, dem ‹Pfauen› zu! Ja, Ihr seid reich, Ihr seid glücklich, Euch winkt das Leben. Wie kommt es übrigens, daß Ihr an einem solchen Tage nicht daheim seid? Habt Ihr vielleicht wieder einen kleinen Verdruß gehabt mit dem Vater? Es heißt, er sei böse gegen Euch. Ich kann nicht begreifen, wie es jemand übers Herz bringen kann, böse gegen Euch zu sein. Nun, es kommt mir zugute; ich hätte nie zu hoffen gewagt, daß Ihr jemals zu uns kämet, so ein stolzer Herr zu so geringem Volk.» Mit einem Male jedoch trübte sich ihr Auge, und sie sah ihn vorwurfsvoll an, als ob er ihr etwas gestohlen hätte. «Das ist wohl eine Freundin Eurer Schwester, die Bernerin, die heute zur Aushilfe gekommen ist? Schön ist sie, das ist wahr, sehr schön sogar; so Schöne gibt es hierzulande keine außer höchstens Eure Schwester. Und einen prächtigen Staat hat sie ebenfalls. Ist sie denn reich? Aber wenn sie reich ist, warum dient sie denn? Man sagt, sie sei sonst für den Sommer im Kurbad, als Büfettdame. Ich kann es begreifen. So ein Paradiesvogel zieht natürlich alle Männer an. Es heißt, sie lasse sich vom Badewirt selber den Hof machen. Freilich, er ist ja seit zwei Jahren Witwer. Aber den wird sie doch hoffentlich nicht nehmen! So viele Körbe, wie der schon erhalten hat, trotz all seinem Vermögen. Puh, der Greuel. Übrigens, so schön sie ist, wenn ich ein Mann wäre und die Wahl hätte: ich fände Euere Schwester doch noch schöner. Es kommt ja nicht einzig alles auf die Regelmäßigkeit an, sondern auch ein wenig auf den ‹Ausdruck›, wie man bei uns daheim sagt. Sie hat so etwas Liebliches um die Augen und den Mund; ich muß immer an Euch denken, wenn ich sie sehe. Nun, dafür ist sie ja auch Euere Schwester.»

Sie hielt an und schwieg. Nach einer Weile fuhr sie fort, mit einem kleinen Seufzer: «Ich kann's begreifen, daß Ihr nur ein rechtschaffnes Mädchen nehmen wollt. Und daß Euch keine absagt, davor seid Ihr sicher. – Es würde noch manche andere gerne in den ‹Pfauen› hineinsitzen, in das fürstliche Heimwesen!»

Empfindlich kehrte sie sich von ihm ab und blickte mit verschränkten Armen düster zu Boden. Einsmals aber schaute sie ihn wieder freundlich an: «Übrigens will ich dankbar sein, daß Ihr überhaupt gekommen seid. Wenn Ihr wüßtet, wie wohl mir das tut, wie wohl; ich kann Euch gar nicht sagen, wie wohl. – Aber schämt Ihr Euch denn nicht, am hellen Tage neben der Jucunde zu sitzen, so offen vor aller Welt?»

Er errötete. In der Tat, sie saßen wie in einem Schaufenster. Allein Furcht vor den Leuten war nicht seine Schwäche. Nach kurzem Bedenken rückte er vielmehr noch etwas näher an sie heran.

Da strahlte sie wie ein Sommermorgen.

«Wie mich das freut», hauchte sie, «in die innerste Seele hinein freut, daß Ihr Euch meiner nicht schämt.» Und jeder Vorübergehende frischte ihren Blick auf.

Hierauf sagte sie nichts mehr, sondern stemmte beide Ellenbogen auf den Tisch, legte den Kopf in die Hände und schaute ihm mit ihren übergroßen Rehaugen unverwandt ins Gesicht, um seine Gegenwart gründlich auszukosten.

Auch er begann sich an seinem Plätzchen anzuheimeln. Seine Glieder, noch etwas vom Wein beschwert, gerieten in höckrige Stimmung, sein Wille entschlummerte, und das einfältige Geschöpf an seiner Seite, aus dessen treuem Herzen ihn die Liebe in warmen Strömen wie Märzensonnenschein überflutete, tat ihm trotz allem auch wohl, sehr wohl sogar, offen gestanden. Mein Gott, sie sahen ihn anders an, zu Hause, der Vater und die Mutter. Und um seine ursprüngliche Härte wettzumachen, reichte er ihr gütig die Hand hin.

Gierig ergriff sie dieselbe und liebkoste sie unaufhörlich mit schmeichelnden Wangen, glückselig, ihn berühren zu dürfen, wie ein Hund sich an seinem Herrn zu reiben liebt.

Also beharrten sie hinfort voreinander – schweigsam und zufrieden, vergessend und genesend. Sie in seinem Anblick schwelgend, er vor dem Bilde Cathris feiernd, das unbehindert von Jucundens Gegenwart ruhig und deutlich in seinem Gedächtnis leuchtete.

Die Natur tat das Ihrige, um Unruhe zu stillen und Unrast zu bannen. Die Kunst des Lenzes, zu prangen, ohne zu blenden, entfaltete sich nach der langen Regenzeit mit besonderer Kraft. Allüberall strotzte verhaltene Fülle, aus welcher Glut und Schatten gleicherweise Düfte lockten, nur andere. Man roch es wachsen. Eine hochschwebende, schneeweiße Schönwetterwolke schwamm herbei, um gleich einer Insel die Sonne wegzutragen, die Scheibe verhüllend, bloß an den Rändern einen blitzenden Strahlenkranz erlaubend. Darunter saßen sie nun wie unter einem Baldachin oder einem mit farbigen Gazen gedämpften Kronleuchter, kurz, unter etwas Großem, Hohem und Holdem, das sie vereinte und segnete. Sie urteilte offenbar nicht so strenge über die Jucunde wie die Menschen, die Sonne.

Ein paar Dutzend große silberne Tropfen sprühten aus der Wolke herab in weiten Zwischenständen wie durch ein Sieb. Obgleich sie augenblicklich verdunsteten, so daß sie kaum die Erde erreichten, wurden sie doch von sämtlichen Amseln des Tales mit einer verzückten Symphonie empfangen. Mit Wohlgefallen schaute sich Jucunde um: «Jetzt kann man bald mähen.»

«Herr Reber, Ihr verliert ja Euere Sporen!» belehrte der Knecht, der in Gemeinschaft mit der Neuberin aufräumte.

Das erwies sich als richtig. Der rechte Sporn war weg, vermutlich von den Bauern abgetreten; der linke, schiefgedrückt und über die Hälfte eingerissen, hing schlaff über den Absatz. Conrad bückte sich, um ihn vollends abzuknappen. Doch Jucunde kam ihm zuvor, indem sie wie ein Wiesel glittlings unter den Tisch schlüpfte. Oder vielmehr wie ein Murmeltier, denn für ein Wiesel war sie zu fett.

«Halt, das ist meine Sache», wehrte sie unter dem Tisch hervor, «dazu bin ich auf der Welt, Euch zu bedienen.»

Mit einem einzigen Ruck hatte sie den Sporn los, aber in ihrem Handballen klaffte eine häßliche Rißwunde, aus welcher Blut quoll. Erschrocken fuhr er auf und griff nach ihrem Arm. Sie aber entwand sich ihm lachend: «Oh, das ist gar nichts, das heilt in zwei Tagen», scherzte sie, «wenn man nur gesundes Blut hat!» Und da er immer noch bedenklich auf die Wunde starrte, deutete sie auf seinen Stuhl, daß er sich niedersetze. Er gehorchte, wenn auch zögernd. Hernach war alles wieder beim alten, außer daß sie von Zeit zu Zeit mit innigem Entzücken die verletzte Hand betrachtete, als wollte sie rufen: «Das hab' ich von Euch, als Geschenk, zum Andenken, wenn Ihr nicht mehr da seid», und daß er mitunter einen bedauernden Blick zu ihr hinübersandte, wobei sie jedesmal von erneutem Glück aufleuchtete, heiter und lustig.

Benedikt, der Kutscher von daheim aus dem «Pfauen», guckte über den Hag, sich räuspernd.

«Was gibt's schon wieder?» fragte Conrad unwillig.

Benedikt hüstelte: «Ich soll Euch ersuchen», munkelte er, «ob Ihr nicht vielleicht so gut wäret, die Lissi dem Herrn Regierungsrat abzulassen, ausnahmsweise für heute, aus Gefälligkeit. Er hätte schon dreimal am Telephon danach gefragt. Man habe es ihm halt doch eigentlich sozusagen versprochen, wenn auch vielleicht mit Unrecht.»

«Wenn man in anständigem Ton mit mir redet, wenn man mich anfrägt, wenn man mich manierlich darum ersucht, so ist das anderlei», erklärte Conrad. «Wer hat Euch geschickt?»

«Euere Schwester, die Jungfer Reber.»

«So nimm das Rößlein, es steht im Stall. Aber er soll gemach fahren, der Regierungsrat, damit er die Lissi nicht in Schweiß jagt.»

«Ich fahre selber.»

«Dann ist's gut.»

Doch Benedikt rührte sich nicht. «Und noch eins läßt Euch Eure Schwester sagen», meldete er, mit dem Lachen kämpfend. «Ob es nämlich durchaus nötig wäre, daß Ihr mit der Jucunde auf dem Sperrsitz säßet, damit Euch ja die ganze Welt bewundere, oder ob Ihr Euch nicht lieber in eine Galerie zurückziehen möchtet.»

«Durchaus nötig ist's nicht», erwiderte er trokken, «aber angenehm. Übrigens hat der Platz den Vorteil, daß er jeden Vorwand nimmt, auszustreuen, wir täten etwas Heimliches im Verborgenen. Sagt das meiner Schwester und einen freundlichen Gruß dazu. – Wie steht's im ‹Pfauen›? Viele Gäste auf der Terrasse, wie es scheint?»

«Es wimmelt! Man vermißt Euch schmerzlich an allen Ecken. Ja, und daß ich es nicht vergesse, Euer Vater hat darum herumgeredet, es würde Euch wahrscheinlich auch nicht das Leben kosten, wenn Ihr heimkämet und ein bißchen bei der Aufsicht behilflich wäret. Er habe bis dato keinen Menschen aufgefressen und hätte es auch heute nicht im Sinne. Es wäre ja Platz genug vorhanden für zwei.»

«Das hat er gesagt? Der Vater? Zu Euch? Das klingt ja beinahe glimpflich, das heißt, ich meine verhältnismäßig, an ihm selber gemessen.»

«Zu mir, so wie ich dastehe. Die Neue, die Bernerin, die Cathri oder wie sie heißt, hat ihn herumgebracht. Eine Viertelstunde lang hat sie ihm zugesetzt und ihm alle Schimpf und Schande ins Gesicht gesagt, daß unsereiner vor Angst sich hätte verkriechen mögen. Aber er hat alles geduldig über sich ergehen lassen wie ein Schulkind, das der Lehrer abkanzelt. Nur so vor sich hin gemökt dann und wann, wenn es allzu grob hagelte. Bis er sich zuletzt zu dem Versprechen herbeiließ, Euch ein gutes Wort zu geben.»

«Und das soll nun vermutlich das gute Wort vorstellen, die Versicherung, mich nicht auffressen zu wollen?»

Benedikt lachte mit breitem Maul. «Ja, er spendiert sie nicht mit dem Scheffelmaß, Euer Vater, die guten Worte! Er ringt's mühsamer zum Vorschein, ein gutes Wort, als der Armenverein einen Dublonen. Man sollte fast meinen, es erstickt ihn.»

Conrad schwieg nachdenklich. Ihm war, als wäre er die längste Zeit von Hause fort und es müßte inzwischen in seiner Abwesenheit eine Unmenge der wichtigsten Dinge vorgefallen sein, von denen er Nachricht wünschte. «Wißt Ihr zufällig etwas von der Mutter, wie es ihr geht? Ist sie immer noch oben, in der Schlafstube?»

«Man hat sie ins Dorf zur Großmutter getan,

damit sie aus dem Geschäft herauskomme, wo sie sich doch nur unnütz selber aufregt und andern Leuten hinderlich ist. Die Bernerin, die Cathri, hat darauf gedrungen.»

«Ein gescheiter Einfall das, der von der Cathri. Wenn etwas Vernünftiges geschieht, so hat doch gewiß sie es angeraten.»

Der Kutscher lachte beifällig. «Ja, das ist eine Resolute. An der ist ein Mannsbild verlorengegangen. Soll ich auch sagen, was sie mir aufgetragen hat? Ich übernehme keine Verantwortlichkeit dafür, ich melde einfach, was ein jeder mir aufträgt. Der eine sagt blau, der andere grün. Ihr sollt Euch lustig machen, läßt sie Euch sagen, und nicht zu früh heimkehren. Es gehe geradesogut ohne Euch und sogar noch viel besser. Jetzt müßt Ihr selber wissen, was Ihr zu tun habt. Mich geht das nichts an, ich mische mich nicht hinein. Also wie steht es jetzt eigentlich? was muß ich daheim ausrichten? kommt Ihr oder kommt Ihr nicht?»

«Ich komme, wenn's Zeit ist», erklärte Conrad ausweichend.

«Und ich gehe denn jetzt also und nehme das Rößlein. Ist es recht so?»

«Es ist recht.» – «Nicht zu früh heimkommen», wiederholte er verstimmt bei sich, nachdem der Kutscher abgetreten war. «Ja, ist ihr persönlich denn gar nichts daran gelegen, ob und wann ich heimkehre?» Und verletzt biß er sich auf die Lippen.

Als er wieder aufschaute, begegnete er den mutlosen Blicken der Jucunde. «Und jetzt geht Ihr also wieder heim?» murmelte sie niedergeschlagen.

Er erstaunte. Wer hatte denn von Heimgehen gesprochen? Sie tat ihm leid. «Nein, ich bleibe noch ein wenig», tröstete er.

Sie aber schüttelte traurig den Kopf. «Ihr geht jetzt heim», wiederholte sie trübsinnig. «Ich spüre es. Und kommt dann nie, nie mehr zu mir. Das ist das erste und letzte Mal gewesen.»

«Niemand kann voraus wissen, ob etwas das letzte Mal gewesen ist.»

«Doch, das kann man voraus wissen. Ich weiß, es ist das erste und letzte Mal gewesen. Sonst wäret Ihr nicht aus bloßem Versehen zu mir gekommen, aus eitel Trotz und Widerspruchsgeist, weil es zufällig daheim Verdruß gegeben hatte. Das weiß ich jetzt, denn ich habe es gehört.»

Dann plötzlich wurde sie wieder weich. «Nehmt mir's nicht übel», bat sie flehentlich, «daß es mir weh tut, wenn Ihr mich verlaßt! Ich danke Euch gleichwohl. – Also, Ihr bleibt noch ein klein, klein wenig?»

Conrad blieb, aber nur noch mit dem Körper. Sie hatte recht. Es wollte ihn etwas heim. Irgend etwas Mannigfaches ließ ihm keine Ruhe mehr. Die Neugierde, was daheim geschehe, das bewegte Leben auf der Terrasse vor seinen Augen, das Bedürfnis mitzutun und mitzuhelfen, das Gelüsten, wieder mit Cathri zu verkehren. Das und noch manches Derartige, was ihm nicht völlig ins Bewußtsein trat, regte sich in ihm, während Jucunde ängstlich jede seiner Mienen bewachte.

Horch, jetzt ging oben im «Pfauen» am hellen Nachmittag der erste Tanz los, eine aufgeregte Polka, aber noch ohne Überzeugung, schwächlich und freudlos im leeren Saale hallend. Sofort begann Jucunde mit näselnder Stimme mitzuträllern, automatisch, aus Schlappheit, nach Art hirnloser Dirnen, so daß er ihre Dummheit, von welcher er bisher bloß reden gehört, selber ermessen konnte.

Im Gärtchen hatte sich mittlerweilen wieder eine Anzahl Leute eingefunden, deren Blicke beim ersten Geigenbogenstrich sich sämtlich nach den Fenstern richteten, von woher der Schall kam. Dadurch stockten die Gespräche, und nur abgebrochene Sätze wurden laut, gedämpften Tones, als fürchteten sie, die Musik zu beeinträchtigen. Bis allmählich, bei längerer Weile und Wiederholung des Rhythmus, die Unterhaltung wieder aufwachte. Aber die Gedanken blieben an den musikalischen Tanzboden gebunden, so daß sich jede Rede an langer Leine um den «Pfauen» drehte wie ein Pferd in der Reitschule.

Eine bedächtige Bauernstimme sagte in lehrhaftem Ton: «Wenn man überdenkt, wenn man vergleicht, was der ‹Pfauen› vor zwanzig, dreißig Jahren war, ehe ihn der alte Reber übernahm, und was er jetzt ist! Und alles ganz aus sich selber, ohne Unterstützung, ohne Geld, nichts als zwei fleißige Hände, ein aufgeweckter Kopf und eine ehrliche Leber. Acker für Acker einzeln erworben, heuer ein Feld und übers Jahr eine Wiese, aus den Ersparnissen, je nachdem das Geschäft günstig war, und die Wirtschaft allmählich vergrößert.»

«Gehört die Matte unterhalb der Terrasse auch dazu?»

«Alles von oben bis unten, von der Terrasse bis

an die Bahnlinie, der Rain und der Anger und noch ein Stück vom Rebberg dazu.»

«Was ist denn eigentlich mit der ‹Pfauen›-Wirtin? War sie immer so?»

«Die ‹Pfauen›-Wirtin? Die Frau Reber? Die ‹Pfauen›-Wirtin von Herrlisdorf? Ich sag' Euch, das war zu meiner Zeit die jovialste, lebenslustigste Frau im ganzen Kanton. Immer freundlich, munter und wohlauf. Und fleißig und tätig! Ja, der hat der Alte viel zu verdanken.»

«Lebenslustig? Wer? Die ‹Pfauen›-Wirtin Reber? Lebenslustig? Was ist denn da gegangen?»

«Ach, sie ist schwermütig geworden, seit dem Kindbett ihres Sohnes, Conrad, glaube ich, heißt er. Zuerst hat man sie in einer Anstalt versorgt, hernach, wie es etwas besser ging, hat man sie ein paar Jahr lang in den Bädern herumgeschleppt. Jetzt lebt sie, soviel ich weiß, seit Jahr und Tag daheim im Hause. Aber mit der Schwermut ist es immer noch beim alten, seufzt den ganzen Tag, schafft sich Sorgen über jede Kleinigkeit, macht sich und der Umgebung das Leben zur Qual und redet beständig von nichts als vom Sterben. Gütiger Himmel, wenn man einem das vorausgesagt hätte, vor dreißig Jahren! So kann sich der Mensch ändern! Ein Glück, daß der Alte so geduldig mit ihr ist, so ein Wüterich, als er sonst sein mag. Es ist geradezu rührend, wie sanft er mit ihr umgeht, alt und krank, wie er selber ist.»

Conrad erbleichte, in ernste Gedanken versunken, indem er sich vornüber lehnte, um kein Wort zu verlieren. Das weckte Jucundens Eifersucht. «Wollen wir nicht lieber einen andern Platz aufsuchen, wo man ungestört ist?» schlug sie übellaunig vor.

Er gebot ihr ärgerlich mit der Hand Stillschweigen. Die zweite Stimme setzte wieder an: «Und der Junge? der Sohn? Was hört man von dem? Ist etwas hinter ihm?»

«Man weiß noch nicht recht, wo es mit dem hinaus will. Zwar von seinem Militärdienst verlautet nur Gutes, es hat ihn alles gerne, seine Vorgesetzten wie seine Untergebenen. Dagegen daheim...»

Jetzt verlor Jucunde die Fassung: «Schweigt doch, ihr albernen Menschen», platzte sie mit ungezügeltem Ärger heraus. «Seht ihr denn nicht, daß er selber dasitzt?»

Da ward eine gewaltsame Stille der Verlegenheit im Gärtchen.

«So, jetzt kann man doch wenigstens wieder sein eigenes Wort verstehen», murrte Jucunde.

Allein Conrad hörte sie nicht mehr; eine peinliche Ungeduld, heimzukehren und vor allem loszukommen, hatte sich seiner bemeistert.

«Ich werde nun auch aufbrechen müssen», sagte er schonend, indem er gleichzeitig aufstand. «Also denn, Jucunde, was ist meine Schuldigkeit?»

Sie verzog den Mund und warf feindselige Blicke auf die Geldbörse, die er hervorkramte.

«Ich habe Euch noch etwas Wichtiges mitzuteilen», entgegnete sie ernst, mit rätselhaftem Ton, «aber Ihr müßt Euch erst setzen.»

Hierauf, nachdem er sich widerstrebend niedergelassen, wandte sie ihm plötzlich ihr Gesicht zu, mit riesengroßen Augen, die ihn drohend anstarrten, wie die Mündung eines gewaltigen Doppelgeschützes, in dessen Innerem Feuer und Schwefel wohnt. Und während er betroffen herumriet, was das bedeute, schob sich hinterlistig ein Bein über das seinige. «Bleibt diesen Abend bei mir», flüsterte sie.

Sein Blut geriet in Aufruhr. Doch tat er sich Gewalt an, blickte weg und nickte ein verneinendes Zeichen.

«Ich will aber, daß Ihr bleibt. Ich will es einfach», zischelte sie dringender und schmiegte sich ihm noch enger an. Nun begann er zu kämpfen. Und seine eigenen Sinne wollten ihn in dem Kampfe verraten. Da gedachte er des Jawortes, das er der Feuerwehrmannschaft gegeben, und blitzschnell warf er sie mit beiden Armen brutal von sich, denn er wußte sich ihrer nicht anders zu erwehren.

Jetzt änderte sie handkehrum ihre Haltung, erhob sich ruhig, setzte eine harmlose Miene auf, als wäre nichts gewesen, und geschäftsmäßig, mit einem verblüffenden Sprung über all die Verwirrung weg, die sie angestiftet, verkündete sie kühl: «Ein Fränklein und vierzig Rappen.»

Er beglich das und tat ein angemessenes Trinkgeld hinzu, für welches sie bescheiden dankte. Dann schritten sie miteinander davon, ziemlich eilig, denn ihm war schwül, und er lechzte nach Erlösung. Entschieden, hätte er ahnen können, wessen er sich von Jucunde zu versehen hatte, er wäre nie in der Station eingekehrt. Beim Hause angelangt, überfiel sie ihn nochmals, unbekümmert um die Anwesenden. «Kommt einmal des

Abends, wenn's dunkel ist, zwischen zehn und elf Uhr, nach dem letzten Zug. Zum Beispiel morgen.»

Aber wieder schüttelte er verneinend den Kopf.

Nun gab sie alle Hoffnung endgültig auf und fügte sich: «So nützt denn alles, alles nichts?» schmollte sie verzweifelt. «So muß ich Euch denn wirklich ziehen lassen? Immerhin, es hat mich innig, innig gefreut. Daran werde ich nun noch lange, lange zehren, wochenlang, monatelang, vielleicht noch länger.» Hiermit ergriff sie mit beiden Händen seine Rechte und drückte sie zärtlich, aber fest an ihr Herz, ließ sie auch nicht mehr los. So zogen sie durch den Hausgang, unbequem, weil eines des andern Schritte hemmte, bis vor die Haustür.

«Leb wohl, Jucunde», grüßte er. Sie erteilte ihm keine Antwort, gab ihn auch nicht frei.

«Leb wohl», wiederholte er bittend und etwas gereizt. «Laß mich los, sonst muß ich dir weh tun, denk an deine Wunde.»

Allein es war, als hätte er gegen ein unvernünftiges Tier hingeredet, so daß sich schließlich ein förmlicher Kampf entwickelte, zwischen ihm, der seine Hand schonend aus ihrer Umklammerung zu befreien trachtete, und ihr, die ihn mit verzweifelter Anstrengung halten wollte. Als er sich endlich durch einen unvorhergesehenen Ruck befreit hatte, schwenkte sie beleidigt ab und verschwand im Hausgang; kam auch nicht wieder zum Vorschein, ob er schon ihr zu Gefallen noch ein wenig vor der Schenke verharrte.

So entfernte er sich denn, aufgeregt und betroffen. Es lag ihm etwas nicht recht. Einesteils war er ja froh, diesen wollust-peinlichen Anfechtungen glücklich entronnen zu sein, aber andrerseits tat es ihm doch auch leid, von dem wunderlichen Geschöpf mit dem treuen Herzen unter den abgefeimten Buhlkünsten so ohne Gruß und Abschied davongezogen zu sein, flüchtlings, beinahe im Streit. Sie mochte sein, was sie wollte, sie hatte ihn halt doch lieb, auf ihre Art. Und der weite, reine Frühling um ihn her kam ihm jetzt, wie soll ich sagen, nüchtern, gewissermaßen herzlos vor, so daß ihn beinahe sein Sieg gereuen wollte.

In der Tat zauderte er, vor der Eisenbahnlinie angekommen, indem er nach hinten schielte, ob sie nicht vielleicht nachträglich unter der Haustür stände.

Sie stand nicht dort. Und wie gesagt, er hatte ja den Waldishofern sein Wort verpfändet.

Da raffte er sich auf und schlich niedergeschlagen über das Geleise, als ob er einen wertvollen Gegenstand verloren hätte.

Jenseits der Schienen tauchte Jucunde in die Vergangenheit, und der «Pfauen» rückte aus der Zukunft in die Gegenwart.

Einen Gewinn aber trug er doch aus der Pinte mit heim: den Entschluß, nun seinerseits dem Vater ein freundliches Wort zu gönnen, dafür, was er an der Mutter Gutes getan hatte und etwa noch tun würde.

Er wählte den Pfad durch die Matte, um abzukürzen, dann auf halbem Wege verlangsamte er den Schritt, um später einzutreffen. Denn man sollte nicht etwa meinen, er hätte Eile, sich auf Befehl einzustellen.

«Hier muß mir eine Hecke hin», murmelte er stirnrunzelnd, als er das Gras neben dem Weg zertreten sah.

Schließlich langte er trotz allem Zögern doch an, beinahe gegen seinen Willen.

Ein paar abenteuerlich geschniegelte Radler, von Cathri bedient, hatten sich unterhalb der Mauerbrüstung in die Wiese vorgeschoben, von wo sie eine schallende Fröhlichkeit von sich gaben, um die Aufmerksamkeit an sich zu ziehen.

Sonderbar, fast ungehörig mutete es ihn an, daß er von allen Menschen gerade Cathri zuerst wieder sah. Er hatte, einfältigerweise, angenommen, sie würde zuletzt erscheinen wie die Hauptspielerin im Theaterstück. Mit leichtem Kopfnicken schritt er, an der Gruppe vorüber, seines Weges weiter nach dem Ende der Mauer hinan. Dabei widerfuhr ihm aber, daß er dem Vater ins Gesicht blickte, der, kaum zehn Meter in der Luftlinie entfernt, zufällig von der Mauerbrüstung herunterschaute. Der Alte schloß mit bösem Seitenblicke die Augen wie eine Eule am Mittag. Da verspürte er wieder den gewohnten feindseligen Schlag, eine Art Rückstoß, wie von einem schweren Geschütz. Weg war mit einem Mal sein löblicher Vorsatz. Es ging nicht; es ging einfach nicht.

Also kehrte er um und schlug sich in die Nähe der Radler, ständlings und ohne sich anzulehnen, unter einen mächtigen Birnbaum. Dort winkte er der Bernerin ein Zeichen mit dem Kinn.

Diensteifrig eilte sie herbei: «Ihr habt Euch keine

langen Ferien gegönnt, Herr Reber», grüßte sie ihm entgegen.

Er ging auf diese Bemerkung nicht ein. «Cathri, wir sind Euch alle zu großem Dank verpflichtet», begann er feierlich und ein wenig befangen.

«Wofür?»

«Nun, heute morgen. Ihr wißt ja. – Zwischen mir und dem Vater. – Tut doch nicht, als ob Ihr nichts wüßtet! – Mit dem Peitschenstock. – Ihr habt uns möglicherweise vor einem schweren Unglück bewahrt.»

«Ach so? Das?» lachte sie gleichgültig. «Ein Idyll aus der ‹Schweizerfamilie› war es freilich nicht.»

«Wirklich, ich habe Euren Mut bewundert.»

Sie lachte wieder. «Man muß es halt mit den Männern halten wie mit den bissigen Hunden: nur ja keine Furcht vor ihnen zeigen.»

Er aber blieb ernst. «Ihr mögt Euere Tat verkleinern», versetzte er, «ich aber betrachte Euch von jenem Augenblick an als meinen guten Geist.»

«Geist hat mir bisher noch niemand nachgesagt», scherzte sie ausweichend. Aber sein Spruch schien sie doch zu freuen.

Helene schwebte heran. «Cathri, die Jungfer Reber läßt Euch sagen, Ihr müßtet in den Tanzsaal; Josephine bediene von nun an in der Wiese.»

Die beiden sahen befremdet auf.

«Warum?» fragten sie fast gleichzeitig, wie zwei Kutschenpferdchen, wo eins höchstens um Zollbreite dem andern voraus ist.

Helene zuckte die Achseln. «So ist mir halt befohlen worden; mehr weiß ich nicht.» Aber ihre schwärmerischen Augen schillerten schadenfroh. Da schauten Cathri und Conrad einander verständnisvoll an, mit einem ausdrucksvollen Doppelblick, welcher sagte: «Ich begreife, und du?» – «Ich ebenfalls.» – «Es soll ihr aber doch nicht gelingen, uns zu entzweien, gelt?» – «Im Gegenteil, jetzt halten wir um so fester zusammen.» So vereinigte sie der Trennungsbefehl enger, als wenn sie einen langen Winter sämtliche Hochzeiten des Kantons miteinander durchgetanzt hätten. Hierauf begab sich Cathri vergnügt nach dem Tanzsaal.

Helene jedoch zauderte, als ob ihr nachträglich etwas einfiele: «War das vielleicht Euere Braut, Herr Reber?» heuchelte sie, «die Jungfrau, mit welcher Ihr im Stationsgärtchen zusammensaßet?»

Allein er war vorbereitet. «Was jene ist, geht Euch nichts an. Hingegen, was Ihr seid, das will ich Euch sagen! Eine recht mittelmäßige Kellnerin seid Ihr. Ja, guckt mich nur an, das seid Ihr. Eine gute Kellnerin erkennt man daran, daß sie sechs Augen und vier Ohren hat. Dort ruft man nach Senf, und keine zwei Schritte von uns winkt Euch einer verzweifelte Zeichen, wie ein Ertrinkender, und Ihr merkt von alledem nichts.»

«Das geht mich nichts an», erwiderte sie ungehalten, «ich bediene oben, nicht hier.»

«Ihr könnt von Glück sagen, daß nicht ich im ‹Pfauen› regiere, sondern einstweilen noch der Vater. Denn wenn ich einmal Meister bin und eine Kellnerin entschuldigt sich damit, daß sie an einem andern Platz bediene, so gebe ich ihr den Lohn.»

Verblüfft schlich sie von dannen.

«Das war Nummer eins», zählte er.

Nun trippelte Josephine herbei, schnippisch und fürwitzig. Die Äuglein glänzend vor schelmischer Spitzbüberei. Allein, wie sie die abgetakelte Miene Helenens gewahrte, erachtete sie den Boden nicht für geheuer, rüstete schleunigst ab und drückte sich neben Conrad vorbei an ihren Arbeitsposten, ohne ihre kleine Weiberbosheit abzuschießen.

«Wo bleibt Nummer zwei?» dachte er und wartete. Allein er wartete vergeblich; wenigstens einstweilen.

Über ihm, jenseits der Mauerkrone der Terrasse, ging es zu wie in einer Volksszene auf dem Theater. Eine grüne Bühne voll Menschen und kein Leben. Eine Menge von Köpfen, behutete und barhäuptige, bärtige und glatte, männliche und weibliche, lugten über die Rampe, wie abgeschnitten und zum Verkauf ausgestellt. Und alle, ohne Unterschied, Stadtvolk wie Landvolk, schnitten wichtige Gesichter, um für bedeutend zu gelten. Es fehlte zur vollendeten Stumpfheit bloß noch ein Jägerchor. Obgleich sie sämtlich zu schweigen schienen, erhob sich doch aus ihrer Mitte ein Getöse wie von hundert schwatzenden Stimmen. Dazwischen schossen die Kellnerinnen unwirsch kreuz und quer, verfolgt von den grimmigen Blikken des Alten, der ihnen, wenn er ihnen nahekam, was freilich bei seiner Schwerfälligkeit nur durch Wegelagerei gelang, verstohlen einen schimpflichen Ausputzer zuraunte, zwischen zwei süßlichen Lächeln an die Gäste. Die einen von ihnen wischten sich hastig die Augen, ehe sie ihre Ballettänzerfreundlichkeit wieder gewannen, andere maulten wütend vor sich hin. Helene drückte jedesmal beim Vorbeigehen einen neidischen Blick wegen der Radler gegen Josephine ab. Anna, welche im Gewühl besonnen der Ordnung waltete, sah oft zu ihm herunter, tat aber, als ob sie ihn nicht erkennte. Neben ihr auf einer Bank kauerte ihr Doktor in blauer Militäruniform, der sie unverwandt anstarrte. – So oft die Tanzmusik anhob, mit quiekenden Klarinetten, kreischend und hustend, hefteten sich sofort alle Blicke an die Fenster des Tanzsaales, ausdruckslos und träge. Beim Schmettern der Trompete verhielten sich die Stadtfrauen die Ohren.

Ob sie nicht ebenfalls lieber in die Matte herunterkommen wollten, riefen die Radler ihren Bekannten zu, mit übermäßigen Gebärden. Es sitze sich hier im saftigen Grase angenehmer und man werde weniger von dem Tanz-Gedudel belästigt.

Jene gehorchten geräuschvoll der Einladung, und als ob das ein maßgebendes Beispiel gewesen wäre, brach allsofort ein weiteres Häufchen von der Terrasse auf, um sich unten niederzulassen. Andere folgten wieder ihrem Vorbild, so daß der Umzug allmählich in eine förmliche Auswanderung ausartete. Ein Tisch nach dem anderen mit Dutzenden von Stühlen mußte in die Matte geschleppt, eine zweite, hierauf eine dritte Kellnerin Josephine zur Aushilfe beigeordnet werden.

Die Durchbrechung der hergebrachten Platzregel aber, mit ihrer Unordnung, mit ihren Zwischenfällen, wie sie Unvorhergesehenheit und Ratlosigkeit im Gefolge zu haben pflegen, bewirkte eine knabenhafte Ferienstimmung, so daß die Gesellschaft ihre lästige Leichenfeierlichkeit verabschiedete und sich freier Fröhlichkeit hingab. Während das Landvolk diese hauptsächlich durch steiferen Trunk betätigte, hielten sich die stubenmüden Städter mehr an die Geschenke der Natur. Vor allem die unscheinbare Quelle, die aus der Matte rieselte, beschäftigte die kleinen und großen Stadtkinder. Als ob das ein Jungbrunnen wäre, umstanden sie sehnsüchtig das flüssige Wunder, sinnend und träumend. Von den vielen Luftgebilden, die da von Herz und Hoffnung in den Frühling gebaut wurden, entstand eine ganze Phantasiestadt.

So geriet Conrad ohne sein Zutun an die Spitze einer Geschäftsherrschaft. Es bildeten sich zwei Lager, ein oberes, wo der Vater schaltete, und ein niederes, dem Sohn untertan. Dort ließ sich vorwiegend das behäbigere Alter nieder, hier die laute Jugend. Da aber die frischen Ankömmlinge mit Vorliebe nach der Wiese abschwenkten, teils der Abwechslung und Ausnahme wegen, teils weil dort bewegteres Leben winkte, schwoll das untere Lager stetig an, während das obere schwand. «Wie ein Vorzeichen», dachte Conrad.

Mißgünstig beobachtete der Alte den Zuwachs des gegnerischen Regiments, und bei jedem neuen Platztausch rollten seine Augen: «Man sollte fast meinen, es verzapfe einer unten bessern Wein als oben», brüllte er, «und stammt doch aus dem nämlichen Faß.»

«Es angelt ja niemand nach ihnen», rief Conrad zurück, «und mit Gewalt kann ich sie doch nicht zurücktreiben.»

Bei alledem machte jedoch keiner dem ander sein Volk abspenstig; dazu waren sie beide zu geschult und zu klug. Im Gegenteil, sie halfen sich aus und spielten sich in die Hände. Mit der Zeit, als der Raum unten allmählich anfing knapp zu werden, füllte sich's auch oben wieder, so daß schließlich ein ebenmäßiger Ausgleich stattfand.

Wie sie nun so gemeinschaftlich einheitlicher Arbeit pflogen, jeder auf seinem Posten, rückte der innere Herzensgegensatz bis auf weiteres in den Hintergrund. Eine Art Achtung voreinander gewann die Oberhand. Mitunter, nachdem der Alte einen prüfenden Blick in die Matte geschickt hatte, grunzte er unverständliche Worte vor sich hin, was bei ihm Zufriedenheit besagen wollte. Conrad seinerseits mußte zugeben, daß des Vaters fürchterliche Blicke musterhafte Ordnung hielten.

Hierüber regte sich sein Gewissen. «Josephine», befahl er, «Josephine, seid so gut und geht zum Vater. Ich ließe ihm sagen, es setze heut abend Streit im Tanzsaal, ich wisse es ganz bestimmt.»

Josephine ging und kam zurück.

«Was hat er geantwortet?»

«Nichts, nur so geschnarcht.»

«So geht noch einmal; ich lasse ihn eindringlich ersuchen, meine Warnung nicht auf die leichte Achsel zu nehmen. Es sei eine abgekartete Sache; ich hätte es von den Waggingern selber gehört.»

Abermals ging und kam Josephine.

«Es sei gut», berichtete sie, «er habe es bereits das erste Mal begriffen. Man brauche ihm etwas nicht zweimal zu sagen, da er gottlob weder taub noch töricht wäre.»

«Dann basta! Fertig! Zum dritten Mal sage ich ihm's nicht.»

Doch nach einer Weile beunruhigte ihn seine Verantwortlichkeit gleichwohl wieder. «Josephine», bat er, «sagt dem Vater, es tue mir aufrichtig leid, zum dritten Mal darauf zurückzukommen; allein es lasse mir in Gottes Namen keine Ruhe. Um sechs Uhr gehe es los. Nach meiner Meinung müßte man für ein paar Dutzend handfester Burschen sorgen.»

Diesmal kehrte Josephine laut schluchzend zurück. «Euer Vater ist ein Ungeheuer. So lasse ich mich nicht behandeln!»

«Was hat er gesagt?»

«Ein ausgeschämtes, niederträchtiges Mensch hat er mich genannt!»

«Das habt Ihr allerdings nicht verdient, Ihr am allerwenigsten. Nehmt meine Entschuldigung statt der seinigen. Es tut mir also leid. Aber ich meine, was er Euch für einen Bescheid für mich mitgegeben hat?»

Heftig platzte sie heraus: «Ihr brauchtet Euch nicht um ungelegte Eier zu kümmern. Er wisse schon selber, was ihm zu tun obliege, und brauche keinen Lehrmeister. Übrigens, wenn Ihr denn so ein Hasenfuß wäret, so könntet Ihr Euch ja unter Jucundens Unterrock verstecken.»

«Oho!» knirschte Conrad, vom Boden aufjukkend und die Fäuste ballend. Darauf stampfte er zornig auf und ab. «Tod und Teufel sollen mich holen», schwur er, «wenn ich heute abend einen Finger rühre.» Dieser Schwur schaffte ihm zunächst wieder Frieden, aber einen finstern Höllenfrieden.

Derweilen schnurrte oben Cathri zu Anna heran, rot wie eine Klatschrose. «Im Tanzsaal bediene ich länger nicht», rief sie, die Arme schmeißend.

«Warum?» schien Anna zu fragen, denn hören konnte man ihre leise Frage von unten nicht.

«Darum!» wetterte Cathri. Hernach entfuhr es ihr: «Weil es Schweine sind!»

Der «Pfauen»-Wirt, der dabeistand, lüpfte verächtlich die Schultern, Helene, in der Nähe wirtschaftend, rümpfte spöttisch den Mund, und Anna maß die Bernerin mißtrauisch von oben bis unten. «Es wird wohl noch ein anderer Grund dabei sein», entgegnete sie anzüglich, mit erhobener, langsamer Stimme, damit es der Bruder höre: «Ihr bedientet wohl lieber an einem andern Ort.» Damit blinzelte sie zu ihm herunter.

«Zwingen kannst du sie nicht», vermittelte Conrad, an die Mauer tretend.

«Wie soll ich dann einer andern zumuten, was sie verweigert», rief sie gereizt zurück. «So übernimm doch du das Servieren im Tanzsaal!»

Nun ward er unwillig.

«Im Tanzsaal serviere ich höchstens mit dem Stock oder mit der Reitpeitsche», rief er.

Bei diesem unbedachten Spruch rückte der Alte herbei, hart an die Mauer, zornbeladen, mit blutunterlaufenen Augen.

Die Kellnerinnen ihrerseits hatten sich in die Nähe gezogen, um die Verhandlung aufzufangen, die sie alle anging. Darüber wurden die Gäste aufmerksam, von denen die nächsten sich gierig erhoben, damit sie keine kostbare Silbe des Wortwechsels verlören. Es drohte ein Auflauf, ja, falls der Alte den Mund erschloß, Schimpf und Schande. Denn an seinen Augen konnte man ablesen, was ihm ungefähr unter der Zunge kochte. Gleichzeitig lärmte vom Tanzsaal ein Aufruhr wegen der mangelnden Bedienung. Kurz, es entzündete sich.

«Wozu ist denn die Brigitte auf der Welt, daß keiner an sie denkt?» schmälte Josephine ablehnend. «Die nimmt es doch, wenn's sein muß, mit dem heiligen Antonius in Person auf, mitsamt seinem Schwein.»

Kaum vernahm Brigitte die trauten Töne ihres Namens, so begriff sie sofort, daß sie damit gemeint sei, denn sie verstand ihren Namen und ihre Person geschickt aufeinander zu beziehen.

«Was!» plärrte sie aufgebracht. Es dauerte eine Weile, bis man ihr beigestoßen, worum es sich handle. Dann zuckte sie überlegen die Schultern.

«Die Wagginger sind so gut Menschen wie andere Leute», erklärte sie entrüstet, mit einem anzüglichen Blick auf Cathri. «Deswegen sind sie noch lange keine Schweine, weil sie zufällig zwei Beine haben, statt vier, wie mancher andere.» Und ohne weiteres stürmte sie mit unternehmender Gebärde die vier Stufen des Treppchens hinan in den Tanzsaal.

So löste sich die Verwicklung und verteilte sich die Entzündung, indem jedes friedlich auf seinen Platz zurückkehrte, ein bißchen ungern, denn wenn man einmal den Hahn gespannt hat, ist es mühsamer, ihn wieder abzuspannen als ihn loszuschnappen.

Cathri aber stattete Conrad von ferne eine

scherzhafte Verbeugung ab zum Dank für seine Unterstützung. Und sooft ihre Arbeit sie längs der Mauer vorbeiführte, erteilte sie ihm ein unauffälliges Zeichen des Einverständnisses mit Blick oder Gebärde, oder auch einfach durch Räuspern, das sie mittels der vorschützenden Hand in ein kleines, schüchternes, verstohlenes Kußhändchen auszumünden wußte.

«Anna!» begehrte Conrad, «wir bedürfen noch einer vierten.»

Da rief Anna mit scharfer Stimme nach hinten: «Cathri, mein Bruder verlangt sehnsüchtig nach Euch.»

Cathri erschien mit einem leuchtenden Gesicht des Wiedersehns. Ihr auf dem Fuß, doch mit verschiedenem Takt und Schritt, folgte die Schwester.

Verdrossen machte sich diese zu ihrem Bruder heran, mit abgewandtem Blick: «Man geht nicht in die Pinte», verwies sie strenge, «man sitzt nicht neben der Jucunde.»

Conrad fuhr auf. «Du», erwiderte er, «du tätest auch besser, auf dich selber zu achten, als meinen Pestalozzi zu spielen. Der blaue Doktor verschlingt dich ja mit den Augen, daß sogar ein Blinder es bemerken muß. Solange ihr noch nicht öffentlich verlobt seid, solltet ihr soviel Takt besitzen, euch weniger auffällig zu benehmen. Nimm mir's nicht übel.»

Anna schluckte und verstummte.

«Bah», warf Cathri nachlässig hin, «einem jungen, unverheirateten Burschen ist alles erlaubt.»

Anna drehte sich nach ihr um wie von einer

Wespe gestochen: «Nette Grundsätze das, fürwahr, bei Euch zu Hause», höhnte sie.

Cathri warf den Kopf in den Nacken, flink und schlagfertig: «Wir werden wohl bei uns zu Hause genausoviel taugen wie ihr hierzulande, nicht mehr und nicht weniger.»

Anna würgte nach einem niederschmetternden Gegenhieb, fand aber keinen. Da rümpfte sie die Nase, wie wenn sie etwas Ekelhaftes röche, und räumte leidenschaftlich das Feld, eine Wolke von Erbitterung in jeder Bewegung verbreitend.

«Wohl», murmelte Conrad, «jetzt fängt das Weibervolk ebenfalls an!»

Sich einzumischen fiel ihm nicht von ferne ein, denn vom Weiberstreit hält ein kluger Mann den Finger, das hatte er von Jugend auf als oberste Weisheit gelernt, worin alles Volk ohne Unterschied des Standes und der Partei übereinstimmte.

Aber als nun Cathri im Siegestriumph sich ihm traulich nähern wollte, trat er zurück und erteilte ihr einen Verweis.

«Ihr solltet immerhin meiner Schwester in höflicherem Tone begegnen», rügte er.

Da schoß sie zornschnaubend von dannen wie ein angeschweißter Eber. Er aber rief sie gebieterisch zurück, zu dreien Malen, und jedesmal drohender, bis sie sich endlich herbeifügte.

«Ihr habt Euch für heute bei uns in Dienst verpflichtet», erklärte er, «folglich seid Ihr uns nicht bloß Gehorsam, sondern auch Untergebenheit und Bescheidenheit schuldig, mir und meiner Schwester. Morgen könnt Ihr dann wieder grob sein, wenn Ihr wollt.»

Und da sie vor Zorn ungeduldig zappelte, als ob der Boden unter ihr brennte, stellte er sie geflissentlich noch länger: «Beiläufig», hub er an, «was ich Euch fragen wollte: Ihr habt also oben im Tanzsaal aufgewartet. Was erhieltet Ihr dort für einen Eindruck?»

«Daß es Schweine sind.»

«Unbestritten», antwortete er und konnte das Lachen kaum verbeißen. «Doch das haben wir bereits vernommen. Ich meine, ob Ihr nicht etwas wie – wie soll ich sagen? – wie feindselige Veranstaltungen bemerkt habt?»

«Gott gebe, daß sie sich gegenseitig auffressen!»

«Ein Menschenfressergebet!»

Sie sah ihn patzig an und blickte scharf und gescheit: «Ihr werdet wohl auch manchmal eine Bitte zum Himmel gesandt haben, die nicht im Vaterunser steht.»

Da errötete er heiß und ward ernst und nachdenklich.

«Ihr könnt jetzt gehen», erlaubte er zerstreut. Sie ging, er aber war nicht mit dem Erfolg zufrieden. Er hatte sie mit den Türmen mattsetzen wollen, und jetzt war er rams. Seine geheime Rechnung war: beuge sie, übertrumpfe sie, so wird sie dich liebhaben. Statt dessen war nun sie ungebeugt, er aber, da er ihr jetzt trotz ihrer Störrigkeit mit Wohlgefallen nachsah, spürte, daß er sie lieb hatte. Gewiß, ein bißchen weniger gesalzen – das war sicher – dürfte sie ohne Schaden sein, bedeutend weniger gesalzen sogar. Und die harten blaßblauen Gläslein, die ihr als Augen dienten, hätte er ebenfalls anders gewünscht, wenn's einmal ans Wünschen ginge. Zwei Augen, so kalt und nüchtern, als ob man durch lauteres Quellwasser den hölzernen Brunnentrog sähe.

Aber sie war nun einmal wie ein Stück von ihm, seit heute morgen. Und wenn sie frostig war, ein Grund mehr, ihr ein Büschel Strahlen aus seinem Herzen hinüberzusenden, um sie zu wärmen. Übrigens: Mängel, Fehler, was schadet das? Seine eigenen Fehler darf man doch liebhaben, nicht wahr? Warum also nicht auch die Fehler derer, die zu einem gehören?

Übrigens hatte er Gesellschaft bei seinem Wohlgefallen. Wohin Cathri trat, erregte sie Aufsehen. Die Unterhaltung verstummte, der Bissen zum Munde blieb unterwegs, man starrte ihr sprachlos nach. Die Formvollkommenheit ihrer Gestalt und ihres Antlitzes war ihm nicht so außerordentlich aufgefallen heute vormittag, zu Hause unter den Frauenzimmern, sie hatte ihn einfach befriedigt, jetzt aber lieh ihm die Höhe und Allgemeinheit der Bewunderung das Maß.

Selbstbewußte, gewichtige Männer, wie der Gasdirektor Wyniger, erröteten, wenn ihr Arm im Vorbeieilen sie streifte, eingebildete Manschettengecken, wie der junge Vonderheiden, der Grasaff, welcher mit höhnischem Grinsen die Menschheit anödete, die Beine unter dem Stuhl des Nachbars, schlugen vor ihrem Blick befangen die Augen nieder und setzten sich hastig zurecht. Entglitt ihren Händen ein Gegenstand, so bückte man sich rundum im Wettstreit wie vor einer vornehmen Dame.

Herrschaft! Würde das eine «Pfauen»-Wirtin abgeben! Und was für ein gesegnetes Nest rotbackiger Sprößlinge! Rauflustige Kletterbuben, welche ein halbes Dutzend zu Boden schlügen, oder dralle Dirnchen, bolzgerade aufrecht, mit Zöpfen bis in die Kniekehle, jedes zwei Grübchen im Gesicht, eins im Kinn und eins in der rechten Wange, oder noch besser, beiderlei Nachkommenschaft zusammen.

Und tüchtig, weiß Gott, war sie auch. Wie sie bediente! In dieser Beziehung hätte ihr selbst die grämliche Hexenbase die Anerkennung nicht versagen können. Ruhig und selbstbewußt in der heftigsten Bedrängnis wie ein geschulter Soldat im Feuer. Nichts von dem kopflosen Umherstürmen der andern, jammernd und scheltend, als ob man ihnen die Jungen geraubt hätte. Und was er ganz besonders schätzte: sie bediente vollkommen unparteiisch. Nicht wie die empfindsame Josephine, welche bei jedem fleischprotzigen Turner hangen blieb, oder wie die ideale Helene, welche Hören und Sehen vergaß, wenn ein Männerchor anstimmte, mit säuselnden Bässen und himmelnden Tenören, oder wie die läppische Brigitte, welche auf den Tod die Alten nicht ausstehen konnte, so daß sie den ehrwürdigsten Nationalrat verdrießlich anfauchte, als besorgte sie einen Heiratsantrag von ihm. Cathri bediente jedermann gleich, sei er alt oder jung, hübsch oder häßlich, vornehm oder gering, verzog auch nicht schnippisch den Mund, wenn einer bloß Zuckerwasser bestellte; Auftrag und Ausführung galten ihr alles, die Menschen waren ihr gleichgültig. Zu gleichgültig sogar. Denn sie benahm sich gegen die Gäste stolz, hochfahrend, um nicht zu sagen beleidigend. Nein, eigentlich beleidigend war es nicht; denn wenn nun einer sich über sie beklagte und Rede stehen sollte, so wußte er nichts Bestimmtes anzuführen. Aber, wie soll ich sagen? abweisend, feindselig. Ja, feindselig.

Die Bestellung empfing sie mit einem Gesicht wie ein Erzengel, der von einem sündenbeschmutzten niedern Menschenkind eine Bitte anhört; Trank und Speise setzte sie herablassend wie eine unverdiente Gnade vor. Und wehe dem, der sich die mindeste Hofmacherei erdreistete, sei es nun in Worten oder Mienen! Den behandelte sie fortan mit unverhohlenem Abscheu, wie einen übelriechenden Käfer, war auch schlechterdings nicht mehr zu versöhnen, weder durch süße Reden noch durch Trinkgelder. Nur das beschimpfende Wort, das ihr auf der Zunge schwebte, verbiß sie, solange sie bediente, mit unfehlbarer Selbstüberwindung.

Offen gestanden, ihre maßlose Sprödigkeit mißfiel ihm nicht durchaus. Es kehrte ein Geist ehrerbietigster Zurückhaltung ein, der ihre jeweilige Umgebung vornehm stempelte.

Während er so seinen Betrachtungen nachhing, stupfte ein fremder Ellenbogen den seinigen. «Herr Reber, schlaft Ihr? oder studiert Ihr über einen Feldzugsplan?» Und wie er nachschaute, war es Cathri selber gewesen, die lachend enteilte.

«Die verflixten Weiber!» murmelte er belustigt, «ist es nicht, als ob sie einem alle Gedanken an der Stirne abläsen?»

Der Portier torkelte im Zickzack heran, wie ein

erratischer Block, unterwegs die Gäste anrempelnd, ohne sich zu entschuldigen, nicht absichtlich, sondern aus naturwüchsiger Ruppigkeit. «Herr Reber, Euer Vater läßt Euch sagen, der Oberst Allegri von Mendrisio habe schon dreimal nach Euch gefragt. Ihr möchtet endlich Euer benedeites Antlitz blicken lassen, meint der Vater, oder ob Ihr Euch etwa einbildet, der Herr Oberst müsse Euch nachlaufen, mit heraushängender Zunge wie ein Jagdhund.»

Er zauderte und zweifelte; der unglimpflichen Aufforderung des Alten hätte er selbstverständlich zuwidergehandelt, dem Obersten Allegri jedoch, der ihm stets väterliche Gewogenheit bewiesen, mochte er unbedingt seine Ehrerbietung abstatten.

«Ist der Vater dabei?» fragte er.

«Ja», lautete die Antwort.

«Ich komme», brummte er finster und machte sich auf.

«Haltet Euch gut», rief ihm Cathri nach, spottend, aber doch in ernsthafter Meinung. «Nehmt Euch zusammen, daß Ihr nicht wieder die Erbsen verschüttet, denn ich komme nicht zum zweiten Mal am hellen Tage das ‹gute Gespenst› spielen.»

«Haltet mir den Daumen», spaßte er mit verzweifeltem Humor.

Auf der Terrasse angelangt, sah er unter dem Volk einen Tisch voll Uniformen glänzen. Bei diesem Anblick ward ihm wohl ums Herz, innig und dankbar wohl, als ob ihn jemand aus einem tiefen Nebelsumpf, in dem er bis zum Halse steckte, in trockenen Sonnenschein gehoben hätte. Ehre, Ansehen und Freundschaft grüßten ihn aus den goldenen Knöpfen, aus den blinkenden Säbeln, und darüber wölbte sich wie ein verklärter Himmel ein großer, schwungvoller Gedankenbogen, der von Genf bis Schaffhausen und von Basel bis Chiasso reichte.

Während er so mit leuchtenden Augen frei und stramm auf den Offizierstisch zusteuerte, stiefelte ihm der Oberst lebhaft entgegen, ein mächtiges Freudenhallo anstimmend, umarmte ihn und tappte ihm auf die Schultern. Da er die übrigen Offiziere nicht kannte, erfolgte eine förmliche Vorstellung. Man tauschte militärische Grüße, hierauf einen biedern Handschlag, und auf das ausdrückliche Geheiß des Obersten nahm Conrad an seiner Seite Platz.

Der «Pfauen»-Wirt hatte sich inzwischen beiseite gedrückt, doch der Oberst forderte ihn mit kordialem Spektakel zur Stelle. «Heda, alter Brummbär», lachte er, «was soll denn das bedeuten, daß Ihr auskneift wie ein pulverscheuer Rekrutengaul? Seid Ihr vielleicht zu stolz, um mit unserer Gesellschaft vorliebzunehmen? Freilich, wenn einer solch einen Prachtkerl zum Sohn hat, darf er schon stolz sein! Geht doch mir selber das Herz auf, wenn ich ihn sehe.» Hiermit patschte er Conrad auf die Knie wie ein verliebter Onkel. Der Alte, beschämt durch die begeisterte Belobung des verworfenen Sohnes, schnupfte und knurrte, schließlich schleppte er sich gleichwohl zögernd herbei.

«Was glotzt ihr denn einander an wie zwei Dächse um einen Knochen? Auf!» befahl der Oberst. «Vorwärts! stellt euch beide nebeneinander.»

Da half nichts. Sie mußten friedlich nebeneinander stehen, den Abscheu niederzwängend und die Stirn glättend. Kaum, daß sie vermieden, sich zu berühren. Aber den Blick richteten sie nach verschiedenen Seiten.

Der Oberst verglich die beiden, vergnügt und beifällig. «Nun, was meint ihr, Kinder?» wandte er sich zu den Kameraden, «wenn wir lauter Mannschaften von diesem Schlage hätten? Donnerwetter, das gäbe eine Truppe! Hm? Was meint ihr? Da lernt man's glauben, daß sie die Pferde mitsamt den Reitern kopfüber schmissen, die alten Eidgenossen!»

Hierauf nahm er den Alten besonders vor. «Ja, ja, mein Teuerster, die Söhne, die Söhne, die Söhne! Das ist unsere Zukunft, das sind unsere Totengräber.»

Bei diesen Worten nahm er die goldberänderte Mütze vom Kopf und strich fröhlich mit der Hand über seinen weißen Schädel.

Der «Pfauen»-Wirt, ob dieser Todesmahnung, wechselte die Farbe, vom Blau bis zum Violett, Conrad aber, er konnte nicht anders, spürte Mitleid mit dem Vater.

«Mit dem Begraben, Herr Oberst», wandte er ein, «hat es noch gute Weile, sowohl mit Ihnen wie mit meinem Vater.»

«Ta, ta, ta!» machte der Oberst. «Patati, patata! In unserm Alter, mein Lieber, muß jeder stündlich darauf gefaßt sein, das Gewehr abzugeben! Nicht wahr, Herr ‹Pfauen›-Wirt? – Nun, die Hauptsache ist, daß man wenigstens jemand auf der Welt hat, der einem die Augen zudrückt, der einem ein wohlwollendes Andenken bewahrt, der einem die Altersbresten mit dankbarer Liebe und Anhänglichkeit verwinden hilft.»

Nun war die Reihe, sich zu schämen, an dem Sohne. Er errötete, senkte den Kopf und schwieg.

Jetzt aber sprang ihm der Vater bei: «Es gibt ja freilich mitunter kleine Mißverständnisse», brummte er ausweichend.

So suchten sie beide nach außen den Schein des Friedens zu retten, der Ehre und dem Ansehen der Familie zuliebe. Allein auf die Länge war die Stellung nicht haltbar. Auf der einen Seite der Oberst, der sie in seiner Einfalt zusammenschweißte, auf der andern ihre krampfhaften Bemühungen, sich weder zu berühren noch anzublicken, und herum die beobachtenden Offiziere. Deshalb spähten sie bänglich nach einem erlösenden Zwischenfall.

Conrad entdeckte ihn: «Verzeihen Sie, Herr Oberst», ersuchte er höflich, «ich sehe die Feuerwehr von Waldishofen anrücken, zwanzig Mann hoch, und ich als der Herrlisdörfer Feuerhauptmann . . .»

«Versteht sich, versteht sich, mein Lieber», erlaubte der Oberst. «Ohnehin müssen wir ja unsererseits ebenfalls auf den Heimweg bedacht sein. Die Pferde sind längst gesattelt, wir haben einzig Ihretwegen noch ein wenig verzogen. – Und diese Messe stammt auch nicht von Cherubini», fügte er lachend hinzu, nach dem Tanzsaal deutend, wo eben ein infernales Gejohl anging.

Es folgte ein kurzer Abschied, mit Sporenklirren und Absatzzusammenklappen; die Offiziere brachen auf, der Vater verzog sich, und Conrad schickte sich an, seine Feuermänner zu empfangen, welche schon, vom Anblick der stattlichen Cathri angelockt, nach der Matte abbogen.

Unterwegs jedoch holte ihn Anna eifrig ein, mit geschäftiger Eile und geheimnisvoller Miene. Redselig meldete sie: «Ein wunderhübsches Fräulein steht im Hausgang mit ihrer Mama und frägt nach dir. Sie haben deine Bekanntschaft in Frauenfeld gemacht, an einem Ball. Sie hätten sich leider auf ihrem Ausflug verspätet und müßten auf den Zug, sonst würden sie dich nicht so unhöflich in den Hausgang bestellen; aber so, ohne wenigstens einen flüchtigen Gruß am ‹Pfauen› vorbeizugehen, hätten sie doch nicht übers Herz gebracht, und sie hofften, du werdest sie entschuldigen.»

Über Conrads Gesicht flog ein Strahl der Freude. «Ah, ich weiß!» rief er lebhaft und wollte mit der Schwester aufbrechen, die Damen zu begrüßen.

Da gewahrte er Cathri jenseits des Mäuerleins, kaum drei Meter entfernt, steif wie eine Säule und die funkelnden Augen drohend auf ihn gerichtet. Ohne Zweifel hatte sie den Bericht der Schwester mitangehört und erriet, was auf dem Spiele stand.

«Ich glaube fast, sie zählen ein wenig darauf, daß du sie an den Bahnhof begleitest», fuhr Anna fort, im Begriff, ihn mitzunehmen.

Allein er war stehengeblieben. Eigentlich wäre er zwar gerne zu den Damen gegangen und mit ihnen an den Bahnhof – denn liebliche Erinnerungen wachten mit klaren, schönen Morgenaugen auf –, allein Cathris strenge Miene sprach zu ihm: «Jetzt wird sich's erweisen; jetzt hast du's in der

Hand. Je nachdem du entschließest, werde ich beschließen.»

Während er noch zweifelte, zwischen Furcht und Gelüsten, teufelte drinnen im Tanzsaal ein Charivari wie am Jahrmarkt, wenn eine Menagerie brennt.

Da gesellte sich zur Furcht die Scham. Wie stand er nun da, vor dem wählerischen Geschmack seiner feinfühligen Tänzerin, die ihn als schmucken Offizier kennengelernt hatte! Einfach als Bauernwirt, ja klipp und klar Bauernwirt, sonst nichts. Das andere, der ritterliche Soldatenrock, nahm sich dagegen wie eine zeitweilige Verkleidung aus. Eine heiße, peinliche Röte überlief ihn.

Nein, in den «Pfauen» von Herrlisdorf führt man kein zartsinniges, wohlerzogenes Stadtfräulein heim, dazu war sie ihm zu gut, zu wert. Und da eben jetzt auch die Offiziere sich entfernten, deutete seine Entmutigung das wie eine Bestätigung seiner Erniedrigung. Ein Bauer war er, ein Bauer blieb er, dieser Wahrheit galt es sich zu fügen. Und rasch entschlossen wie immer traf er die Wahl: «Es tut mir leid», entschied er, «allein ich muß durchaus meine Waldishofer in Empfang nehmen.»

«Jedenfalls wirst du ihnen wenigstens schnell einen guten Abend wünschen, selbstverständlich», warf die Schwester hitzig ein, mit erhobener Stimme.

Er schüttelte verneinend den Kopf und entfernte sich mit beschleunigtem Schritt, als besorge er, es möchte ihn gereuen. Und unwillkürlich nahm er dabei einen nachlässigeren Gang an als gewöhnlich.

«Aber das ist ja geradezu eine Unhöflichkeit, eine Beleidigung», rief sie ihm empört nach. Doch er verschloß die Ohren.

Cathri erwartete ihn an der Mauerecke. Ihr Auge schillerte falsch und noch etwas feindselig, im Nachklang der ausgestandenen Eifersucht. «Warum seid Ihr denn nicht gegangen, das feine Stadtfräulein zu begrüßen?» tadelte sie verdreht, mit heuchlerischem Vorwurf.

«Des Menschen Seele ist doch ein verwickeltes Ding», dachte er. Nämlich auf der Oberfläche fand er Unbefangenheit genug, um sich über diese kleine weibliche Verlogenheit in Cathris Mund zu wundern, denn er hatte gemeint, Grobheit wäre eine Bürgschaft für Wahrhaftigkeit; während er gleichzeitig inwendig die Brust voll Wärme spürte, ohne Vorbehalt noch Abzug. «Weil ich vorziehe, mich mit meinem guten Geiste zu unterhalten», antwortete er, mit bebendem Tone, denn die Notwendigkeit der Wahl hatte ihn ergriffen.

Da schenkte sie ihm einen sonnigen Freundschaftsblick: «Ich danke», bemerkte sie schlicht. Sie blieb noch ein Weilchen nachdenklich vor ihm stehen, hin und wieder zu ihm emporschauend, halb prüfend, halb liebend. Und als sie ihn verließ, berührte sie verstohlen seine Hand.

Kaum war sie fort, so schlenderte eben das Fräulein mit ihrer Mama dicht hinter ihm vorüber, dem Rebberg zu, begleitet von Anna. Obschon er ihr zufällig den Rücken kehrte, hatte ihn doch der unbestimmte Schein ihrer geschmeidigen Gestalt und ihres leichten Schrittes flüchtig getroffen, zugleich mit dem farbigen Eindruck ihrer Kleidung, hell und fröhlich, aber weich und gedämpft wie ein Moll-Akkord.

Das übrige ergänzte seine aufgeregte Erinnerung. Gewaltsam beharrte er auf dem Fleck und hütete sich, daß er sich nicht rührte, damit er sie nicht sehe. Erst nachdem er vollkommen sicher war, daß sie sich weit entfernt hatte, atmete er auf, mit dem erhebenden Gefühl, auf etwas verzichtet zu haben, worauf er sich keinen Anspruch erlauben sollte und durfte.

Endlich, als er Anna einsam zurückkommen sah, nahte er erleichtert seinen Waldishofern.

Sie empfingen ihn mit ehrerbietiger Vertraulichkeit, zwar sich erhebend, aber zugleich die Hand vorstreckend und das Glas zum Willkomm darbietend. Er tat manchem Bescheid und drückte jedem die Hand, sorgsam darauf bedacht, daß er auch nicht einen einzigen übergehe. Als aber die Reihe an den Wachtmeister gelangte, war es mit seiner Freiheit vorbei. Denn der nahm ihn mit seiner gewalttätigen Herzlichkeit für sich allein in Beschlag und gab ihn nicht mehr los, umarmte ihn, preßte ihn an die Brust, paukte ihn auf den Rücken und fiel ihn unersättlich von neuem an, während er ihm seinen pechschwarzen Zimmermannsbart, der ihm von den Wangen bis ans Zwerchfell reichte, um das Gesicht rieb. «Conrad», gurgelte er unaufhörlich, indem er die wilden Augäpfel verdrehte wie ein schmachtender Grislybär.

Leutolf, der Feuerleutnant, erlöste ihn endlich, nicht ohne Mühe, von dem Freundschaftswüterich. «Was für ein geheimes Liebchen hattest du denn eigentlich heute nachmittag im Zuge sitzen, daß du Hören und Sehen vergaßest? Wir riefen uns im Vorbeifahren beinahe die Lunge nach dir aus, allein du hattest Augen und Aufmerksamkeit offenbar an einen wichtigeren Gegenstand zu vergeben.»

«Das geheime Liebchen hat weiße Haare und ist zweiundsiebzigjährig», belehrte Conrad, und ein gutes Lächeln schlich ihm über Herz und Mund, als er der Hexenbase gedachte.

Leutolf hatte sich inzwischen in seinen Arm gehängt und drehte ihn jetzt mit sich in halber Wendung um: «Was für eine unmenschliche Masse Volkes wieder einmal bei euch im ‹Pfauen› ist!» rief er bewundernd, mit Augenzwinkern.

«Und was für ein wundervoller Abend», ergänzte Conrad ablenkend.

«Glückspilz!» fuhr Leutolf fort, Conrads Arm schüttelnd, «wenn's bei dir einmal ans Erben geht!» Dabei pfiff er mit den Lippen.

«Pfui!» wehrte Conrad, aufrichtig beleidigt.

«Erben ist keine Sünde», versetzte der Feuerleutnant unbeirrt. «Und dem Anschein nach spinnt er keinen langen Faden mehr, dein Alter. – Hast du denn aber auch für ein appetitliches Frauchen gesorgt?» Und da eben Cathri vorübereilte, mit Flaschen und Gläsern beladen, stupfte er den Freund mit der Schulter: «Ist das etwa diejenige, welche?» munkelte er.

Conrad überlegte; die Frage schien ihm ungehörig, die Antwort schwierig. «Ich bin selber noch unschlüssig», erklärte er endlich mißmutig.

«Verdammt schön ist sie, unverantwortlich

schön, unmöglich schön sogar», meinte der Waldishofer. «Aber hat sie denn auch Bildung?»

«Ich habe ja ebenfalls keine.»

«Du und keine Bildung? Artillerieoffizier und ehemaliger Industrieschüler und immer mit den ersten Preisen! Faxen! – Also ist es diejenige, welche, da du dich bereits über solch einen Hauptmangel hinwegsetzest. – Ich hatte erst einen Augenblick eine andere im Verdacht, eine, die besser zu dir paßte und die sich auffallend nach dir umsah. Aber, da du ihr so beharrlich den Rücken kehrtest, fällt meine Vermutung dahin.» Dann nach dem wüsten Gejohl im Tanzsaal horchend: «Was hast du denn da für einen absonderlichen Harmonieverein aufgelesen? Soll das etwa den Furienchor aus dem ‹Orpheus› vorstellen? Die singen ja wie kastrierte Lämmergeier.»

«Oder wie mondsüchtige Seehunde», meinte der Wachtmeister. Und indem jeder, des Beifalls zum voraus sicher, einen neuen Vergleich aus dem zoologischen Garten zum besten gab, lauschten sie belustigt dem schauerlichen Geheul.

«Den heisern Fistelstimmen nach zu urteilen, sollte man fast glauben, es wären die Wagginger», riet eine Stimme.

Und da Conrad nickte, erhob sich die Frage: «Die Oberwagginger oder die Niederwagginger?»

«Beide», gestand Conrad verstimmt.

Der Feuerleutnant schaute ihn bedenklich an: «Die Ober- und Niederwagginger zusammen? Acht Tage nach den Wahlen? Das könnte schief ablaufen.»

«Wohl möglich», bestätigte Conrad.

Der Wachtmeister aber klemmte ihm den Arm: «Nun, wenn's etwa dazu kommen sollte, gesetzt den Fall», erläuterte er, «so weißt du, daß du auf uns zählen kannst.» Und um dem Versprechen Nachdruck zu erteilen, ließ er einige Püffe in die Nieren folgen.

«Selbstverständlich!» bekräftigte die Schar.

In diesem Augenblick klapperte feines Hufgetrampel, und als er sich nach dem Geräusch umsah, gewahrte er seine Offiziere, den Obersten Allegri an der Spitze, wie sie zuhauf das Kirschensträßchen hinabzogen, zu drei und drei hintereinander im tänzelnden Trabschritt, leicht und lebhaft. Mit Kennerblicken schaute er ihnen wohlgefällig nach. Die Pferde bogen, meisterhaft hinter den Zügeln versammelt, den Hals und das Kreuz in anmutigen Wellenlinien, die Reiter saßen knapp und stramm. Ein Baumpaar nach dem andern legten sie zurück im pochenden Takt der Hufe, welche die trockene Bahn mit melodischem Holzton hämmerten, während ab und zu ein Säbel, vom flachen Abendsonnenstrahl getroffen, jäh aufleuchtend wie ein Blendspiegel Flammenbündel entsandte.

«Eine treue Seele, Papa Allegri», dachte Conrad. «Harmlos wie ein Kind.» War das ein gehörnter Einfall, ihn und den Vater zusammenzuflechten, ohne die entfernteste Ahnung, wie schlimm es zwischen ihnen stand! Welch eine unmögliche Lage! Er bemühte sich, dieselbe nachträglich possierlich zu finden, doch tief innen bewegte ihn Rührung. Eine geraume Weile friedlich neben dem Vater gestanden zu haben, ohne etwas Böses von ihm zu erleiden, sich gegenseitig unterstützt, einander entschuldigt, vor den Fremden gedeckt zu haben – ein unerhörtes Vorkommnis. Gewiß, es war ja bloß im Zwange der Not geschehen, nach außen hin, der Leute wegen. Gleichviel, es ergriff ihn dennoch. Beinahe hätte er seinen Vater darum liebhaben können. Und wie wenig, wie wenig brauchte es doch, damit er es wirklich vermöchte! Ein halbwegs freundliches Benehmen, ein Ton, der ihn nicht durch seine Roheit reizte, eine Anrede, die ihn nicht beleidigte. Mehr nicht. Und sollte denn das so unendlich schwierig sein?

Er seufzte tief, und sein Gesicht verfinsterte sich. Immerhin sah er nun wieder einen blassen, winzigen Hoffnungsschimmer. Es dünkte ihn hinfort nicht mehr so gänzlich unmöglich, daß sich alles noch leidlich fügen könnte, auch ohne die entsetzliche Mithilfe des Todes, einfach durch die Macht der Vernunft, mit Zusatz von einem magern, mikroskopischen Rest von Güte.

«Was ist Euch nur über die Leber gekrochen, Herr Reber?» erkundigte sich Cathri, von seinem rätselhaften Ernst beunruhigt. «Ihr seid ja auf einmal ganz traurig.»

Conrad schüttelte den Kopf. «Ich bin nicht traurig», entgegnete er schwermütig, «nur glücklich.»

«He, was ist mit dir, Conrad, ich glaube fast gar, du dichtest?» spottete der Feuerleutnant. Da schämte er sich und gesellte sich zu seinen Kameraden.

Bei der Wendung aber sah er unten im Tal die Offiziere ehrerbietig vor jemand aufgestellt in respektvoller Entfernung, die Hand an der Mütze, wie zur Manöverkritik. Und in dem Jemand erkannte er sein Fräulein, seine Tänzerin, mit ihrer Mama.

Der Anschein traf ihn wie ein Wespenstachel in die Augen, so daß er sich geschwind abkehrte, den Schmerz verbeißend.

Das weinselige Geheul im Saal hatte sich mittlerweile von den Pausen in die Tänze hinübergeschleppt, die Musik lähmend und bald auch stillestellend, nicht durch die Macht der Stimmen, sondern durch die Zähigkeit des Mißklangs, die allmählich jeden Rhythmus entmutigte. Statt der wackelnden Paare taumelten jetzt krakeelende Häuflein über die Bildfläche, welche, um ihre träge flackernde Kühnheit anzufachen, die Fäuste durch die Fenster wiesen oder das Publikum hänselten oder mit heiserem «Haraus» die Welt in die Schranken forderten. Nachdem der Umzug sich eine Weile vergnügt hatte, beliebte eine Abwechslung: die lebenden Bilder verschwanden, dafür kamen aus dem unsichtbaren Innern Speisebrokken geflogen: Käserinden, Schinkenfett, Wurstzipfel, zuerst spärlich, gleichsam zur Andeutung, später aber als üppiger Mannaregen, endlich mitsamt den Tellern, welche unten klirrend zerschellten.

Mißbilligende Rufe, klägliche wie entrüstete, protestierten gegen solchen schmutzigen Proviant, man flüchtete insgemein aus dem Bereich der klebrigen Geschosse; worauf der Alte, zornig die Hände verwerfend, nach dem Saal emporeiferte, jedoch ohne Frucht und Nutzen.

Unvermutet stockte das Gejohle. Über einem babylonischen Wirrwarr schnatternder Stimmen ward ein Redegefecht laut, gemischt mit bellenden Flüchen, dann folgte ein Getöse stampfender Tritte. Durch eines der Fenster gewahrte man einen schwankenden Klumpen von Körpern, in einer Dunstwolke von Atem und Schweiß. Faustbewehrte Arme fuchtelten in der Luft, wurden vom Ziel abgedrängt, strebten hartnäckig zurück, bis sie endlich den begehrten Feindeskopf erreichten, welchen sie dann überzeugt droschen, übrigens, dem Anscheine nach, ohne sonderliche Wirkung. Schier verwunderlich aber dünkte es Conrad, an welchem Merkmal der einzelne in dem Gewimmel einen liberalen Schädel von einem konservativen auseinanderzulesen vermochte. – Der Klumpen kam und ging und kehrte wieder, verweilte, häufte und türmte sich. Gleichzeitig klaffte die Tür, den schwarzen Schlund öffnend, aus welchem kreischende Jungfern flüchteten, mit den Händen in der Luft kletternd und Helfio zeternd. Doch kaum draußen, zwängten sie sich wieder hinein, mit ihrem Gellen den Lärm vermehrend.

«Da hast du die Bescherung!» höhnte Conrad dem Vater zu.

«Bemühe nur du dich keineswegs», fauchte dieser, außer sich vor Ärger, daß die Wahrheit sich unterfing, ihm unrecht zu geben. «Laß du dich nicht im mindesten bei deiner Jucunde stören.»

Da steckte Conrad wohlgemut die Hände in die Hosen, zum Zeichen seiner Teilnahmlosigkeit.

«Hier täte eine Feuerspritze gut», spaßte der Wachtmeister. «Mit dem vollen Strahl mitten hinein», und lachte schallend ob dem ergötzlichen Gedankenbild.

«Ich danke für die Überschwemmung», entgegnete Conrad. «Feuerwehr auf dem Damm, im Balken der Schwamm.»

«Dein Alter ist der Lage nicht gewachsen», bemerkte Leutolf, «er verliert ja vollständig den Kopf. Mag er noch so hirnwütig von einem Fenster zum andern tanzen, das kümmert die keinen Flohstich.»

Conrad nickte. «Mir kann's nur recht sein, wenn sein maßloser Allmachtsdünkel einmal ein tüchtiges Loch bekommt.»

«Da wird halt nichts anderes übrigbleiben, als du mußt auf den Posten.»

«Erst muß er mich darum bitten: diese Genugtuung ist er mir schuldig.»

«Wie du meinst. Nur daß du's weißt, wir sind bei der Hand. Also wenn's Zeit ist, so gib uns einen Merks. – Den Helm ab! den Rock aus! und die Hemdärmel herauf!» befahl er vertraulich seiner Mannschaft. Bei diesem Anblick eilten von da und dort kampfesmutige Burschen herbei, die Feuerwehr zu verstärken, junge Bauern aus dem Dorf, auch von den Gästen dieser und jener, so daß sich Conrad an der Spitze eines erlesenen Gewalthaufens sah, der sich zwar einstweilen enthielt, aber die Ungeduld einzugreifen nur mühsam zügelte.

Links und rechts hatten die Neugierigsten sich auf die Tische gepflanzt, um über das Mäuerlein hinweg besser zu sehen. Sie genossen das Schauspiel schweigend, außer Cathri, welche gleich einem Kampfrichter ihr Urteil öffentlich kundgab. «Gott du meine Güte», klagte sie verächtlich, «was für eine gefehlte Bauersame! Weder Stimme noch

Mark noch Muskel! Und auch nicht ein einziger rundum im Dorf, der sich erbarmt und herzhaft dazwischenfährt. Gott du meine Liebe! wenn unser Hans da wäre! Wie der den Saal ausfegte!» Dabei lachte sie hellauf vor Vergnügen.

«Maul zu!» schnauzte Conrad. Und nach einer Pause fügte er stirnrunzelnd, mit Nachdruck, bei: «Es gibt hierzulande Leute, die taugen so viel wie Euer Hans und vielleicht mehr!»

Auch auf der Terrasse verfolgte das Volk gespannt den Verlauf des Streites, indessen wegen der bedrohlicheren Nähe vorsichtig nach beiden Seiten sich zurückziehend, so daß die Mitte leer blieb. Was sie hauptsächlich auf den gefährlichen Platz bannte, war die geheime Hoffnung auf eine kleine Dosis Schadenfreude, nicht zu wenig, aber auch nicht zu viel. Allein wie nun der wüste Lärm ohne sichtbare Entscheidung gleichmäßig fortlief, meldete sich bald der Überdruß und mit dem Überdruß die Entrüstung: «Zahlen!» heischte ein Familienvater, umringt von nasenrümpfenden Frauenzimmern. Und wie ein Lauffeuer ertönte es nun von allen Seiten: «Zahlen, zahlen!»

«Sitzen bleiben! Wozu habt ihr sonst das Gesäß?» donnerte der Alte, außer sich über den drohenden Verlust, und während die Kellnerinnen wie von Sinnen umherrannten, um die Ausreißenden zum Bleiben zu beschwören, machte er Miene, das Treppchen zum Tanzsaal zu erklimmen, woran er jedoch von Anna und dem Doktor gehindert wurde, teils durch Zureden, teils mit sanfter Gewalt.

In der Tat hatte die Mehrzahl der Gäste sich

erweichen lassen; sie standen zwar, den Hut auf dem Kopf, zum endgültigen Abzug bereit, beglichen auch vorläufig die Zeche, räumten jedoch nicht die Terrasse. Nur wenn der Tanzboden unheimlicher knackte, wenn die wankenden Wände sich gar zu unnatürlich bogen, krebsten sie hurtig ein paar Ellen weiter.

Plötzlich entleerte sich der Tanzsaal des gesamten Weibervolkes, welches atemlos vor Angst von dannen hastete, als folgte ihnen der Wolf auf den Fersen. Unmittelbar hinter ihnen brach eine ungeheuere Sturzwelle von Kämpfern mit krachendem Gepolter das Treppchen hinunter, sich überwälzend und augenblicklich in stürmischem Schwalle die weite Terrasse überflutend. Hiervon zerstob alles Volk in jäher Flucht, die Nächsten stumm vor Schreck, die Entfernteren mit kurzen Ausrufen der Bedrängnis; die meisten in der Richtung nach dem Dorfe, der Rest über das Mäuerlein. Die Vögel aber allzumal in den Bäumen, Finken und Meisen, den Lärm mißdeutend, sangen einen jauchzenden Wettstreit, daß ihnen fast die Kehle sprang.

Eins, zwei, drei war alles weithin zersprengt wie eine Schachtel Nähnadeln, so daß, als die Besinnung wiederkehrte, jeder sich an einer andern Stelle befand, als er vermutete. Man las sich zusammen, orientierte sich, man entdeckte sich neue Nachbarn. Hierauf erfolgte eine Sichtung: der zimperliche Teil der Gäste, darunter die Mehrzahl des Stadtvolkes und fast sämtliche Frauenzimmer, zogen ab, friedlicheren Wohnstätten zu, die übrigen, die standhielten, nahmen hinfort gemütlichen Anteil, als ob sie zur Sippe des «Pfauen» gehörten.

Bloß die unten in der Wiese hatten nicht gewankt. Doch jetzt schnellte Conrad mit weit geöffneten Armen vor. Nämlich Anna, vom Trieb der Selbstbewahrung überrascht, hatte ihren Vater kopflos preisgegeben und kam nun von der Mauer herab auf einen Tisch gesprungen, auf welchem sie flink wie ein Eichhörnchen bis zum Ende huschte, mit zusammengerafften Kleidern, übrigens ohne ein Gerät umzustoßen, dank ihren kleinen Füßen und feinen Augen. An der jenseitigen Kante des Tisches von des Bruders Armen aufgefangen, sah sie sich um und lachte nervös. Von oben schaute ihr der Doktor besorgt nach, ob sie nicht Schaden genommen.

Der Alte, nunmehr der Hindernisse ledig, gedachte seine Freiheit zu nützen, um mit seiner oft bewährten Leibeskraft sein Ansehen und seine Herrschaft herzustellen. Doch kaum hatte er sich in das Getümmel gestürzt, so rollte er schon, vom zufälligen Widerprall geworfen, schwerfällig auf den Boden, richtete sich unbeholfen wieder auf, verschwand abermals im Gewühl und kollerte zum zweiten Mal dahin.

«Jesus, der Vater! Helft dem Vater!» kreischte Anna, und schon hatte sie die Mauer übersetzt mit Schwung und Sprung, man sah nicht, wie.

«Meine Flinte!» hörte man den Alten in ohnmächtiger Wut keuchen. «Portier, die Jagdflinte, daß ich sie zusammenknalle wie Kramsvögel.»

Jetzt musterte Conrad seine Gesellen: «Gilt's?» fragte er, und seine Augen flammten.

«Los!» brauste die Antwort, und mutig stürmte die junge Schar um die Mauer, in Reih und Rotte wie beim Turnlauf.

Conrad, den Seinigen voraus, warf ihnen im Lauf Ermahnungen und Verhaltungsmaßregeln zu: «Immer mehrere zugleich einen einzelnen besonders aufs Korn nehmen, abtrennen und aus dem Haufen fördern, nicht wildlings jeder auf eigene Faust. Wir kommen ja nicht als Feinde, sondern als überlegene Friedensstifter, und dazu brauchen wir Ordnung und Besonnenheit. Was am Boden liegt, nicht anrühren! und vor allem keinen Streich, der nicht unbedingt nötig ist.»

Wie sie am Holzschopfe vorbeikamen, griff der Wachtmeister heimlich nach einem Sparren. Doch Cathri überholte ihn in fieberhafter Hast: «Nichts da», wehrte sie, sich an seinen Arm hängend, mit der Autorität der Vernunft: «Holz im Stolz, der Teufel wollt's.»

Conrad wandte sich um: «Keine Knüttel», verbot er strafend, «bist du verrückt?»

«Keine Knüttel», scholl die Losung.

Dann, am Ziel angelangt: «Erst heim mit dem Vater», mahnte Conrad. «Fort, aus dem Krieg mit ihm, ins Haus, die Türe verrammelt.»

Und während die Hauptmacht ungesäumt in den Streit schwenkte, jagte er mit der Vorhut dem Alten entgegen.

Ihm warf sich Anna in den Weg, mit schützenden Armen, wie Schultheiß Wengi, denn sie mißdeutete den hitzigen Ansturm.

«Ei, ei!» machte Conrad, «solche Satansabsichten leihst du mir?»

Da gab sie demütig Raum, beschämt und zerknirscht.

Conrad bemächtigte sich indessen des Alten, schonend, aber fest: «Komm heim, Vater», mahnte er begütigend, «solcherlei Hantierung taugt nichts mehr für dich», und suchte ihn wegzuschieben. Allein der Alte, wie er die gewaltsame Hand spürte, sträubte sich und widerstemmte, als ob er zur Hinrichtung geschleppt würde.

«Also geht man mit mir um!» stöhnte er. «Könnt ihr denn nicht warten, bis ich vollends auf dem Schragen liege? Wollt ihr mich bei lebendigem Leibe begraben?»

«Auf die Schultern!» verfügte Conrad. Da hoben sie ihn auf und trugen ihn geschwind in den Hausgang. «Anna, hüt ihn, daß er keinen Unfug stiftet», rief er, «schaff die Flinte weg; laß ihn nicht durchs Fenster.» Hiermit schupfte er die Schwester nach, schmetterte die Türe zu und schickte sich an, sie zu verriegeln. Allein die Türe schloß von innen. Da pflanzte er zwei Mann als Wachen davor, zu denen der Doktor eilte.

«Ich könnte nötig werden», murmelte er kopfschüttelnd. «Außen oder innen; niemand weiß, wo und wem.»

Als Conrad sich nach seinen Kameraden umblickte, hatte sich die Szene verwandelt. Wo eben noch eine hitzige Faustschlacht gewütet hatte, herrschte jetzt ein ungefährliches Zungengefecht; statt einer gärenden Gesamtmasse brodelten viele vereinzelte Grüppchen, von denen jedes mit keifenden oder abwehrenden Jüngferchen umringt war, die sich um den Frieden abmühten wie die

Engel um eine arme Seele. Reservemannschaft, die sich weiß Gott wie und woher eingefunden, stand ihnen werktätig bei, die Unbändigen überwältigend, die Zurückstrebenden abhaltend, die Zweifelnden aus dem Feld stoßend. Die Feuerleute waren verschwunden. Wohin? Ohne Zweifel in den Saal, denn dort tobte der Kampf wie der Teufel im Weihwasser.

Richtig, da kamen schon die Wagginger, von unsichtbaren Händen geschleudert, das Treppchen herabgeflogen, einer um den andern, in rascher Folge wie Päckchen auf der Frachtpostniederlage. Die drei ersten purzelten und standen wieder auf, der vierte kugelte kopfüber, ohne Schaden zu nehmen, der fünfte aber blieb ächzend liegen, so daß der Doktor mit langen Sprüngen zur Stelle eilte.

Da übermannte Conrad der Zorn, der gerechte Zorn der Entrüstung über die unnötige Roheit, und nachdem er blitzschnell den Platz gekreuzt, stemmte er mit grimmiger Kraft seinen Leib als Mauer entgegen, die Überwältigten im Sturz aufhaltend und als Sturmböcke gegen die Sieger zurückrammend. Dadurch stockte zunächst die Bewegung, indem die Bauern, von drinnen geworfen und draußen an Conrad brandend, zwischen zwei Kräften litten, so daß sie von dem Hin- und Widerprall wie von einem Hebel gehoben wurden; aber sobald es Conrad gelungen war, den rechten Türpfosten zu fassen, gewann sein Widerstand stetig die Obermacht, und wie er den linken Pfosten ebenfalls hatte, wälzte er mit plötzlichem Ruck und Druck die Menschenlawine vor sich hin, einwärts in den Saal zurück. Der Wachtmeister war der erste, den er erhaschte. Den packte er an der Gurgel und schüttelte ihn, um ihn Gesittung zu lehren. Jener ließ das lammsfromm geschehen, die Augen in verliebter Freundschaft rollend und das bärtige Gesicht in stummer Dulderklage gegen den Hauptmann kehrend. Darauf jedoch, als Conrad eben die Hand ausstreckte, um einen zweiten Wüterich zu fassen, traf ihn der Anblick der fremden Horde, die in dem schmucken Tanzsaal randalierte, wie Hornvieh im Stall, achtlos die Möbel umstürzend, Scheiben und Spiegel zerschmeißend. Jählings machte der Unwille über den Übergriff des Freundes der Erbitterung gegen den Eindringling Platz, der Erbitterung des Eigentümers über den frechen Hausfriedensbruch. Denn hier zwischen den heimatlichen Wänden fühlte er sich als Stellvertreter seines Vaters, mit edler Hintansetzung ihres sonstigen Zerwürfnisses.

«Ruhe!» befahl er mit angestrengter Lungenkraft in den Lärm hinein. «Der ‹Pfauen› von Herrlisdorf ist keine Kneipe; hier wird nicht gerauft!» Und da die Schlacht unentwegt weiter wirbelte, als hätte irgendein verschüchtertes Gemeindenachtwächterlein gemökt und nicht er, der «Pfauen»-Wirtssohn selber, Ruhe befohlen, ergriff ihn eine wilde Wut, wobei ihm ein unartikulierter Schrei entfuhr, welcher in dem Lärm ungehört unterging. Der Lärm aber war so bestialisch, dermaßen ohr- und vernunftbeleidigend, daß seine Wut in Raserei ausartete. Wie ein wildes Tier brüllte er zunächst den wüsten Schlachthaufen an, teils um ihn zu überschreien, teils um nicht zu ersticken.

In diesem Augenblick klingelte der Kronleuchter, getroffen, zersplittert von klobigen Holzwaffen, der neue, kostbare Kronleuchter, den der Vater im Dezember um schweres Geld angeschafft, zu Ehren des Offiziersvereinsballes – der klare Glaston durchzuckte seine Nerven wie die Zündnadel die Granate, und der entfesselte Haß schnellte seine Gelenke zum federnden Angriff; sprang dem Kronleuchter zu, rücksichtslos mitten durch das Gemengsel, Freund und Feind gleicherweise überrennend. Den ersten, den er ein Stuhlbein schwingen sah, unterlief er mit geducktem Nacken, und indem er ihm beim Überfall gleichzeitig die gespreizte Hand übers Gesicht schlug, den Daumen in den Mund und die Finger in die Augenhöhlen, wie er das vorzeiten seinem Vater abgesehen hatte, schmetterte er ihn durch die Wucht des jähen Anpralls nieder, daß jener im Sturz wie eine gefällte Tanne seine Hintermänner mit zu Boden riß. Hierauf, ohne sich weiter um diesen zu kümmern, schoß er sofort gegen einen andern, welcher mit einem zerbrochenen Musikpult fuchtelnd eben wieder einen Regen von Glassplittern vom Leuchter hieb. Diesem umschnürte er den Leib, hob ihn vom Boden, drückte ihn, mit der einen Hand die Brust und mit der andern den Hosenbund pakkend, gestreckten Arms in die Luft, wo er ihn mit radförmiger Bewegung windschief über dem Kopf schwenkte. Hierbei überraschte das blaue Himmelslicht, das aus dem offenen Fenster hereinflutete, sein Auge, und mit plötzlicher Eingebung beförderte er seinen Gegner kopfüber ins Freie samt dem Rahmen, an welchen jener sich gekrampft hatte.

«Röcke, Decken und Kissen herbei!» gellte draußen eine Stimme, die Stimme Cathris.

Einmal im Zuge, schickte Conrad einen zweiten durch die nämliche Öffnung, und später, von Leutolf und dem Wachtmeister unterstützt, einen dritten, vierten und fünften. Hernach aber geriet der Sieg ins Stocken, und es entbrannte ein erbitterter Strauß. Denn die Wagginger, von der Überraschung sich erholend, vom Anblick der Waldishofer ernüchtert und von der Gefahr der verwegenen Würfe geschreckt, sperrten sich verzweifelt, Front gegen den gemeinsamen Gegner. Keine unnützen Verwünschungen mehr; nichts als das Keuchen der Lungen, das Strampeln der Füße, das Klopfen der Fäuste.

Plötzlich juckte Leutolf, während er eben Conrad gegen einen Seitenhieb deckte, heftig rückwärts und befühlte seine Wange. Unmittelbar darauf krachten zwei Revolverschüsse, donnerten einzeln durch den Saal und rollten gemeinsam längs den brüllenden Wänden dahin, bis sie endlich in den Winkeln verhallten.

Da war es wie eine abgestellte Mühle, und bleiches Entsetzen vereinte Freund und Feind.

«Wer schießt da?» kam es endlich zaghaft aus dem Bauernheer.

«Ich», bekannte wutgrinsend der Wachtmeister, worauf ihm Leutolf gebieterisch den Revolver entrang.

«Man schießt nicht auf das Volk wie auf Rebhühner», protestierten die Wagginger.

«Man sticht nicht mit dem Messer», schäumte der Wachtmeister.

«Wir haben nicht gestochen.»

«Freilich habt ihr gestochen», versicherte der Wachtmeister und deutete auf Leutolfs Wange, die von einer haarscharfen roten Linie vom Auge bis zum Kinn gezeichnet war und reichlich blutete.

«Es ist nichts», beruhigte Leutolf lachend, als Conrad erschrocken nach dem Blute sah; «bloß die Haut geritzt. Aber am bösen Willen hat's nicht gefehlt! Und zwar auf dich war's gemünzt.»

Von draußen aber schrillte anhaltendes Angstgeschrei in den höchsten Tönen: «Wer ist getroffen? Ist jemand tot?»

«Wer ist getroffen?» wiederholten mehrere gleichzeitig im Saale.

Aller Blicke wanderten fragend im Kreise und begegneten allerorten andern fragenden Blicken.

«Niemand», versuchte schließlich ein schüchterner Ruf. «Niemand», bestätigte man von allen Seiten.

«Niemand», lautete die bestimmte Antwort nach außen. Da verstummte das Angstgeschrei, und ein frohlockendes Echo vertrieb die tröstliche Botschaft in die Ferne. Aber mancherlei Köpfe tauchten jetzt an den Fenstern auf, um den weitern Verlauf den Untenstehenden zu berichten.

Eine Weile verharrte noch die Menge im Saale betäubt. Endlich rückte der Oberwagginger Fürsprech in die Mitte, rundlich und süß, mit populärem Schmunzeln. Nachdem er sich verlegen die Hände gerieben, begann er salbungsvoll: «Da uns hiermit Gottes barmherziger Finger ersichtlich vor einem unabsehbaren Unglück bewahrt hat, sollte das nicht ein Wink sein, Frieden zu schließen?

Ohnehin haben wir ja nicht den mindesten Span mit dem ehrenwerten Herrn Reber. Alles, was wir begehren, ist, daß man uns ruhig abziehen läßt, wie wir gekommen sind.»

«Und das Messer?» knirschte der Wachtmeister.

«Die Gesamtheit für die beklagenswerte Tat eines einzelnen haftbar machen zu wollen, wäre doch entschieden ein unbilliges Ansinnen.»

«So liefert uns den Messerstecher aus, nachher lassen wir euch laufen.»

«Da könnten wir mit ebensoviel Recht den Revolverschützen von euch verlangen.»

Die Waldishofer lachten spöttisch.

«Versucht's!» rief einer. Ein anderer: «Das ist anderlei, der Schuß war bloß die Antwort auf den Stich.»

Doch Conrad gebot Stille. «Es soll ihm kein Leid geschehen», beteuerte er, «vorausgesetzt, daß er sich freiwillig meldet.»

Der Fürsprech sah sich fragend um, doch keiner muckte.

«Die Taschen untersuchen», meinte ein Feuerwehrmann. Kaum hatte er das ausgesprochen, so glitten zahlreiche Stellmesser auf den Boden.

Hohnlachend schnellte Conrad empor.

«Da seht sie, die scheinheiligen Heuchler», schäumte er, auf die glitzernden Klingen deutend. «Auf denn! Waffen gegen Waffen! Behändige jeder, was er findet. Und dann drauf, diesmal ohne Erbarmen.»

Ein tumultuarisches Scharren unzähliger Tritte erfolgte, indem die beiden Heere sich hastig zur Sammlung zurückzogen, die Bauern, um den Angriff geschlossen zu erwarten, denn sie fühlten sich als die Schwächern, ob auch an Zahl ungefähr gleich, die Waldishofer, um sich zu bewehren und um einen überrennenden Ansturm zu gewinnen.

Da tönte von draußen die weiche, seelenvolle Stimme Annas: «Conrad, denke an unsere Mutter! Vergieße kein Blut und schone das deinige.»

Der Ton drang in den Aufruhr wie Orgelklang in eine zerrissene Seele.

«Conrad, sei gut», mahnte wiederum die Schwester.

Conrad war erschüttert. «Leutolf, entscheide du», sagte er dumpf, «du bist der Verwundete.»

Doch Leutolf schob ihm die Entscheidung zurück: «Dir galt der Stich, dir gebührt das Urteil.»

Conrad überlegte.

«Wohlan», verkündete er, «ich entbiete Frieden, unter der Bedingung, daß jeder einzelne klar und vernehmbar den Spruch hersagt: ‹Wer mit dem Messer sticht, ist ein feiger Schurke.› Jetzt könnt ihr's nehmen oder lassen.»

Die Wagginger murrten, wußten jedoch keine triftige Einrede. Und da die Furcht ihnen überzeugend zusprach, nahmen sie endlich stillschweigend den schimpflichen Vertrag an.

«Es darf sich ja jeder, der sich unschuldig weiß, herzhaft zu dem Spruch bekennen», ermutigte der Fürsprech.

Die Waldishofer bildeten nun eine Gasse nach der Türe wie zum Spießrutenlaufen, durch welche die Wagginger einzeln dem Ausgang zuzogen, den verlangten Spruch stammelnd, mit erhobenen Händen auf ausdrückliches Geheiß. Wer sich übereilte, ward angehalten, wer unverständlich munkelte, mußte die unliebsamen Worte wiederholen. Sie maulten, als gingen sie unter dem Joch, während die Waldishofer sich mehr und mehr zu übermütigem Spott hinreißen ließen.

Plötzlich erscholl ein fröhliches Gelächter. Brigitte, von Amor betört, erschien hinter einem jungen bäurischen Schönbold, den sie am Rockschoß festhielt, um ihn ja nicht zu verlieren.

«Ei, seht die Verräterin!» drohte Conrad belustigt. Sie aber streckte fuchswütend die Zunge heraus, so ziemlich die einzige Art, sich ihrer zu bedienen, die ihr zu Gebote stand.

Als der Regenwurm sich vorbeidrückte, der letzten einer, las Conrad in seinen auskneifenden Blicken die Schuld.

«Sieh mir ins Auge, du Wicht, wenn du's wagst», befahl er verächtlich. Als jedoch der andere, ohne aufzuschauen, den schleichenden Schritt beschleunigte, ließ er ihn gleichwohl ziehen.

Jetzt aber fuhr der Wachtmeister dem Regenwurm an die Gurgel: «Soll mich der Teufel holen», schrie er, «oder der Messerhalunke, den ich aufs Korn nahm, bist du!»

Allein Conrad wehrte energisch ab. «Habe ich allen Frieden entboten, so habe ich auch jedem einzelnen die Sicherheit verbürgt.» Und vereint mit Leutolf riß er den Wachtmeister zurück. Da war der Regenwurm gerettet, ob auch ein Igel von Fäusten ihn umstarrte, so daß er nur langsam tappend vorwärts gelangte und bei jeder Bewegung an einen harten Knöchel stieß; den Spruch der

Selbstverdammung mußte er freilich zur Buße immer von neuem bekennen und sich daneben unrühmliche Titel, Personalschilderungen sowie Anleihen aus seinem Lebenslauf gefallen lassen.

«Es ist der Matthiesen-Michel von Niederwaggingen, mehr braucht man nicht zu sagen, damit jedermann sofort weiß, es ist von allen schlechten Hunden der schlechteste Hund.»

«Er hat bereits ein Menschenleben auf dem Gewissen; wäre er damals nicht zu jung gewesen, er säße jetzt auf Lebenszeit im Zuchthaus.»

«Das ist noch nicht einmal das Schlimmste! Das Geld, das er seiner Mutter mit dem Messer abzwang!»

«Das Erbteilchen, um das er seine hilflose, blödsinnige Schwester betrogen hat!»

«Genug!» schloß Conrad und geleitete den Matthiesen-Michel an die Türe, indem er den Schlotternden unter dem Arm faßte und mit seinem Körper deckte.

Hernach wurde den wenigen übrigen der Spruch erlassen.

«Hält sich etwa noch einer verborgen?» meinte Conrad, im Saal umherspähend.

Da krabbelte der kleine Oberwagginger Schullehrer unter der Bühne hervor und setzte, ein klägliches Notgeschrei anstimmend, recta über den Fenstersims.

«Und wir?» fragten die Musikanten mit säuerlichem Humor. «Müssen wir ebenfalls beichten?» Conrad lächelte, worauf sie mit ihren Instrumenten hurtig abzottelten, wumselnd wie die Heinzelmännchen.

«Nach!» mahnte Leutolf. «Sprengt sie ins Tal!» Und frohlockend schoß das Rudel der Sieger ins Freie.

Conrad aber blieb zurück, um die Verwüstung zu prüfen, wie er sich weismachte, in Wahrheit deshalb, weil er das eroberte Schlachtfeld noch nicht verlassen mochte. Hier hatte er endlich geherrscht, hier zum ersten Male seines Lebens die häusliche Gewalt ausgeübt. Nun war leider sein Reich zu Ende. Schade! so früh! ehe es nur recht begonnen.

Überhaupt, er war noch nicht satt, der Hauptschlag fehlte, der Kampf war in den Frieden gekrochen wie der Rhein in den Sand. Freilich, sie hatte es ja herzlich gut gemeint, seine Schwester, und vernünftiger war es jedenfalls; nein, ganz gewiß. Und richtiger auch. Wo nicht, so befleckte ihn vielleicht gegenwärtig die Schuld und zerfleischte ihn die Reue. – Immerhin, es hätte ihm gut getan, nochmals gründlicher drauf. Das tapfere Handwerk löste ihm den Zorn, wusch ihm die Galle.

Himmel, wie sah es um ihn aus! Die Bühne zertrümmert, die Bänke geborsten, der Kronleuchter in Stücken, sogar den Ofen hatten sie geschändet! Wie die Wildschweine hatten sie gehaust! Gut, hatte er das nicht früher gesehen! Wer weiß, ob er ihnen so leicht Gnade gewährte!

Sehnsucht und Hoffnung lockten ihn ans Fenster, ob vielleicht noch ein Nachsatz anzubringen wäre. Doch Flucht und Verfolgung wälzten sich bereits tief den Rain hinab, unten in einen harmlosen Wettlauf ausartend. Nebenher im Gefilde ein dünner Schwarm Abgesprengter und töricht Umherrennender; oben am Rain unter einem Birnbaum ein verstecktes Nest, nach geriebener Hasenschlauheit die Verfolgung von hinten genießend – jenseits bei den Reben der Wagginger Fürsprech, harmlos dahinschreitend und leutselig grüßend, als ginge ihn die Geschichte nichts an, dann plötzlich mit riesigen Sekundanten-Sprüngen im Weinberg verschwindend – im Grase den steilsten Hang hinab das Lehrerlein, flink wie ein Gummiball, die Ellbogen gleich Schwingen rührend und mörderlich trompetend vor Freuden über sein neugewonnenes, junges, grünes Leben. Da war nichts mehr zu holen.

Während er also im Saal verzog, aufgewühlt und unbefriedigt, gleich der Dogge, der man die Schüssel vorzeitig weggenommen, traf das lamentierende Spektakeln des Vaters sein Ohr, fern, doch unverkennbar. Als ob eine Mine unter ihm geplatzt wäre, fuhr er in die Höhe. Und bei jedem neuen Laut der väterlichen Stimme, der zu ihm drang, juckte er empor.

«Jetzt entweder oder», knirschte er, «jetzt muß sich's entscheiden», und leidenschaftlich die Arme verwerfend, jagte er mit Gewaltsätzen ins Freie.

Ein rotgoldener Lichtjubel blendete sein Auge, jauchzendes Beifallrufen sein Ohr. Aber haarscharf, wie in Metall gebosselt, ragte aus dem Glanze Cathris Büste, als stände sie unmittelbar vor ihm. Er tat einen Seitensprung und schüttelte die Arme: «Heran nun mit Eurem Hans, wenn er es wagt!»

Diesmal entfloh sie, die Augen voll Schrecken, obgleich eine mehrfache Menschenwand sie vor ihm schützte. Doch das war nur so nebenbei. Auf das Haus jagte er nun zu, die Lippen geöffnet und die Sprache entfesselt, denn keine Überlegung drückte mehr auf den Kehldeckel.

«Und nun, Vater, habe ich mit dir ein Wörtchen zu reden. Lange genug habe ich geschwiegen, jetzt aber muß es heraus, und zwar so, daß es alle Welt vernimmt. Das Leben, sag' ich dir, das Leben, wie ich es bisher ausgestanden, hat von heute an ein Ende. Ich will nicht länger den unmündigen Buben vorstellen, den man schilt, zankt, abkanzelt, den mißhandelten Knecht, an dem man seine üblen Launen ausläßt; ich begehre eine Stellung im Hause, wie sie dem Sohne gebührt, einen Winkel im Heimwesen, wo ich frei nach eigenem Ermessen schalte, wo mir niemand dazwischenredet, wo ich keinem Menschen Rechenschaft schuldig bin, kurz, wo ich befehle.»

«Befiehl, befiehl», eiferte der Alte, «du bist ja jetzt der Herr, wie es scheint, ich bin längst abgesetzt.»

«Entweder du behältst das Geschäft und ich baure, oder ich übernehme die Wirtschaft und du das Land.»

«Nimm's doch, nimm's», flennte der Alte, «wenn du doch meinen Tod nicht abwarten kannst. Nimm's alles.»

«Ich verlange keineswegs alles, ich will bloß meinen billigen Teil, damit man mir mit Achtung begegne, damit ich Frieden habe, damit ich meines Lebens froh sein und lachen kann, damit ich nicht meine Mahlzeit mit Ärger hinunterwürgen muß. Entweder du ziehst mit der Mutter in den oberen

Stock und ich wohne unten, oder umgekehrt, du unten und ich oben.»

«Ich kann ja meinetwegen mit der Mutter im Stall bei den Pferden wohnen, das kommt dich billiger zu stehen. Ohnehin brauchen wir ja nichts weiter mehr als ein Bündel Stroh zum Sterben.»

«Mit solchen schändlichen, lästerlichen Redensarten ist mir nicht gedient. Ich heische einen vernünftigen, verpflichtenden Bescheid. Und zwar einen sofortigen. Willst du, oder willst du nicht?»

Ein beistimmendes Gemurmel der Menge unterstützte seine Forderung, so daß der Alte sich einer einhelligen öffentlichen Meinung gegenüber sah. Er jagte einen giftigen Blick unter das Volk, fletschte knurrend die violetten Lippen, spuckte mehrmals aus und verzog sich dann ohne Antwort ins Innere der Stube.

Da verrückte dem Jungen wahnsinnige Leidenschaft den Verstand. «Gut denn», schleuderte er dem Vater nach, «so geh' ich fort von heim, und niemand erblickt mich wieder. Und zwar augenblicklich, nur daß ich keine Stunde länger in diesem ungerechten, lieblosen Hause verbleiben muß.»

Ein empörter Aufruhr mißbilligte den Bescheid. Einige suchten ihn zu begütigen, andere traten ins Haus, um dem Vater zuzureden. Anna, welche der bedrohliche Auftritt herbeigezogen hatte, fiel dem Bruder weinend an die Brust. «Conrad!» flehte sie.

Er riß sich los. «Leb wohl, Vater», rief er dröhnend, «du siehst mich nie mehr. Grüß mir die Mutter.»

Wieder brauste die Entrüstung. Wohin er sich

auch wandte, ward er freundschaftlich gehemmt, umringt, zurückgedrängt.

Da, unversehens, stürzte der Vater wie ein wildes Tier ans Fenster. «Ja, ja, ja, ja denn!» brüllte er, mit Gebärden, als ob er etwas hinschmisse.

Wie Erlösung seufzte es aufatmend durch die Reihen, denn die aufregenden Ereignisse hatten alle Anwesenden der Familie angegliedert.

Nun näherte sich Conrad festen Schrittes dem Vater: «So ist's also dein wahrer, ernsthafter Wille?»

«Ja, ja, ja», wiederholte der Alte gereizt, den Nacken schüttelnd.

«Reicht euch die Hände», rief es aus dem Volke.

«Es sei», genehmigte Conrad, «gib mir die Hand darauf», und reichte die seinige dar. Der Alte sperrte sich, als ob er in ein Schlangennest greifen sollte. Endlich gewann er sich's doch ab, mit einem heftigen Ruck, der die dargebotene Rechte wegstieß, nachdem er sie kaum gepackt hatte.

«Die Landwirtschaft oder das Geschäft?»

Der Alte keuchte; schließlich, mit einer letzten krampfhaften Überwindung, warf er die Hände über den Kopf.

«Alles!» preßte er polternd hervor und verschwand erschöpft.

«Ihr habt's vernommen, ihr seid Zeugen», sprach Conrad, nach dem Volke gewandt. Hierauf lehnte er sich mit beiden Armen auf den Sims und sprach in das Zimmer hinein: «Vater», sagte er feierlich, «Ihr sollt es nicht bereuen; das gelobe ich Euch mit heiligem Schwur. Ihr sollt von nun an einen treuen, dankbaren Sohn an mir haben, der es

Euch und der Mutter an nichts wird fehlen lassen. Und so Gott will, wird fortan Friede und Frohsinn im ‹Pfauen› walten.»

Jetzt spürte er sich von seiner Schwester innig umarmt, die er tiefbewegt küßte.

Hernach blieb sein Geist gelähmt. Der nachträgliche Schreck über seine Vermessenheit ließ das Bewußtsein seines Erfolges noch nicht aufkommen. Auch die Umstehenden verharrten betäubt. Verlegenheit herrschte um und um, die Verlegenheit der Gedankenunzulänglichkeit angesichts einer plötzlichen folgenreichen Schicksalswendung. Gewohnheitshalber räumte das Gesinde den Erdboden vom überflüssigen Zeug, Matratzen, Kissen, Kleiderfetzen, Hüte und Scherben und was sonst noch nicht da her Gehörendes umherlag, in zweckmäßiger, doch unbewußter Arbeit. Unterwürfig, Dank und Glückwunsch im Auge, näherten sich die Musikanten, ließen jedoch, was sie sagen wollten, unausgesprochen. Die Waldishofer, die eben jetzt geräuschvoll von der Verfolgung zurückmarschierten, singend und prahlend, verstummten vor dem geheimnisvollen Schweigen.

«Conrad, was ist gegangen?» flüsterte Leutolf. Conrad gab keine Antwort, und da er den Doktor mit der abgespannten Miene eines von der Arbeit Ausruhenden um die Ecke biegen sah, eilte er diesem eifrig entgegen.

«Wie steht's?» erkundigte er sich besorgt. «Doch hoffentlich keine ernsten Verletzungen?»

Der Doktor kniff ein Auge zu und blinzelte mit dem andern herüber, ehe er geruhte, sich zu äußern. «Du kannst Gott danken, daß es so abgelaufen ist, oder vielmehr der Bernerin, daß sie Decken herbeibefahl. Es wäre sonst möglicherweise nicht so gnädig abgelaufen. Denen, die zum Fenster herausflogen, hat's keinem etwas getan, es gibt zum Glück manchmal solche Wunder; dagegen von den ersten, welche das Treppchen herabkamen, liegt einer in Behandlung.»

Dann verschluckte er die Stimme: «Ein gutartiger Oberschenkelbruch», munkelte er undeutlich mit geiziger Betonung.

Conrad war nicht im reinen, ob er sich nun über die «Gutartigkeit» Glück wünschen oder über den Oberschenkelbruch härmen solle.

«Wo liegt er?» fragte er einstweilen.

«Wir haben ihn vorläufig in der Scheune verbunden.»

«Wer pflegt ihn?»

«Die Lisabeth und die Brigitte.» Hiermit entfernte sich der Doktor, der Haustüre zu.

Danach ward es wieder stille, so stille, daß der Stundenschlag der Kirchturmsglocke, der jetzt zufällig tönte, wie ein wichtiges Ereignis wirkte. Automatisch zählte ein jeder nach: Eins – zwei – «sieben Uhr», lautete der Schluß. «Wie? schon sieben Uhr?» lief es erstaunt durch die Menge, obschon niemand wußte, warum er erstaunte.

Jedermann empfand, es müsse noch etwas dazu geschehen, sei es nun, um das Ergebnis zu ergänzen, sei es, um es wieder umzustoßen.

Da polterte des «Pfauen»-Wirts Stimme scheltend aus dem Innern der Stube: «Was steht ihr da und guckt die Backen hinab wie die Schafböcke! So laß doch wenigstens deinen Leuten einen Trunk aufwarten. Sie haben's wahrlich verdient.»

Conrad atmete auf. «Von welchem Wein?» fragte er in gehorsamem Ton.

«Was fragst du mich, Dilldapp? Du hast ja jetzt zu verfügen.» Und ein Bund Schlüssel flog Conrad vor die Füße.

Hiermit war der Bann gehoben und die Spannung gelöst.

Alles drängte sich zu Conrad heran, um ihm zu der erlangten Herrschaft Glück zu wünschen.

«Also, von nun an ‹Pfauen›-Wirt! Ich wünsche Euch Gesundheit und langes Leben, und daß es Euch wohl ergehe.» – «Und ich eine brave Frau ins Haus.» – «Und ich erlaube mir denn doch auch, Ihnen von Herzen zu gratulieren.» Eine Unzahl Hände schob sich vor, Hände von jeder Größe und Beschaffenheit, er wußte gar nicht, wohin zunächst greifen. Die eine schüttelte, die andere drückte und quetschte seine Rechte, einige zerrten ihm vor Freude beinahe die Schulter aus dem Gelenke, manche wieder legten nur schüchtern die Finger auf, die Gewährung des Grußes von ihm erwartend. Der Wachtmeister aber prügelte ihn vor Begeisterung.

«Meister», lächelten die Kellnerinnen, halb furchtsam, halb vertraulich, und ihr Auge bat um Verzeihung für Vergangenes, um Nachsicht für Zukünftiges.

Was tat Conrad? Er umarmte eine jede. Wahrhaftig, er umarmte sie. Und schämte sich nicht und es reute ihn nicht.

Josephine aber, im Begriff, ihm die Hand zu reichen, strahlend und lächelnd, warf sich plötzlich auf einen Stuhl und weinte wie ein Bächlein. «Ich mag's Euch halt so von Herzen gönnen», klagte sie und war gar nicht zu trösten.

Von allen Seiten jubelte in endloser Wiederholung, wie das Halleluja am kantonalen Gesangfest, sein Name; jenes Eigenwort, das von allen Wörtern der Sprache dem Menschen am süßesten klingt, wenn es aus dem Munde der Freundschaft tönt. Und sie waren ihm wirklich Freund, alle, ohne Unterschied, die ihn jetzt umzingelten, Bekannte wie Unbekannte; das las er am guten Klang, am warmen Blick. Woher kam ihm, dem gestern noch so Vereinsamten, nun plötzlich die viele Gunst? Wie ein glitzernder Komet mit einem leuchtenden Schweife flimmerte ihm die Ahnung auf, daß der Erfolg Ansehen schafft und daß der Ruhm Freunde hinter jedem Haselbusch zeugt.

Bewegt erwiderte er jede einzelne Huldigung, ohne Unterschied des Standes oder der Person.

Er war glücklich, was man so sagt, glücklich. Unwillkürlich strotzten seine Muskeln kräftiger. Ein Hochgefühl von überquellender Jugend und Gesundheit beseligte ihn, nicht anders, als ob die gestrenge Natur in Person ihn liebkoste. Wenn aber einer mit der Natur im Einklange steht, so steht es gut mit ihm. Er hätte in diesem Augenblick Tod und Teufel herausfordern mögen.

«Anna», raunte er der Schwester zu, ihr den Schlüsselbund überreichend, «laß vom Allerbesten bringen, Chianti, du weißt. Und zwar für alle den nämlichen. Und ja nicht damit geizen!»

«Herr und Meister», murmelte er, um sich schauend, um sich der Wirklichkeit zu versichern. Mehr vermochte er einstweilen nicht mit dem Geiste zu begreifen; denn die Bewegung war zu stark; außen tanzte die Welt, und inwendig hüpfte seine Seele.

Als Anna zurückkehrte, mit einem Gefolge von Kellnerinnen, welche Fäßchen und Flaschen schleppten, zog er sie vertraulich beiseite. «Ich lasse den Vater aufs höflichste ersuchen, ob er uns die Ehre antun wolle, mit uns anzustoßen.»

Anna willfahrte mit zweifelnder Miene. In der Tat lautete der Bescheid abschlägig, wenn schon nicht unfreundlich. Der Vater lasse danken, meldete sie, allein er sei für heut zu müde und angegriffen. «In diesem Zustande jedoch darfst du dich nicht länger blicken lassen», fügte sie eifrig bei. «Schnell geh und wasch dich und kleide dich um.»

«Bah!» machte er gleichgültig. «Kriegszustand ist auch ein Zustand. Ich sehe genauso aus wie meine Kameraden. Keiner hat Anlaß, sich vor den andern zu schämen.»

«Mit Verlaub», entgegnete sie, «so sehen sie denn doch nicht aus, deine Kameraden», und zeigte auf seinen rechten Ärmel, der nur noch an einem Fetzen baumelte.

Er lachte: «So bring mir meinetwegen einen alten Waffenrock, der deckt alle Mängel. – Was macht die Mutter? Ist sie noch nicht heim? Weiß sie etwas? Was wird sie wohl dazu sagen? Trachte, daß du es bist, die es ihr zuerst mitteilt; du verstehst ja, es so vorzubringen, daß es nicht falsch aufgefaßt wird. Sag ihr, sie brauche sich nicht zu betrüben.

Sie solle es bei mir gut haben, sowohl sie wie der Vater, so gut wie der König und die Königin am Schluß eines Märchens, inwendig und auswendig. Sag ihr das.»

Bald klangen die Becher und rauschte das Bankett. Gläser wurden angestoßen, Gesundheiten ausgerufen, Späße zum besten gegeben und, um den ruhmreichen Sieg wieder zu kosten, einzelne Vorfälle aus dem Tanzsaal geschildert, welche, durch den Festjubel geschaut, sämtlich komisch wirkten. Conrad schritt still von einem zum andern, nippte aus manchem Glas, pochte auf manche Schulter, drückte jedem seiner Waldishofer nochmals die Hand, diesmal von sich aus, außer Leutolf und dem Wachtmeister, die ohnehin zu ihm gehörten wie sein eigener Leib. «Heda, ihr Musikanten, setzt euch zu uns! Wer heute nicht mit mir hält, beleidigt mich.»

«Sie sollen uns doch etwas aufspielen», meinte Josephine keck. Ihr Einfall fand allgemeine Unterstützung, worauf die Musikanten umständlich ihre Kratzwaffen hervorkramten, bei deren bloßem Anblick schon die Feststimmung um eine Oktave höher stieg, im Vorgefühl des zu erwartenden Taktlärms.

«Nun, Cathri, wo ist denn der Teufel hingekommen, der auf dem Dache saß?» hatte Conrad auf der Zunge und wandte sich nach ihr um. Sie war nirgends in seiner Umgebung. Da erst fiel ihm auf, daß sie ihm schon seit geraumer Stunde abhanden gekommen war, ja sogar beim Glückwunsch gefehlt hatte. Verwundert suchte sie sein Blick, in beständig weiteren Kreisen. Endlich entdeckte er sie unter der Halle der Kegelbahn, regungslos mit angelehntem Rücken auf einer Bank sitzend, wie zum Photographieren, die Hände im Schoß und die Augen fest auf ihn gerichtet, wie ein Schuß aufs Ziel. Als er sie ansah, flüchtete sie schnell den Blick zur Seite, aber wie er wieder hinsah, hatte sie ihn von neuem angestarrt. Etwas Mildes, das ihrer bisherigen steinernen Härte widersprach, durchgeistigte ihre Gestalt, und er begriff, daß das Milde ihm gelte, ihm besonders, ihm ganz allein. Wie eine Rakete schoß es ihm da vom Herzen in den Kopf. Erst jagte er ein Glas Wein durch die Kehle, dann steuerte er stracks zu ihr hinüber.

Mancherlei Anreden luden ihn unterwegs ein; er ließ sich nicht aufhalten.

Doch der Portier hängte sich zudringlich an seine Fersen, katzbucklig, die Mütze zwischen den Fingern: «Herr ‹Pfauen›-Wirt», zischelte er, «sie sammeln sich wieder, unten im Rebberg.»

«Wer?»

«Die Wagginger.»

Conrad zuckte wegwerfend die Achseln und schritt fürbaß. Aber der Portier klebte: «Herr Leutnant, sie haben Frieden geschlossen und sich vereinigt, die Oberwagginger mit den Niederwaggingern. Sie wollen Euch überrumpeln.»

«Es ist noch Tag, und unsichtbar sind sie schwerlich.»

«Nichts für ungut, Herr Meister; sie lesen Steine im Rebberg zusammen, sie haben Euch Rache geschworen, Euch ganz besonders. Ich darf gar nicht wiederholen, was sie Euch angedroht haben...»

«Ja, wenn's auf den bösen Willen allein ankäme, so hätten sie mich längst aus der Welt geschafft. Aber wenn's mir gilt, so bin ich auch dabei. Genug davon.»

«Also muß ich denn jetzt wahrscheinlich meinen Platz im ‹Pfauen› verlieren, nachdem Ihr der Herr seid? Oder wolltet Ihr's vielleicht noch ein Wöchlein mit mir versuchen? Ich würde mir alle erdenkliche Mühe geben.»

«Davon ist morgen noch Zeit zu reden», antwortete Conrad und winkte ihm ab.

Cathri verharrte wie eine Bildsäule, während er ihr unternehmend entgegeneilte. «Nun also, Cathri», scherzte er, «wo ist der Teufel hingekommen, der heute morgen auf dem Dache saß? Der ist wahrscheinlich durch den Blitzableiter in die Hölle gefahren, wohin er auch gehört. Mut und Mann, seht Ihr, das ist immer die beste Arzenei gegen den Teufel. Um ihm jedoch auf ewig die Wiederkehr zu verleiden, will ich jetzt einen guten Geist ins Haus führen, einen guten Geist; wißt Ihr, wen ich damit meine?» Und da ihr Atem flatterte wie eine Möwe über dem stürmischen See, streckte er ihr bieder die Rechte dar.

«Topp, Cathri, heute ist aller guten Dinge Hochzeit! Wollen wir's gleich binden und siegeln?»

Errötend wand und krümmte sie sich. «Was würde Eure Schwester und Eure Mutter von mir denken?» stammelte sie ausweichend, indem sie sich erhob und mühsam abwendete.

«Was sie mögen!» entgegnete er lachend. «Bin ich doch jetzt selbständig und keinem Menschen mehr Rechenschaft schuldig.» Und mit schnellem Sprung ihren Arm ergreifend: «Ein guter Gedanke: Kommt, was meint Ihr, Cathri, ich stelle Euch ohne weiteres dem versammelten Volk als meine Braut vor?»

Ein Glücksschauer durchzuckte sie, daß sie verwirrt den Kopf senkte, dann widerstrebte sie unsicher: «Nicht so, nicht jetzt, am ersten Tag, daß wir uns kennen. Was denkt Ihr auch? Später vielleicht. Nur nicht heute. Ihr seid zu aufgeregt. Ihr spürt den Wein. Ihr wißt nicht, was Ihr tut. Es könnte Euch morgen wieder gereuen.»

«Gereuen? Mich? Morgen? Ich wüßte nicht, was ich tue? Wohlan, so will ich es Euch morgen noch einmal förmlicher sagen. Morgen vormittag zwischen zehn und elf Uhr im Kurbad. Stimmt die Zeit? Oder soll ich lieber später kommen?» Und da sie wortlos seufzte, fuhr er fort: «Also bleibt's dabei. Morgen um halb elf Uhr spätestens komme ich mit der Lissi ins Kurbad. Bis dahin auf Wiedersehen.» Sprach's und warf ihr einen Blick voll neckischer Freundschaft hin, drehte sich auf dem Absatz und entfernte sich, flott und keck. Die Sache war im Blei.

Da erschien sie an seiner Seite und stupfte seine Hand. «Habt Ihr mich denn ein wenig lieb?» schmollte sie, die Augen voll Sonnenschein.

«Die Antwort will ich Euch morgen offenbaren», scherzte er, «heute ist das noch ein strenges Geheimnis», und zog sie an der Hand näher an sich, so daß ihre Körper sich beim Gehen behinderten.

Die Strecke von der Kegelbahn bis zur Terrasse maß höchstens dreißig Schritt, doch kam sie ihm jetzt so unendlich überschwenglich und reich vor wie damals der Raum vor der Front bis zum Brigadestab, als ihn der Oberst Allegri mit Namen hervorrief, um ihn vor der versammelten Truppe zu beloben.

«Cathri», sagte er lächelnd, mit den Wimpern nach dem First des Gasthofes blinzelnd, «rate einmal, wer sitzt jetzt auf dem Dach? Es ist einer mit weißen Fittichen und einem goldenen Gürtel und hält einen Palmenzweig in der Hand. Mir ist, ich spür's, wie er mit den Flügeln wedelt. Spürst du nichts? Ich spür's.»

Da schnappte sie einige Mal ungestüm nach seinem Schnurrbärtchen, was, wie er mutmaßte, in ihrer heftigen Art einen Kuß bedeuten mochte. Plötzlich aber hielt sie ihn an und sah ihm drohend ins Auge.

«Hingegen, wohlverstanden», sprach sie nachdrucksvoll, «Treue verlange ich von nun an. Treue ohne Gnade und Ausnahme. Ich bin nämlich wie ein Hummer, wenn ich einmal jemand in mein Herz eingelassen habe, so halte ich ihn wie mit Zangen fest. Dafür muß er aber auch an mir festhalten. Siehst du, wenn ich die Wahl hätte, entweder erfahren zu müssen, daß du jemals eine andere lieber hättest, und wäre es auch nur deine Schwester oder Mutter, oder dich tot zu wissen, tausendmal lieber wüßte ich dich tot. So bin ich. Ich sage dir's offen und unverhohlen.»

«Brr», machte er lachend und schauderte zum Scherz. Eigentlich befremdete es ihn doch ein wenig, daß sie so leichthin seinen Tod in die Waagschale warf. Er hatte sich Frauenliebe umgekehrt gedacht, alles andere eher, sogar das Opfer seiner selbst, als den Tod dessen, den man lieb hat. Doch das war nur so ein flüchtiger Gedankenschatten, welcher, kaum daß er ihn gestreift hatte, auch schon vorüber war. Cathri aber, indem sie den unterbrochenen Wandel wieder aufnahm, setzte zur Theorie das Exempel: «Ich habe es sogar dem Hans auch nie verziehen, daß er seine Braut vor mir bevorzugte.» Damit erachtete sie ihren Standpunkt für bewiesen und schloß die Verwarnung mit einem huldvollen Lächeln.

Wie sie auf der Terrasse anlangten, brach eben die Musik an, verstärkt von hundertstimmigem, dröhnendem Gesange. Sie kannten des Liedes Worte und Weise, und da der Text zufällig ihr eigenes Gefühl nicht übel auslegte, fielen sie frisch und frei mit Mund und Fuß in den Takt: «Wenn Kraft und Mut in tapfern Seelen flammen.» Zugleich schlenkerten sie die verschlungenen Hände zum Schwung wie die Sennen beim Tanz. Dabei schaute Conrad seiner Gefährtin ins Antlitz, Cathri dagegen blickte vor sich hin, gänzlich im Singen befangen.

Daß ihre Bahn sie mitten durchs Volk führte, kümmerte sie nicht, denn sie wußten sämtliche Gegenwärtigen durch gemeinsames Empfinden auf die hohe Note der Güte gestimmt; auch steuerten sie der roten Sonnenscheibe entgegen, so daß sie vor Glut und Glanz keinen Körper unterschieden.

Als sie aber unversehens auf Anna stießen, die mit dem Waffenrock auf den Bruder harrte, prallten sie auseinander wie zwei auf einem Ehebruch Betroffene.

Anna sah eins um das andere mit einem nämlichen Blick unsäglichen Leidens an, dann hielt sie stumm und ergeben dem Bruder den Waffenrock dar, während dieser sich des zerfetzten Wamses entledigte. Da sie jedoch aus Unaufmerksamkeit den linken Ärmel des Waffenrockes zur Erde hangen ließ, ergriff den jetzt Cathri hinterlistig, als ob sie der Jungfer Reber behilflich sein wollte.

«Ja, wer bedient jetzt eigentlich meinen Bruder? ich oder jemand anders?» fragte Anna tonlos und biß sich auf die Lippen.

«Herr Reber, wählt, wer soll Euch bedienen?» nahm Cathri die Frage mit fröhlichem Lachen auf, als ob es sich um einen belanglosen Scherzstreit handelte.

Aber beider Frauen Blicke, die sich wie giftige Dolche kreuzten, verrieten ihm ihren Haß, so daß er sich wohlweislich in einem großen Bogen um die begehrte Entscheidung drückte. «Beide», antwortete er, sich zum Schmunzeln zwingend, und dünkte sich wunder was für einen Salomo. Doch wie er nun arglos den linken Arm in den Rockärmel schob, ließ Anna beleidigt den rechten Ärmel fahren und trat zurück, der Gegnerin den Platz räumend.

Sie hatte auch eine Halsbinde und einen Hut mitgebracht, die sie jetzt mechanisch zur Hand nahm. Beides holte ihr nun Cathri mit unglaublicher Dreistigkeit aus den Händen, nicht anders, als ob Cathri die Herrin und Anna ihre aufwartende Magd gewesen wäre. Anna ließ zwar alles widerstandslos geschehen, schaute auch ergeben zu, wie die Fremde sich vielweserig um den Bruder zu schaffen machte. Aber so erniedrigt, so trübselig sah sie drein, so völlig des Mutes und der Hoffnung bar, als ob sie sich in die nächste Waldhöhle verkriechen möchte, um dort zu verenden. Endlich, als Cathri mit vernichtender Siegermiene von dannen geschritten war, die Stirne sprühend von bräutlichem Stolz, die Schultern gehoben vom Vorgefühl der nahen häuslichen Allmacht im «Pfauen», und gravitätisch den Nacken hintenüberwerfend, als ob sie einen Herrschermantel nachschleppte, öffnete Anna die bleichen Lippen, die ein krampfhaftes Zittern umzuckte, ehe sie das Wort zu gestalten vermochten: «Und ich?» sagte sie mit entfärbtem Klang, «ich bin nun abgesetzt?»

«Du hast ja deinen Doktor», tröstete er zwischen Scherz und Ernst.

Und da sie ihm traurig und vorwurfsvoll in die Augen schaute wie ein frierender Bettler, dem ein Geiziger statt eines warmen Kittels einen kupfernen Batzen gespendet hat, umschlang er sie zärtlich: «Sei kein Kindskopf», schmälte er. Er hatte ihr eigentlich etwas ganz besonders Liebreiches zugedacht, etwas, das ihrem kranken Herzen Balsam wäre, denn sie beelendete ihn wie damals die sterbende Johanna vom Schulmeister, als sie ihm die magern Knöchlein um den Hals wand und flüsterte: «Weißt du noch, Conrad, damals vor zehn Jahren?» – Allein er fand das gewünschte Wort nicht, und je länger er suchte, desto weiter floh es ihn. Zum Ersatz dafür preßte er sie an seine Brust.

Sie ließ einige Augenblicke schweigend den Trost seiner Umarmung auf sich wirken, wobei sie ein klein wenig auflebte; hernach sagte sie etwas gefaßter: «Ich habe denn also nach der Mutter geschickt; sie werde gleich kommen.»

«Hat sie schon etwas erfahren?»

Sie antwortete nicht, wich ihm auch mit den Augen aus. Da wurde er ernst, schwieg und sann: «Wußtest du eigentlich», fragte er, «daß die Mutter vorzeiten schwermütig war?»

«Ja; warum?»

«Nichts, es schoß mir nur so durch den Kopf.»

Das Gespräch stockte.

«Ich muß nun wieder hinauf in die Schlafstube, um nach dem Vater zu sehen», ermahnte sie sich. Dabei seufzte sie, indem sie eine Meldung unterdrückte, die ohne ihre Erlaubnis über die Zunge gleiten wollte. Endlich nach mehrfachem Wechsel zwischen Seufzen und Verstummen überquoll ihr die Stimme. «Er macht mir Sorge», klagte sie.

«Sorge? wieso?» fragte er erstaunt.

Sie zauderte mit der Antwort. Doch nachdem sie einmal einen Zipfel der Wahrheit abgedeckt, mußte sie sie auch hervorziehen.

«Es ist nicht recht mit ihm», gestand sie. «Es reut ihn wieder zur Hälfte. Er beschwert sich über dich, er nimmt dir's nachträglich übel, was er dir versprochen hat. Du habest ihn an die Wand gedrückt und ihm das Messer an die Gurgel gesetzt.»

«Das ist nicht wahr», rief er hitzig, doch sofort sich mäßigend: «Nun, er wird bald selber einsehen, daß es für alle und auch für ihn das Beste gewesen ist», sagte er zu seiner eigenen Beruhigung.

«Wir wollen's hoffen», bemerkte Anna und wandte sich zum Gehen. Doch plötzlich kehrte sie um und stürzte ihm, bitterlich weinend, an die Brust: «Verzeih, daß ich heute nichts tue als dir vorweinen; es ist ja sonst wahrhaftig nicht meine Art, aber ich weiß nicht mehr, wo aus und wo ein. Ich fange fast an zu fürchten, es könne nie mehr gut werden.»

«Aber es ist ja gut, liebes Närrchen.»

Sie schüttelte den Kopf. «O nein, o nein, es ist nicht gut, es ist schlimm, entsetzlich schlimm, schlimmer als je», und weinte noch bitterlicher.

Während er umsonst herumriet, was sie wohl so betrüben könnte, ward sein Augenmerk von einem absonderlichen Getöse angezogen, das aus der Schlafstube herunterdrang, dem übermütigen Bankett zum Trotze. Von einer unsichtbaren Faust eingestoßen, klirrten die Fensterscheiben vom mittleren Stockwerk auf die Erde, eine um die andere, einen Regen von scharfen Splittern durch die Luft sendend. Aus dem Innern der Stube aber drangen tierische Töne, bald kläglich, wie das Blöken eines Kalbes, bald zornig, wie das jauchzende Brüllen des Stieres, wenn er die Hörner senkt.

«Was ist das?» fragte Conrad stirnrunzelnd, mit rollenden Augen, die aus den Höhlen strebten.

«Er verflucht dich», jammerte Anna in wildem Schmerz, der Überlegung verlustig.

Conrad erbleichte und bebte. «Wenn er mich verflucht», preßte er mit eisiger Stimme hervor, «so verfluche ich ihn auch. Ich will doch sehen, ob der gerechte Fluch eines gemarterten Sohnes durch die Gewölbe der Hölle nicht lauter donnert als der ungerechte Fluch eines grausamen Vaters.»

«Nein, nein», flehte Anna, die Finger um seine Schulter krampfend, «nein, das wirst du nicht tun, du wirst bedenken, daß er ein alter, kranker Mann ist, der nicht weiß, was er tut, du wirst nicht vergessen, daß er trotz allem halt dein Vater bleibt und meiner.»

Ein Kampf schüttelte ihn. «Du hast recht», schloß er mit dunkler Stimme, «ich will ihm doch nicht fluchen.»

«Bau auf mich», versetzte sie dankbar, «ich besänftige ihn; gewiß, ich besänftige ihn», und eilte, so geschwind sie vermochte, ins Haus.

Er aber begab sich zu den Zechern, die, befangen in selbsteigener Lustigkeit, betäubt vom Lärm, den sie verübten, und betört vom Wein, von dem Kampf der guten und bösen Geister hinter ihrem Rücken nichts vernommen hatten. Doch ob er sich auch in die dichteste Gruppe mischte, er kam sich nunmehr vor wie eine einsame, finstere Stückkugel in einem Blumengärtchen. Er hörte nicht, was man sprach, sah nicht, was seine Augen erblickten, nur eins schaute er, dieses aber beständig: einen unförmlichen, schwarzen Fleck, der vor ihm in der Luft schwebte, unten in der Nähe seiner Füße. Und wohin er sich auch wandte, tanzte der Fleck ihm nach.

Bald fiel sein Benehmen auf.

«Conrad, was ist denn mit dir», rief Leutolf, «du bist ja wie geistesabwesend?»

«Er spürt den Wein», verlautete eine Stimme mit dem feinen Ton des Verständnisses. «Der Chianti ist ein starker Mann.»

«Oder denkt an seine schöne Bernerin», meinte Bertha.

Indessen, Beobachtung und Seelenkunde entsprachen nicht dem Bedürfnis der Stunde. Man umjauchzte, umschrie ihn, zerrte ihn von einem Tisch zum andern, überhäufte ihn mit gewaltsamen Ehren- und Freundschaftsbeteuerungen.

«Du bist der Held, dir gehört der Helm», sprach Leutolf, nahm ihm den Hut ab und pflanzte ihm seinen Helm auf den Kopf; der Wachtmeister staffierte ihn mit einer Schärpe aus, die Kellnerinnen spickten seinen Rock mit Schleifen und Blumen als Ordenszeichen. «Ritter des blauen Pfauen», nannte ihn Josephine, indem sie ein Vergißmeinnicht anbrachte; «nein, des weißen Sternes», verbesserte Bertha, mit einem Sträußchen Waldmeister anrükkend. In Kürze sah er aus wie ein geschmücktes Opferlamm.

Geduldig ließ er alles mit sich geschehen, denn er war zu traurig, um irgendeinen Spaß übelzunehmen. Dagegen, als Cathri mit Blicken geheimen Einverständnisses ihn an den Fingern zupfte, wandte er sich unwillig ab, er wußte selber nicht, weshalb.

Unversehens prasselte ein Steinhagel in die Obstbäume, Blätter und Blüten rasierend, Zweige knickend und das Holzgerippe schändend.

«Feiglinge! Heimtückische!» schnob der Aufruhr, und flink wie die Alpenjäger stieß ein kleines

Hundert rachedurstiger Männer ab, den Überfall zu ahnden. Ihnen kamen die Herrlisdorfer Bauern zuvor, welche abseits vom Bankett und näher dem Talgrund auf der Straße als Zuschauer sich aufgepflanzt hatten und nun begierig die Gelegenheit aufgriffen, nachzuholen, was sie im Tanzsaal versäumt hatten.

Wie aus der Kanone geschossen, rasten sie die Halde hinab, den Feind zu züchtigen, der jedoch in toller Flucht sich über die Felder ergoß. Kaum daß sie ein halbes Dutzend Nachzügler erhaschten, die sie mit wuchtigen Hieben zu Boden streckten. Eins, zwei, drei war alles erledigt. Hierauf kehrten sie in ruhigem Marsch zurück, nachdem sie erst, soldatisch geschult, wie sie waren, eine Handvoll Wachtposten um die Wurzel des Hügels gestreut.

Ein schallendes Bravo der Waldishofer belohnte die prompte Leistung. «Glatte Arbeit», rühmte Leutolf. Man lud die Herrlishofer herbei und empfing sie mit erhobenem Glase unter kordialen Lobpreisungen. «Musik!» heischte der Wachtmeister, «aber etwas, das Feuer und Pulver hat, nicht solch eine erbärmliche, lahme, kopfhängerische Jeremiade!» Da setzte ein lustiger Galopp ein, Leib und Seele elektrisierend, so daß die Lebenslust aus allen Poren prickelte.

Conrad hatte sich verspätet aus den fernen Abgründen seiner düstern Gedanken zurückgeholt. Als sein Geist wieder in der Wirklichkeit eintraf, fand er sich untätig dastehend, die Sache erledigt. Dagegen gewahrte er jetzt die Verwüstung und überschlug ingrimmig den Schaden. Ein nicht eben beträchtlicher, aber unverschmerzlicher Teil der Obsternte war dahin, einige Prachtbäume zu Krüppeln verunstaltet, ein edler Pfirsichsprößling unheilbar verwundet. Nicht der rechnungsmäßige Sachverlust war es, was ihn am meisten wurmte, sondern die Beeinträchtigung des wonnigen Anblicks, die Verletzung der vielen, zarten, feinfühligen Pflanzengefüge, die böswillige Vernichtung des Segens, den die Natur einem zum Lohne für geduldige, sorgsame Pflege zugedacht hatte.

Während sein Zorn Stufe für Stufe emporstieg, ohne noch völlig den Höhengleichwert des verübten Frevels erreicht zu haben, kam nachträglich noch ein Stein geflogen, hierauf nach einer Pause ein zweiter und später ein dritter. Jeder zeichnete ungefähr die nämliche Flugbahn, so daß augenscheinlich ein einzelner Schütze irgendwoher aus einem entlegenen Versteck zielte, wo er sich für geborgen hielt.

Und er selber, Conrad, schien das Ziel vorzustellen, der gesondert am Rande der Mauer sich bewegte, denn wohin er auch treten mochte, so hatte er immer die Fluglinie in derselben Verkürzung vor sich, obschon das Geschoß bedeutend unterhalb seines Standortes in den Rasen aufschlug: offenbar mangelte dem Schützen jegliche Kraft, aus dem unsicheren Pendeln der Kiesel zu schließen.

Geraume Zeit wollte ihm nicht gelingen, den Urheber zu erspüren, hauptsächlich weil der glänzende Abendschein sein Auge blendete. Überhaupt, man meinte, es wäre noch Tag, und es war doch nicht mehr das ganze Licht. Die Niederung hatte sich schon getrübt; die Gruppen der Dinge vereinigten sich zur Masse, welche einen gemeinschaftlichen scharfen Linienriß zeichnete; um die Dächer wispelte eine verfrühte Fledermaus.

Endlich hatte er ihn doch, und zwar nicht unter sich, sondern seitwärts, hinter der Kirschenallee, bei des Schreiners Hansjörgens Scheune, unter den Nußbäumen. Wenn man ihn fassen wollte, so war die einzige Möglichkeit, ihn von hinten zu nehmen, vom Ackerfeld her, um ihm die Fluchtlinie abzuschneiden. Allein lohnte sich's überhaupt? Eigentlich ja schon; lohnt es sich doch immer, einen Übeltäter abzustrafen; aber seine Glieder waren, offen gestanden, ein wenig tatenmüde, und seine Seele zog ihn nach einer anderen Richtung, nach einem Krieg, der ihm näherging und von wo ihm ärgeres Unheil drohte als Sachschaden.

Da wollte es der Zufall, daß ein erneuter Wurf, noch schwächlicher als die früheren, in die Quelle geriet. Der Stein im seichten Wasser klatschte beleidigend wie eine Maulschelle. Oder war es die Verunreinigung des klaren, trinkbaren Wassers oder die Verunehrung des segensprechenden Bergmundes, was ihn aufbrachte? Kurz, der Petsch bestimmte seinen Willen. Jetzt mochte er ihn züchtigen.

Möglichst unauffällig, die Hände hinter dem Rücken gefaltet, als ob er spazierenshalber sich erginge, schlenderte er zum Hause hinüber und drückte sich hart an der Mauer entlang, wie der Jäger, der ein Wild beschleicht.

Die Steinwürfe folgten noch der ursprünglichen Richtung, sein Verschwinden war demnach dem Feinde unbemerkt geblieben.

Anna guckte aus dem Speisezimmer.

«Was schlägt's?» fragte er nachlässig, nur um etwas zu sagen, als eben die Kirchenglocke schlug.

«Acht Uhr», erwiderte sie.

«Rüste mir etwas zu essen.» Hiermit war er bei ihr angelangt. Sie blickte getroster.

«Er ist jetzt wieder vernünftiger», raunte sie ihm zu, indem sie zum ersten Male seit langen Stunden wieder lächelte. «Ich habe ihn bei mir unten in der Wohnstube zusammen mit dem Doktor.»

Da, eben, als er vorbeischreiten wollte, hörte er durch das Eßzimmer hindurch aus der Wohnstube den Vater greinen wie ein von Chirurgen gemartertes Kind. Nun hielt er den Fuß und den Atem an, und seine Seele verfinsterte sich. Was sollte nun das wieder bedeuten? Galt das etwa ebenfalls ihm? Und wieso denn?

Zunächst vermochte er keine Worte zu unterscheiden, denn der Doktor redete gleichzeitig auf den Alten ein, so daß die Silben beider, einander deckend, sich in seinem Ohr verwirrten. Endlich lamentierte der Alte einen Augenblick allein. «Den Todesstoß versetzt», vernahm er. Nichts als diesen Brocken eines Satzes; doch wie ein Blitzstrahl erleuchtete und vernichtete ihn dieses Bruchstück.

Also, so war es von nun an gemeint? Märtyrermienen und anklagende Seufzer, Blicke, Gebärden, Anspielungen bis ans Ende der Tage? Hernach ein Grabstein, auf dem mit ewiger, unauslöschlicher Schrift geschrieben stand: «Du, mein eigener Sohn, du bist mein Mörder!» Und wie sollte er dem begegnen? Mißhandlungen kann man dulden oder sich dagegen auflehnen, Reden widersprechen, aber vor stummen Vorwürfen gibt es keine Rettung. Er schauderte, und schwarze Verzweiflung umnachtete seinen Geist. «Ich verfluche ihn doch», schrie es in ihm, und seine Hände griffen wild umher, erschlafften aber sofort und sanken mutlos längs dem Körper dahin. Er wußte nicht mehr, was er tat und was er vorhatte. Aber der Wille, der ihn dahergetrieben, stieß ihn auf der vorbestimmten Bahn fort wie eine Maschine auf dem Geleise.

«Conrad, laß es gut sein, du hast für heute genug getan», rief ihm die Schwester nach, die aus seinem schleichenden Gehaben seine ursprüngliche Absicht erraten hatte, während ihr seine Umstimmung verhohlen blieb, weil ihr sein Gesicht entging.

Doch Cathri widerhielt ihr: «Der Herr Reber wird schon selbst am besten wissen, was er zu tun hat», entgegnete sie mit impertinentem Tone.

Also zog er seines krummen Weges und verschwand um die Hausecke.

Mittlerweile waren die Feuermänner, welche Conrad vermißten, von Cathri über den mutmaßlichen Grund seines Verschwindens verständigt worden, so daß sie die Köpfe streckten, um sich an der Abstrafung zu weiden; leichtsinnig gespannt, wie wer einem ergötzlichen Schauspiel entgegensieht. Da der Abend schon merklich düsterte, benutzte Leutolf den Feldstecher, um besser zu beobachten. Um aber den Vorteil seiner bevorzugten Gesichtsbedingungen nicht plumperweise allein zu genießen, teilte er das Ergebnis seiner Beobachtungen mit: «Dort, hinter dem Nußbaum bei der Scheune steckt er – er hat den Arm voll Kieslinge. Aber er ist unsicher, er sucht das Ziel. – Ein langer, schlottriger Schlingel, hat eine Schnauze wie eine Schnecke und Ohren wie ein Elefant. Ich müßte mich sehr täuschen, oder es ist der nämliche Halunke.» «Der Messerstecher?» «Der Matthiesen-Michel?» fragten empörte Stimmen.

«Zeig, gib her», heischte der Wachtmeister und nahm ihm den Feldstecher weg. «Das ist ja genau der nämliche glatte, schlüpfrige, bartlose Schuft!» schäumte er, mit den Füßen stampfend. Und zornig das Fernglas wegwerfend, fuhr er Leutolf aufgebracht an: «Da habt Ihr's jetzt mit Eurer diplomatischen Mäßigung. Was habt Ihr nun davon? Hätte man mich machen lassen – er stände jetzt nicht unter dem Nußbaum mit Kieselsteinen, er läge irgendwo, und es fehlte ihm etwas an den Knochen, daß ihn der Doktor wieder zusammenlöten müßte.»

«Er verliert nichts mit dem Warten», entgegnete Leutolf gelassen, «der Reber Conrad wird ihm schon verabfolgen, was er ihm schuldig ist; er zahlt ihm's jetzt gleich alles miteinander.»

Der Wachtmeister verwarf ärgerlich die Arme. «Ach was!» schalt er, «der Conrad ist nicht, was er sein könnte und wie ich ihn haben möchte. Muskeln wie ein Leu, Nerven wie Sprengpulver und ein Herz wie ein Jüngferchen. Im ersten Augenblick meint man, er wolle die ganze Welt windelweich schlagen, und kaum daß er die Obmacht hat, läßt er sie laufen. Solch eine heimtückische, boshafte Hyäne verdient keine Gnade; da ist Großmut nichts als Schwäche.»

Damit wandte er sich mißmutig um und verließ grollend die Kameraden, um abseits einsam hin und her zu stiefeln, mit unwilligem Maulen.

Inzwischen machte der Feldstecher die Runde; einzig Cathri lehnte ihn hochmütig ab. Sie brauche keine Augenkrücken, behauptete sie geringschätzig, sie sähe ohnehin in der Welt mehr, als ihr lieb wäre. Plötzlich frohlockte sie wie über ein fröhliches Wiedersehen: «Dem hab' ich im Tanzsaal zweimal die Hand ums Maul geschlagen», prahlte sie mit Genugtuung. «Es reut mich nur die Seife; hätte ich's vorausgesehen, ich hätte Handschuhe dazu angezogen.»

«Hurra! da kommt er, der Conrad», jubelte eine Stimme, «seht ihn, im Saatfeld, wie er um die Scheune schleicht.»

«Er will ihn von hinten fassen.» – «Bravo, Conrad!» – «Jetzt kann er ihm nicht mehr aus den Händen.» – «Stille doch! ruhig! zum Teufel! Absitzen! Von den Tischen herunter! Ihr verratet ja sonst den Braten!» – «Jetzt, jetzt, Conrad, drauf, pack ihn an der Gurgel!» – «Worauf wartet er nur?» – «Er hält an – es ist unbegreiflich.» – «Er fuchtelt mit den Armen, als ob er mit jemandem disputierte, und ist doch allein. Hat er denn plötzlich den Verstand verloren?» – «Er war schon hier so wunderlich.» – «Es muß ihm jemand Mißgünstiger etwas Dummes ins Ohr geschwatzt haben, das an ihm frißt», urteilte Cathri mit hartem Ton, stirnrunzelnd und einen feindseligen Blick nach der Eßstube sendend.

«Ja, natürlich, jetzt ist es zu spät! jetzt hat ihn der andere entdeckt. – Er läßt den Stein fahren. Es ist zum Rasendwerden.» – «Warum steckt ihr aber auch alle die Köpfe zusammen wie eine Schafherde?» – «Gleichviel! Entrinnen kann er ihm doch nicht.» – «Endlich, endlich, Gott sei Dank! Hurra! Er hat ihn.» – «Hau ihn! streck ihn zu Boden!» – «Halt, was ist das? Er verliert den Helm.» – «Aber der andere purzelt auf den Boden.» – «Ja, aber er steht wieder auf.» – «Warum läßt er ihn denn wieder aufstehn?» – «Wahrhaftig, nein, es ist nicht zum Ansehn! Weiß Gott, er läßt ihn laufen!» – «Punktum! Fertig! eine gefehlte Geschichte.»

«Was hab' ich gesagt?» polterte der Wachtmeister. «Hab' ich jetzt recht gehabt oder nicht?»

Und ärgerlich, als ob sie übervorteilt worden wären, setzten sie sich wieder zum Trunke, geräuschvoll anstoßend, um zu vergessen und zu verwinden.

Cathri aber blieb aufmerksam beobachtend auf dem Flecke stehen. Nach einer Weile bemerkte sie: «Es gefällt mir etwas nicht.»

«Warum? Wieso? Er kommt ja zurück! Er ist ja bereits auf der Straße.»

«Ja, aber, er hält sich so sonderbar.»

«Ihr habt ja selbst gesagt, es plage ihn etwas inwendig?»

«Es ist nicht das. Wenn er nur nicht am Ende einen bösen Hieb oder etwas dergleichen abbekommen hat!»

«Warum nicht gar! Dazu hätte er im Tanzsaal bessere Gelegenheit gehabt! Der starke Conrad Reber, und einen bösen Hieb! von einem einzigen!

und noch dazu von was für einem! Übrigens, das wird er uns alles gleich selber am besten erklären, seht, da ist er ja schon an der Hausecke.»

«Jesus, Gott und Vater», schrie Cathri, «wo habt ihr eure Augen? Er ist ja bleich wie ein Leintuch!» Und die Vorstehenden gewaltsam beiseite stoßend, hastete sie ihm mit Riesensprüngen entgegen.

In diesem Augenblick schaute Anna aus dem Eßzimmer, warf einen Blick auf Cathri, einen zweiten nach dem Bruder, erblaßte und schwang sich mit einem einzigen Sprung auf die Erde.

«Conrad, was fehlt dir?» jammerte sie, ihn angstvoll umklammernd. «Sag's, sag's mir, der Schwester.» Zugleich stieß sie die herbeieilende Bernerin beiseite.

Conrads Lippen zitterten: «Ich bin gestochen», flüsterte er.

Da entfuhr ihr ein markerschütternder Schrei, der alles Volk aufschreckte. Nur die Musik dudelte weiter.

Er fuhr fort: «Ich habe den Helm verloren. Er liegt unter dem Nußbaum. Er gehört dem Leutolf. Ich mag jetzt doch nicht essen, ich habe keinen Appetit mehr. Wo bleibt denn nur die Mutter? Ich wußte ja nicht, daß sie gemütskrank war. Sag ihr das. Der Vater ist ein Ungeheuer, ein herzloses, wildes Tier, ja, das ist er. So holt doch den Helm, er ist ja nicht mein, er gehört dem Leutolf. Ich konnte ihn leider nicht selber aufheben.»

«Herr Reber», grüßte Cathri weinerlich.

Er wandte den Kopf nach ihr, aber sein verstörter Blick irrte über ihr Gesicht wie über einen leblosen, fremden Gegenstand. Und abermals von Anna weggestoßen, trat sie beiseite, an die Mauer, beschämt, gekränkt, beleidigt.

Indessen war eine entsetzte Menschenmenge herbeigesprungen, unter ihnen, außer Atem, der Doktor: «Wo?» fragte er, indem er mit tastenden Händen über Conrads Körper reiste. Und sich zurückbiegend: «Musik aufhören!» zürnte er. «Musik aufhören!» tönte ein vielstufiges Echo.

«Weshalb aufhören?» beklagte sich Conrad leise. «Warum sind überhaupt so viele Menschen da? – Warum starren sie mir alle ins Gesicht? – Was will man denn eigentlich von mir? Der Doktor soll doch weg, er tut mir weh. Anna, komm, wir wollen zusammen ins Haus, ich möchte allein sein.»

Kaum hatte er das gesagt, so wurde er erdfahl und brach in sich zusammen, unter des Doktors Händen weg, wie ein Holzstoß über dem Feuer, erst in den Gelenken, dann platt auf den Boden.

Anna warf sich über ihn, unaufhörlich seinen Namen rufend, in den süßesten Schmelzlauten, flötend, lallend, gurrend, auf und ab, durch alle Tonlagen der Kehle und aus allen Kammern des Herzens.

Andächtig verstummte das Volk vor dem schauerlichen Wohlgesang.

Der Doktor aber fiel auf die Knie, riß sein Besteck aus der Tasche, das er auf die Erde breitete, prüfte dann aufmerksam den Puls, erst am Handgelenk, hierauf, Anna wegschiebend, auch am Herzen. Allmählich zog er eine bedenkliche Miene. Endlich stand er, seine Instrumente einsteckend, langsam auf. Und während alle Augen an seinem Munde hingen, murmelte er gedämpft, als ob er für sich allein spräche: «Hier wird wohl wenig mehr zu operieren sein.»

Anna hatte das Wort vernommen und verstanden. Ihr Gesicht ward schlaff, und lautlos sank sie hin. Doch ehe noch jemand sie zu stützen vermochte, war sie wieder aufgesprungen, die geisterhaften Augen nach dem Hause emporgerichtet.

«Habt Ihr jetzt, was Ihr wollt? Seid Ihr nun zufrieden?» gellte sie, als hätte sie's durch die Mauer schreien mögen. «Jetzt bereitet er Euch keinen Kummer mehr! jetzt gibt er niemand mehr den mindesten Anlaß zur Klage! jetzt ist er nicht mehr zu vornehm! jetzt will er nicht mehr alles besser wissen, jetzt lacht er nie mehr zur Unzeit, Euer vielgeschmähter Conrad, der arme, arme Conrad!» Und wieder fiel sie über den Leichnam, diesmal mit wildem Röcheln, wie ein junger Jaguar.

Eine einzige Silbe wandelte feierlich durch das Volk: «Tot.» Flüsternd in den vorderen Reihen, gedämpft im Hintergrund, jenseits mit empörten Protestrufen des Unglaubens.

«Was?» – «Wo?» – «Wer?» – «Der ‹Pfauen›-Wirt?» – «Nicht der Alte, sondern der Junge, der Conrad, der Leutnant.» – «Warum nicht gar!» – «Das ist nicht möglich; das kann ja nicht sein.» – «Das hat ja keinen Sinn.»

Und von atemlos herbeirennenden Leuten füllte sich die Terrasse bis ins Dorf. Die Kellnerinnen standen leise weinend im vordersten Kreise, die gefalteten Hände vor dem Gesicht, als ob sie die

Augen schützen wollten, damit sie die schreckliche Wahrheit nicht sähen. «Was das nicht ist!» – «Ist's auch möglich?» – «Wenn ich nur das nie hätte erleben müssen!» – «Der arme Meister! Und so gut! So herzensgut! Jesus, Jesus!» – «Und wenn jetzt der Vater und die Mutter das sehen!»

Cathri, abseits an der Mauer, starrte geistesabwesend ins Leere, mit gerötetem Gesicht und bebenden Lippen.

«Oh, der Elende, der Schurke! – Der beste, bravste, gutmütigste Tropf auf Gottes Erdboden! – Und von solch einem elenden Wicht!»

Während sie sprach, stupfte sie unablässig mit dem Fuß an die Mauer, immer heftiger, in steigender Empörung. Und ihre Finger nestelten krampfhaft am Schürzenband, bis es entzweiriß.

In ihrer Nähe, ebenfalls an der Mauer, und von dem übrigen Volk gesondert, standen die Waldishofer gruppiert, in deren Mitte der Wachtmeister gedämpften Tones eifrig redete. Sooft Zuzügler sich herbei machten, wurde ihnen etwas zugeflüstert, dann tauschten sie finstere Blicke und einen kräftigen Handschlag wie zu einem Eide.

Offenbar bildete sich hier eine Verschwörung.

Eine Bewegung entstand, eine Gasse tat sich auf. Von bedauernden, mahnenden, zusprechenden Menschen gehemmt, die sich ihm in den Weg stellten, ihn hinderten, zurückhielten, wankte der alte «Pfauen»-Wirt ruckweise daher, wie eine von Ameisen überfallene Raupe, welche die Last ihrer Peiniger mit sich schleppt.

«Laßt mich», keuchte er, «laßt mich zu meinem Sohn! ich will zu meinem Sohn.»

Dazwischen lärmte er gegen den Tod, wie gegen ein Obergerichtsurteil, seine gerechte Sache bekräftigend, seine versöhnliche Gemütsart beteuernd.

«Ich begehre ja nichts mehr für mich! Er hat ja jetzt alles, was er will!» Als er aber durch die Menschengasse seiner Tochter über dem Leichnam ansichtig wurde, schüttelte er den Kopf wie ein Stier. «Muß er mir denn ewig und ewig nichts als Kummer verursachen!» brüllte er.

Da wandte ihm Anna langsam ihr Schmerzensantlitz zu, das welt- und toddurchdringende Liebestreue mit überirdischer Schönheit verklärte: «Sieh, Vater, das ist jetzt unser Conrad», sang sie mit sanftem Dulderton, während ihr Mund fürchterlich zuckte.

Jetzt zerrte er sich gewaltsam los und humpelte dem Leichnam zu. Er wollte sich niederwerfen; allein seine geschwollenen Gelenke versagten dem Willen. Nun tanzte er auf seinen dicken Klumpenbeinen vor dem Leichnam auf und ab wie ein angeschossener Elefant. Plötzlich stieß er den Doktor wütend vor die Brust. «Lebendig machen! Wieder lebendig machen!» grölte er.

Der Doktor hielt ihm eine priesterliche Miene entgegen. «Lebendig machen», sprach er feierlich, «das steht leider nicht in unserer Macht.»

Von der Mauer aber warf Cathri in schneidendem Ton herüber: «Ja, lebendig machen, das ist jetzt zu spät! Hättet Ihr's benutzt, als es Zeit war!»

Anna schnellte auf und zuckte gegen Cathri einen Blick, scharf wie eine Lanze.

Während man sich umsonst bemühte, den Alten

von hinnen zu schaffen, wandelte sich sein Toben jählings zum wehklagenden Wimmern. Er hatte seine Frau, die «Pfauen»-Wirtin, bemerkt, die von der Dorfseite um die Hausecke mit geknickten Knien mehr rutschend als gehend sich an der Wand entlang tastete. «Ist's denn wirklich wahr?» flehte die Angst aus ihren erloschenen Augen.

Hierauf, wie ihr das unzweideutige Bild: die Ansammlung des Volkes um eine nämliche unsichtbare böse Stelle, der Schatten des Unheils, der von dorther jedes Antlitz verdüsterte, die entsetzliche Wahrheit bestätigte, krampfte sie die Finger in das Gestein, um nicht zu fallen.

Anna flog ihr entgegen, ihr nach bewegte sich schwerfällig der Alte, überholt von mitleidigem Gesinde und Nachbarvolk.

Sie fiel, aber in befreundete Arme. «Conrad», winselte sie, «warum hast du mir das angetan?»

Betroffen tauschten die Herumstehenden Blikke. Und Bertha wandte sich zu Cathri um: «Es ist, als ob sie glaubte, er habe sich selber ein Leid zugefügt», flüsterte sie.

«Das böse Gewissen», versetzte Cathri bitter.

Und das sagte sie in ihrer rückhaltslosen Weise mit lauter Stimme. Abermals drückte Anna einen Blick gegen sie ab, diesmal einen drohenden.

Der Alte aber entschuldigte sich ehrfurchtsam vor dem mütterlichen Schmerze.

«Ich hatte ihm ja alles gewährt, was er nur verlangte. Ich kann nicht begreifen. Er hatte durchaus nicht die mindeste Ursache. Es muß ihn im Streithandel ein Stich getroffen haben, wie man erzählt.»

Der Doktor, der Feuerleutnant, nebst andern, welche Freundschaft oder Gemüt oder auch der Zufall der Nähe dazu berief, nahmen die «Pfauen»-Wirtin auf und förderten sie halb schiebend, halb tragend an dem Leichnam des Sohnes vorbei, den sie angelegentlich mit ihren Leibern verdeckten, der Haustüre entgegen. Der Vater hinkte greinend nach, Anna wachte zur Seite über beide. Es war wie ein Leichenzug.

«Ich muß doch Abschied von ihm nehmen; ich muß ihn doch um Verzeihung bitten», jammerte die «Pfauen»-Wirtin.

«Ja, jetzt hat sie Grund zum Jammern und Seufzen», rief Cathri unwillkürlich, im Drange der Wahrheit.

Nun aber riß sich Anna los und stürzte ihr entgegen: «Mensch ohne Gemüt, Weib ohne Herz!» schrie sie ihr ins Gesicht. «Egoistin! härter als Stein und Eisen! Ihr, Ihr, und niemand anders, habt ihn auf dem Gewissen! Statt ihn zurückzuhalten, habt Ihr ihn noch angestachelt!»

Cathri maß die Gegnerin kaltblütig mit haßerfülltem Blick.

«Immer noch besser», entgegnete sie, «ein Unglück im Hause als ein Verbrechen.»

«Wie meint Ihr das?» kreischte Anna außer sich.

«Ich meine», erwiderte Cathri fest, «wenn es doch einmal geschehen mußte, immer noch besser von fremder Hand als ...» Hier stockte sie.

«Als?» verlangte Anna. «Als?» Dann plötzlich, ohne die Ergänzung abzuwarten: «Fort von hier! Heuchlerin! Intrigantin! Mannsschleicherin! Fort! Fort noch in dieser Stunde! Ich, als Tochter des

Hauses, befehle Euch, Euch, der Dienerin: Fort aus dem ‹Pfauen›, und zwar augenblicklich!»

Cathri richtete sich hoch auf: «Ich verwahre mich ausdrücklich dagegen», sprach sie, «daß man mich Knall und Fall von hinnen jagt, wie eine ungetreue Magd, mit Schimpf und Schande, als ob ich gestohlen hätte. Es ist nicht wahr, daß ich irgendwelche eigennützige Absicht hierher trug. Und vor dem letzten Zuge mich zu entlassen, dazu hat niemand das Recht, nachdem man mich bis zum letzten Zuge gedungen hat. Übrigens, meinetwegen, ich habe nichts dagegen, jawohl, ich gehe. Aber nicht etwa, weil Ihr mir's befehlt, denn Ihr habt kein Recht dazu, sondern freiwillig, weil mir vor diesem gottverlassenen Hause des Hasses und des Haders ekelt, weil ich lieber bei bettelarmen Leuten in der geringsten Strohhütte dienen möchte, wo der Friede wohnt, als hier unter dem protzigen Ziegeldach im Unfrieden. Verzehrt Euch in Reue! Schiebt einander gegenseitig die Verantwortlichkeit zu! Ich ziehe meiner Wege. Das aber sag' ich: Eure Schuld ist's, Eure Schuld und einzig Eure Schuld, nicht meine. Hätte ihm nicht jemand Gift eingegeben, daß er inwendig zu tun hatte, niemand hätte ihm das mindeste anhaben können. Übrigens, es ist gekommen, wie es kommen mußte. Geschah es heute nicht, so wäre es morgen oder übermorgen geschehen, wenn nicht auf diese Art, auf jene und möglicherweise noch schlimmere.»

Damit warf sie trotzig den Kopf in den Nacken und stolzierte ins Haus nach dem Portierstübchen, schleuderte dort das Geldtäschchen weg, setzte den

Strohhut auf, rückte ihn vor dem Spiegel zurecht und wandte sich abzuziehen.

Allein die Köchin, die alte treue Lisabeth, vertrat ihr den Weg.

«Euer Lohn», mahnte sie mit eisiger Stimme, indem sie ihr so beleidigend als möglich ein Goldstück entgegenhielt.

Cathri brauste in heller Empörung auf, bereit, die Hand wegzustoßen. Doch sofort besann sie sich: «Ich habe den Lohn redlich mit fleißiger Arbeit verdient», sprach sie, «ich brauche mich seiner nicht zu schämen. Es ist kein Geschenk, was ich annehme.» Sie nahm also das Goldstück und steckte es ein. Hernach schritt sie in aufrechter Haltung zur Türe hinaus auf die Terrasse.

Vor dem Volke angelangt, verkündete sie mit lauter Stimme: «Ich rufe Gott und mein Gewissen zu Zeugen an, daß man mir unrecht tut, daß ich diese schmähliche Behandlung nicht verdient habe.»

In diesem Augenblick trugen sie Conrads Leichnam ins Haus, an ihrer Seite vorbei. Zwar den Rumpf verdeckten die Träger; auch wandte sie sich unwillkürlich ab, von Schmerz und Schauder überwältigt; nichtsdestoweniger streifte ihr widerwilliger Blick den Stiefel des linken Beins, dessen herabhängendes Ende auf dem Boden schleifte, und jählings trat ihr bei diesem Anblick das Bild ihres Baschi vor Augen, wie sie ihn auf der Bahre heimbrachten. Also von doppeltem Leid gleichzeitig überfallen, zersprang ihre starke Fassung, so daß ihr das übermäßige Elend in heulendem Tonschwall aus dem Herzen stürzte. Und also heulend schritt sie mitten durch die Menge, in der Richtung nach dem Rebberg, wo der Verkehr am spärlichsten war, stolz und bolzaufrecht wie immer, und ohne jemandem einen Blick oder Gruß zu verabfolgen.

Erschüttert machte das Volk ihr Platz, mit gemischten Gefühlen, zugleich bewundernd und grausend, teilnehmend und verdammend. Es war anzuschauen wie ein Strafgericht und doch wieder wie jemand, der in überlegener Unschuld, unberührt von dem Urteil der Menschen, geraden Weges einherwandelt.

Josephine und Bertha eilten ihr nach. «Ihr müßt das nicht so wörtlich auffassen», tröstete Josephine, «es ist nicht so buchstäblich gemeint.»

«Ihr dürft nicht einen so strengen Maßstab anlegen», mahnte Bertha, «Ihr müßt dem Schmerze der Schwester auch etwas zugute halten.»

Die übrigen Kellnerinnen schauten kühl und fremd.

Cathri strebte unaufhaltsam vorwärts. Beim Holzschuppen trat sie in die Einsamkeit. Sie war kalt, die Einsamkeit, trostlos kalt; und weit, endlos weit; und leer, zum Verzweifeln leer, als hätte sie sich irgendwo in der Ewigkeit verloren.

Bei der Kegelbahn begegneten ihr zwei schwebende Gestalten, vereint zum Paar, die Hände verschlungen, die traumschönen Häupter strahlend vor Glück und Hoffnung: sie und Conrad. Vor diesem Bilde schmolz ihre Seele, daß sie meinte, das überquellende, ungebärdige Weh wolle sie zu Boden werfen, auf das geweihte Fleckchen Erde, wo sie vor einer kurzen Stunde zusammen einen Bundesbaum gepflanzt, mit lustigen Wimpeln und Fähnchen. Wie mit hundert starken Armen der Natur zog es sie nieder, damit sie dort auf der heiligen Stelle ihr Leid ausweine, demütig, sehnsüchtig und inbrünstig. Aber der Stolz hielt sie aufrecht, und der Trotz stieß sie von hinnen. Sie verbarg das Gesicht in den Arm und weinte in den Ellbogen.

«Und gerade in einem solchen Augenblick», schluchzte sie, «wo man meint – wo man glaubt – wo man das Glück ...»

Dann tauchte sie in die Dämmerung, längs dem Rebberg hinab in gleichmäßigem Geschwindschritte, den Abend mit dem tiefen, sonoren Wohlklang ihres Trauergeheuls erfüllend. Bald aber entstieg dem Schmerze der Zorn. «Warum kommt man denn», meuterte sie, «und sucht mich auf und bittet und bettelt himmelhoch, daß ich die Gefälligkeit haben möchte? Ich war ja im Kurbad vortrefflich aufgehoben. Dort ehrt man mich und weiß mich zu schätzen. Ja, wenn ich wollte, wenn ich nur im mindesten ein Zeichen gäbe! – ‹Intrigantin! – Mannsschleicherin!› Wer? Ich? Ich bin nicht darauf angewiesen, Herrschaft zu erschleichen; ich könnte sie auf dem Teller haben und noch dazu eine vornehmere als den ‹Pfauen› – und habe auch nicht nötig, einen Mann zu erschnappen; sie bieten sich mir ja alle an! Aber ist denn das meine Schuld? Ich bin wahrlich nicht diejenige, die ihnen entgegenkommt. Ich begehre nur einen einzigen, den ich gern habe und den ich achten kann; und dazu habe ich das heilige Recht, so gut wie jede andere. – Es ist wahr, sie hat die Vollmacht, sie hat die gesetzliche Befugnis und Berechtigung, sie kann mir das Haus verbieten, obschon, obschon – es kostete mich ja bloß ein Wörtchen, und er stellte mich öffentlich als seine Braut vor, er hatte ja die Absicht! Ich hätte dann sehen mögen, wer mir meinen gebührenden Platz an der Leiche meines Bräutigams verwehrt hätte! Ihn nicht einmal mehr sehen und anrühren zu dürfen! nicht einmal einen Kuß auf seine bleichen Lippen zu drücken! – den ersten und letzten! – Doch verlobt oder nicht verlobt, gleichviel, es gibt eine Wahrheit und eine Treue. Ein Wort ist ein Wort, ob nun öffentlich gesprochen oder unter vier Augen. Und wenn einmal zwei Worte sich gekreuzt haben, unter rechtschaffenen Menschen, so gilt es, auch ohne Ring und Zeugen oder Pfarrer und Zivilpfarrer. Mir hat er das Versprechen gegeben, das heißt, auf ehrlich, er gehört mir, mir allein, in alle Ewigkeit, tot oder lebendig, und keiner anderen, mag sie noch so sehr einen lächerlichen Abgott aus ihm machen! Daß er mich zuletzt nicht wiedererkannte, das beweist nichts, gar nichts, nicht das mindeste, denn das begreift sich doch: wer mit dem Tode zu kämpfen hat, der hat genug zu tun, er kann nicht den Geist auswärts beschäftigen.»

Dann kam ein neuer Schub von Jammer, so daß sie laut aufstöhnte; in das Stöhnen aber mischte der Zorn bellende Laute. Plötzlich hielt sie an und drehte sich um, das Gesicht nach dem «Pfauen» emporgerichtet.

«Übrigens, ist *sie* denn verlobt?» Sie schloß gewaltsam die Lippen und zerdrückte ein böses

Wort zweimal und dreimal. Endlich konnte sie sich's doch nicht versagen: «Wenn eine Gewisse wüßte», entfuhr es ihr, «was ein gewisser Doktor mir für Augen gemacht hat.» – Hernach reiste sie weiter. – «Ich gehe einfach wieder ins Kurbad», schloß sie ab.

Unten im Rank, wo die Herrlisdörferreben sich nach den Rubisthaler Flühen zurückziehen, folgte ihr ein kicherndes Hohngelächter aus dem Weinberg.

Kein Zweifel, es waren die Wagginger, denn nur der Feind triumphiert über ein Weh. Flugs machte sie Front und wetterte mit mähenden Armen wie der Pfarrer in der Kirche eine Buß- und Karfreitagspredigt in den Weinberg: «Fluch und Schande über euch gottvergessene Mordbuben! Möge jedem von euch dereinst in der Sterbestunde das Gewissen in die Gurgel steigen, daß euch die Hölle, der ihr sicher nicht entrinnt, schon auf dieser Welt den Borst sengt und brenselt. Ich bete nicht, der Donner des Himmels möge euch erschlagen, denn unseres Herrgotts gesunder, reinlicher Blitz ist viel zu sauber für schmutzige Wiedehopfe eurer Gattung. Er würde ja zeitlebens stinken, der Blitz, wenn er euch anrührte! – Männer will das vorstellen? Männer, dieses krumme, mißgeborene Bastardgezücht, diese siechen Hämlinge ohne Mut, ohne Kraft, ohne Muskel, ohne Stimme? Aber getrost. Ich habe es mit eigenen Augen gesehen, wie er ihn gestochen hat und wer ihn gestochen hat, und mit mir hundert andere. Man kennt ihn, und man kann ihn nennen. Der Matthiesen-Michel von Niederwaggingen ist's und niemand sonst. Ich habe ihm im Tanzsaal die Hand übers Maul geschlagen, ich werde ihm im Gerichtssaal den Zeigefinger in die Augen stecken und sagen: ‹Du bist's›, und ich mache mich anheischig, es eidlich zu beschwören. Und wenn – gesetzt der Fall – die eigene Familie nicht klagen will, so klage ich und gehe zum Staatsanwalt und lasse nicht nach und verlange Recht und Sühne. Und wenn er nicht will, so zwinge ich ihn mit seiner Pflicht und seinem Beruf und mit dem Regierungsrat und mit der Zeitung, bis er muß.»

Und als jetzt zur Warnung ein Kieselsteinchen an ihr vorbeitänzelte, ersprang sie über zwei Stapfeln das Mäuerlein, riß einen Stecken von den Reben und wies ihn drohend vor, wie man einem Hunde droht. «Eia, ich bin nur eine schwache Jungfrau», rief sie, «aber mit einem halben Dutzend eures Gelichters wollt' ich mir's im Notfall noch getrauen aufzunehmen.» Dann, nachdem sie eine Weile in der herausfordernden Stellung verharrt, schleuderte sie mit verächtlicher Gebärde den Stecken fort und zog ihres Weges, der Eisenbahnböschung entlang, dem Bahnhof zu.

Schlurpende Schritte hasteten ihr nach, und jemand tippte ihr auf die Schulter. Trotz der Dunkelheit erkannte sie den Oberwagginger Fürsprech.

«Ihr, Cathri, oder wie Ihr heißt, seid Ihr Euch denn aber auch der Verantwortlichkeit bewußt, was das sagen will, sein Gewissen mit einem Eide belasten?» munkelte er.

«Jawohl», antwortete sie höhnisch, ohne den Schritt zu verkürzen. Der Fürsprech zupfte sie am Rock.

«Ihr habt ja doch auch ein fühlendes Herz; Ihr werdet gewiß nicht unnötigerweise einen Menschen ins Unglück bringen wollen, der vielleicht mehr aus jugendlichem Übermut» – zugleich ließ er ein großes weißes Fünffrankenstück schimmern. Da versetzte sie ihm mit dem Ellenbogen einen Stoß in den Magen, daß das Geldstück auf dem Weggestein klimperte, wonach der Fürsprech schimpfend zurückblieb, um seinen Fünfliber zu fischen.

Beim Stationsübergang überstieg sie schlankweg die geschlossene Barriere. «Heda, he! halt, halt!» wehrte aufgebracht der Wächter, «es kommt ein Zug.»

«Meinetwegen», erwiderte sie kurz und war schon über dem Geleise.

Eine ziemliche Menge Volkes war vor der Station versammelt, in feierlicher Haltung, wie zu einem Begräbnis, gedämpft sprechend, ereignisschaudernd und neuigkeitslüstern. Obschon der «Pfauen» von hier aus nur stückweise sichtbar war und das sichtbare Stück überdies in der Dämmerung versank, schaute doch alle Welt nach dem Gasthof empor, auf der äußersten Kante der Wartehalle stehend, Belehrungen über die Ortsverhältnisse, wo sich das Ereignis begeben hatte, austauschend. Cathris Ankunft weckte ein Flüstern, und während aller Augen sich nach ihr richteten, machte man ihr ehrerbietig Platz.

Der Vorstand nahm höflich grüßend die Mütze ab. «Ist es denn wirklich wahr?» wagte er schonend.

Cathri erhob die Stimme: «Wahr ist», rief sie,

«daß auf dieser Welt die Besten unterliegen und die Schlechtesten obenauf sind.»

Die Neuberin, die Pintenwirtin, ergriff sachte ihren Arm. «Wolltet Ihr nicht lieber ein bißchen aus dem Gedränge, bis Euer Zug kommt? Es dauert noch reichlich eine Viertelstunde.»

«Der Zug Nummer zwölf hat überdies zweiundzwanzig Minuten Verspätung», ergänzte der Vorstand verbindlich.

«Kommt», drängte die Neuberin. «Sitzt ein wenig ab, Ihr habt Ruhe nötig.»

Da ließ sie sich wegführen, über die Straße ins Gärtchen, ins Läubchen. «Hier seid Ihr vollkommen ungestört», tröstete die Neuberin einladend; «Ihr müßt freilich sehr, sehr vorlieb nehmen», entschuldigte sie, «es ist halt alles gar entsetzlich einfach bei uns, im Vergleich mit Euch im vornehmen Kurbad.»

Aber Cathri stutzte und rümpfte die Nase. Ein unordentliches Weibsbild in schlampigem Rock mit ungekämmten Haaren lag drinnen auf den Knien, die Arme auf die Bank gelegt, den Strubelkopf zwischen den Armen verborgen, und schluchzte, als hätte sie die ewige Seligkeit verwirkt. Die Neuberin puffte, rüttelte, schüttelte die Daliegende hin und her, stupfte auch nachhelfend mit dem Fuß. «Jucunde, so steh doch endlich auf», belferte sie ärgerlich, «du machst ihn ja doch nicht wieder lebendig mit deinem unsinnigen Gebaren.»

Jucunde ließ sich schütteln, daß ihr Rumpf hin und her wackelte, gab jedoch kein anderes Lebenszeichen, als daß ihr Schluchzen in Wehgeschrei überging.

Die Neuberin, ihre Ohnmacht einsehend, gab weitere Versuche auf.

«Ihr müßt Euch nicht daran kehren», bat sie seufzend, «es ist halt in Gottes Namen die Jucunde. Ein unvernünftiges Tier hat mehr Verstand.»

Da ließ sich Cathri auf das äußerste Ende der Bank nieder, einen mißtrauischen Blick nach Jucunde werfend, als fürchtete sie, ihre Augen mit dem Anblick zu verunreinigen.

«Darf ich Euch vielleicht ein Gläschen Wein aufwarten?» schmeichelte die Neuberin.

«Nein, ich danke.»

«Oder etwa eine Kerze? Es nachtet zusehends.»

Cathri verneinte.

Die Neuberin aber beharrte mit verschränkten Armen auf dem Platze, schweigend, nur ab und zu einen Seufzer entladend.

«Das ist ein böser Sonntag», ächzte sie. «Von dem wird man wohl noch jahrelang reden, und nicht nur in Herrlisdorf, sondern im ganzen Bezirke.»

Dann hub sie an zu förscheln: «Wie ist es denn eigentlich gekommen?» wagte sie gedämpft und vertraulich.

«Das wird sich vor Gericht erweisen!» erwiderte Cathri barsch, den Fragemut vorabschneidend.

Die Neuberin kratzte sich, um Zeit zu gewinnen. Darauf setzte sie wieder an: «Was wohl der Vater, der alte ‹Pfauen›-Wirt, dazu gesagt haben mag? Und erst die ‹Pfauen›-Wirtin! die ohnehin schon alles schwarz sieht?! Und die Schwester, die schöne Anna, die nicht höher geschworen hat als auf ihren Conrad! – Das wird jetzt wohl auch im weiten Feld sein, das mit dem Doktor Inderwyler, die Verlobung ...»

Da indessen Cathri auf keine dieser Angeln anbiß, wandte sie sich ein wenig um, als ob sie sich entfernen wollte. Allein sie brachte es doch nicht übers Herz, den Auskunftsposten zu verlassen. Und als der kleine Conrad, das Büblein, auf unsichern Beinchen durch das Gärtchen pendelte, lud sie ihn auf den Arm und zeigte gegen den «Pfauen»: «Denk, Büblein», bedauerte sie, «der schöne Reiter, der heute mittag über den Balken sprang – weißt du noch? –, der ist jetzt tot.»

Bei diesen Worten schrie Jucunde in den höchsten Tönen, wie ein Ferkel, das von der Köchin abgestochen wird, während ihr Cathri einen feindseligen Blick in den Nacken bohrte. Das Büblein aber juckte auf dem Arm: «Hü, hü», lallte es.

Endlich verzog sich die Neuberin doch, obschon ungerne. «Ich komme Euch dann mahnen, wenn Euer Zug einfährt.»

Kaum spürte sich Jucunde mit Cathri allein, so reckte sie, ohne den Kopf zu erheben, ihre Hand mit gespreizten Fingern aus, Cathris Arm suchend, den sie krampfhaft drückte. So wie Verwandte an der Leiche eines Angehörigen zu tun pflegen, um die Gemeinsamkeit des Schmerzes zu bekunden, wenn die Worte versagen. Allein Jucundens Finger waren naß von Schleim und Tränen. Cathri riß sich unwillig los, stand auf, und indem sie mit dem Taschentuch angelegentlich die Stellen wischte, wo Jucundens Finger sie beschmutzt hatten: «Ich verbitte mir dergleichen!» erklärte sie empört.

Hierauf setzte sie sich wiederum, indessen noch

weiter am äußersten Rand der Bank, so daß sie nur auf dem linken Schenkel ruhte. Um aber ähnlichen Vertraulichkeiten vorzubeugen, bemerkte sie strenge mit nachdrücklicher Betonung: «Ich liebe nicht Zudringlichkeiten von fremden Personen.»

Jucunde verübelte ihr die kränkende Abfertigung nicht, sondern demütig ihr nasses Antlitz erhebend: «Euch also hat er liebgehabt», bewunderte sie mit dem Ton ehrerbietigster Unterwürfigkeit.

«Das geht Euch nichts an!» herrschte Cathri.

Jucunde ließ ihren Kopf wieder auf den Arm sinken.

«Dort an jenem Tisch, an jenem Tisch, dort ist er gesessen», erzählte sie zwischen herzbrechendem Weinen. Hernach wies sie ihre wunde Hand vor, war aber vor Tränen nicht imstande, die Erklärung hinzuzufügen.

«Oh, hätte ich ihn doch nicht ziehenlassen!» schluchzte sie. «Warum war ich nur so kalt! So keusch! So zurückhaltend! Warum lief ich ihm nicht nach und holte ihn ein und warf mich ihm in den Weg und hielt ihn an den Knien fest! Er säße jetzt hier im Garten, gesund und lebendig. – Und ohne Abschied, ohne Gruß! Oh!» – Sie schlug den Kopf auf die Arme. «Und er schaute sich noch nach mir um, und ich zeigte mich nicht! Oh!» Sie raufte sich die Haare und tat wie wahnsinnig.

Von nun an sprach sie nichts mehr, sondern weinte beständig. Es schien unmöglich, daß ein Geschöpf erbärmlicher weinen könnte. Und doch, wenn sie von Zeit zu Zeit den verstörten Blick nach dem «Pfauen» richtete, dessen weiße Mauern noch durch die Spätdämmerung schimmerten, so barsten immer wieder frische Schleusen ihres Leides, daß die Tränen und Schluchzer sich jählings verdoppelten. Und unwillkürlich strebten immer von neuem ihre breiten, plumpen Finger nach Cathris Arm, wie ein verstümmeltes Tierchen, das den Stummel vorstreckt, aber ängstlich wieder zurückzieht, weil es erfahren hat, daß es dort außen weh tut.

Die Neuberin wuselte wichtig heran: «Habt Ihr's gehört?» meldete sie außer Atem. «Sie sind noch einmal aneinandergeraten, die Wagginger und die Waldishofer, hinter den Reben in den Rubisthaler Flühen. Die Waldishofer seien durch den Wald und hätten ihnen den Weg abgeschnitten. Sie sollen ganz unvernünftig gehaust haben, die Waldishofer, wie die wilden Tiere, nicht wie Menschen, besonders der Christian, der Wachtmeister. Das ist doch wahrhaftig auch nicht recht. Es sind ja schließlich doch auch Menschen, die Wagginger; wenn auch vielleicht ein bißchen lustig und übermütig. Sie sind halt jung. Wir wenigstens, sooft sie bei uns einkehrten, haben uns niemals über sie zu beklagen gehabt. – Es seien ein paar im Rebberg liegengeblieben; den Fürsprech von Oberwaggingen haben sie auf dem Fuhrwerk heimgetan, und den Matthiesen-Michel hat man nach Herrlisdorf tragen müssen; er werde schwerlich mehr aufkommen.»

«Das ist recht, das freut mich», bemerkte Cathri.

Da zitterte die Luft und bebte die Erde, elektrische Signale tingelten, durch die Finsternis rollte unter Zischen und Brausen eine unförmliche, schwarze Masse mit roten Augen daher, jählings ins Riesenhafte wachsend, wie aus dem Boden steigend.

«So, das ist jetzt Euer Zug», mahnte die Neuberin. Cathri machte sich hastig auf, einen kurzen Dank zurückwerfend.

«So wollt also Ihr mich auch verlassen!» jammerte Jucunde, «so habe ich denn niemand auf der ganzen Welt mehr, der mich ein klein wenig versteht und mich ein bißchen tröstet!»

In dem Augenblick, da Cathri über die Straße eilte, fuhr ein Chaisechen flink auf leisen Rädern heran, mit klingenden Schellen und trippelndem Rößlein.

«Ist der Conrad noch in der Pinte, oder ist er wieder daheim?» rief ihr Benedikt wohlgemut entgegen.

Sie hielt sich indessen nicht mit einer Antwort auf, sondern gewann die Station, wo eben der Zug bremste.

Noch hatten die Räder sich nicht vollends beruhigt, so flogen bereits aufgeregte Rufe hin und her.

«Wißt ihr's schon?» – «Was?» – «Wo?» – «Wann?» – «Nicht möglich!»

Allein der Vorstand wetterte: «Wir haben jetzt keine Zeit zu vermischten Nachrichten. Der Zug hat mehr als eine halbe Stunde Verspätung. Heraus, wer heraus will, und hinein, was hinein gehört!» Dazu strapazierte er wie besessen die Stationsglocke.

Es folgte eine kopflose Verwirrung von kreuz und quer stürmenden Menschen.

«Dritte Klasse», heischte Cathri.

«Dritte Klasse hinten einsteigen», verwies der Schaffner grob. «Aber schneller ein wenig!»

«Dritte Klasse», wiederholte sie, als sie aufgeregten Atems hinten anlangte.

Der Schaffner fuhr sie wütend an: «Dritte Klasse vorn einsteigen», brüllte er.

«In einem Schweinestall herrscht mehr Ordnung und Manier», rief Cathri aufgebracht.

Darob entspann sich ein Schimpfgefecht zwischen den beiden Schaffnern, während Cathri gebieterisch nach dem Zugführer verlangte.

Außer sich über die Verzögerung, eilte der Vorstand herbei. Sowie er Cathri erkannte, grüßte er verbindlich und geleitete sie persönlich in eine Abteilung erster Klasse.

«Fertig, fort!» schnarrte er.

«Wijüh!» bestätigte die Pfeife des Zugführers.

Und mit mächtigem Stampfen setzte sich der schwere Zug in Bewegung, begleitet von Grillengezirp und Sternengeflimmer, hart an der Lissi vorbei, die ihre heimatgierigen Nüstern ungeduldig über den Hemmbalken vorschob, und an der Pinte vorüber, wo Jucundens trostloses Wehklagen weithin durch die schwarze Nacht zitterte – dem Kurbade entgegen.

IMAGO

Die Heimkehr des Richters

«Warten mit dem Aussteigen! Warten denn, bis der Zug hält!» – «Dienstmann gefällig? Dienstmann?» So, das wäre jetzt also die Heimat, nach welcher man sich das Herz aus dem Leibe gesehnt hat! Dem Landjäger, der dort in der Halle lungert, würde man's auch nicht ansehen. Ich glaube gar, er gähnt. Heimat und Gähnen!

«Haben Sie noch Großgepäck?»

Ein Bahnhofplatz wie ein anderer; starre Häuser, hart und grau wie überall; nichts von Purpurschein und Goldschimmer. Waren denn eigentlich früher die Gassen auch so zugig und leer? Puh, diese Staubwolken! Und was für ein eiskalter Wind, anfangs September! Vor einem jedenfalls, Viktor, bist du in dieser steinernen Nüchternheit sicher: vor Liebesanfechtungen. Oh, keine Gefahr!

Allein der täppische Dienstmann mit seinem zudringlichen Geschwätz erlaubte keine Besinnung. «Würden Sie mir vielleicht eine große Gefälligkeit erweisen?» ersuchte ihn Viktor. «Dann gehen Sie, bitte, langsam, aber ja recht langsam, um diesen Pfeiler, und zählen Sie genau die Schritte. – Wieviel? Sechs? Gut, ich danke; und jetzt, wenn Sie einverstanden sind, ziehen wir weiter.» Da fiel dem Männlein vor Verblüffung der Unterkiefer herunter, daß er auf dem ganzen Wege kein Wort mehr hervorbrachte.

Kaum im Gasthof angekommen, verlangte Viktor das Adreßbuch. Wie heißt sie doch gleich, gegenwärtig, die Treulose, mit ihrem angeheirateten Namen? Wyß, glaube ich, Frau Direktor Wyß. Aber wovon Direktor? Es gibt Eisenbahn-, Bank-, Gas-, Zement-, Gummi-, alle möglichen und unmöglichen Direktoren. Nun, wir werden's ja gleich lesen. Richtig, da steht sie; natürlich vorsichtig hinter ihrem Manne versteckt: Dr. Treugott Wyß, Professor, Direktor des städtischen Museums und der Kunstschule, Vorstand der kantonalen Bibliothek, Mitglied der Waisenhauskommission, Münstergasse 6.

Hu, wieviel Weisheit! was für ein Haufe voll Würden! Eigentümlich, ein Bankdirektor wäre mir fast lieber gewesen. Zwar also jedenfalls ein hochgebildeter Herr. Trotzdem – ich weiß nicht warum, es ist nicht meine Schuld –, ich kann mir diesen braven Ehefriedrich nicht anders als klein, unansehnlich und ein bißchen unbeholfen vorstellen, ich will nicht gerade sagen komisch.

Also morgen vormittag Münstergasse sechs. Gelt, schöne Dame, das sagt dir dein kleiner Finger auch nicht, daß morgen dein Richter naht?

Und am folgenden Morgen zur Besuchsstunde machte er sich nach der Münstergasse auf den Weg.

Wie sie wohl meinen Anblick bestehen wird? Zweierlei ist möglich. Entweder sie erbleicht und wankt aus dem Zimmer, oder sie errötet, faßt sich, trotzt mir und sieht mir dreist ins Gesicht. In diesem Falle werde ich meinen Blick mit Erinnerung laden und sie zwingen, die Augen vor mir niederzuschlagen. Hernach wende ich mich zu ihm, dem Friedrich: «Hochgeehrter Herr, die rätselhafte Pantomime, die wir soeben vor Ihren erstaunten Augen aufgeführt haben, Ihre Frau und ich, verlangt eine Erklärung. Selbstverständlich bin ich bereit, sie Ihnen zu geben, halte es aber für ritterlicher, das Wort Ihrer Frau zu überlassen. Denn ob ich schon ihr Gläubiger bin, ihren Ankläger will ich nicht spielen. Von ihr also mögen Sie sich erzählen lassen, warum und wieso ich der rechtmäßige Eigentümer Ihrer Gattin bin und Sie, mein Herr, bloß mein Stellvertreter und getreuer Statthalter, dank meiner Erlaubnis. Entschlagen Sie sich indessen aller Besorgnisse; nachdem ich Sie stillschweigend als meinen Ehestatthalter anerkannt, bin ich mir bewußt, die Anstandspflicht übernommen zu haben, Ihre Ehe, Ihren Frieden, Ihr Glück in keiner Weise zu stören. Ihr Herd ist mir heilig, und meine klare Aufgabe lautet, mich zu verneigen und zu verschwinden; Sie werden an mir, Herr Direktor, die Tugend der Unsichtbarkeit schätzen lernen. Wie ich denn auch zum ersten und zum letzten Male Ihre Schwelle übertreten habe; und wenn ich heute erschienen bin, so geschah das bloß, um einmal in meinem Leben, ein einziges Mal und nie wieder, Ihrer geehrten Frau Gemahlin ergebenst meinen Mangel an Hochachtung auszudrücken. Dort liegt sie, das fleischgewordene Schuldgeständnis. Das genügt mir. Falls es Ihnen nicht genügen sollte, so wohne ich da und da und stehe jederzeit vom Morgen bis zum Abend zu Ihrer Verfügung.» So ungefähr werde ich zu ihm sprechen. – Hausnummer vierzehn; da bin ich in Gedanken vorübergegangen. Rückwärts denn: Nummer zwölf, zehn; jetzt kommt es näher; acht – also das nächste Haus. Nicht übel, das Häuschen; wie reinlich, wie wohnlich mit den weißen Spitzenvorhängen und dem weit ausladenden Erker; wer würde ihm von außen die Falschheit ansehen, die es birgt? Einen Kanarienvogel hört man auch; und Kinderlachen. Ein Kind? Wie kommt ein Kind da hinein? sollte ich mich in der Hausnummer getäuscht haben? Nein, es ist richtig Nummer sechs. Nun, es können ja mehrere Familien in einem Hause wohnen.

Als er an der Tür den Namen Wyß las, begannen urplötzlich seine Pulse ein Wettrennen im Galopp. «Ruhig dort innen!» herrschte er, «Beklemmung geziemt ihr, nicht mir, dem Richter!» Zog die Klingel und eilte die Treppe hinauf, die Stufen überspringend.

Es tue ihr leid, flötete das Dienstmädchen mit süßlicher Miene, Herr und Frau Direktor wären ausgegangen.

Darob knirschte sein Unwille. Auf jeden Empfang war er gefaßt gewesen, nur nicht auf keinen. Überhaupt liebte er nicht, wenn jemand, den er besuchen wollte, nicht zu Hause war. «Ausgegangen!» Die geht also am hellen, lichten Tage mit jenem aus?! Freilich, das Recht dazu hatte sie, allein es gibt nicht bloß ein Recht, es gibt auch eine Scham. «Hier meine Karte, und ich würde um drei Uhr nachmittag wieder vorsprechen.»

«Frau Direktor werden schwerlich heute nachmittag zu Hause sein», wagte das Dienstmädchen.

«Sie wird zu Hause sein!» befahl er, kehrte sich

und ging. Was für eine boshafte Person, dieses Dienstmädchen! Wie giftig sie das Wort «Frau Direktor» betont hatte, beinahe höhnisch. Auf der Treppe begegnete ihm der Briefträger. «Eine Postkarte für Frau Direktor», meldete er nach oben. Der auch! feiges Volk! Tatsachenknechte! Hätte ich sie geheiratet, so würden sie sie heute wahrscheinlich mit meinem Namen nennen.

Auf der Straße zog er die Uhr: «Halb zwölf; reicht zur Not gerade noch zu Frau Steinbach vor dem Mittagessen. Ein wenig weit zwar von der Münstergasse ins Rosental, allein wenn man ein bißchen auszieht ...» – und das trauliche Gärtchen mit den Astern im Herbstsonnenschein leuchtete ihm ins Gedächtnis. Rüstig machte er sich auf den Weg, glücklächelnd ob der Vorstellung, die Freundin wiederzusehen. Und je länger, desto rascher trieb ihn das Verlangen. Vor dem Gartentürchen jedoch stutzte er: «Natürlich wahrscheinlich ebenfalls nicht zu Hause, denn wenn das einmal anfängt, so geht es wie eine Seuche.»

Doch nein, Wunder! ein Freudenruf erscholl oben aus dem Fenster, und freundschaftstrahlend eilte sie ihm entgegen, die Treppe herab. Wenig fehlte, so wären sie sich um den Hals gefallen. An beiden Händen zog sie ihn mit sich: «Sind Sie's auch wirklich? – Und nun setzen Sie sich und erzählen Sie mir! Vor allem, lieber Freund, wie geht es Ihnen?»

«Wie soll ich das wissen?»

Laut auf lachte sie vor Vergnügen: «Daran erkenne ich Sie wieder! Also: reden Sie, sprechen Sie, einerlei was! Nur daß man Ihre Stimme hört!

Damit man auch ganz sicher weiß, Sie sind es leibhaftig, und es ist nicht etwa bloß ein schönes Märchen. Denn bei Ihnen, mein Herr, geht ja Phantasie und Wirklichkeit derart durcheinander, daß man sich nicht wundern würde, wenn Sie einem plötzlich wieder unter den Augen verschwänden.»

«Ein bißchen aus dem Geleise, der Gedankenzug», scherzte er, «nicht ganz tadellos gekuppelt. Befehlen Sie übrigens, daß ich mich rundherum drehe, um Sie von meiner Leibhaftigkeit zu überzeugen?»

«Nein, geben Sie mir lieber noch einmal die Hand. – So! Nun halte ich Sie aber fest. – Nein, diese Überraschung! Wann sind Sie denn eigentlich angekommen?»

«Gestern abend. – Aber wissen Sie auch, daß Sie je länger, je jünger und hübscher werden? Und – natürlich, das fehlt nicht, immer mit dem erlesensten Geschmack gekleidet!»

«O lala! Schweigen Sie! Eine alte dreiunddreißigjährige Witwe! Und Sie – etwas kräftiger und männlicher, scheint mir, als vor vier Jahren; wie soll ich sagen – sicherer, mutiger!»

«Übermütig sogar, unternehmend, angriffslustig!»

«Möge es so bleiben. Dann darf man also bald etwas Großes, Schönes von Ihnen erwarten? Sie wissen, wie ich darauf zähle.»

«Ach Gott, was das betrifft», seufzte er und sann sorgenvoll vor sich hin.

«Und wenn Sie noch so ein kummervolles Gesicht machen», lachte sie, «so habe ich doch kein Mitleid mit Ihnen, nicht das mindeste. Vollendungswehen, Siegessorgen!»

Da summte vom Münster drüben die Mittagsglocke ihren tiefen Sang. «Wissen Sie was», schmeichelte sie, während er sich erhob, «kommen Sie diesen Nachmittag zu einer Tasse Tee, ganz allein unter uns.»

Schon wollte er freudig zusagen, da erinnerte er sich: «Leider schon anderswo verpflichtet», bedauerte er verstimmt.

«Ei, sieh doch! Gestern abend erst angekommen und heute schon vergeben? Indessen, ich will mich nicht in Ihre Geheimnisse drängen.»

Ungern gestand er, doch gerade deshalb tat er's, denn er gestattete sich keine Feigheitchen. «Es ist kein Geheimnis», sagte er, «für niemand, geschweige denn für Sie. Ich habe mich nämlich auf drei Uhr nachmittag bei Direktor Wyß angemeldet.»

Befremdet schaute sie ihn an: «Was in aller Welt haben Sie in dem demokratischen Tugendtempel verloren? Kennen Sie denn den Herrn Direktor?»

«Ihn nicht, hingegen sie.»

Jetzt verwandelte sich ihr Gesicht und nahm einen kalten Ausdruck an. «Ich weiß, ich weiß», sagte sie, sich abwendend, «Sie haben sie vor vier Jahren einmal flüchtig an einem Kurorte getroffen. Ein oder zwei Tage, glaub' ich.»

«Flüchtig!» rief er empört, «flüchtig? Das sagen Sie, die Sie es doch besser wissen? ‹Ein oder zwei Tage?›, was heißt das: ‹Tage?› Mißt man den Wert des Lebens mit dem Kalender? Ich denke, es gibt Stunden, die schwerer wiegen als dreißig Jahre der

Gewöhnlichkeit; Stunden, die ewig leben, so gewiß wie irgendein Kunstwerk, gewisser sogar; denn der Künstler, der sie schuf, ist der heilige Weltgeist der Schönheit!»

«Was sie leider nicht davor schützt, zu vergehen und vergessen zu werden.»

«Ich kenne kein Vergessen, ich dulde keine Vergangenheit.»

«Sie mit Ihrer Phantasie nicht; dafür andere Leute; namentlich wenn die Gegenwart alle ihre Wünsche befriedigt. Glauben Sie wirklich, daß Frau Direktor Wyß Ihren Besuch erwartet oder ihn sonderlich vermissen würde, wenn er ausbliebe?»

«Das glaube ich allerdings nicht, bezwecke auch mit meinem Besuche keineswegs ihr Vergnügen.»

Frau Steinbach schwieg eine Weile, dann redete sie wie für sich selber, doch laut und nachdrücklich: «Die schöne Theuda Neukomm ist jetzt ein abgeschnitten Stück Brot; zufrieden in glücklicher Ehe. Ein gebildeter, angesehener und hochachtungswerter Mann, den sie liebt und der ihre Liebe auch wert ist; ein reizendes Kind (ein wahrer Engel von einem Buben, sage ich Ihnen; ein kekker, schwarzlockiger Trotzkopf wie seine Mutter; fängt sogar schon zu sprechen an. – Ja, machen Sie nur ein Gesicht, als ob Sie mit der Achsel zuckten. Ihnen mag das Nebensache sein, der Mutter aber nicht!) – dazu ein reicher Sippschaftssegen von Freunden und Verwandten, in denen ihre Wonne schwimmt; allen voran ihr Bruder Kurt, der Wundermensch, das große Genie, ihr Abgott.» Hier unterbrach sie sich und lächelte ein wenig vor sich hin. «Übrigens, da fällt mir eben ein, sie ist ja diesen Nachmittag gar nicht einmal zu Hause; sie fährt mit dem Gesangverein über Land.»

«Verzeihen Sie, sie wird zu Hause sein!»

«Ah, wenn Sie das so bestimmt wissen, so füge ich mich natürlich.» Dann plötzlich, ihn ernst anschauend: «Lieber Freund, sagen Sie mir aufrichtig, was wollen Sie von Frau Direktor Wyß?»

«Nichts!» schnitt er unwillig ab.

«Um so besser, sonst würden Sie einer empfindlichen Enttäuschung entgegengehen. – Also dann ein andermal. Wann immer Sie mögen. Bei mir, das wissen Sie ja, sind Sie jeden Tag, zu jeder Stunde willkommen.» – Und während sie ihn hinausgeleitete, sagte sie noch einmal nachdrücklich: «Die schöne Theuda ist jetzt ein abgeschnitten Stück Brot.»

Wie auffällig sie den Spruch vom abgeschnittenen Stück Brot wiederholt hatte! Sie wird doch nicht etwa glauben...? O nein, meine Teuerste, der Bräutigam der hehren Imago ist gegen eine Frau Direktor Wyß gefeit. – Also das ist jetzt ihr neuester Sport: Buben in die Welt zu setzen? Bitte, gnädige Frau, lassen Sie sich ja nicht etwa stören. Zwillinge, Drillinge, meinetwegen Zwölflinge, tun Sie ganz, als wenn ich nicht da wäre. – Doch halt, daß ich antwortete, ich wollte nichts von ihr, war nicht genau; das müssen wir berichtigen. Und ließ ungesäumt durch den Aufzugsknirps Frau Steinbach einen Zettel zustellen.

«Liebe Freundin, eine Berichtigung: Nicht ‹nichts› will ich von ihr, sondern daß sie die Augen vor mir niederschlage, das will ich von ihr. Ihr getreuer Viktor.»

Im Speisesaal langweilten sich die Gäste längs den Wänden auf und ab; bald zum Fenster hinausstierend, bald zerstreuten Geistes die Bildertafeln betrachtend, bis das Mittagessen endlich käme.

Vor dem schwarz umränderten Kopfbilde eines Staatsmannes (der Name war natürlich unleserlich) blieb Viktor stehen. Ein kräftiges Gesicht; mit derben, markigen Zügen, wie nach dem Muster eines Holzschnittes geboren. Uneigennützigkeit und Zielbewußtsein im Ausdruck, feurige Überzeugungshaltung, blicklose Vereinsaugen, nicht gewohnt, Mann gegen Mann zu trotzen, sondern gegenstandslos über eine Menge zu gleiten. Des Mannes Kernspruch vermochte er zu buchstabieren: «Alles durch die Volksschule!» Ja, danach sah der gerade geschrobene Herr aus. Die Welt als eine Erziehungsanstalt aufgefaßt; Zweck des Lebens lernen, hernach lehren; keine Wahrheit, sie schmecke denn nach Weisheit, und keine Weisheit, oder sie röche nach Ermahnung. Das Unheil, das der angestiftet hätte, mit seinem wandtafeligen Überzeugungs-Viereck, wenn ihn das Schicksal statt in die unschädliche Abstimmungsschachtel an das Steuer der Weltgeschichte gestellt hätte!

Während er so mit dem Staatsmanne klugäugelte, hatte sich ihm unvermerkt ein Nebenmensch beigesellt, der über seine Schulter weg ebenfalls das Bild betrachtete. «Nicht wahr, ein prächtiger Charakterkopf?» urteilte der Unbekannte bewundernd. Andere Gäste sammelten sich herbei, wie die Fliegen um ein Zuckerstück, und aus der Gruppe kam zum zweiten Mal das ehrfürchtige Urteil: «Ein prächtiger Charakterkopf.» Er mußte wohl ein gewichtiger und volksbeliebter Herr gewesen sein, der Charakterkopf; denn das Gespräch blieb bei ihm hangen, nachdem man sich schon längst zu Tisch gesetzt hatte. Beiläufig verlautete auch sein Name – Neukomm. Halt, hast du gehört? Neukomm? So hatte ja auch sie geheißen. Vielleicht gar ein entfernter Verwandter von ihr?

«Hat er eigentlich Kinder hinterlassen?» munkelte eine Frage. «Zwei», meldete die Antwort; «einen Sohn und eine Tochter. Mit dem Sohne ist nicht viel, er dichtet; die Tochter dagegen ist an den bekannten Herrn Direktor Wyß verheiratet. Ein Prachtweib, sag' ich Euch; alles dreht sich auf der Straße nach ihr um. Groß, stolz, schwarz wie eine Südländerin (ihre Großmutter war eine Italienerin) und hitzig, potzteufel! Übrigens durch und durch brav und sittsam; kein Mensch kann ihr das mindeste nachsagen. Und eine überzeugungseifrige Patriotin wie ihr Vater selig.» – Der Charakterkopf ihr Vater! So wach doch auf, o meine Vernunft, und reg dich, denn daraus folgt ja eine ganze Menge wichtiger Betrachtungen. Nachlässig bewegte sich seine Vernunft, hob ein wenig den Kopf, dann legte sie sich gleichgültig wieder zur Ruhe, wie ein auf der Straße lagernder Hofhund, wenn der Milchmann vorübergeht. «Die Tatsache ist mir zu dumm», erklärte sie.

Nach dem Essen erkundigte sich Viktor beim Oberkellner: «Wohin jetzt, um Zeitungen zu lesen?»

«Da gehen Sie am besten ins ‹Café Scherz› beim Bahnhof; jedes Kind kann Sie weisen.»

Im vollen Saale fand er noch ein Tischlein am Fenster mit zwei unbesetzten Plätzen. Leute gingen, Leute kamen, sahen sich um; doch niemand nahm ihm gegenüber Platz. «Hier wie überall! Entschieden, Viktor, du hast nichts Einladendes, du bist nicht ‹gemütlich›. – Ein fröhlicher Gedanke: Wenn jetzt mitten unter all dem Volk mein getreuer Statthalter säße? warum auch nicht? Er wird sich doch wahrscheinlich auch seine Zeitungen gönnen. Etwa so einer wie der dort hinten, mit den flachsblonden Strähnen und der doppelten Brille im Schafsgesicht? Ein Adonis ist er gerade nicht, das könnte man mit dem besten Willen nicht behaupten; und mehr Geist, als zu einem Herrn Professor unbedingt nötig ist, scheint er auch nicht zu haben. Statthalter, Statthalter, wenn ich dir raten darf, verlaß dich nicht allzusehr auf deine Gelehrtheit, sonst tauft dich eines trüben Morgens deine schöne Juno, auf die du dir so viel einbildest, ‹Doktor Überdruß›. Eigentlich nach den Gesetzen der Schicklichkeit müßte man zu ihm hinüber und ihn ein wenig hänseln. Wenn ich nur ganz sicher wäre, daß er's ist! Nun, wir werden's ja bald erwähren. Zehn Minuten nach zwei Uhr; noch drei Viertelstunden. Wie die Zeit schleicht! – Ha! was für ein stattlicher Mann kommt jetzt hereinspaziert! Brr! Ein Held für Mädchenträume. Etwas zum ‹sich anlehnen›, zum ‹sich emporranken›, ‹eine Stütze fürs Leben›! Könnte ich singen, ich sänge: ‹Er, der Herrlichste von allen!› Und Jupiterlocken hat er auch! An wen erinnert mich doch dieser minnesame Herkules? – Richtig, an den Herzkönig im Kartenspiel. – Wehe, ihr Jungfrauen, weinet!

Schauet den Ehering! Sogar bereits Papa, denn so weltzufrieden schreitet bloß, wer Vatergefühle kennt. – Wie sorgsam er seinen Überrock faltet! und die feine, tadellose Wäsche, die jetzt zum Vorschein kommt! Was noch gar! Ich glaube wahrhaftig, er steuert zu mir. Willkommen, Herrlichster von allen!»

Mit einer höflichen Verbeugung ließ sich der Herzkönig nieder; darauf zog er eine Zigarrentasche hervor: «Darf ich mir vielleicht erlauben?»

Dankend erwiderte Viktor: «Ich rauche nicht.» Aber hast du die kunstvoll gestickte Zigarrentasche gesehen? Jedenfalls von seiner Frau.

Jetzt griff der Herzkönig – «Ist es gestattet?» – eine illustrierte Zeitung auf und schaute wohlwollend, fast gnädig hinein, mit halber Aufmerksamkeit; dazu trommelte er mit den Fingern auf den Tisch. Was für gepflegte Fingernägel!

Dem Herzkönig schien jedoch nicht sonderlich ums Lesen zu tun; eher ums Plaudern; offenbar hatte ihm das Mittagessen geschmeckt. «Sie als Fremder», begann er mit zögernder Einleitungsstimme die Unterhaltung, als sich die Kehllaute in ihrer Nähe kräftiger vernehmen ließen, «werden wohl auf unseren etwas rauhen Dialekt nicht besonders günstig zu sprechen sein?»

«Nicht Fremder», berichtigte Viktor, kurz ablehnend, «hier geboren und aufgewachsen; bloß viele Jahre in der Fremde gewohnt.»

«Ah, um so besser; dann habe ich also das Vergnügen, einen Landsmann in Ihnen zu begrüßen.»

Hiernach hüllte er sich wieder hinter die Zeitschrift und begann vor sich hin zu schmunzeln. «Er lutscht an seinem Eheglück wie an einem Lakritzenstengel», dachte Viktor.

Als der Lakritzenstengel zu Ende war, zeigte der Herzkönig auf ein Wertherbildnis in seiner Zeitung. «Was ist Ihre Ansicht», hub er nach einigem Zaudern an, «glauben Sie, daß solch eine leidenschaftliche, schwärmerische Liebe heutzutage noch vorkommen könnte?»

«Natur kommt immer vor», entgegnete Viktor.

Der Herzkönig schmunzelte. «Nicht übel. Es kommt eben alles darauf an, wie eng oder wie weit man den Begriff Natur faßt. Also Sie glauben allen Ernstes, in unserem realistischen Zeitalter...»

«Es gibt keine realistischen Zeitalter.»

«Wenn Sie so wollen, allerdings nicht. Immerhin, es gibt doch, das werden Sie zugeben, verschieden gestimmte Zeitalter; zum Beispiel solche, in welchen gewisse Seelenzustände, die früher beobachtet wurden, einfach undenkbar wären. Oder könnten Sie sich zum Beispiel einen Johannes der Täufer, einen Franz von Assisi oder, um bei unserem Beispiel zu bleiben, einen Werther mit einem hohen, steifen Hemdenkragen vorstellen? – Verzeihen Sie, ich sagte das ohne die mindeste Anzüglichkeit. Nein, wirklich, ich bitte, glauben Sie mir, es war durchaus harmlos gemeint.»

Viktor begütigte lächelnd: «Ich mache keinen Anspruch auf den Titel eines Täufers oder eines Heiligen – ob jedoch der Heilige Geist vom Heuschreckenessen komme oder die Ekstase vom Hemdenkragen abhange, möchte ich bezweifeln. Übrigens pflegte sich der Schöpfer des ‹Werther›, wenn ich nicht falsch berichtet bin, zierlich, sogar geziert zu kleiden.»

Und da nun eine längere Pause entstand, fuhr dem Viktor von der Seite ein Gedanke in den Kopf, den er je länger, je weniger los wurde. «Kennen Sie vielleicht», wagte er endlich unvermittelt, mit banger Stimme, «kennen Sie vielleicht zufällig hier in der Stadt einen gewissen sogenannten Herrn Direktor Wyß?» – Kaum hatte er den Satz draußen, so spürte er, daß er heiß errötete.

Der Herzkönig schaute überrascht auf. «Gewiß; warum?»

«Was ist er für eine Spielart von Mensch? ich meine: wie sieht er aus? groß oder klein? jung oder alt? garstig oder angenehm? Jedenfalls ein hochgebildeter Herr, nicht wahr? nach seinen Titeln und Ämtern zu schließen?»

Der Herzkönig zog ein überaus schlaues Gesicht und lächelte belustigt vor sich hin. «Nun, er hat wie jedermann seine zahlreichen Fehler; daneben vielleicht auch, wie ich mir wenigstens schmeichle, einige erträgliche Eigenschaften. – Doch erlauben Sie mir, daß ich mich Ihnen vorstelle: Direktor Wyß ist mein Name.»

Das kam so anmutig, mit so liebenswürdiger Ironie heraus, daß Viktor, der nichts höher schätzte als Gefühlsfeinheit, jählings von Sympathie erfaßt aufsprang und ihm die Hand anbot, welche der andere eifrig ergriff und schüttelte. Es entstand wie ein Freundschaftsbund zwischen den beiden.

Nachdem dann Viktor auch seinen Namen genannt hatte, rief der Direktor hocherfreut: «Da sind Sie also offenbar der Herr, der uns heute morgen die Ehre seines Besuches zugedacht hatte. Wir bedauern aufrichtig; besonders meine Frau, mit der Sie, glaub' ich, wenn ich nicht irre, einmal in einem Meerbade zusammengetroffen sind.»

«Nicht in einem Meerbade», verbesserte Viktor verstimmt, «sondern in einem Bergkurort.»

«Leider muß sie auch diesen Nachmittag auf das Vergnügen verzichten, da sie einen Ausflug mit den Damen des Gesangvereins verabredet hatte; ich komme soeben von der Eisenbahn. Hoffentlich lassen Sie sich indessen dadurch nicht abschrecken, und wenn Sie mir's nicht als eine Zudringlichkeit auslegen wollen, so möchte ich Ihnen vorschlagen, in die Idealia zu kommen; es braucht keinerlei Förmlichkeit; Sie erscheinen ganz einfach als von mir. Zudem ist ja meine Frau Ehrenpräsidentin.»

«Idealia?»

«Ach so, ich vergaß, ich bin zerstreut – Sie können ja natürlich nicht wissen ...» Hiernach begann er, weit ausholend, von der Idealia zu erzählen: eine Stiftung seines seligen Schwiegervaters – anspruchslose Zusammenkünfte ohne Zwang und Feierlichkeit – weder Kleiderprunk noch Schmauserei – nur zur Pflege einer etwas gehaltvolleren Geselligkeit, wo die Erhebung Hand in Hand mit der Erholung gehe (eines schließt ja das andere nicht aus), hauptsächlich die Musik empfehle sich zu solchem Zwecke – und dergleichen mehr, mit Aufzählung von Namen der Mitglieder und Daten der Zusammenkünfte und wie die Runde laufe; gewöhnlich Mittwoch, Freitag und Sonntag.

Aufmerksam hielt Viktor der Rede sein Ohr hin, mit dem Geiste dagegen schlich er am Gehör vorbei in die Augen: Das der Statthalter! der Herzkönig! der Herrlichste von allen! Und er, der den Adonis für den Statthalter genommen hatte! Warum hatte er eigentlich vorausgesetzt, der Statthalter müsse ein komischer, mindestens unbeholfener Mensch sein? Oh, durchaus nicht komisch, der Herzkönig! durchaus nicht! – Und starrte ihn unverwandt verblüfft, fast erschrocken an. – Nun, so sei doch froh, Viktor! dient es doch auch deinem Stolze, wenn dein Statthalter eine gute Figur macht. Auch das finde ich völlig in der Ordnung, daß sie ihn offenbar liebt; oder habe ich denn jemals etwas anderes gewünscht? Bewahre; im Gegenteil; es müßte mich bekümmern, wenn es nicht so wäre. – Hingegen wieder sie! Diese Herausforderung! Mit einem Gesangverein über Land zu trudeln, nachdem ich meinen Besuch angekündigt! Ohne Frage, der Dame fehlt das Schamgefühl.

«Sie sind doch wahrscheinlich auch musikalisch?» tönte des Statthalters Stimme in seine Gedanken; «oder lieben wenigstens die Musik?»

«Ich glaube, ja; das heißt, ich weiß nicht recht, es kommt darauf an.»

Da schlug drüben vom Kirchturm die Stunde. «Drei Uhr!» entsetzte sich der Statthalter, erschrocken aufspringend, «ich habe mich verplaudert, ich muß schleunigst ins Museum. – Also, nicht wahr, ich zähle darauf, Sie in der Idealia begrüßen zu dürfen?» Reichte ihm hastig die Hand und sputete davon.

Viktor aber zog verstört durch die Gassen. Er mochte sich noch so oft vorsagen: «Viktor, sei froh», es half nichts, er war gedrückt, niedergeschlagen, entmutigt. Was war ihm denn Schlimmes widerfahren? Nicht das mindeste; und trotzdem war er eben niedergeschlagen. Bis er sich draußen vor der Stadt müde gelaufen hatte. Darauf, zu Hause, wie er die Glieder aufs Ruhbett streckte, wurde ihm wieder leichter. «Zur Gesundheit», wünschte ihm sein Körper.

«Danke, Konrad», erwiderte er freundlich. Er pflegte nämlich, weil er mit ihm so gut auskam, seinen Körper kameradschaftlich Konrad zu nennen.

Nachdem er sich sattsam gedehnt hatte, bemerkte er auf dem Tisch ein Brieflein, welches, nach den Naturgesetzen zu schließen, vermutlich schon geraume Weile dort gelegen hatte. Von Frau Steinbach.

«Sie böser Mensch! Frau Direktor Wyß braucht vor niemand die Augen niederzuschlagen. Augenblicklich kommen Sie zu mir, damit ich Sie schelte.»

Gefaßt, in trotziger Stimmung, gehorchte er der Aufforderung.

«Ich wußte gar nicht, daß Sie solch ein unangenehmer Mensch sein können!» überfiel sie ihn. «Da! setzen Sie sich auf die Anklagebank, und lassen Sie sich verhören. Was haben Sie Frau Direktor Wyß vorzuwerfen?»

«Den Ehebruch.»

«Was heißt das, in vernünftige Sprache übersetzt?»

«Das heißt in vernünftiger Sprache – eine Übersetzung braucht es nicht –, daß sie die Ehe gebrochen hat.»

«Jetzt aber, mein Herr, muß ich ernst und scharf mit Ihnen reden; denn es geht um die Ehre einer unbescholtenen Frau. Ich rufe Ihre Wahrhaftigkeit an, der ich fest vertraue, und frage Sie auf Ihr Gewissen: Hat zwischen Ihnen und Theuda Neukomm ein Verlöbnis bestanden?»

Heftig wehrte er ab: «Wohin denken Sie!»

«Oder dann wenigstens etwas, was einem Verlöbnis gleichkam, was Sie zu der Annahme berechtigte – ein Liebesgeständnis? ein bindendes Wort oder Zeichen? ein Kuß? was weiß ich?»

Wiederum verwahrte er sich eifrig: «Nein, nein, nein! Sie sind auf ganz falscher Fährte; es wurden nur wenige und völlig bedeutungslose Worte gewechselt. Ich saß bei Tische neben ihr, wir taten zusammen ein paar Gänge durch den Garten, dann hat sie mir im Saal ein Lied vorgesungen. Weiter nichts.»

«Dann also Briefe?»

«Warum nicht gar! Dazu war ich viel zu ehrfürchtig, auch zu gewissenhaft; sie wiederum zu vorsichtig. Frauen vergessen sich ja nicht schriftlich, das wissen Sie wohl.»

«Ja, was denn? Bitte helfen Sie meinem armen Verstande.»

Da verwandelte sich plötzlich sein Gesicht zu fremdem, tiefernstem Ausdruck, als ob er ein Gespenst erblickte. «Eine persönliche Zusammenkunft in der fernen Stadt», bebte seine Stimme.

«Verzeihen Sie, daß ich Ihnen rund widerspreche: Ich weiß das Gegenteil von Frau Direktor, und Frau Direktor Wyß lügt nicht.»

«Ich ebenfalls nicht! Wenn ich daher sage: ‹eine

persönliche Zusammenkunft›, so meine ich natürlich keine körperliche.»

Unwillkürlich rückte sie mit dem Stuhle und starrte ihn an. «Keine körperliche? Sie werden doch hoffentlich nicht etwa – oder wie soll ich das verstehn?»

«Sie verstehen richtig, es handelt sich um eine Zusammenkunft von Seele zu Seele. – Beruhigen Sie sich; ich bin bei gesundem Verstande und gewahre die äußeren Dinge so scharf wie irgendein anderer. Warum machen Sie so ein ungläubiges Gesicht? Meinen Sie vielleicht, man sähe aus einem möblierten Hause minder deutlich als aus einem leeren? Wenn ich daher von einer Erscheinung rede...»

«Sie glauben an Erscheinungen?» klagte sie.

«Wie jedermann, wie zum Beispiel auch Sie. Oder ein Traum, eine Erinnerung, der Nachglanz eines geliebten Antlitzes, das Aufleuchten einer Vision in der Seele eines Künstlers, sind das etwa keine Erscheinungen?»

«Bitte, keine sophistischen Kunststücklein! sprechen wir ernsthaft. Denn bei einer Erinnerung, bei einer künstlerischen Offenbarung bleibt man sich eben bewußt, daß es sich um ein bloßes Phantasiebild handelt.»

«Dessen bleibe ich mir auch bewußt.»

«Gottlob, Sie heilen mich; ich atme auf. Sie hatten sich nämlich vorhin so ausgedrückt, daß ich einen Augenblick meinte, Sie wollten ihrer sogenannten Erscheinung bestimmenden Einfluß auf Ihr wirkliches Leben, auf Ihre Handlungen einräumen.»

«Das tue ich auch in der Tat.»

«Nein, das tun Sie nicht!» rief sie verbieterisch, «das können Sie nicht tun!»

Er verbeugte sich: «Verzeihen Sie mir, daß ich mir erlaube, es doch zu tun.»

«Aber das ist ja Wahnsinn!» schrie sie auf.

Er lächelte: «Was soll Wahnsinn sein, bitte was? Daß ich innere Erlebnisse so hoch werte wie äußere? oder vielmehr unendlich höher? Oder daß ich mich von ihnen bestimmen lasse? – Und das Gewissen? und Gott? Ist es etwa auch Wahnsinn, wenn einer sich von seinem Gewissen oder von seinem Gott in seinen Handlungen beeinflussen läßt?»

Sie stutzte einen Augenblick, betroffen, um Antwort verlegen.

Er aber fuhr fort: «Der einzige Unterschied ist der, daß die andern sich mit undeutlichen Erscheinungen begnügen, während ich sie klar sehen muß, wie der Maler Mariens Himmelfahrt. ‹Finger Gottes›, ‹Auge Gottes›, ‹Stimme der Natur›, ‹Wink des Schicksals› – was tue ich mit diesem anatomischen Museum? Ich will immer das ganze Gesicht sehen.»

Mutlos seufzte sie: «Im spitzfindigen Denken sind Sie ja natürlich meinem schwachen Weibesgehirn hundertmal überlegen; auf dieses Gebiet will ich mich indessen gar nicht begeben. Ich kann nur noch bedauern und trauern.»

Da legte er die Hand auf ihre Schulter: «Edle Freundin, nicht wahr, Sie haben niemals begriffen, weshalb ich Ihren wohlgemeinten Wink, mir Theuda durch ein bindendes Verlöbnis zu sichern, unbeachtet ließ? Gestehen Sie, Sie waren und sind der Ansicht, ich hätte mein Lebensglück albernerweise aus gemeiner Ehefeigheit verscherzt. Sehen Sie, Sie nicken.»

«Sagen wir Unentschlossenheit», milderte sie.

«Nein, sagen wir Feigheit; denn Unentschlossenheit ist auch eine Feigheit: Willensfeigheit. Ich aber ertrage es nicht länger, vor Ihrem Urteil in unrichtigem Lichte dazustehen. Ich will Ihnen deshalb meine Gründe mitteilen. Sind Sie bereit zu hören?»

«Ich bin zu allem bereit», flüsterte sie und senkte den Kopf, «obschon ich Ihnen nicht verhehle, daß mir dieses Thema peinlich ist, und daß ich nicht einsehe, was das Aufrühren veralteter Geschichten nützen soll. Indessen, wenn Sie wollen...»

«Nicht, wenn ich will», verbesserte er, «sondern, wenn ich muß!» Und mit veränderter Stimme, in gehobenem Tone fing er an: «Nein, nicht aus feiger Unentschlossenheit, nicht aus alberner Torheit habe ich nicht zugegriffen, als leisen Schrittes das heilige Glück mir nahte, mich mit seinen klaren Augen anschauend und mir zuflüsternd: ‹Nimm mich!›, sondern wissend, was ich tat, wertend, was ich von mir wies, nach schwerer, reifer Wahl habe ich mit männlichem Entschluß entschieden. Und nun will ich Ihnen meine Entscheidungsstunde erzählen.»

Nach diesen Worten machte er eine Pause, wie um Atem zu schöpfen. Als jedoch die Pause nicht enden wollte, schaute sie auf. Da stand er bebend vor ihr, von inneren Stürmen geschüttelt, die Lippen gewaltsam schließend. «Ich kann es Ihnen doch nicht erzählen», brachte er mühsam hervor, «es geht zu tief» – und stemmte sich aufs Klavier.

Geschwind sprang sie auf, um ihn nötigenfalls zu stützen.

Doch er hatte sich bereits wieder aufgerichtet. «Ich habe recht entschieden!» rief er, «ich weiß, ich habe recht entschieden! Und stände ich nochmals vor der Wahl, ich würde nicht anders entscheiden!» Dann nahm er seinen Hut, verbeugte sich und küßte ihr die Hand. «Ich werde es Ihnen aufschreiben», sagte er.

Tief ergriffen begleitete sie ihn bis zur Haustür. «Gut», sagte sie, nur um etwas zu reden, und zwang ihre Stimme zu unbefangenem Ton: «Gut, schreiben Sie mir's auf. Sie wissen, daß alles, was Sie bewegt, auch mir nahegeht; und glauben Sie mir, ob ich Sie schon nicht jederzeit verstand und auch jetzt nicht verstehe, so habe ich doch niemals, auch nur einen Augenblick, an der Lauterkeit und Vornehmheit Ihrer Beweggründe gezweifelt.»

«Dank! treue edle Freundin!» rief er leidenschaftlich, sie mit beiden Händen stürmisch ergreifend. «Sie heilen mich; es tut so weh, so unerträglich weh, wenn jemand an der Vornehmheit meines Charakters zweifelt.»

«Wer hat das jemals getan?» rief sie heftig, fast zornig.

Er erstaunte. «Jedermann», antwortete er zaudernd, «das heißt – eigentlich niemand Bestimmtes.»

Unterdessen hatte sie sich ihm entwunden und flüchtlings einige Stufen nach oben zurückgezogen. «Und eins noch: nicht wahr, Sie sind nicht ungerecht? Sie tun ihr nichts zuleide?»

Er lächelte: «Ich tue keinem Menschen etwas zuleide als höchstens mir selber.» Damit verließ er das Haus.

«Sind Sie ein gefährlicher, ein unerlaubter Mensch!» seufzte sie ihm nach und warf sich erschöpft in den Lehnstuhl, um sich von der Anstrengung zu erholen.

Er aber eilte auf sein Zimmer, das Bekenntnis niederzuschreiben, das er ihr mündlich schuldig geblieben. Und siehe da, während ihn sonst das Schreiben wie Krötengift anwiderte, verspürte er jetzt, nachdem ihm durch das Verhör die Erinnerung aufgewühlt worden war, ein gieriges Verlangen, die Entscheidungsstunde seines Lebens einmal leslich festzubannen, damit sein erhabenes Geheimnis auch außer ihm dastände, unabhängig von seinem Gedächtnis, als feste Wahrheit.

So schrieb er denn, knirschend zwar und gegen den Zwang der nüchternen Denkgesetze schäumend, aber in einem einzigen Zuge, in fieberhafter Eile:

An Frau Martha Steinbach

Fluch und Schmach der kahlen Prosa zuvor, denn sie entweiht! Also, ich erzähle und entweihe:

Meine Stunde

Ihr Brief mit Theudas Bild war am Morgen angekommen, jener Brief, in welchem Sie mir andeuteten, daß ein klares Wort von mir erwartet werde, daß dem Wort eine holde Antwort gewiß wäre, daß dagegen längeres Zaudern als Verzicht ausgelegt würde. Ich verstand: eine Mahnung, verstärkt durch eine Warnung, und ich begriff: dieser Tag ist ernst; heute gilt die Entscheidung. Ich betrachtete das Bild; tausend wonnige Werte schauten mir daraus entgegen; die Reinheit einer auserlesenen, durch Schönheit, Tugend und Erziehung hervorragenden Jungfrau – die Erinnerung an gemeinsam verlebte Stunden, zwar von nichtigem Ereignisgehalt, doch von ewigem Poesiewerte (Parusie nenne ich jene Stunden für mich) – der innige Blick der seelenvollen Augen, die zu mir sprachen: «Dein denkt meine Hoffnung» – die Verheißung einer Unsumme von Seligkeiten jenem, der sie zu erwerben wissen werde. Unter dem Bilde stand in unsichtbarer Schrift zu lesen: «Dies ist der höchste Preis», und die Worte Ihres Briefes flüsterten: «Der Preis ist dein.»

Solange des Tages Unruhe meine Sinne beschäftigte, behielt ich das Bild im verborgenen, nur flüchtig daran naschend, sei es, um in die wundersamen Rätsel der tiefsinnigen Augen zu tauchen, sei es, um die unerschöpflichen Wunder der weiblichen Schönheit zu kosten. So weidete ich im verstohlenen mein Herz an dem lieben Bilde.

Am späten Abend jedoch, während ich einsam im dunklen Zimmer saß, stellte ich das Bild vor mich auf den Tisch, andächtig nach ihm schauend, ob ich es schon in der Finsternis nicht sehen konnte. Durch das Schweigen der weiten Wohnung, in welcher sämtliche Türen offenstanden, tönten melodische Laute: das weiche Gurren eines

Turteltaubenpaares aus dem nachtschwarzen Speisezimmer und drüben, vom kronleuchtererhellten Saale das träumerische Trillerschwirren eines Kanarienvogels, von jenen, welche beim künstlichen Lichte singen.

Da saß ich nun und wog mein Schicksal. Wie zweierlei Odem aus entgegengesetzten Weltgegenden umschauerte es mich; in der Mitte aber drohte die Frage: «Darfst du? Sprießt der Größe mit dem Glück ein Vergleich?» – Traurig vernahm ich die Frage, ahnend, daß die Antwort verneinend ausfallen müsse, sonst hätte ja die Frage nicht verlautet. Mein Herz aber, die Gefahr spürend, begann zu toben: «Deine Größe», schrie es, «der du mich opfern willst, wo ist sie? Zeig her, beweise deine Werke! – Zukunftsgröße? Ei, wer bürgt dir denn, daß du sie nur erlebst, die Zukunft? Es gibt Krankheiten, es gibt einen Tod. Oder wähnst du dich etwa den Nöten der Natur enthoben? Doch gesetzt, du bleibest leben, woher beziehst du es, das Märlein deiner künftigen Größe? Bitte, sage, woher? Aus deinem Selbstbewußtsein? O Jammer! o Fastnacht! Nimm mir's nicht übel, laß mich lachen. Nach Zehntausenden zählt man sie, die Jünglinge, die großwichtig von ruhmwürdigen Taten träumen; mit einem Selbstbewußtsein, so riesig, daß sie zur Weltkugel aufschwellen. Und was wird später aus ihnen? Schau hin: unnütze Wichte, Nullen, mit Bitterkeit gefüllt und mit Selbstkrieg behaftet. Oder meinst du etwa, dein Selbstbewußtsein wäre von besserem Karat? Weswegen? Woher? Weil es größer ist? Um so schlimmer, um so gewisser, daß du ein Tropf bist! Größenwahn, mein Teuerster!

gemeiner germanischer Schulbubengrößenwahn! Nur, daß die andern, weniger unbescheiden, weniger verbohrt als du, den bübischen Blast mit dem Staatsexamen abzuwerfen pflegen. Viktor, ich sage dir, dein sogenannter ‹Beruf› mitsamt deiner eingebildeten künftigen Größe ist eitel Wunsch und Wind; das köstliche Geschenk dagegen, das dir die Gunst des Schicksals heute anbietet, ist haltbare, weltwirkliche Seligkeit. Lächerlichkeit über dich und Reue, lebenslängliche höllische Reue, lässest du für ein gaukelndes Irrlicht der Eitelkeit dein Liebes-, dein Lebensglück entgleiten. Nicht einmal Mitleid wird man dir zollen, wenn du elendiglich verendest, sondern statt des erhofften Nachruhms wird über deinem Grabe der Gedenkspruch warnen: ‹Hier platzte eine Blase.›»

Da lernte ich zum ersten Male in meinem Leben den Zweifel. Unsicher erwiderte ich: «Du weißt doch, o mein Herz, daß ich meinen Beruf, meinen Glauben, mein Selbstbewußtsein nicht aus mir selber beziehe, sondern...» – «Sondern von wem?» höhnte das Herz, «gelt, du verstummst? gelt, du schämst dich vor deinem Verstande, deine Torheit mit deutlichen Worten auszusprechen? Weil du, ob du dir's schon nicht gestehst, in deinem Innersten spürst, daß du einen kindischen Gotzendienst züchtest, an Stelle eines anständigen, namhaften, weltschöpferischen Gottes ein wesenloses, selbstgeschaffenes Gespenst anbetend, ein luftiges Spiegelbild deiner eigenen Seele, das du mittels Phantasie-Kunststücklein außer dich setzest, in der albernen Hoffnung, daran über dich selber emporzuklettern wie Münchhausen an seinem Zopf.

Nicht einmal den Namen deines Götzen wagst du ja ohne Erröten zu bekennen. Was ist das, deine geheimnisvolle ‹Herrin deines Lebens›, die ‹Strenge Frau›, der du mit fanatischer Hingebung dienst wie ein Prophet seinem Jehova? Ich will dir sagen, wer deine ‹Strenge Frau› ist! Jeder Student kennt sie, jeder Pfuscher, jeder Polterabenddichter, jeder Zuckerbäcker: Die Muse ist es, verjährten Angedenkens; die alte abgeschmackte Allegorientante, die Patin der Leblosigkeit, die Schutzpatronin des Nichtkönnens. Und solch einem verstaubten, von der Landstraße aufgelesenen Lehrbegriff soll ich mich von dir Narren verkaufen lassen? Wegen dieses Schulstubentrödels wagst du's und willst meine Seligkeit verschachern? Was schäumst du, was entrüstest du dich? Daß ich deine ‹Strenge Frau› gemeinhin eine Muse nenne? – Wäre sie nur wenigstens eine Muse! – Aber sie ist ja nicht einmal das! Eine Muse lehrt doch einen Gymnasiasten zwei Verse wohl oder übel zusammenleimen. Kannst du das? Und was kannst du denn sonst, du dreißigjähriger Bube? Gar nichts kannst du, nicht einmal einen gerechten Satz auf ein Stück Papier schreiben! Eine Null warst du, eine Null bist du, und eine Null wirst du bleiben; ungefähr wie die übrigen, nur noch um eine Nummer unbedeutender. Die übrigen aber bescheiden sich, und zum Lohne dafür dürfen sie glücklich sein. Bescheide dich, und du darfst es gleichfalls!»

In dieser Not flüchtete ich zu ihr selber, der Herrin meines Lebens, der Strengen Frau: «Siehe, mein Herz versucht mich schwaches Menschenkind; mit Reue mich bedrohend, deinen heiligen

Ursprung leugnend, dich eine gemeine Muse schmähend. Darum höre: Ich, der dir ohne Murren alle Hündlein meines Herzens dahingegeben, damit du sie erwürgest, ich heische heute, ehe ich dir das letzte, schwerste Opfer bringe, von dir ein Zeichen, daß du kein täuschend Trugbild bist, ein Pfand, daß du Gewalt und Macht hast, tauglich, mich ans Ziel zu geleiten. Gib mir das Pfand, gewähre mir das Zeichen, und ich gehorche. Wo nicht, verlange nicht von einem schwachen Menschenkinde, daß es sein sußes, seliges Glück für ein Geflüster ohne Unterschrift dahintausche.»

Die strenge Antwort kam: «Ich gewähre weder Pfand noch Zeichen. Willst du mir dienen, so diene mir blindgläubig bis ans Ende!»

«So vergönne mir wenigstens deutlichen Befehl. Befiehl ‹entsage!›, so entsage ich. Nur befiehl deutlich und erlöse mich vom Zweifel.»

Die strenge Antwort kam: «Ich weigere den Befehl. Dein ist der Zweifel, dein ist die Wahl! denn am Scheideweg des Schicksals richtig wählen, ist die Beglaubigung der Größe; doch wäg es wohl, denn wählst du falsch, lohnt dir mein Fluch!»

Zur Linken die Reue, zur Rechten der Fluch! Bekümmert starrte mein Zweifel auf das Zünglein der schlimmen Waage. Da keimte es in den Tiefen meiner bangen Seele, und in die Not der Gegenwart herüber wuchs die Erinnerung an die weihevolle Stunde, da ich zum ersten Male der Strengen Herrin Flüsterhauch vernahm und die inhaltschweren Bilder ihrer überirdischen Sage schaute: die Forderung der kranken Kreatur, als Löwe durch die Felsenkluft dem Erdental entsteigend, das Himmelsvolk erschreckend und den Schöpfer aus den stolzen Hallen seines herrlichen Palastes scheuchend – und was sich alles sonst im Himmelreiche mit dem Löwen außerdem begeben. Diese Stunde schaute ich wieder, und Sehnsucht stärkte meinen Glauben. «Wohlan, es sei! So nimm denn auch dies letzte, größte Opfer. Ein Bettler, steh' ich dann auf Erden; ist nichts mein eigen als du und deines Odems flüsternde Verheißung.» Ich rief's und lud mit gramerfülltem Mut den Willen zum entsagenden Entschluß.

Da tat mein Herz einen letzten verzweifelten Ansprung: «Und sie selber, die auf dich hofft und wartet? Willst du sie gleichfalls opfern? Darf, kann das deine Menschlichkeit? Erlaubt das dein Gewissen?» Kleinmütig spannte ich den Willen wieder ab. Das Herz aber fuhr eifrig fort: «Was wird sie fühlen? was muß sie von dir denken? welch ein Urteil über dich fällen, wenn du sie verschmähst? Sie wird dich für einen zaudernden Schwächling halten, zugleich für einen albernen Toren, unfähig, ihren Wert zu erkennen. Das muß sie von dir denken; und also denkend, wird sie dich verachten.»

Unerträgliche Vorstellung! Das Opfer konnt' ich leisten, nicht aber die schimpfliche Mißdeutung des Opfers ertragen, nicht ihre Verachtung auf mich laden. Nun wußte ich nicht mehr aus und ein, denn erschöpft versagte mein müder Geist den schlichtenden Gedanken.

Da geschah mir die Erscheinung. Sie selbst erschien mir, Theuda, ihre Seele. Ähnlich wie sie mir einst leiblich in der Parusie erschienen war, nur reifer, ernster, mit tiefsinnigen Augen, so wie sie aus dem neuen Bilde blickte. Aus der Finsternis des Speisezimmers trat sie, von dorther, wo die Turteltauben gurrten, blieb auf der Schwelle stehen und sah mich mit traurigen Augen vorwurfsvoll an: «Warum unterschätzest du mich?» sprach sie.

«Ich! dich unterschätzen», schrie ich, «oh, wenn du wüßtest!»

«Doch, du unterschätzest mich», sagte sie. «Indem du mir eine so kleinliche Gesinnung zutraust, ich wäre fähig, als Hindernis zwischen dich und deinen erhabenen Beruf treten zu wollen. Ja, meinst du denn, nur du allein könnest groß fühlen? Nur du wärest edel genug, um deines Herzens Opfer zu bringen? Glaubst du, ich spüre nicht ebensogut wie du den Odem deiner Strengen Frau? ich vermöchte nicht die stolze Auszeichnung zu würdigen, von ihrem auserwählten Hauptmann zum Sinnbild erhöht zu werden? ich begriffe und fühlte nicht, daß es unendlich ehrenvoller und beglückender ist, deine gläubige Begleiterin auf der kühnen Bergstraße des Ruhmes zu sein, als deine geschäftige Gattin und Kinderfrau? Komm, laß uns gemeinsam unsere Herzenswünsche zu den Füßen der ‹Strengen Frau› niederlegen, einen edleren Bund vor ihrem Antlitz schließend als den gemeinen Geschlechterbund vor dem Altar der Menschen, den Bund der Schönheit mit der Größe! Ich will dein Glaube, deine Liebe und dein Trost sein, und du sollst mein Stolz und mein Ruhm sein, der mich erbärmliches vergängliches Geschöpf zum Symbol verklärt, in die Unsterblichkeit hinüberrettet.» – So sprach sie, und voll jubelnden Dankes grüßte ich den Adel ihrer Größe.

Darauf taten wir wie beschlossen. Wir legten unsere Herzenswünsche zu unsern Füßen nieder, dann nahm ich den Brautkranz von ihrem Haupt, hernach streifte sie den Ring von meinem Finger, und wir legten es zu dem übrigen. Und als wir nun leer und kahl dastanden, wie zwei Bäume, die sich selbst entblättert hatten, ohne einen anderen Schmuck als die Hoheit der Seele, da rief ich: «Herrin meines Lebens, du meine Strenge Frau; es ist geschehen! Schau her, das Opfer, das du heischest, ist vollzogen.»

Ihr Odem erschien, und vor dem Schauer ihres Schattens sank meine Geliebte auf die Knie und vergrub zagend ihr Gesicht in meinen Händen.

«Wohl dir», begann die Strenge Frau, «o mein getreuer Hauptmann, daß du recht entschieden; nimm drum zum Lohne meinen Segen. Dies ist mein Segen: Mit Pathos bist du nun geprägt und mit Größe gestempelt; ausgezeichnet vor allen, die ohne das schwarze Siegel meiner Berufung ihre Tage dahinstümpern. Ich befehle dir ein Selbstgefühl, das dich in Irrtum und Narrheit, in Schimpf und Mißachtung nicht verläßt, und ich verbiete dir, jemals in deinem Leben unglücklich zu sein. Denn nicht du bist es, den du fortan in dir fühlst, sondern mich fühlst du in dir; also daß, wenn du nicht hochmütig fühlst, du mich beleidigst. – Doch wer ist jene, die an deiner Seite kniet?»

Ich antwortete: «Dies ist meine edle Freundin, deine gläubige Magd, die gleich mir die Wünsche ihres Herzens zum Opfer dir gebracht. Nimm sie an, wie du mich selber angenommen.»

«Steh auf», befahl meiner Freundin die Strenge Frau, «und zeige mir dein Angesicht! Dein Angesicht ist schön und wahr; wohlan, ich nehme dich an, nicht als meine Magd, sondern als meine Tochter. Neige dein Haupt, o meine Tochter, damit ich dich taufe!»

Da neigte meine Freundin ihr Haupt, und meine Herrin taufte sie mit dem Namen Imago.

«Und nun», schloß die Strenge Frau, «reicht euch die Hände, damit ich euern Bund segne.» Nachdem wir uns die Hände gereicht, sprach sie den Segen: «Im Namen des Geistes, der da höher ist als die Ordnung der Natur, im Namen der Ewigkeit, die heiliger ist als das vergängliche Gesetz der Menschen, erkläre ich euch hiermit als Braut und Bräutigam verbunden, lebenslänglich, untrennbar, durch Glück und Unglück, mit der Seele in steter Hochzeit beieinander wohnend. Du sollst ihr Ruhm und ihre Herrlichkeit sein, und sie soll deine Wonne und deine Süßigkeit sein.» – Nach diesen Worten verschwand die Strenge Frau, und wir waren wieder zu zweien allein.

«Ward dir das Opfer schwer?» lächelte Imago.

Ich jauchzte: «O Krönung meines Lebens, o Verschwendung der Gnade!»

Darauf grüßte Imago den Abschied: «Du bist nun müde, und ich habe einen weiten Weg; doch morgen kehre ich zurück, denn wir weilen ja nun in ewiger Hochzeit täglich beisammen.»

Nach diesen Worten schieden wir in Hoheit und Seligkeit. Aber noch lange blieb ich, dem schweren

Nachhall des Ereignisses lauschend, am dunklen Schreibtisch gebannt; denn wie ein Ozean rauschte es durch meinen Geist, und ein feierlicher Gesang umtönte mich wie nach einem Gottesdienste.

Und am folgenden Morgen begann in Wahrheit, wie uns verkündet worden, unser stetes Beisammensein. Eine fliegende Hochzeit, ein jauchzendes Duett, mit vereintem Siegesmunde gesungen. Doch ihre Stimme klang höher als die meinige, so daß ich öfter innehielt, um ihrem Gesang zu lauschen. Wenn ich an ihrer Seite über die Hügel der Erde in das Reich meiner Strengen Frau sprengte, welches reiner ist als das Reich der Wirklichkeit, aber wesenhafter als das Reich der Träume, also daß die Wirklichkeit sich zu ihm verhält wie das Getier zum Menschen, aber der Traum zu ihm sich verhält wie der Geruch zur Blume, und welches sich bis zu den Gefilden der Erinnerungen und Ahnungen erstreckt, da jubelte Imago: «O mein Geliebter, in was für neue, weite Welten führst du mich die Straße? Mein überraschtes Auge nennt sie fremd, doch mein beglücktes Herz begrüßt sie ‹Heimat›.» – Und gute Völker, freundlicher als der Menschen Völker, hießen an den Pforten der Täler uns brüderlich willkommen.

Wenn ich unter sorgenschwerer Arbeit, während welcher sie bescheiden ihre Gegenwart verhehlte, hin und wieder rastete und seufzend aufschaute, traf mich Imagos andächtiger Blick: «Wie beglückt mich der Stolz», erwiderte ihr Blick, «mich von einem solchen geliebt zu wissen.» Wenn ich nach redlich erworbenem Ruherecht mit ihr in das Außenleben hinunterstieg, mit ihr scherzend wie mit einer menschlichen Ehefrau, sie mit törichten Kosenamen nennend, ihr beim Essen einen Teller und ein Besteck hinstellend, als säße sie körperlich neben mir, lachte Imago vergnügt: «Was sind wir Kinder! Wie aber vollbringst du Tiefer das Wunder, daß du mich so fröhlich lachen lässest, wie ich nie zuvor so fröhlich lachen konnte?»

Darüber wurde ich reich und freundlich, so daß die Menschen verwundert zu mir sprachen: «Angenehm; wie hast du dich lieblich verwandelt.» Wie ein Baum auf freier, sonniger Wiese, der den Wipfel nach allen Seiten entfalten darf und dem die Früchte sämtlich reifen.

Und das währte so weiter, eine unendliche Seligkeit, jenseits von Zeit und Raum, bis zu dem Tage, da die Schnauze des Verrates in die goldige Wonne hereinfuhr wie ein Wildschwein durch eine Tapete. Eine gedruckte Verlobungsanzeige mit einem Fremden; ohne ein Wort der Freundschaft, ohne ein Zeichen der Erinnerung; nichts als die rohe Tatsache. Das Ganze eine stumme Frechheit!

Verächtlich warf ich den Wisch in den Winkel. Nicht der mindeste Schmerz, bloß Empörung über den Verrat, gemischt mit Trauer über die Offenbarung ungeahnter Kleinheit. Etwa so, wie wenn man berauschenden Herzens ein herrliches Klavierstück spielt und plötzlich läge vor einem an Stelle der Noten eine Kröte. Es ist also menschenmöglich, daß ein weibliches Geschöpf, dem das Schicksal die Gunst anbot, als Liebesgenossin eines Berufenen Ewigkeitsluft zu atmen, vorzieht, mit dem ersten besten Bärtling in den Sumpf der Familie zu waten. Verblüfft staunte ich dem wunderlichen Phänomen der Kleinheit nach, wie einst in der Kinderzeit, als ich einen Krebs betrachtete. «Wie kann man ein Krebs sein!» hatte ich damals gerufen. Heute rief ich: «Wie kann jemand nicht groß sein!»

Und durch ihren schmählichen Abfall soll jetzt meine schöne Seligkeit elendiglich verwesen? – Plötzlich lachte ich laut auf. Fasching und Fabel! Das hattest du ja alles nur in sie hineingedichtet: die Schicksalsstunde der Verlobung, ihre Hoheit, ihre Größe, ihren Seelenadel, ihre Liebe, ihre Freundschaft. Imago lebt nicht als einzig in dir; die menschliche, leibliche Theuda aber ist eine Verschiedene, eine Fremde, namens Ix; und zwar ein unbedeutendes Vögelein, wie deren in jeder Stadt zu Hunderten piepsen. Ich hob die schamlose Karte wieder auf und roch daran. Kein Zweifel, ganz deutlich, sie roch nach Gewöhnlichkeit. Genau wie die andern: war entschlossen, überhaupt zu heiraten (vermutlich nach einer unglücklichen Liebe – der Weg zum Altar führt ja bei den Frauen meistens über das Grab des Herzens), von einem Schwarm verhaßter Bewerber bedrängt, sieht sie in mir, dem fremden Neuling, einen Erlöser, findet mich annehmbar – glaube schon –, erhält mich nicht, um so schlimmer, so nimmt sie eben in Gottes Namen einen andern. So geht es gewöhnlich, so ging es auch mit ihr, der Gewöhnlichen. Fort mit ihr! Jüngferlein Ix, dein Name lautet: «Nicht vorhanden!» Zum Beweis dafür, schau her, was ich mit dir mache. So mache ich mit dir! Zerriß die Karte und warf die Fetzen in den Papierkorb. Und jetzt wollen wir mit deinem hübschen Lügenlärvlein also tun. Nahm das Bild hervor, um es gleichfalls zu zerstückeln. Zum Abschied aber mochte ich es vorher noch einmal anschauen. Also diese tiefsinnigen schwermütigen Augen trügen; der ganze Adel dieses Schönheitsfrühlings ist gemeiner Jugendspeck! Da fing das Bild bitterlich an zu weinen: «Nein, ich lüge nicht», weinte es, «denn damals, als dieses Bild mich spiegelte, dürstete meine Seele wahrhaftig nach Hoheit; diese Augen, die dich anblicken, schauten einst nach dir; dein dachte mein Wunsch, dein sehnte meine Hoffnung. Eine andere, spätere, mit deren Taten ich keine Gemeinschaft habe, hat dich verraten. Jedoch nicht aus niedriger Gesinnung, sondern eitel aus Schwäche und Kleinheit. Und wer weiß, vielleicht kommt später einmal eine Stunde, da sie sich besinnt, sich erinnert, sich ihres Abfalls schämt und zu dir zurückkehrt, mein Angesicht entsühnend, damit es nicht mit gebrandmarkter Schönheit schmachvoll in die Welt schaue wie ein gefallener Engel.»

Da erbarmte ich mich des Bildes und hob es andächtig auf, wie das Bild einer Verstorbenen. Der andern aber, der Neuen, der Treulosen, erkannte ich den lieben Namen Theuda ab und nannte sie fortan Pseuda, das heißt: die Falsche.

Jenen Abend, als ich wie gewöhnlich spazieren ritt (wohlverstanden, auf einem wirklichen, leibhaftigen Pferde), hörte ich jemand hinter mir reiten. Ich wußte, wer es war, denn ich hatte sie erwartet. «Imago», mahnte ich, «was reitest du hinter mir? und kommst nicht an meine Seite?»

Sie antwortete: «Weil ich jetzt deiner unwürdig bin, da ich die Gesichtszüge einer Treulosen trage.»

Ich sprach: «Imago, meine Braut, du trägst nicht ihre Gesichtszüge, sondern jene trägt fälschlich die deinigen. Darum komm an meine Seite, dein Antlitz sei mir gesegnet!»

Da ritt sie an meine Seite, verbarg jedoch ihr Gesicht mit den Händen. Ich aber entfernte ihr sanft die Hände vom Gesicht. «Siehst du, wie du schön bist und groß und seelenvoll! Darum schaue mich frei offen an, unbekümmert um dein unwürdig Urbild, so wie auch ich mich nicht darum bekümmere.»

Jetzt schaute sie mich offen an, dankend mit den Augen, und wir begannen wieder zu singen wie vordem. Und ihre Stimme klang noch schöner als zuvor; allein mit wehmütigem Ton, wie wenn ein Unschuldiger leidet; so daß es einen zu Tränen hätte erbarmen mögen. Plötzlich jedoch, mitten im Singen, brach sie ab, mit einem gurgelnden Schrei, preßte die Lippen zusammen wie ein sterbender Engel und wankte im Sattel. «O wehe mir!» klagte sie, «es hat mir jemand einen häßlichen Stoß versetzt, so daß ich krank bin und die Stimme nicht mehr schwinge. Darum laß nun ab von mir, Viktor, und suche dir eine frische Imago; eine, die da gesund und kräftig ist und ein unbescholtenes Gesicht hat, damit sie dir jauchze und singe, dir zur Süßigkeit und zum verdienten Lohne.»

Ich rief: «Imago, meine angelobte Braut, man läßt nicht von der Freundin, weil sie krank ist.

Denn ich habe einen Bund mit dir vor dem Odem meiner Strengen Herrin geschlossen, also, daß mir dein Antlitz das Sinnbild alles Edlen und Hohen bedeutet. Darum höre, was ich dir verkünde: Dafür, daß du krank und traurig bist, dafür ist meine Liebe zu dir noch vielmal größer als ehedem, als du in Freuden und Seligkeit an meiner Seite jauchztest.»

Sie sprach: «O wehe dir, Viktor, daß du nicht von mir lässest! denn ich kann dir fortan nichts mehr bringen als Herzeleid.»

Ich erwiderte: «So bring mir Herzeleid, Imago, meine edle Braut. Ich aber lasse nicht von dir.»

Also erneuerte ich den Bund mit der kranken Imago; und war alles wie vorher, nur daß ihre Stimme verstummt war und ihre Augen schmerzlich blickten. –

Und also ist es geblieben bis auf den heutigen Tag. Und sie ist meine Braut, und ich lasse nicht von ihr, und sie ist mir tröstlicher als alle Reichtümer der Welt, ob sie gleich stumm und krank ist. – Heida! Mut, Trotz und Freiheit! Mein ist die Strenge Frau, mein ist Imago; jene für mein Werk, meinen Beruf, meine Größe, diese für meine süße Liebe; der Rest ist Unrat. Der irdischen Weiber scherz' ich; ein Trunk am Wege, genossen, verdankt und vergessen. Ich sehe ihrer mancherlei, lichte und dunkle. O lecker die lichten, o Wollust die dunklen! doch ihren Namen unterscheide ich nicht. Nur einen einzigen Namen habe ich mir gemerkt: das ist Pseuda, namens Ix, die Kleine, die Abtrünnige, die mir Theuda betrübte und Imago kränkte. Unter mir die Rache! Eines bloß begehr' ich von ihr zum Entgelt: sie einmal, nur ein einziges Mal wiederzusehen, um zu erfahren, wie eine Treulose in den sauberen Tag schaut, um zu erleben, daß sie die Augen vor mir niederschlägt. Dies ist mein gutes Recht, das sei ihre verdiente Strafe. Damit genug; wohl bekomm ihr der Sumpf, Gott segne ihre Ehe.

Hiermit bin ich fertig, und da ich fertig bin, höre ich auf.

Ihr getreuer Viktor

Dies Bekenntnis schob er noch in der nämlichen Nacht eigenhändig in die Brieflade. Und am folgenden Morgen schon, mit der Elfuhrpost, erhielt er der Freundin Antwort:

Verehrter Freund!

Ich habe Ihr erstaunliches Bekenntnis, dessen Mitteilung ich Ihnen als einen Beweis des Vertrauens verdanke, mit der gebührenden Andacht gelesen. Ehe ich indessen auf den Inhalt eingehe, lassen Sie mich zuerst etwas Störendes beseitigen; es brennt mich auf der Zunge, ich will es daher gleich erledigen: Nicht wahr, es ist nicht Ihr Ernst, eine Frau durch einen Vorgang gebunden zu glauben, von dem sie nichts weiß und auch nichts wissen kann; einen Vorgang, der einzig in Ihrer Phantasie geschah: durch ein erträumtes Verlöbnis, mit einem Wort. Das tun Sie nicht, das können Sie nicht tun, weil es ebenso unvernünftig wie unbillig wäre. Den häßlichen Namen Pseuda, lieber Freund, verdient Frau Direktor Wyß nicht; denn wenn es eine Frau auf Erden gibt, die offen und wahr ist, so ist sie's. Zur Größe wollten Sie sie verpflichten? Ich weiß nicht, ob Frauen überhaupt der Größe fähig sind – wir haben andere Eigenschaften –, aber gesetzt, sie wären dessen fähig, wer ist denn zur Größe *verpflichtet*? Die bedauernswerte Menschheit, wenn Größe Pflicht wäre! Frau Direktor Wyß ist wie jede andere, wie ich, wie wir alle, dazu erzogen worden, einem braven Manne eine treue Gefährtin zu sein, und diesen Beruf erfüllt sie aufs beste, sich zum Frieden, ihren Nächsten zum Glück, den übrigen zur Erbauung. Ich kenne in der ganzen Stadt keine tugendhaftere, treuere, selbstlosere Gattin und bessere Mutter. Ich muß mich daher nochmals dagegen verwahren, daß jemand ihr zumutete, die Augen niederzuschlagen. Das braucht sie nicht zu tun, und, beiläufig bemerkt, das wird sie auch nicht tun; verlassen Sie sich darauf. Zugegeben, daß vielleicht eine andere Frau den Zauber der Parusie mitgefühlt hätte – es müßte freilich eine Frau von seltenen Eigenschaften sein, und sie müßte Sie mit allen Fasern ihres Herzens geliebt haben. Allein sie hat nun einmal die Parusie nicht gefühlt, und es war auch keineswegs ihre Pflicht, sie zu fühlen. Dies vorausgeschickt, fange ich nochmals von vorne an.

Ja, mit wahrer Andacht habe ich Ihr Geständnis gelesen; ergriffen und verwirrt, erschrocken und erhoben. Ich besitze nicht die gehörige Gabe von nüchterner Vernunft, auch nicht das nötige Maß von Verständnislosigkeit, um mich über die ungeheuerliche Vermengung von Phantasie und Wirklichkeit aufzuregen. Obschon! was sind das für Sachen: «Theuda», «Pseuda», «Imago» (Fräulein

Ix will ich Ihnen noch schenken), drei Personen mit einem einzigen Gesicht! Die eine existiert nicht, die andere ist tot, die dritte ist «nicht vorhanden», und jene, die nicht existiert, ist krank! *Wenn nur das Herz nicht Mus macht!* Mir stockt einfach der Atem; ich weiß nicht recht, ob mehr vor Furcht oder vor Ehrfurcht. Sie sind – verzeihen Sie, ich weiß, Sie hassen den Namen, aber ich kann Sie doch nicht Rabbi nennen –, Sie sind, ob Sie sich noch so sehr dagegen sträuben, ein Dichter. Wenn Sie übrigens lieber ein Seher oder Prophet heißen wollen ... Ich habe Ihr Hohelied von Imago mit dem frohen Staunen gelesen, wie man ein Großwerk der Poesie anhört, bin auch im Innersten davon überzeugt, der Dämon, von welchem Sie besessen sind, mögen Sie ihn nennen, wie Sie wollen, «Imago» oder «Strenge Frau» oder sonstwie (er wird wohl ein naher Verwandter des Genius sein), ist heiligen Ursprungs. Denn das steht bei mir fest: etwas, dem ein erwachsener Mann, so überlegen gescheit und verständig wie Sie, sein Liebesglück zum Opfer bringt, ist kein Irrwisch. Kurz, ich glaube an Ihre «Strenge Frau» und auch an Sie, mein lieber Freund, an Ihr Werk, an Ihre künftige Größe, die ich bisher bloß gehofft und ahnend vermutet hatte. So sehr glaube ich daran, daß mich Ihre Erzählung mit reinem Seelenglück erfüllen würde, wie das Erlebnis eines unsterblichen Kunstwerkes, wenn ich nicht zugleich Ihre Freundin wäre, wenn ich nicht durch meine herzliche Teilnahme gezwungen würde, auch an Ihr menschliches Heil oder Unheil zu denken. Schrecken aber erfaßt mich bei dem Gedanken, was Sie leiden werden, wenn Sie mit Ihrer schönen Phantasiewelt (verzeihen Sie einer Frau den Romanausdruck) an die harte Wirklichkeit stoßen (o weh, aber ich finde kein anderes Wort); und nur eines wundert mich, daß der grausame Stoß nicht schon längst erfolgt ist. Müssen das seltene Menschen von zarter Seelenfeinheit gewesen sein, unter denen Sie in der Fremde wohnen durften, daß Ihnen vergönnt war, sich dermaßen ungehindert und ungestraft in eine Idealwelt einzuträumen, zumal im Gewühl einer großen Stadt! Schwerlich rate ich fehl, daß es eine Frau war, und zwar eine hochsinnige Frau von außerordentlichen Eigenschaften, deren Sorge über Ihren Weg wachte. Ich würde solch ein dauerndes Phantasieglück mitten unter den Menschen überhaupt nicht für möglich gehalten haben, wenn Ihre Schilderung mir's nicht bezeugte.

Ich bewundere die Willenskraft, die Treffsicherheit, mit welcher Sie unter der Leitung der «Strengen Frau» Ihren Lebensweg im verworrensten Dickicht zurechtfinden; allein, verzeihen Sie, ein Fehler läuft doch mit unter. Sie sind hier, und Sie sollten nicht hier sein. (Nicht wahr, Sie mißverstehen mich nicht? Ich denke eben nicht an mich, sondern an Sie.) Gestatten Sie mir, daß ich mich durch die Miggimaggi Ihres Herzens nicht täuschen lasse: Sie wollen Frau Direktor Wyß einfach wiedersehen. Und warum wollen Sie sie wiedersehen? Weil Sie sie nicht vergessen können. Das ist bedauerlich; ich hätte Ihnen gewünscht, Sie könnten's; denn das Nachsehen nach etwas, was man *endgültig* weggegeben hat – Sie sehen, ich unterstreiche das Wort «endgültig» –, bringt nur unnützes Augenweh. Allein es ist wahrlich nicht die Rolle einer Frau, Sie deswegen zu tadeln; denn daß man seinem Herzen nicht gebieten kann, wer wüßte das besser als wir? Nur möchte ich Sie eben davor bewahren, daß Sie sich durch vergebliche Hoffnungen grausame Enttäuschungen zuziehen. Wollen Sie von Ihrer alten Freundin eine wohlgemeinte Warnung annehmen? – es wird zwar nichts nützen, allein ich muß es trotzdem tun, weil ich mir's nicht verzeihen könnte, es nicht getan zu haben: Sehen Sie sie nicht wieder; verlassen Sie so schnell wie möglich diesen gefährlichen Boden, und singen Sie Ihr herrliches Duett mit Imago weiter, aber in sicherer Ferne. Imago wird mit der Zeit genesen und ihre Stimme wiederfinden, darum ist mir nicht bange. Hier dagegen ist nichts für Sie zu holen als Unfriede. Merken Sie wohl, was ich Ihnen sage, ich, die ich Frau Direktor Wyß kenne – sie war ja sozusagen in gewissem Sinne meine Schülerin (wenn auch nur vorübergehend) und hat mich eine Zeitlang mit ihrem Vertrauen beehrt –, merken Sie wohl, was ich Ihnen sage: sämtliche Fächlein ihres Herzens sind besetzt. Liebe suchen Sie ja nicht bei ihr, nicht wahr? Dazu sind Sie zu gewissenhaft; Freundschaft aber werden Sie nicht erhalten, denn zur gemeinen Konzert- und Hausfreundschaft kommen Sie zu spät, und zur hohen Seelenfreundschaft, wie Sie sie meinen, zu früh. Dazu ist sie viel zu jung, zu ungequetscht, zu glücklich. Und daß Sie sich ja nicht etwa auf Ihre geistigen Eigenschaften verlassen! Sie ißt nicht von dieser Konfitüre. Wer den Hauch der Parusie nicht gespürt hat, wird auch den Odem der

«Strengen Frau» und den Tritt des himmelstürmenden Löwen nicht spüren. Ich sage das, ohne den Wert der Dame im mindesten herabzusetzen, den ich wahrlich hoch genug anschlage, da ich sie zu Ihrer Frau berufen glaubte. Allein wenn ich sie für würdig hielt, Ihre Frau zu werden, so halte ich sie darum noch nicht für fähig, Ihre Freundin zu sein. Beides verlangt ganz verschiedene Eigenschaften. Also noch einmal: verlassen Sie diesen gefährlichen Boden, denn Sie sehen mir stark danach aus, große Torheiten begehen zu wollen; zur Belästigung anderer und zu Ihrer eigenen bitteren Enttäuschung.

So, nun habe ich meine Seele gerettet. Jetzt tun Sie, was Sie wollen, oder vielmehr, was Sie müssen; denn das Schicksal wird schon wissen, was es mit Ihnen vorhat. Ich schwaches Menschenkind vermag nicht mehr, als Ihnen meinen Herzenswunsch auf den Weg mitzugeben: Sie möchten Ihr hohes Lebensziel, das Sie ganz sicher erreichen werden, nicht mit allzu grausamen Wunden erkaufen müssen. Also ich hoffe, Sie nicht wiederzusehen. Und grüßen Sie mir Ihre herrliche Imago.

Ihre Ihnen in Freundschaft und Ehrerbietung ergebene

Martha Steinbach

Nachschrift: *Und geben Sie acht, daß die irdischen Weiber nicht Ihrer «scherzen»!*

«Nichts nützen?» wiederholte Viktor, nachdem er den Brief gelesen hatte. «Warum nichts nützen? Dadurch unterscheidet sich doch der Mensch vom Maultier, daß er einen gescheiten Rat annimmt.

Liebe Freundin, Sie haben einfach recht. Was tue ich hier? was geht mich überhaupt das ganze verpfuschte, verheiratete Dämchen an? Fertig! beschlossen! bleibt's dabei: ich will sie meiden, ich will abreisen. Das heißt natürlich, sobald ich meinen alten Freunden und Schulgenossen den schuldigen Gruß werde abgestattet haben. Denn ob ich die Dame schon meiden will, flüchten vor ihr, angstvoll flüchten wie ein christlicher Jüngling vor der Versuchung, das denn doch nicht; dazu habe ich denn doch wahrlich keine Ursache. Sollte also vielleicht der Zufall es fügen, daß ich ohne mein Zutun mit ihr zusammentreffe, um so schlimmer für sie.»

Und ein kleines, krummes Wünschlein wurmte zuunterst in seiner Seele, der Zufall möchte es fügen.

Wie sie sich sämtlich ein behagliches Plätzlein im Staat erarbeitet hatten, seine alten Schulkameraden! Der eine Professor, der andere Hauptmann im Generalstab, der dritte Gasröhrenfabrikant, wieder einer Kantonsförster, und ähnlich weiter; die meisten überdies zur Ruhe geheiratet, rund und zufrieden; alle ohne Ausnahme nützlich und angesehen. Dagegen er, mit seinen vierunddreißig Jahren! ohne Beruf und Stand, ohne Namen und Wohnsitz, ohne Verdienst und Werke, nichts. Und die grausamen Bisse, wenn sie ihn an die verlorenen Reichtümer seiner natürlichen Gaben erinnerten! «Kannst du noch so schön zeichnen wie damals?» – «Und was macht denn die Musik?» – Ach, seine armen Talente! verkümmert, verschmachtet im Dienste seiner Strengen Herrin! Und wofür? Für einen Wechsel auf die Zukunft. Immer und immer nur Zukunft, niemals Gegenwart! Es wäre bald Zeit, dünkte ihn, daß sie endlich anlangte, die Zukunft, mit vierunddreißig Jahren!

«Erinnerst du dich noch, Viktor», fragte ihn Vital, der Polizeileutnant, «an unseren gutmütigen Deutschlehrer, den Fritzli? Aus dem machen sie jetzt eine gewaltige Geschichte in den Zeitungen wegen seiner Bücher. Ach Gott erbarm, es hilft ihm wenig mehr, dem Schlucker, alt und krank, wie er ist!» Dem Fritzli trug Viktor einen alten

Dank nach, weil der ihn einst in der Lehrerversammlung vor der Ausweisung aus der Schule gerettet hatte – «wegen schlechten Betragens»; das wollte sagen wegen Auflehnung. Den aufzusuchen mahnte ihn das Herz.

Er traf ihn gekrümmt im Bette liegend, ein gebrochenes, ächzendes Geschöpf.

Mühsam kehrte der Kranke den Kopf nach dem Besucher, mit gleichgültigem, leidbefangenem Blick. Allmählich aber schaute er den Viktor aufmerksam an, in seinen Zügen forschend, eine lange Zeit; übrigens ohne Unfreundlichkeit, bloß gefesselt und erstaunt, ungefähr wie ein Naturforscher, der eine seltene Raupe betrachtet. Während dann Viktor seinen Dank vorbrachte – in stammelnden Worten, denn er war ein schlechter Sprecher –, hörte der Fritzli gar nicht zu, sondern las nur immer weiter in seinem Gesichte. Endlich hub er wehmütig an: «Sie also auch! Ich weiß nicht, soll ich Ihnen Glück dazu wünschen oder Sie beklagen? Wie sagten Sie doch gleich, daß Sie heißen? Den Namen wird man aussprechen lernen.» Darauf schenkte er ihm mit erhobener Stimme und nachdrücklicher Betonung einen rätselhaften Gedenkspruch: «Nicht die Alten, die glauben's nicht; nicht die Zeitgenossen, die leiden's nicht; nicht die Frauen, die folgen dem Erfolg; sondern einzig und allein die auserlesene Mannschaft eines nachkommenden Geschlechts. – Gehen Sie jetzt, lieber Freund, Ihr Platz ist nicht neben dem Leichnam eines garstigen Greises, Sie haben genugsam mit eigenen Nöten zu schaffen; möge es gnädig ablaufen. Übrigens Dank, daß Sie gekommen sind, es war mir ein großer Trost; ich sagte Ihnen ja: einzig die auserlesene Mannschaft eines jüngeren Geschlechts. Doch gehen Sie jetzt, gehen Sie, ich bitte Sie darum.» Und als Viktor seine Besuche erneuern wollte, wurde er nicht mehr vorgelassen.

Bis jetzt war er Pseuda nirgends begegnet, und nur ein einziger Gang noch blieb zu erledigen: Frau Regierungsrat Keller. Nachher konnte er reisen – «sagen wir Montag, spätestens Dienstag». Zweimal schon hatte er bei ihr vorgesprochen und sie nicht zu Hause getroffen, jetzt versuchte er's zum dritten Mal und fand sie wieder nicht daheim. Es scheint, es soll nicht sein! «Gut, dann fahr' ich also Montag.» Da erhielt er von ihr eine schriftliche Einladung auf nächsten Mittwochnachmittag zum Tee. «Ich habe am Mittwochnachmittag die Idealia, Sie werden einige interessante Menschen vorfinden, und wahrscheinlich gibt es sogar Musik.» – «Sogar Musik», wiederholte er, «Musik als Unterhaltungsgipfel! Interessante Menschen, Idealia!» – das Programm hatte nichts Verlockendes, und spätestens Dienstag hatte er ja reisen wollen. Anderseits mochte er der verehrten Dame, der er von früher her zu Dank verpflichtet war, keine abschlägige Antwort erteilen. «Sei's darum! was habe ich schließlich zu versäumen?» und sagte zu, obgleich nur halbwillig.

Die Regierungsrätin empfing ihn mit alter Herzlichkeit, wiewohl etwas flüchtig und zerstreut. «Wir erwarten den Kurt», meldete sie glückstrahlend, mit gedämpfter Stimme, als verriete sie ihm ein Osterei.

Kurt? wo hatte er doch den Namen schon gehört?

Nicht möglich – ereiferte sie sich –, daß er den Kurt nicht kenne! Allerdings von jemand, der frisch aus der Fremde komme, lasse sich's entschuldigen. Und fing an, ihm das Lob des Kurt zu preisen, wie es nur eine Frau vermag, wenn sie mit dem Herzen urteilt. Alle erdenklichen Tugenden und Gaben; und in der Mitte der siebenfachen Perlenschnur leuchtete eine Spange, die das Ganze zusammenheftete: «Mit einem Wort ein Genie! Und zwar ein solches Genie und so weiter.» – «Und dabei von einer wahrhaft rührenden Bescheidenheit.» – «Und fein! und liebenswürdig!» – Und also fort. Viktor lächelte. Noch immer die nämliche, die Regierungsrätin, immer gleich in den höchsten Tönen, wenn sie jemand mochte. Freilich erriet er nun auch, daß er hier nur ein Stück Volk für den Wundermann Kurt bedeuten sollte; was ihn ein wenig verstimmte, so daß ihn beinahe reute, hergekommen zu sein. Mit verändertem Ton, wie wenn eine Opernsängerin in die Sprechweise verfällt, fügte sie nachlässig hinzu: «Seine Schwester ist ebenfalls da; ich glaube, Sie haben sie schon einmal gesehen, Frau Direktor Wyß.»

Ah, also jetzt! Mit einem tiefen Atemzug rüstete er seine Rache. «Nur ja keine Verwechslung! halt scharf auseinander: nicht Imago, nicht einmal Theuda, sondern bloß Pseuda die Verräterin! Und daß du mir nicht etwa wieder mit den Pulsen hämmerst, du dort drinnen!» Also gewappnet trat er ein.

Richtig, wahrhaftig! Dort saß sie, die Falsche!

über ein Notenheft gebückt, im Glanz ihrer gestohlenen Schönheit, der Schönheit Theudas, umjauchzt von der Poesie der verratenen Erinnerungen. Aber wie sie Imago gleichsah! Kann sie denn das? Ob diesem Anblick jagte sein Blut herum wie ein Eichhörnchen in der Drille; und in seinen Ohren tobte ein Lärm, als ob eine vom Nachttisch gefallene Weckeruhr auf dem Boden abschnurrte. «Alle gescheiten Geister, kommt mir zu Hilfe!» betete er angstvoll. Allein, wehe, wo sind sie? Nichts Gescheites kam.

Blindlings überstand er die Vorstellungen, erledigte er die Verbeugungen. Wie wohl sie ihn begrüßen wird? Siehe, jetzt streift ihn ihr Blick! Ein gleichgültiger Blick wie gegen einen Fremden. Sie erhebt sich ein klein wenig zur Form, dann guckt sie gelassen wieder in ihr Notenheft.

«Ist das alles?» fragte er sich, erstarrt.

Nein, es war nicht alles. Eine Schale voll Schlagsahne stand vor ihr; die äugelte sie mit liebevoller Zärtlichkeit an, sah sich ein paarmal scheu um, ob niemand sie beobachte, dann gönnte sie sich davon ein verschämtes halbes Löffelchen; endlich mit kühnerem Mut volle zwei und drei.

Solch ein Empfang! ihm! sie! Schmach und Empörung! Ingrimmig bohrte er ihr verdammende Blicke ins Antlitz. Bis ihn der Verstand am Ärmel zupfte: «Du, Viktor, falls du dir etwa einbildest, daß sie deine erhabenen Grimassen bemerkt, so täuschest du dich.» Da ließ er's bleiben und stierte sie sinnlos an, verstört wie in einem Operationsstuhl, gewärtig, was wohl zweitens anreisen werde, eine Schere oder ein Messerchen.

Während er so betäubt dasaß, drang ohne seinen Willen das Geräusch der Gespräche an sein Ohr; Brocken ohne Zusammenhang: «Protestantische Landstraßen besser gepflegt als die katholischen.» – «Im dritten Akt wird der Held unschuldig schuldig.» – «War der Kurt auch dabei?» – «Genie bricht sich immer Bahn.» – «Hatte der Kurt seinen guten Tag?»

Was jedoch wohl sie zuerst für einen Spruch tun wird? Mit dem seelenvollen Ton ihrer trautheiligen Stimme von damals? Lange Zeit wartete er umsonst. Doch halt, still! Jetzt lauscht sie in die Unterhaltung herüber. Sie runzelt die Brauen, ihre schwarzen Augen blitzen, sie öffnet die Lippen: «Ach was!» rief sie, «die höflichen Menschen sind alle mehr oder weniger falsch!»

Das kam dermaßen unversehen, daß er hellauf lachen mußte.

Da drehte sie langsam den Kopf nach seiner Richtung und schickte ihm einen Seitenblick: «Du, was dich betrifft», sagte der Blick, «mit dir bin ich fertig!» Und während sie den Kopf wieder abwendete, gewährte sie ihm auf geistigem Wege noch ein paar Nachtragsätze mit kleinen Buchstaben, die er deutlicher zu lesen vermochte, als ihm lieb war. «Mein Herr, was wollen Sie von mir? warum weisen Sie mir solch eine wichtige inhaltsvolle Erinnerungsmiene? Falls Sie etwa von früher her etwas wurmt, um so schlimmer für Sie; klagen Sie sich selbst an; mich aber lassen Sie gefälligst in Frieden, sonst holla! Heute gilt die Gegenwart, morgen die Zukunft; mein Mann und mein Kind sind mir alles, und Sie sind mir gar nichts.»

Es war weder ein Messerchen noch eine Schere, es war eine fürchterliche Säge. Und Schmerz und Zorn stürmten vereint wider seine mühsam verteidigte Fassung. «Sie wagt es! Mit den gemeinen Anhängseln ihrer nichtsnutzigen Ehe – Mann, Kind und dergleichen Hausrat mehr – möchte sie das unsterbliche Gemälde der Parusie auslöschen?!»

Und wiederum tönte in seinen Ohren die Raspel der Gespräche. Von links her: «Glauben Sie wirklich, daß der Kurt noch kommen wird?» – «Schon vier Uhr! fertig, er kommt wieder einmal nicht!» – «Und ich behaupte: er kommt.» – Zur Rechten: «Glatte Höflinge.» – «Freudloses Familienleben der Großstädter.» – «Geistlose Unterhaltung der sogenannten vornehmen Welt.» – «Steifes, lächerliches Zeremoniell in den Palästen der Großen.» – Ihm war, er hätte in zehn Jahren nicht so viele Albernheiten gehört wie in dieser Viertelstunde. Überhaupt gesellte sich zu seiner Beschämung mehr und mehr der Unwille. Warum kümmert sich denn niemand um mich? Wie lange soll ich noch einsam auf meinem Stuhl sitzen wie Robinson auf der Klippe?

Da, mit einem Male lief eine freudige Erregung durch die Versammlung, begleitet von Geflüster und unterdrückten Jubelrufen, als nahte ein Festzug. Während er sich trägen Geistes – denn was galt ihm die Umgebung? – nach der Ursache der plötzlichen Glückseligkeit umdrehte, stürzte ein Mannsbild durchs Zimmer, ohne Gruß noch Vorstellung, im Vorbeistürmen ihn, den Viktor, mit dem Ärmel streifend, ohne sich zu entschuldigen;

pflanzte sich ohne weiteres vors Klavier, legte ein Notenbuch bereit – er wird doch etwa nicht...? Doch, weiß Gott, er fängt an zu singen, mitten in der Versammlung, ohne Aufforderung noch Erlaubnis, wie ein Schnapsbruder im Wirtshaus. Eins, zwei war Viktor neben ihm, klappte ihm das Notenbuch zu und warf es ihm auf die Knie, worauf der Einbrecher ohne einen Mucks wieder aus dem Zimmer stürzte. Das Ganze war so schnell verlaufen, wie wenn eine Fledermaus zum Fenster hereinflattert und wieder hinaus.

«Was war das für ein Individuum?» fragte Viktor belustigt, gegen die Regierungsrätin gewandt, in der Meinung, ihren Dank für die schlanke Hinausbeförderung zu ernten.

Doch siehe da: Verwirrung und Aufstand ringsum, Bestürzung auf allen Gesichtern.

«Durchaus kein Individuum», brauste Pseuda mit zornrotem Gesicht auf, feindliches Schnellfeuer aus ihren funkelnden Augen schießend. Die Regierungsrätin aber, Tränen in den Augen, zischte ihm vorwurfsvoll ins Ohr: «Das war ja ihr Bruder, der Kurt!»

Jetzt verbeugte sich Viktor mit spöttischer Ehrerbietung vor Pseuda: «Gnädige Frau, mein aufrichtiges, tiefgefühltes Beileid!»

«Es braucht kein Beileid!» herrschte sie, «ich bin stolz auf meinen Bruder und darf es sein!»

Hiermit verließ sie geräuschvoll das Zimmer, und alles rüstete sich zum Aufbruch.

«Ach, mein schöner musikalischer Abend!» jammerte mit trostloser Miene die Regierungsrätin. Und als Viktor sich angelegentlich bei ihr entschuldigte, beteuernd, wie er doch unmöglich habe ahnen können, daß ein ungezogener Mensch, der ohne Gruß noch Vorstellung durch eine Versammlung stürmt und dabei die Anwesenden mit den Ellenbogen stößt – «Zeremonienmeister!» –, unterbrach sie ihn erbittert: «Er ist eben ein Original, ein Genie» – und schlich betrübt von dannen.

Lehmann aber, der Förster, Viktors Schulkamerad, klopfte ihm lachend auf die Schulter: «Viktor, Viktor, das war ein schlimmes Versehen!»

«Entschuldige, lieber Freund, das war kein Versehen, sondern eine Züchtigung.»

«Nenne es, wie du willst, jedenfalls mit Frau Direktor Wyß hast du es jetzt auf ewige Zeiten verdorben.»

«Das werden wir sehen!» trotzte Viktor furchtlos.

Draußen auf der Straße war ihm, als käme er aus einer närrischen Posse. Das also war der gepriesene Kurt gewesen! «Fein, liebenswürdig, bescheiden!» Haben denn hier die Wörter der deutschen Sprache einen anderen Sinn als sonst auf Erden? Der, und ein Genie?! Ja, eines von den zehntausend Werdenichts-Genies, von denen jede Familie eins auf Lager hat; in schwesterlicher Verhimmelung verzuckert, garniert mit einem Kranz schmachtender Basen. – Überhaupt, in was für eine Grube war er gefallen! Was für Gespräche! Verfaulte Gemeinplätze, die man anderswo mit keinem Stöcklein mehr anzurühren wagt, Urteilsmißgeburten, wert, in Weingeist aufbewahrt zu werden. «Steifes, lächerliches Zeremoniell in den Palästen der Großen!» Die glauben offenbar, es gehe in den «Palästen der Großen» so feierlich zu wie bei der Eröffnung einer Zuchtstierausstellung. «Glatte Höflinge!» Was die sich wohl unter einem Höfling vorstellen mochten? Vermutlich einen staatlich geeichten Ränkeschmied, der von Morgen bis Abend den Thron umschleicht wie ein Bühnenbösewicht den Souffleurkasten. «Freudloses Familienleben der Großstädter!» Wahrscheinlich, weil sie ihre Buben nicht prügeln! «Geistlose Unterhaltung der sogenannten vornehmen Welt!» Allerdings, von «unschuldig schuldig» redet man dort nicht. – Freilich, was den geistigen Horizont betrifft, scheint sie selber auch nicht gerade sonderlich... nun, kein Wunder, in solch einer Sippschaft! Mit einem Charakterkopf zum Vater und einem Genie zum Bruder! «Die höflichen Menschen sind alle mehr oder weniger falsch» – aus was für einem Demokratenkübel sie das elende Sprüchlein wohl aufgelesen haben mag? Aber hübsch hat sie's aufgesagt; sicher und beifallsbewußt wie eine Jahreszahl im Examen. «Schlacht bei Salamis? – Ich weiß», triumphierend den Zeigefinger in die Höhe. Soll ich dir sagen, was sie ist, Viktor? Ein unreifes Kind ist sie, auf der Schnellbleiche geheiratet; noch die Puppe auf dem Arm, und wupp! ohne daß sie merkt woher, ein Büblein auf dem Schoß. Dieses gilt ihr dann so für eine Art Fortbildungspuppe. Hast du gesehen, wie verliebt sie die Schlagsahne schleckte? Um ein weniges (schade, daß sich's für Erwachsene nicht schickt), so hätte sie sich den Magen gestreichelt wie der Clown im Zirkus. Aber war sie schön! Fast wäre man versucht, der Schöpfung eine bessere Note zu erteilen, ihretwegen; womöglich noch schöner als damals in der Parusie. Nichts verloren und mehreres dazugewachsen; «aufgeblüht», mit einem Wort, wie die Romanschreiber sagen. Und wie tapfer sie ihren Hanswurst von Bruder verteidigte! Pseuda, du gefällst mir. Sie schlägt zwar noch ein bißchen aus wie ein wildes Rößlein; um so besser, Beweis, daß sie Rasse hat; ich sehe es gar nicht ungern, wenn sie zornig ist; im Gegenteil, das steht ihr gut, es paßt zu ihrer schwarzhaarigen Verfassung. Pseuda, wir werden noch gute Freunde werden. – Und fröhlich trällernd schritt er die Straße.

Allein, die ganze Lustigkeit war nur Kinderball auf dem Verdeck; unten in der Kajüte stöhnte ein gestochener Mann, und das war der Kapitän. Kaum im Gasthof zurück, warf Viktor die gekünstelte Fröhlichkeit weg und ging tiefsinnig in sich. «Viktor, eine Wahrheit hat gesprochen, und an dem Spruch einer Wahrheit soll man nichts abmarkten wollen. Die Wahrheit lautet: Auf Cäsarenmanier, nur so erscheinen und niederschmettern, ist es nicht gegangen; dein Auftritt, dein Blick, deine gerechte Empörung haben versagt, und zwar kläglich. Was war der Grund des Versagens, und wie steht es nach alledem zwischen dir und Pseuda? Denk nach, hernach antworte.»

Viktor dachte nach, hierauf antwortete er: «Der Grund des Versagens ist folgender: Dieses Dämchen ist glücklich und zufrieden; sie bedarf daher nichts und begehrt deshalb nichts, am wenigsten von mir; ich bin ihr einfach überflüssig. Die Vergangenheit aber hat sie begraben, und zwar ohne

Denkmal. Das also ist der Grund, daß mein Auftreten versagt hat. Mit meinem künftigen Verhältnis zwischen mir und ihr aber steht es so: Meine geistige Überlegenheit nützt mir hier nicht das mindeste, denn sie vermag sie gar nicht zu ermessen. Sie schadet mir sogar; denn durch meinen Geist gerate ich in Widerspruch zu ihren Überzeugungen, die darum nur um so störrischer sind, daß sie sie aus anderer Leute Köpfen bezieht. Mit einem Wort: ‹Sie ißt nicht von dieser Konfitüre›, um mit Frau Steinbach zu reden. Wer einen Charakterkopf verehrt, wer einen Kurt bewundert, wird niemals einen Viktor hochschätzen; das ist naturunmöglich; denn eines schließt das andere aus. Nun ist aber der Charakterkopf ihr Vater, der Kurt ihr Bruder. Ich müßte demnach einen Kampf gegen ihr eignes Blut und gegen ihre schönste Tugend, die Pietät, beginnen. Folglich ...» Hier jedoch stockte sein Gedanke, gegen die Schlußfolgerungen sich sträubend.

Statt seiner ergänzte den Satz eine leise Stimme aus dem dunkelsten Grunde seines Gefühls: «Hoffnungslos», murmelte die Stimme. Und als ob das ein Stichwort gewesen wäre, erhoben sich jetzt plötzlich von allen Seiten Hunderte von Stimmen, die sämtlich das Wort «hoffnungslos» hersagten, in ewiger Wiederholung, mit scharfem Tonschritt, immer lauter und mächtiger, lawinenartig anschwellend, wie die Zuschauer im Zwischenakt, wenn der Vorhang nicht auf will.

Da ließ Viktor den Kopf hangen, überzeugt, aber willenlos.

Ihm tippte der Verstand auf die Schulter: «Viktor, du hörst das Urteil des Volkes, es stimmt zu dem meinigen, und im Grunde auch zu deinem eigenen. Kurz, hier ist kein Klima für dich.»

«Also was denn?»

«Aufpacken und abreisen.»

«Ja, wenn du meinst, es munde meinem Selbstgefühl, mich kleinlaut davonzuschleichen, nachdem ich als zürnender Odysseus dahergefahren, so täuschest du dich.»

«Wird es etwa deinem Selbstgefühl besser munden, dereinst gedemütigt abzuziehen, schimpflich geschlagen, mit schwärenden Wunden, das Herz voll bittrer Galle?»

«Irgendeine Genugtuung, irgendeinen Triumph über die Verräterin ist mir das Schicksal doch schuldig.»

«Das Schicksal ist ein schlechter Zahler. Komm, sei gescheit und renn nicht mit dem Kopf gegen die Mauer.»

Viktor seufzte und schwieg eine Weile. Darauf versetzte er: «Du magst vielleicht recht haben; auch ist ja nicht gesagt, daß ich dir nicht schließlich nachgebe; allein ich möchte zuerst noch ein bißchen dic Torheit strampeln lassen; das tut einem so wohl, und ein wenig Trost habe ich doch auch nötig. Morgen früh gebe ich dir dann Bescheid; zunächst laß mich eins darüber schlafen.»

Wie er dann im linden Bette lag und, mit Vorausnahme der nahen Abreise, im Gefühl schon halb ein Abwesender, weich und weh seinem verunglückten Richterrachezuge nachsann, benützte das Herz die mürbe Stimmung: «Schade», zischelte es, «ich hätte dir einen besseren Abschied gegönnt. Mißversteh mich nicht, ich maße mir keineswegs an, deinen Entschluß zu beeinflussen, folge nur gehorsam dem Verstande, er ist bei weitem der Gescheiteste von uns allen – nur ist es halt doch zu bedauern, daß du so in Unfrieden von ihr wegziehen mußt, das Gedächtnis zeitlebens mit einer feindseligen Pseuda behaftet. Denn darüber, denke ich, bist du doch im klaren, daß du sie zeitlebens nie mehr wiedersehen wirst; du kannst mithin das Erinnerungsbild nicht mehr ändern; so, wie du sie heute zuletzt geschaut hast: als eine Fremde und Erzürnte, so mußt du sie fortan ewig vor Augen haben. Ich hätte dir zum Abschied etwas Versöhnliches gewünscht, einen guten Blick, ein herzliches Wort, was weiß ich, kurz irgend etwas Schönes, was man hätte mitnehmen können und was einem in der Fremde nachgeleuchtet hätte. Dir hätte es wohl getan (ich rede nicht von mir, ich bin ja, scheint's, nur zum Entbehren auf der Welt), und für die kranke Imago wäre es Arznei gewesen.»

Und so weiter in schummrigem Verführungsgeflüster, bis er darüber einschlief.

In der Nacht aber, gegen Morgen, träumte ihm ein Märlein.

Auf der Insel eines Teiches erblickte er Pseuda als verwunschene Prinzessin zwischen Fröschen und Molchen sitzend, unter denen der Kurt als Froschkönig mit abenteuerlichen Sätzen umherhopste. «Ist denn kein Edler auf Erden, der mich von den Fröschen erlöst?» jammerte ihre Stimme. Und am Ufer, in einem Weidenstrauch, kauerte der Statthalter, die Arme rhythmisch gegen seine

Frau bewegend, als ob er mähte. «Hilf ihr», winkte flehentlich seine Miene, indem er die Augäpfel verdrehte. Er selber, Viktor, vermochte sich natürlich nicht zu rühren, weil es ein Traum war.

Als er dann am Morgen aufwachte, gesund und munter, frisch im Geiste, der Leib gestärkt mit Mut und Selbstgefühl, sprang er kriegerisch aus dem Bette: «Getrost, Pseuda», gelobte er gerührt, «ich werde dich von den Fröschen erlösen», kleidete sich an, öffnete das Fenster, schwang seine Seele über die Berge, blitzte mit den Augen und stampfte mit dem Fuße: «Wieso hoffnungslos? Wer behauptet ‹hoffnungslos›? Sie ist ja doch inwendig nicht hohl, sondern hat eine Seele wie jeder Mensch, und in der Seele schlummert ein Kern, und in dem Kern träumt, ob sie's schon selber vielleicht nicht weiß, eine Sehnsucht, und die Sehnsucht dürstet nach etwas Höherem, Edlerem, Schönerem, als was ihre nichtsnutzige alltägliche Umgebung ihr bieten kann. Sie ist bloß verkrustet. Wenn ich indessen in ihrer Nähe bleibe, so muß unfehlbar früher oder später die Magie meiner Persönlichkeit – vielmehr, besser gesagt, der glühende Blick der erhabenen Fremdgestalten, die mich erleuchten – aus meiner Seele in ihre Seele hinüberzünden, die Kruste durchbrechend, so daß sie aufwacht, entblindet, meinen Wert erkennt und meiner hohen selbstlosen Gesinnung huldigt. Seele gegen Gewöhnlichkeit, Geist gegen Trägheit, Person gegen Sippschaft, so gilt jetzt die Fehde; Magie heißt meine Waffe, und die Strenge Frau ist mein gewaltiger Feldherr. Wollen doch wahrlich sehen, wer stärker ist!»

Und denselben Morgen noch suchte er, in der mutmaßlichen Voraussicht, daß die magische Heilkur vielleicht längere Zeit beanspruchen könnte, eine Privatwohnung.

«Wohl bekomm's!» rief der Verstand, als er abends spät einzog. Und zwei Gedanken strichen, eifrig miteinander flüsternd, zuäußerst an seinem Geiste vorüber.

Der nähere der beiden Gedanken sagte: «Auch wieder einer, der erst ein Bein abgeschlagen haben will, ehe er Verstand annimmt.»

Der andere Gedanke aber wartete vorsichtig, bis er außer Bereich war, dann höhnte er, zurückschauend, die freche Bemerkung: «Weil er halt einfach verliebt ist», flüchtete jedoch Hals über Kopf, da Viktor jähgrimmig mit Bengeln nach ihm warf.

Den Viktor aber winkte vertraulich die Phantasie beiseite: «Laß sie schwatzen. Komm, ich will dir etwas zeigen», und zog sachte einen Vorhang auseinander, nur etwa drei Finger breit, gerade soviel, daß man durch den Spalt sehen konnte. Und siehe da, auf einer Bühne standen Pseuda und er selber, Viktor. Hand in Hand standen sie und sahen einander innig an. Dann sprach sie zu ihm: «Hoher du, Guter, Selbstloser, alles, was ich dir ohne Sünde gewähren darf, ist dein, nenn's Freundschaft oder nenn's Liebe.»

«Das war nur eine kleine Probe, um dir einen Begriff zu geben», schmunzelte die Phantasie, indem sie den Vorhang wieder zuzog, «später zeige ich dir dann noch viel, viel Schöneres.»

Um der widerspenstigen Dame seine Persönlichkeit zu demonstrieren, mußte er vor allem mit ihr zusammentreffen können, und zwar öfters, womöglich regelmäßig, denn persönliche Vorzüge sind keine Fernwaffen. Wo? Diese Frage! Was einfacher? Bei ihr daheim natürlich! Wozu hat man denn sonst einen Statthalter? Der hatte ihn doch eingeladen!

Der Statthalter empfing ihn aufs herzlichste, eine lange Stunde mit ihm über wissenschaftliche Fragen verhandelnd; seine Frau dagegen, auf welche der Besuch gemünzt war, blieb unsichtbar; und als er ihr beim Fortgehen begegnete, bedachte sie ihn mit einem solchen eisigen Gruß, daß er begriff: sie verbat sich seine Besuche.

Auf diesem Wege also ging es nicht. Er mußte versuchen, sie an einem dritten Orte zu fassen. Er erkundigte sich, wo und mit wem sie zu verkehren pflege; übereinstimmend meldeten die Nachrichten, ihr gesellschaftlicher Verkehr beschränke sich fast ausschließlich auf die Idealia. Aus tiefstem Herzen seufzte Viktor: «Idealia!» Er hatte sie bereits gekostet, die Idealia, damals, bei Frau Keller. – «Bah», ermutigte er sich, «es sind im Grunde liebenswürdige, wackere Leute; sogar von seltener Herzenshöflichkeit, trotz ihrem schulbuchdogmatischen Blast, womit sie prahlen. Schon allein, daß mich kein Mensch seine Verstimmung über den Vorfall mit dem Kurt fühlen läßt! – Also mit einigem guten Willen...», und andere Einladungen verschmähend, Frau Steinbach vernachlässigend, schloß er sich den Zusammenkünften der Idealia an, auf die schlimmsten Abenteuer der Gemütlichkeit in Geduld gefaßt.

Auch sie brachten ihm guten Willen entgegen, doch bald spottete die Macht der Gegensätze des künstlichen Harmoniespiels.

Da war vor allem seine angeborene (oder anerfahrene?) Absonderungssucht, die ihm vor jeder Vergruppung der Menschen, heiße sie, wie sie wolle, einen Schauder einflößte; und nun gar ein «Verein»! noch dazu mit dem Namen Idealia! Sie wiederum setzten bei jedem Menschen zwei Haupteigenschaften voraus, die er nicht beibrachte: nämlich einen ewigen Bildungsdurst und einen unersättlichen Musikhunger. Ohne Musik waren diese Leute so hilflos wie Beduinen, denen die Kamele davongelaufen. «Wollen Sie uns denn nicht etwas spielen?» konnten sie einander fragen. Dieses «etwas» jagte ihn vom Stuhl. Sagt man auch: «Wollen Sie uns ‹etwas› sprechen?»

Angesichts der Bildung lautete der Gegensatz noch klarer: sie interessierten sich für alles, er für nichts. (Deshalb für nichts, weil seine mit Gesichten und Gedichten bis zum Überlaufen volle Seele überhaupt jede Aufnahme von außen verweigerte.)

Die Hauptsache aber war: ihm fehlten die Vorbedingungen zu ihrem anspruchslosen Geselligkeitsstil: der strenge Beruf mit seinen Pflichten und

Mühen, das Familienleben mit seinen Sorgen, mit einem Wort, das Erholungs- und Erschlaffungsbedürfnis. Kurz, der altehrwürdige Lebensgegensatz zwischen dem Geisteszigeuner und den Familienbenedikten. Auch der Umstand, daß er tatenlos auf etwas wartete (nämlich auf die Bekehrung Pseudas), mußte schon für sich allein sein Lebensgefühl verstimmen; denn auf die Lungerlage ist der Menschengeist nicht eingerichtet.

So ergab sich denn statt der gehofften Anpassung beiderseitiges Unbehagen. Er war ihnen «ungemütlich», und sie wurden ihm unwohl. Freilich gab er sich redliche Mühe, sein Unwohlsein zu verbergen, um nicht den Schwarzpeter im Kartenspiel vorzustellen; allein versuch's: verbirg's, wenn dir übel ist! «Wie gefällt es Ihnen bei uns? haben Sie sich allmählich ein bißchen eingelebt?» – «O ja! sehr!» versicherte er eifrig, stöhnend wie ein harpunierter Walfisch.

Da begannen sie ihn zu trösten. Auf landläufige Manier, nach dem Volkslied «Ihr eigener Fehler». Hinter jedem Trostspruch kam eine Ermahnung getröpfelt, wie aus jenen doppelten Brüheschüsseln, wo aus dem obern Schnabel das Fett, aus dem untern der Satz läuft. Eine unaufhörliche Beugung seiner Person mit Hilfszeitwörtern: «Sie müssen», «Sie sollten», oder, rückwärts angespannt: «Sie müssen nicht», «Sie sollten nicht». Laß sehen, was sollte er dann eigentlich nach ihrer Meinung? und was sollte er nicht? Er sollte nicht: «sich gehen lassen», «sich einwickeln», «sich einspinnen». Er sollte «sich überwinden», «aus sich herausgehen», «sich aus seiner Lethargie aufrütteln» (Viktor, merk dir dein Zeichen, du bist lethargisch), allmählich mit der Zeit vielleicht heiraten; warum denn nicht? und zwar womöglich eine etwas angriffslustige, derbe Dame, damit sie ihn aus seiner Lethargie (entschieden, das Wort hatte es ihnen angetan) gewaltsam herausreiße. Einstweilen möge er doch die mannigfachen Gelegenheiten benützen, die einem in hiesiger Stadt geboten würden; oder ob er denn für gar nichts Höheres Sinn habe? Am Donnerstag zum Beispiel wäre ein interessanter Vortrag über die Liebe bei den alten Germanen, am Sonntag gebe es einen siebenjährigen Geiger; wohlverstanden durchaus nicht etwa bloß so ein unnatürliches bedauernswürdiges Wunderkind, sie wären vielmehr die letzten, solch eine künstliche Treibhauspflanze zu begrüßen, sondern diesmal ein echter, gottbegnadeter Künstler. Und ob er denn wirklich auch gar nicht singe oder wenigstens irgendein Instrument spiele? Ein Einfall, ein Vorschlag: am 4. Dezember, zum Stiftungsgedenktag der Idealia, wird ein Festspiel vom Kurt aufgeführt: «Könnten Sie da nicht vielleicht eine Rolle übernehmen, zum Beispiel als Meergreis oder als einer der Berggeister?» Und warum er sich denn nicht einfach als Mitglied der Idealia anmelde? Und ob es nicht viel natürlicher und gemütlicher wäre, wenn er sich mit den Männern duzte wie die übrigen?

Oder sie versuchten ihn «aufzuheitern». Gab es ein Tänzchen oder ein Gesellschaftsspielchen, Ringsuchen, Tellerdrehen und dergleichen, so rissen sie ihn herzhaft am Arm: «Kommen Sie! ziehen Sie kein so verzweifeltes Gesicht und helfen Sie mit! Man braucht nicht immer so feierlich zu sein.» Wie dann alles nichts helfen wollte, wie er sich je länger, je mehr als ein «Egoist» entpuppte, der F-Moll bekannte, wenn die andern Cis-Dur anstimmten, überdies als verstockter «Realist», der sich für nichts, aber auch für gar nichts interessieren wollte, überdies von haarsträubender, geradezu empörender Unwissenheit (er hatte zum Beispiel den «Tasso» nicht gelesen!), nahmen sie die Tonart ein bißchen schärfer, und zu den Ratschlägen, zu den Ermahnungen gesellte sich der Tadel. Immer natürlich in aller Freundschaft; oder ist denn nicht Tadel an sich der untrüglichste Beweis von Freundschaft? Sie besserten also in der wohlmeinendsten Absicht an ihm herum; lediglich, um ihn der Idealia anzugleichen; ungefähr so, wie ein Familienrat vor der Reise einen Frack behandelt, damit er in den Koffer gehe: der eine meint, man müsse die Ärmel so falten, der andere vielmehr so; der dritte richtet den Kragen in die Höhe, der vierte schlägt die Schöße um; ihrer zwei drücken schonend mit Fäusten und Knien auf das Präparat, und das Virgineli setzt sich darauf.

Dabei traf es sich ungeschickt, daß Viktor gerade dagegen einen entschiedenen Widerwillen verspürte, an sich herumbessern zu lassen; deshalb, weil er dieses Geschäft selber besorgte. Am ungeduldigsten ertrug er die Nörgeleien an seiner leiblichen Erscheinung. War das ein unaufhörliches Zupfen und Häkeln an seinem Äußern! Nichts erschien an ihm richtig, vom Scheitel bis zur Zehe; weder seine Sprache noch Aussprache, weder sein Haar- noch Bartschnitt, weder sein Kleid noch seine Schuhe; vollends über seinen Hemdenkragen vermochten sie sich gar nicht zu trösten. Schüchterne Versuche, mit Gegenkritik zu lohnen, fanden kein geneigtes Ohr.

Und dann die tausenderlei kleinstädtischen Übelnehmereien! erwidert von seiner unglaublichen Empfindlichkeit, der Empfindlichkeit des Phantasiemenschen (der Rückseite der Feinfühligkeit), die durch unablässiges Wühlen einen Nadelstich zur schwärenden Wunde entzündet, eine kleine Rücksichtslosigkeit zur tödlichen Beleidigung vergrößert! So trug von beiden Seiten jedes das Seinige bei, um jenen Qualzustand zu schaffen, den man mit dem Lindwort «Mißverständnis» zu beschönigen pflegt. Nun hatten zwar nach ihrer Auffassung «Mißverständnisse» wenig auf sich. Du lieber Himmel! in dieser friedlichen Idealia, wo jahraus, jahrein immer eins mit dem andern verzankt war und an Festtagen alle mit allen, was wollten da «Mißverständnisse» besagen! Nahmen einander alles übel, aber trugen sich nichts nach. Er dagegen, mit seiner Überempfindlichkeit und Vergrößerungssucht, mit seinem monströsen Gedächtnis, welches nichts, aber auch gar nichts in die heilsame Vergessenheit entließ, mit seinem metaphysischen Lebensgefühl, welches das kleinste Vorkommnis mit pathetischem Nachdruck belastete, mit seiner summarischen Phantasierechnungskunst, die immer sämtlichen ankreidete, was ihm ein einzelner angetan (es ist am einfachsten so), geriet allmählich in einen Zustand wie ein von Bienen überfallener Bär. Gewiß, gern gab er zu, alles widerführe ihm aus lauter Freundschaft; allein ihm kam vor, die Freundschaft habe hierzulande eine verwünschte Ähnlichkeit mit einem Zahnschmerz. Und unversehens waren die Bienen, von seiner Phantasie ausgiebig genährt, zu Ungetümen angewachsen, die ihn mit tückischen Blicken umlauerten.

Dadurch wurde er jetzt argwöhnisch wie ein Kettenhund in der Dämmerung; überall böse Absicht witternd, links und rechts Erläuterungen heischend, Ehrenerklärungen, Entschuldigungen fordernd, wobei er mitunter ins Kindische fiel. Die Frau Pfarrer Wehrenfels hatte ihm die linke Hand gereicht: «War das mit Vorbedacht geschehen, um mich zu demütigen?», so daß er nach einer schlaflosen Nacht von ihr eine Erklärung verlangte, mit der Miene eines beleidigten Offiziers. «Mit Ihnen ist überhaupt nicht auszukommen», rief nach einem ähnlichen läppischen Stücklein Frau Doktor Richard ärgerlich. Der Vorwurf peinigte nun wieder seine gewissenhafte Seele, die er jeden Augenblick so blank in Bereitschaft halten mochte wie zur Parade am Jüngsten Gericht, mit kummervollem Bedenken. «Wenn sie recht hätte? Warum auch nicht? wohl möglich. Allein wie abhelfen? ich kann mich bessern, aber nicht ändern.» Und ganz klein und demütig schrieb er an eine auswärtige Freundin: «Aufrichtig, ohne die mindeste Rücksicht: Ist mit mir nicht auszukommen?» Die Antwort lautete: «Ich lache über Ihre Frage. Kinderleicht, wie mit einem Kaninchen. Nur muß man Sie halt tüchtig liebhaben, wie sich's gehört, und es Ihnen auch von Zeit zu Zeit sagen.»

Das Einfältigste war, daß er jene, die er in der Idealia suchte, um deretwillen er sich all dem Freundschaftsungemach unterzog, nur ausnahmsweise zu Gesicht bekam. «Frau Direktor Wyß ist ungemein häuslich», lautete die Erklärung, «sie lebt ganz allein für ihren Mann und ihr Kind.» Er ahnte indessen wohl, daß dies nicht der einzige Grund war, sondern daß sie hauptsächlich deshalb wegblieb, um nicht mit ihm zusammenzutreffen. Das war aber so ziemlich das Schlimmste, was ihm widerfahren konnte. Wenn er dann erschien und sie nicht vorfand, starrte er geistesabwesend auf den Stuhl, auf welchem sie, wenn sie gekommen wäre, vermutlich würde gesessen haben, redete kein Wort und hörte nicht, was man zu ihm sagte. Zu der Unseligkeit des Wartens erhielt er hiermit noch die Beschämung der getäuschten Erwartung. Und jedesmal, den folgenden Tag nach einer solchen Enttäuschung, irrte er verstört in der Stadt umher, wie ein Gespenst, das den Rückweg nach dem Kirchhof verloren hat.

In den Ausnahmsfällen wieder, wo Pseuda zugegen war, zahlte sie ihm die Mißhandlung ihres Bruders getreulich heim, aufrechten Hauptes, herzhaft und tapfer, ihn als Türkenkopf gebrauchend, nach welchem sie widrige Bemerkungen schleuderte, einerlei was für? denn zur Genauigkeit fühlte sie sich nicht verpflichtet. Kaum daß er den Mund auftat, fuhr sie ihm darüber. Hierbei setzte es mitunter schwere Verwundungen seines empfindlichen Ehrgefühls. «Ich liebe nicht die Schmeichler», warf sie ihm einmal herrisch zu, als ihm der Ausruf entschlüpfte: «Sind Sie schön!»

Ein anderes Mal, als er den Satz bestritt, der Adel Europas wäre idiotisch und verkrüppelt, schalt sie ihn «Snob». Das war nun natürlich bloß als weibliche Stimmungsmusik gemeint; er aber faßte jungtörichterweise das Wort wörtlich, und da er es wörtlich faßte, mußte er's auch ernst und schwer nehmen. Drei Nächte würgte er an dem vermeintlichen Schimpf. Eine Rute, ein Feuer, einen Skorpion legte er neben sich und prüfte seine Seele in den hintersten Winkeln, um sich nötigenfalls schonungslos zu büßen; bis er endlich die tröstliche Gewißheit gewann, daß das schimpfliche Merkmal ihm nicht gebühre. Nein, wer vor dem Bettler, während er ihm das Almosen reicht, den Hut abnimmt, wer gleich einem evangelischen Pfarrer einem überführten Dieb den Handschlag nicht verweigert, wer es wagt, am hellen Mittag eine Dirne zu grüßen, ist kein Snob; und wer zeitlebens das Kunststücklein verschmähte, die Gunst einer Frau durch Herabsetzung ihrer Feindin zu gewinnen, ist kein Schmeichler. «Also warum sagt man mir's dann!» schrie seine Empörung; und fortan saß er Pseuda mit einer Miene gegenüber, als hätte sie ihm ein Auge ausgeschlagen und er hätte ihr's verziehen.

Dem konnte die Regierungsrätin nicht länger zusehen; denn ihre friedliche Natur ertrug keine tiefspältige Zwietracht in ihrer Umgebung. Und da sie sowohl dem Viktor wie der Frau Direktor herzlich zugetan war, schloß sie nach der liebenswürdigen Unlogik des Frauenherzens, welches da meint, wenn ich A und B gern habe, so müssen sich A und B ebenfalls gern haben, auf ein bloßes

«Mißverständnis» zwischen den beiden. Demgemäß unternahm sie jetzt die Vermittlung, indem sie dem Viktor die Tugenden der Frau Direktor und dieser wieder die Vorzüge des Viktor schilderte. Großartig, gemäß ihrer lautern und einfachen Natur, wo die Tugenden in kräftigen Zügen wie in Fresko gemalt waren, erklärte sich Frau Direktor willens, die Geschichte mit dem Kurt zu vergessen, vorausgesetzt, versteht sich, daß Viktor sich künftig der Verträglichkeit befleißige. Hingegen den Lobpreisungen über Viktor lauschte sie mit ungläubiger Miene. Und während Frau Keller sich zugunsten ihres Schützlings in eifriger Rede abmühte, sammelte sie sachte für sich selber ihre Eindrücke zu einem Charakterbilde Viktors, ungern zwar, denn es widerstrebte ihr, die Gedanken mit ihm zu beschäftigen.

Daß dieser Mensch ihr zuwider war, und zwar je länger, desto mehr (ganz abgesehen von der Beleidigung ihres Bruders), das brauchte sie sich nicht erst zu fragen, das spürte sie deutlich. Schon sein lockerer Lebenswandel, aus welchem er nicht einmal ein Hehl machte! «Doch seien wir nicht ungerecht; suchen wir ihm eine gute Seite abzugewinnen.» Allein sie mochte ihn drehen, wie sie wollte, es kam nirgends eine gute Seite zum Vorschein, und sein Eigenschaftsverzeichnis sah einem Sündenregister nicht unähnlich.

Sein unmännliches, übersanftes, fast süßliches Auftreten, ohne Mark, ohne Kraft, ohne Charakter, mit seiner leisen Stimme, seiner übertriebenen Höflichkeit, seiner geckenhaften Kleidung, seiner gezierten, fremdartigen Sprache – sein undurchsichtiges, vielgestaltiges und vieldeutiges Wesen, verschlossen und hinterhältig, wo man nie weiß, woran man mit ihm ist, jeden Tag ein anderes Gesicht («ich liebe einfache, offene, aufrichtige Menschen») – seine höhnische, frivole Gesinnung, die alles, selbst das Heiligste, Heimat und Vaterland, Moral und Religion, Poesie und Kunst mit wohlfeilen Paradoxen in den Spott zog – ohne Ernst und Tiefe, ohne Grundsätze, ohne Ideale – kein Schwung, keine Wärme, kein Gefühl (wie kann zum Beispiel jemand die Musik nicht lieben? außer er habe kein Herz!). «Gemüt jedenfalls hat er keines; an wen hat er sich denn in den drei Wochen angeschlossen? An niemand.» – Und dann seine anmaßlichen Absprechereien, seine albernen Taktlosigkeiten und Narrheiten, die mitunter an Beleidigung streiften! Hatte man doch zum Beispiel die größte Mühe gehabt, ihm abzugewöhnen, daß er sie «Fräulein» nannte.

Nein, ihr Widerwille war nicht ungerecht; was auch Frau Keller und ihr Mann zu seinen Gunsten sagen mochten. Auch ihr Vater würde ihn verurteilt haben; mit einem einzigen Wort hätte er ihn verdammt: «Er ist nicht klar.» Sie hörte den Ton seiner ehrwürdigen Stimme, wie er das gerufen hätte. Und da eben Frau Keller Viktors Talente rühmte: «Ja, wo sind sie denn, seine Talente?» rief sie, «bitte, zeigen Sie mir an ihm ein Talent, ein einziges! Was kann er denn? oder was weiß er? Ich sehe überall von den Talenten nur die Abwesenheit.»

«Geist wenigstens werden Sie ihm zugeben müssen», mahnte Frau Keller.

Jetzt aber riß der Frau Direktor die Geduld: «Geist?» brauste sie unwillig auf, «auch ich liebe und schätze den Geist; doch es fragt sich, was für ein Geist. Geist nach meiner Meinung fördert etwas Rechtes zutage, Wahrheit oder Schönheit, Taten oder Werke; Geist verehrt das Ehrwürdige, verneigt sich vor dem Verdienst, begeistert sich für das Hohe und Edle; Geist spricht vor allem, wo es sich um ernste Dinge handelt, ernst. Dagegen diese windigen, witzigen Sprachspielchen, ich gestehe, wenn das Geist sein soll, dann mache ich mir aus dem Geist gar nichts, nicht das mindeste; diese Art Geist hasse ich. Statt ‹Natur› zu sagen ‹Madame Pferdekraft›, was habe ich davon? ‹Die Psychologen – die schlechtesten aller Psychologen›, was soll das heißen? Wenn das Geist sein soll, so beanspruche ich als eine Auszeichnung, für dumm zu gelten. Der Kurt, nicht wahr, hat doch auch Geist, aber da sieht es anders aus!» Und da Frau Keller jetzt eifrigst einstimmte, so mündete die beabsichtigte Erhebung Viktors in einen Lobgesang auf den Kurt.

Nachdem sie dann beide an dem Kurt ihr Herz sattsam gelabt, erklärte sich Frau Direktor schließlich bereit – Verträglichkeit kann niemals schaden, und sie vergab sich ja nichts damit –, mit dem leidigen Menschen glimpflicher umzuspringen.

Wer sich dagegen bock und stock weigerte, die angebotene Versöhnung anzunehmen, war Viktor. Natürlich, er ließ ja Pseuda, also die wirkliche, leibhaftige Frau Direktor, gar nicht als zu Recht und Tat bestehend gelten. Ehe sie sich «bekehrt» hätte, also rückwärts wieder in die Seele der Jungfrau Theuda hineingeschlüpft wäre, gab es für ihn keine Verhandlung mit ihr.

Hier abgeschlagen, suchte die Regierungsrätin den Frieden von einer anderen Seite: den Kurt und den Viktor miteinander aussöhnen. «Es ist ja doch ganz unmöglich, wenn sich die beiden nur erst kennenlernen, und so weiter.» Das ergab dann eine jener verunglückten Harmonieaufführungen, welche die Sache noch weit schlimmer machen als vorher. Und wieder war es Viktor, der den Widerborstigen spielte. Zwar hatte er sich mit Ach und Krach zu einer Zusammenkunft herbeigelassen, enthielt sich auch – so viel vermochte er über sich – eines feindseligen Wortes; zur Entschädigung dafür behandelte er jedoch mit Blick und Gebärden den Kurt dermaßen hochfahrend, daß es der schlimmsten Beleidigung gleichkam. Diesmal aber gab es keine Entschuldigung, die beleidigende Absicht war offenkundig. «Warum nur», fragte er sich nachher selber verwundert, «warum muß ich diesen Menschen durchaus demütigen, ob er mir schon nichts zuleide getan, ob ich schon weiß, daß es unklug ist, daß ich mir durch ein artiges Benehmen die Gunst Pseudas erwerben könnte?» Er fand keine Antwort; es war ihm gekommen wie dem Hund, wenn er eine Katze sieht; läßt sich der vom Angriff zurückhalten, so verschlingt er wenigstens die Katze mit den Augen.

«Naturgeschichten!» meinte er ratlos, «unerklärliche, aber unüberwindliche Idiosynkrasie!» Er täuschte sich; es war ein Berufshandel: der Zorn des echten Propheten gegen den falschen Propheten, die Entrüstung des Erben über den Erbschleicher; mit einem Wort: ihn hetzte gegen dieses Talmi-Genie der heiße Atem der Strengen Frau.

Jetzt gab die Regierungsrätin die Vermittlung auf. Mit Pseuda aber war es nun natürlich gründlich vorbei. «Zu allem obendrein noch ein boshafter Mensch, der aus eitel Neid auf meines Bruders Genie sich an ihm zu reiben versucht.» So lautete fortan ihr Urteil über ihn; und sie sorgte dafür, daß er über ihr Urteil nicht im unklaren blieb. Wozu hat man denn sonst Seitenbemerkungen und Anspielungen?

Über diese neue «Ungerechtigkeit» empörte er sich dann wieder mit einer Beimischung des Erstaunens. «Was geht sie überhaupt ihr Bruder an? Der gehört ja gar nicht zur Handlung. Schon sein Dasein bedeutet einen Fehler im Stück.» Und daß nun vollends sein Verhältnis zu Pseuda Rückschritte statt Fortschritte machen wollte, ging doch gegen allen Sinn. Schon öfters hatte er sich ärgerlich gefragt: «Was zaudert sie? wann will sie endlich aufwachen? meint sie etwa, ich hätte Lust und Zeit, Jahrzehnte auf ihre Bekehrung zu warten?» Und nun sollte es gar noch rückwärts gehen?

Eine unerträgliche Vorstellung. Allein, wie dem steuern? Er wußte kein anderes Mittel als seine «Magie», dieselbe Magie, die bisher so kläglich versagt hatte. Wie ging das zu, daß sie versagte? daß seine strahlenden Herrschaften nicht aus ihm hinaus in ihre Seele hinüberzündeten? Eine Vermutung: möglicherweise teilt sich der Funke bloß im Zustande der Ekstase mit, so daß also die Wirkung einzig ausgeblieben wäre, weil er bisher der Dame immer nur lahmen Mutes, mit abgespannter Kraft gegenübergetreten war? Wie er daher eines Abends nach schöpferischer Phantasiearbeit seine Seele dermaßen mit erlauchten Gestalten übervölkert fühlte, daß er meinte, es müsse davon wie ein Dunstkreis um ihn zu spüren sein, faßte er sich ein Herz und suchte sie zu Hause auf, in der heimlich bewußten Absicht, seine Magie diesmal konzentriert auf sie wirken zu lassen, gleichsam im Kurzschluß. Also eine Art psychologisches Experiment, doch beileibe kein leichtfertiges, denn es handelte sich ja um sein Heil.

Der Zufall wollte, daß sie jenen Abend eine Schulfreundin bei sich hatte, mit welcher sie, die Vergangenheit zurückspielend und ihre neubackene Mutterwürde auf ein Stündchen abschüttelnd, die harmlose Wonne ausgelassener Kindsköpfereien kostete; es tut ja so wohl, nicht wahr? einmal zur Abwechslung wieder so recht von Herzen töricht zu sein. Da hatte denn die eine ein Kinderhäubchen, die andere einen Zylinderhut aufgestülpt, und die Seligkeit verlangte, damit im Zimmer herumzuhüpfen. Für solch eine Null aber galt Viktor, daß sie ihn bei seinem Eintritt nicht einmal der Störung wert hielten, den Schabernack zu unterbrechen. Da saß er nun und durfte dem Lustspiel zusehen. Nachdem er das eine Viertelstunde getan, wußte er fortan für sein Leben, was es mit der Seelenmagie auf sich hat! Unbeachtet, wie er gekommen, entfernte er sich und schlich kleinmütig nach Hause.

Jetzt zum ersten Male kam ihm seine Zuversicht abhanden. Ein Schreck durchbebte ihn, als ob an seinem Siegeswagen die Hinterräder abgebrochen wären und die Achse mit harten Stößen auf dem Boden schleifte. Und wie er seinen Geist nach Trost ausschickte, entdeckte er vor seinem Blick einen schwarzen Vorhang, zwar noch aufgerollt, indessen mit unheimlichen Bewegungen, als könnte er einesmals ungesinnt herniederfallen, ohne ein Klingelzeichen.

Nachdem seine Magie sich als unzulänglich erwiesen, was blieb ihm dann? Angst klemmte ihn, und in seiner Angst griff er vorzeitig zu seinem letzten Trumpf, den er eigentlich für später aufgespart hatte, wenn ihr Herz bereits erschüttert worden wäre: die Bekehrung durch ihr eigenes Bildnis aus früherer, edlerer Jungfernzeit. Der Anblick ihrer einstigen jungfräulichen Erscheinung, berechnete er, müsse die Erinnerung wecken, und Theuda werde Pseuda strafen; etwa so, wie wenn ein Verbrecher, dem man unvorbereiteterweise sein Abbild aus seiner unverdorbenen Kinderzeit vorhält, plötzlich in Tränen ausbricht, seine Missetat bereut und schwört, fortan wieder ein rechtschaffener Mensch zu werden wie vormals. Er holte also mit bebender Hand jenes Theudabild (sein Heiligenbild) hervor, das ihm vor drei Jahren Frau Steinbach zugeschickt hatte, ängstlich vermeidend, es anzuschauen, weil er sich nicht die Kraft zutraute, den Ansturm der Erinnerungen zu bestehen. Mit diesem Bilde bewaffnet, wie mit einem geladenen Revolver, pilgerte er am nächsten Tage nochmals zu ihr, gefährlich, so daß er beinahe Mitleidbedenken verspürte, von einer so fürchterlichen Waffe Gebrauch zu machen. Das Bild stellte er dann, ehe sie eintrat, aufs Klavier und erwartete mit klopfendem Herzen die Wirkung.

Kaum erschien sie unter der Tür, so gewahrten ihre scharfen Augen auch schon das Bild. «Wer hat Ihnen das gegeben?» heischte sie im scharfen Ton eines Untersuchungsrichters; «woher bezieht Frau Steinbach das Recht, Ihnen meine Photographie weiterzuschenken?» Darauf zuckte sie die Achseln. «Übrigens ein schlechtes Bild; ich habe es nie gemocht.» Das war die Wirkung des Heiligenbildes.

Nun wurde seine Lage ernst; denn er hatte keinen Trumpf mehr in der Hand. Noch hielt er zwar an seiner Hoffnung fest, weil er sie eben nötig hatte, allein mit krampfhafter Faust, und der Hoffnung fehlte die vernünftige Berechtigung, da er sich gestehen mußte, daß das, was er hoffte, nunmehr unwahrscheinlich geworden war, daß etwas Unvorherzusehendes ihm von außen zu Hilfe kommen müsse, damit es sich erwähre. Darob sammelte sich in den Gründen seiner Seele Trauer. Diese kam eines Tages ins Gefühl heraufgestiegen und zeugte Weh.

Es war anläßlich eines Gesprächs über «Tasso». Dabei kam die Rede auf die angebliche Anziehungskraft des Genies auf die Frauen. Mit instinktiver Unfehlbarkeit, behauptete Pseuda, fühle sich das Herz des Weibes zu einem wahrhaft bedeutenden, außerordentlichen Mann hingezogen. Nachdem sie das gesagt hatte, seufzte sie sinnend vor sich hin.

«Sind Sie der Wahrheit Ihres Satzes so sicher?» wagte er einzuwenden.

«Ebenso sicher», trotzte sie, «wie der andern Tatsache, daß wir mit Gewißheit spüren, wer jedenfalls kein bedeutender, außerordentlicher Mensch ist.» Und damit ihm ja die Anzüglichkeit nicht entgehe, schenkte sie ihm einen spöttischen Nick und Blick dazu.

Da riß ihn ein tiefes Weh; dann schoß ihm die Empörung das Blut in die Stirn. «Sage, was du zu sagen hast», befahl die Stimme der Strengen Frau.

Widerstrebend gehorchte er, denn sein Schamgefühl und seine Bescheidenheit sträubten sich gewaltig; dennoch gehorchte er. Also redete er und sagte: «Wer bürgt Ihnen dafür, daß ich kein außerordentlicher, bedeutender Mensch bin?» Dieser Spruch, mit seiner zaudernden Stimme in die vier Wände des tageshellen Zimmers herausgesagt, tönte so unerträglich häßlich, daß er selber sich dessen schämte und sämtliche Anwesenden vor Verlegenheit die Augen niederschlugen, als wäre eine Unanständigkeit vorgefallen.

Der Pfarrer Wehrenfels fand das erlösende Wort: «Es könnte halt doch nicht schaden», meinte er, mit milder Mahnung gegen Viktor gewendet, «wenn einer erst den ‹Tasso› läse, ehe er in dieser Frage mitspräche.»

«Brav gegeben!» jubelten aller Augen.

In die Trauer über seine entfliehende Hoffnung mischte sich, anscheinend unabhängig von der Idealia, eine merkwürdige Allgemeinverstimmung, er wußte nicht ob körperlicher oder seelischer Art oder beides zusammen; ein Elendgefühl, dessen erste Anzeichen er schon gleich nach seiner Ankunft verspürt hatte und das ihn nie mehr gänzlich losließ. Jetzt, in seiner übrigen Niedergeschlagenheit, kam die schleichende Krankheit – denn so etwas war es wirklich – zum Ausbruch. Was mochte es nur sein? Ein abscheuliches Gefühl der Leere, eine öde, widerlich schmeckende Empfindung, als ob er eine Lehmwüste verschluckt hätte. Heimweh? Ja, etwas dergleichen; indessen ein Heimweh ohne Poesie, ohne Glanz und Farbe, eine zentrifugale Trostlosigkeit, ein Wegweh. Eines Abends, wie er aus der Idealia durch die finstern Gassen heimkehrte, nirgends Licht und Leben außer in den Wirtsstuben, aus welchen ihm Gejohl, Krakeel und Alkohol entgegenschlug, erkannte er plötzlich sein Leiden: das Elend des Großstädters, der in die Kleinstadt verschlagen worden ist. Auf einer Kirchentreppe heulte ein verlassener Hund. Den Hund begriff er; er hätte mitheulen mögen.

Trotz alledem war sein Verhältnis zur Idealia bisher ein freundschaftliches geblieben. Sie fanden zwar manches an ihm zu tadeln, genauer gesagt: alles, doch betrachteten sie ihn immer als einen der Ihrigen; er wieder hielt tapfer still, auf bessere Zeiten wartend, so daß er sich wie ein frommer Dulder vorkam, selber ganz gerührt über seine unglaubliche Sanftmut. Da entzündete ein einfältiges Gespräch, das sich ganz harmlos, ja vergnüglich angelassen hatte, innige Feindschaft; nicht bei den andern, denn der Feindschaft war das gemütliche Volk überhaupt nicht fähig, wohl aber bei ihm, dem Ideeneifrigen, Wahrheitsgrimmigen. Das geschah durch eine groteske Szene, die er später seine «Amazonenschlacht» nannte. Bei Frau Doktor Richard nämlich traf es sich, daß er als einziger Herr einem kleinen Dutzend hübscher Damen, worunter Pseuda, gegenübersaß. Durch den lieblichen Anblick aufgemuntert, begann er die Damen zu necken, wie man das darf und soll; allerlei kleine Bosheiten über die Frauen, von welchen er eine ansehnliche Zahl auf Lager hatte, zum besten gebend, aus lauter Liebe zum weiblichen Geschlecht. Nun huldigte jedoch, was er nicht wissen konnte oder in der Fremde vergessen hatte, die hiesige Frauenwelt dem Dogma vom Mysterium des germanischen Weibes, so daß sie, im Gegensatz zu dem intereuropäischen Brauch, zwar persönliche Grobheiten verziehen, dagegen den leisesten Zweifel an der heiligen Geschlechtshoheit des Weibes als einen Altargreuel verdammten. Da stak er denn bald in einem vielstimmigen Entrüstungsgeschrei (Schlachtruf der Amazonen), gegen welches er nicht aufkam. Und in der Hitze des Streites, wie er sich unterfing, das Zigarettenrauchen der Frauen zu entschuldigen, ließen sie sich hinreißen, über das qualvolle Ende einer russischen Studentin, welche vorige Woche beim Zigarettenrauchen jämmerlich verbrannte, laut jubelnd zu triumphieren. «Freut mich.» – «Ist ihr recht geschehn.» – «Möge es jeder, die da raucht, ähnlich ergehen.» Da schäumte in ihm das Gerechtigkeitsgefühl jählings in wildem Zorn empor; eine förmliche Prophetenwut, daß er hätte Feuer und Schwefel auf die blutdürstigen Anstandspriesterinnen herunterfluchen mögen. Er sah nämlich deutlich vor seinen Augen die arme Studentin in brennenden Kleidern herumtanzen, schreiend und sich windend, bald hoch aufspringend vor Schmerz, bald sich zu Boden duckend, und um sie herum beifallklatschend die teuflisch grinsenden Pharisäerinnen. «Mörderinnen!» schrien seine haßerfüllten Blicke. Und bei diesem Anlaß verstand er plötzlich die tödliche Feindschaft zwischen den Propheten und den Weibern.

Während jedoch seine anmutigen Gegnerinnen, sobald sie sich von der stürmischen Sitzung erhoben hatten, den heftigen Handel hurtig hinter sich schüttelten – eine Tasse Tee darauf, ein Schinkenbrötchen darüber, und man spürt nichts mehr davon –, blieb in seinem Gedächtnis das grausige Bild der Totentänzerin inmitten jubelnder Pharisäerinnen haften. Die zwölf schuldigen Damen, die in Wirklichkeit keiner Mücke etwas zuleide zu tun vermochten (mit Ausnahme der Motten), bekamen von seiner Phantasie ein Kainszeichen auf die Stirn geprägt, und die gesamte Idealia, weil ja solidarisch für jedes ihrer Mitglieder haftbar, erschien ihm fortan erinnyenfähig, in düsterer Atridenbeleuchtung. «Ob euch schon Polizei und Gericht nicht zu fassen vermögen, ob ihr noch so sittsam einhertrippelt und scheinheilig Schumannlieder schmachtet, in meinen Augen seid und bleibt ihr Verbrecherinnen: Mörderinnen!» Und er verspürte den finsteren Groll des Rächers. Denn die brennende Studentin zeigte beständig mit den verkohlten Fingern nach der Idealia, ihn mahnend wie das Gespenst den Hamlet.

Noch brodelte seine Feindschaft unter der Decke; sie grollte, aber blitzte nicht; ihn gelüstete ein Angriff, aber er wollte ihn noch nicht. Da erhielt er, wenige Tage nach der «Amazonenschlacht», verspätet die ersten Briefe aus der Ferne. Was für ein anderer Atem! «Gefeiert und verehrt im Kreise der lieben Ihrigen, werden Sie hoffentlich Ihren alten fernen Freunden ...» Gefeiert und verehrt, o Ironie! die lieben Meinigen, o Jammer! «Ihre hervorragenden Eigenschaften, Ihre Kenntnisse, Ihre Herzensgüte werden nicht ermangeln ...» Was für Neuigkeiten! was für verlernte Dinge! Er und hervorragende Eigenschaften! Kenntnisse! Waren das schöne Zeiten, wo noch jemand an ihm nichts auszusetzen, sogar etwas zu loben gefunden hatte. Diese Briefe wirkten wie ein Wecker. Nämlich sein Selbstgefühl, täglich von der Vielzahl mattgesetzt, war allmählich verblödet, und unmerklich hatte ihn ein neuer, engerer Horizont umzogen, der hiesige, so daß er nachgerade anfing, für selbstverständlich hinzunehmen, was ihn zuerst aufgebracht hatte: die Voraussetzung, er wäre das fehlerhafte Pferd, an welchem jeder herumbessern dürfe. Nun wachte er auf, der enge Horizont entschwebte, sein Stolz erinnerte sich, und sein Gedanke verglich. Was für ein Gegensatz! und welch ein Hohn im Gegensatz! Draußen in der Fremde: offene Arme, warme Aufnahme, gutwillige Duldung seiner Eigentümlichkeit, Nachsicht gegen seine Fehler; hier in der Heimat: engherzige Nörgelei, Unfehlbarkeitsdünkel, Verneinung seiner gesamten Persönlichkeit. Durch diese Vergleichung wurde alle Bitterkeit aufgerührt, die er seit sechs langen Wochen geschluckt hatte, und jäh wie er war, entbrannte er in heißem Kriegszorn. Nicht mehr schweigend dulden! zum Angriff! Ich will unter euch treten, euch die Pharisäermaske herunterreißen, euer heuchlerisches Prahlwörterbuch zerzausen. Haltet still und merket auf, was ich euch sagen will, denn ich will euch zeichnen. Seid ihr bereit? Gut, dann fange ich an. Das habe ich euch zu sagen: Eure «Tugend»? Ein Mundstück, um den Nebenmenschen zu verlästern. Eure «Offenheit»? Ein angemaßtes Vorrecht, dem Nächsten Schnödigkeiten anzuwerfen, ohne selber den mindesten Tadel zu ertragen. Eure «Aufrichtigkeit»? Ein Erlaubnisschein, einem hinterrücks noch viel Schlimmeres nachzusenden, als was ihr einem ins Gesicht sagt. Eure «Wahrhaftigkeit»? Erkauft euch durch Wahrheitspedanterei in Nebensachen die Erlaubnis, im entscheidenden Falle ausnahmsweise zu lügen. Wenn ich mit solch einem Wahrheitsbold ein Geschäft abzuschließen hätte, der Halunke müßte mir's schriftlich unter vier Zeugen geben! Eure «Gemütlichkeit»? Egoismus in Herdenformat, schafwollene Oberhautanwärmung; wettert ein Unglück, hilft keins dem andern. Eure Familienseligkeit, eure Verwandtenliebe? Wirf ein Erbschäftlein dazwischen und sieh dann die Liebe! Eure Musik? O ihr jauchzenden Eiszapfen! Eure Bildung, eure Wonne über Kunst und Literatur? Wenn man euch zur Rechten die Tür zum Paradiese auftäte und zur Linken einen Vortrag über das Paradies ankündigte, ihr würdet sämtlich am Paradies vorbei in den Vortrag laufen. «Interessant, interessant!»

So werde ich mit euch reden; macht euch gefaßt und setzt euch bereit. Leider fiel ihm ein, daß in den Empfangszimmern der Idealianer keine Kanzeln stehen, von wo man die Leute hätte insgesamt herunterstriegeln können wie eine bußfertige Gemeinde zur Fastenzeit. «Getrost, so werde ich euch die Bescherung einzeln auftragen. Der erste, der mir eine tugendhafte Miene gleißt, bekommt die ganze Schüssel. Wem beliebt's?» Und wie ein Stier senkte er die Hörner, den Feind erwartend. Allein wie er sich kampflustig umsah, war nirgends ein Feind zu erspähen. Alle standen ihm entgegen, doch keiner; ob ihn niemand sonderlich mochte, bot ihm niemand Übelwollen. Ja, wie aus absichtlicher Bosheit geschah es, daß gerade jetzt, wo er zum Kampfe gerüstet war, sich alle schienen das Wort gegeben zu haben, ihm Freundlichkeit zu bieten; womit sie ihn dann natürlich sofort entwaffneten. Die Möglichkeit, jemand auf die Hörner zu nehmen, der einem mit treuherzigem Gruß entgegenkommt! «Nun, wie geht es Ihnen? Hoffentlich haben Sie sich bei dem ‹unnatürlichen› Wetter nicht etwa auch erkältet?» Gierig, doch umsonst ersehnte er einen Feind. Der Kurt? ein wehrloser Mensch, der die Flucht ergriff, wenn er nur Viktors Hut im Vorzimmer erblickte; zudem hatte der Kurt, das war nicht zu leugnen, zwei schöne, gutblickende Augen; was kann man da tun? So wußte sein schnaubender Zorn nicht, wen aufspießen.

Einstweilen, in Ermangelung eines Feindes und eines Streitfalles, offenbarte sich sein ohnmächtiger Grimm durch eine mörderliche Laune. Sein Blick wurde drohend, seine Miene höhnisch, der Ton seiner Stimme herausfordernd, der Spruch seiner Behauptungen despotisch, jeden Einwand von vornherein verbietend. Ohnehin als ernster

Wahrheitsdenker den Widerspruch angelernter Weisheit ungeduldig ertragend («ich liebe nicht, wenn man mit geliehenen Gedankengabeln gegen die Wahrheit fuchtelt»), setzte jetzt seine Stimme noch ausdrücklich die Warnung hinzu: «Untersteh dich, du Wicht, und widersprich!» Es fehlte ihm bloß die Leibwache von Söldnern, um den Gegner am Kragen packen zu lassen.

Damit erreichte er jedoch keineswegs den ersehnten Kampf; es ging ihm nur fortan jedermann aus dem Wege, wie einem unberechenbaren und unzurechnungsfähigen Tiere. Der Pfarrer, wenn über Viktor gesprochen wurde, nannte ihn jetzt einen toll gewordenen Nepomuk; der Doktor verglich ihn mit einer stigmatisierten Nonne, der Förster mit einem sonst durch und durch gutartigen, lammsanften, aber plötzlich aus unbekannter Ursache wild gewordenen Elefanten. Allerdings konnte er bisweilen einen Abend lang bescheiden und stumm dasitzen, trüb und traurig vor sich hin starrend; doch war man nie sicher, was für ein Unwetter vielleicht noch aufziehen mochte; da aber niemand die Verpflichtung hat, sich unliebsamen Überraschungen auszusetzen, ließ man ihn eben mit seiner stillen Wut allein.

Ein Beispiel: Der Doktor Richard hatte ein neues wissenschaftliches Werk gepriesen; «dieses Buch müssen Sie unbedingt lesen», schloß er, zu dem teilnahmslos dasitzenden Viktor gewendet. Schäumend sprang dieser in die Höhe: «Wie unterstehen Sie sich, mir Befehle zu erteilen?» Und den ganzen Abend ging es: «Herr Doktor, Sie müssen unbedingt diesen Bleistift in den Mund nehmen.» –

«Herr Doktor, Sie müssen mir unbedingt mein Schnupftuch aus dem Überzieher holen.» – «Herr Doktor, Sie müssen jetzt unbedingt sofort nach Hause.» Nein, mit einem solchen Menschen zusammenzutreffen, dafür bedankte sich ein jeder.

Als Direktors ein kleines Nachtessen veranstalteten, zu welchem auf des Statthalters steifen Willen auch Viktor geladen werden mußte, kamen in letzter Stunde Absagen über Absagen, so daß der grausam enttäuschten Hauswirtin zuletzt als einziger Gast der Unhold von Viktor nachblieb, den sie nun betrachtete wie einen Knopf im leeren Kirchenbeutel. «Bah!» tröstete er sich, «nässer als naß kann ich doch nicht werden.» Frau Direktor Wyß aber nannte seither den Viktor klipp und klar einen «Greuel».

«Mit dem Viktor ist's nicht mehr auszuhalten», lautete das allgemeine Urteil. «Der Viktor ist krank», antwortete die einstimmige Entschuldigung.

Die Entschuldigung sprach richtig: der Stier stand quadrato, das Blut floß ihm über die Nase. «Mein Gott, wie sehen Sie aus», schrie Frau Steinbach entsetzt, als sie einmal um die Straßenecke auf ihn prallte. Denselben Tag noch erhielt er eine besonders dringliche Aufforderung, sie zu besuchen. Vergebens; denn er scheute seine Freundin wie die leibhaftige Vernunft.

«Nässer als naß kann ich nicht werden», hatte er gemeint. Irrtum! Der Hauptguß kam erst. Es begab sich nämlich eines Tages, daß Frau Direktor Wyß in seiner Gegenwart gegen die Galanterie eiferte (Galanterie, das war auch so ein Uhu für die Idealia). «Hm, hm!» lächelte Viktor, «Sie würden nicht übel erbosen, Frau Direktor, wenn Ihnen ein Mann tatsächlich die Galanterie verweigerte.» Und da sie diesen Satz hochfahrend bestritt, beteuernd, weder verlange noch wünsche sie Galanterie, vielmehr wäre sie dankbar, wenn man sie damit verschone, reizte ihn der Geist der Wahrheit, daß er beschloß, ihr eine Lehre zu erteilen. Zu diesem Zwecke stellte er sich nachher beim Abschied im Vorzimmer auffällig vor sie hin, mit auf dem Rücken verschränkten Armen, und ließ sie ihre Pelzjacke allein vom Haken nehmen und anziehen. Die Ärmel waren zu eng, so daß es ein mühseliges Freiturnen absetzte. Ergötzt spotteten seine Blicke: «Merkst du jetzt, Maidlein, wozu die Galanterie nütze ist?» Doch siehe da, nicht möglich, sie merkte nichts; Widerlegung durch Rebus, Rückbeziehung einer Handlung auf frühere Reden, diesen Belehrungsstil verstand sie nicht; offenbar war ihr noch nie dergleichen vorgekommen. Dagegen spürte sie natürlich gar wohl die Absichtlichkeit seiner Hilfeversagung, weil er es ja auffällig tat und weil er überdies als überförmlicher «Zeremonienmeister» in Verruf stand. Folglich mußte sie seine Unterlassung als böswillige Beleidigung auslegen. Der Blick, den sie ihm zuwarf! kein Auge mehr, bloß ein weißer Gallert, mit einem Tintenfleck darin. – Was tun? Sie aufklären? Unnütz, sie glaubte es ihm doch nicht. Sich entschuldigen? Ein weibliches Wesen nimmt niemals eine Entschuldigung an. «Legen wir's zum übrigen; ist es doch nicht die erste Ungerechtigkeit, die du erleidest. Und wer weiß, vielleicht ist es auch nicht so schlimm, wie es aussieht.»

Es war jedoch so schlimm, wie es aussah. Wo und wann sie ihn fortan erblickte, entfuhr ihr ein Naturlaut des Hasses, etwas wie das Fauchen eines jungen Panthers: «Rha! Cha!», und mit schlankem Schwung drehte sie ihm den Rücken.

Das erste und zweite Mal nahm er's überlegen, fand sogar Freiheit genug, um seine Blicke an dem gelenkigen Rückenschwung zu weiden. Allein beim dritten Mal fuhr ihm jählings der rote Kasper in die Nase: «Ach du einfältiges Affengesicht in deinem Thusneldahöschen!» schrie es in ihm, «wenn ich wollte! wenn ich dich nicht schonte! Was gilt's, ich möchte handkehrum dein kindisches ‹Rha! Cha!› in ein schmachtendes Gugurr umwandeln. ‹Jetzt müssen Sie mich selber verachten› (Seufzer), ‹Wie kann ich fortan meinem Mann und meinem Kinde› (Tränen), ‹Aber wirst du mir auch immer› (Umarmung), und so weiter der ganze übliche Trallala. – Doch halt! Hand davon! ob du's schon verdient hättest mit deinem albernen Getu'. Ehebruch in Ehren; aber es muß wenigstens ein gesunder, gerader Ehebruch sein, Liebe um Liebe oder Lust für Lust; dagegen eine Frau hinterlistig mittels Kunst und Berechnung zu überrumpeln, eine unschuldige Familie aus gemeiner gekränkter Manneseitelkeit zu vernichten – denn die geht ins Wasser, wenn sie gefehlt hat, daran ist gar kein Zweifel –, holla! so etwas tu' ich nicht. Erstens, weil ich's nicht tue, zweitens, weil ich für meinen Lebensberuf eine saubere Seele nötig habe. Und dann ihr Mann, der mein Freund ist! Darum nein und nein und nochmals nein! Lauf hin und sag Dank, Bebé! Aber wenn du mich hassen willst, so tu es auch recht; was gilt's, ich will dich mich hassen lehren, daß du vor Wut die Wände hinaufspringst. Ich aber werde gelassen einen Rettich dazu verspeisen. Je gründlicher du mich hassest, desto inniger soll's mich freuen. Das glaubst du nicht? Getrost! ich werde dir's sogleich beweisen.»

Und begann sie – zwar immer in den Grenzen des Erlaubten, aber hart an der Grenze – aus Leibeskräften zu reizen und zu ärgern, zu welchem Zwecke er sich ihr rücksichtslos aufdrängte, schonungslos an ihrer Seite klebend. Je nach Laune bediente er sie mit Spott oder mit Hohn, auf geradem Wege oder auf Umwegen.

War seine Stimmung im Zeichen des Hohnes, so ließ er schauerliche Sprüche vom Stapel, welche ihre heiligsten Gefühle rundum drehten. Ob ihr nicht schon aufgefallen wäre, daß bei den Frauen oft eine erstaunliche Gemütsroheit zutage trete? Ob sie nicht auch schon beobachtet habe, daß man nirgends einen erschrecklicheren Mangel an Gemüt und Herz finde als bei den Musikbolden? Oder er bewunderte den treffsicheren Instinkt des Frauenherzens, welches mit wahrhaft genialer Unfehlbarkeit unter hundert Männern den größten Esel herausfinde, um sich in ihn zu verlieben. Oder befürwortete den Ehebruch als ein Erziehungsmittel für den Ehemann, damit er sich gegen seine Frau artiger betrage. Oder beklagte sein erbarmungswürdiges Schicksal, in diesem elenden Neste «zur Sittlichkeit verdammt» zu sein. Und warum man denn ihn und seinesgleichen Wüstlinge nenne, man müßte ihn vielmehr einen Schönling nennen, da er doch von der Schönheit des Frauenkörpers angezogen werde. Überhaupt, was das für ein verlogenes pharisäisches Gekeif gegen die Lüsternheit sei: «Wenn ich eine Frau unappetitlich finde, nicht wahr, so fühlt sie sich dadurch beleidigt; folglich, wenn mich der Appetit nach ihr lüstert, erweise ich ihr damit eine Huldigung, das ist doch klar.» Gelt, das schmeckt dir, wie wenn du eine Blindschleiche verschlucken müßtest? Wohl bekomm's, darum laß uns fortfahren. «Was ich nie habe begreifen können, ist das, daß ein Seeräuber mit einer geraubten Jungfrau Umstände macht. Sie kann ihn ja doch nur mit dem Gesicht gehässig ansehen, nicht mit den Beinen; das Gesicht aber ist in solchen Fällen Nebensache.» Noch mehr in diesem Stil gefällig? nein? Nun, darum also weiter. «Jeder Mann begehrt jeden Augenblick jede schöne Frau; wenn einer das abstreitet, so ist er entweder kein Mann, oder er lügt.»

Sie mochte ihm nicht die Ehre antun, mit ihm zu streiten; nur ihre Blicke verkündeten ihm: «Falls Sie etwa, mein Herr, das Unglück haben sollten, unter einen Eisenbahnwagen zu geraten, so würde ich das zwar aufrichtig bedauern, aber keineswegs beklagen.»

Worauf sein frecher Blick höhnisch erwiderte: «Gnädige Frau, falls Sie etwa geruhen, platzen zu wollen, so, bitte, sagen Sie mir's voraus, damit ich mir ein auserwähltes Stück sichere.»

War er gelinder gestimmt, so begnügte er sich mit der Verletzung ihrer Überzeugungen und Schulsätze, gegen ihren alpenrosenfarbigen Patriotismus, ihre hirtenselige Volksbegeisterung und dergleichen zielend.

Sie liebte auf Spaziergängen das Volkslied zu jauchzen: «Am Morgen in der Frühe, da melken wir die Kühe.» «Ja, können Sie denn überhaupt melken, Frau Direktor?» fragte er in bewunderndem Tone. – Und als sie mit einem andern Liede loreleite: «Jedem sag' ich einfach du», klatschte er eifrig Beifall. «Es war schon lange mein stiller Wunsch gewesen, daß wir uns duzten.» – Neben ihrem Bruder war ihr besonderer Staat ein langbeiniger Vetter namens Ludwig, der jahraus, jahrein ruhelos Gipfel stürmte; diesen stürmischen Ludwig nannte er einen Duliehu. – Und überhaupt, warum denn seine lieben Landsleute sich so gewaltig viel auf die Alpen einbildeten? «Sie haben sie ja doch nicht gemacht; hätten sie sie machen müssen, so wären sie wahrscheinlich etwas flacher ausgefallen.» Ohnehin, ganz abgesehen von den Alpen, würde die leblose Natur gegenwärtig unendlich überschätzt; die kleinste Zehe einer schönen Frau wäre vor dem Antlitz Gottes wertvoller als der anspruchsvollste Gletscherklotz, und er gestehe offen, in einem tadellos sitzenden Zylinderhut mehr Seele und Geist zu entdecken als in einem Sonnenaufgang; «denn einen Sonnenaufgang kann ein Mammut begreifen; einen Zylinderhut dagegen bloß ein Kulturmensch von feinem Geschmack.» – Oder er erteilte ihr unerbetene Ratschläge. Beklagte sie die vandalische Zerstörung der heimischen Altertümer, so riet er: «Kanonen auffahren und den hölzernen Plunder zusammenschießen!» Bedauerte sie das allmähliche Verschwinden der Trachten und der Dialekte, so empfahl er, man solle Verbrecher zur Strafe in die Volkstracht stecken und den Dialekt auf erblich belastete Familien beschränken.

In solchen Stimmungen waren Namensumtaufungen sein Lieblingsvergnügen. Ihre gemeinsame stolze Vaterstadt nannte er Muhheim; die hiesige Politik eine periodische Aufregung darüber, ob man den Franz oder den Fritz wählen solle. Statt eine «Roheit» sagte er: ein «Patriotismus», statt eine «Grobheit»: eine «Germanität»; Taktlosigkeiten nannte er «Dialektfehler der Seele»!

Zuweilen ärgerte er sie auf weiten Umwegen mit scheinheiliger, unschuldiger Miene. Zum Beispiel mittels Anekdoten und Denkwürdigkeiten, die er für den guten Zweck schlankweg erfand. – «Kennen Sie, Frau Direktor», konnte er harmlos anheben, «die Anekdote von der Gräfin Stepansky, Beethoven und dem Kapellmeister Pfuschini?»

«Ich will sie gar nicht kennen», schnurrte sie, eine Bosheit witternd.

«Da haben Sie unrecht, sehr unrecht, denn sie ist ebenso lehrreich wie ergötzlich. Als die Gräfin

Stepansky, welche den Beethoven und den Pfuschini gleichzeitig zu Tisch gehabt hatte, gefragt wurde, welchen von den beiden sie für den Bedeutenderen halte, den Beethoven oder den Pfuschini, zog sie ein überlegen gescheites Gesicht: ‹Das läßt sich nicht vergleichen; jeder in seiner Art; sie ergänzen einander.›»

«Überhaupt die Musik und die Frauen! Wollen wir einen Versuch anstellen, gnädige Frau? Lassen Sie das genialste Musikmädchen im Konservatorium ausbilden, halten Sie nachher jede männliche Anregung von ihr fern, und sehen Sie nach zehn Jahren nach: sie hat den Flügel abgeschlossen und sich eine Katze angeschafft. Den Flügel, weil sie keine Zeit hat, die Katze, weil sie nicht weiß, was mit der vielen Zeit anfangen.»

Und als sie wieder einmal im Gespräch den Überwert des Weibes vor dem Manne behauptete: «Ich würde Ihnen mit Vergnügen beipflichten», sagte er, «wenn nur nicht die Frauen selber in unbeobachteten Augenblicken den Mehrwert des Mannes predigten.»

«?»

«Nun, freilich. Denn wenn einer Mutter nach sechs weiblichen Mißgeburten endlich ein Bub gelungen ist, so erhebt sie ein Siegesgegacker, als hätte sie den Messias geboren. Und alles Weibliche auf eine Quadratmeile im Umkreis eilt freiwillig herbei, um dem wundersamen Übermädchen unterwürfig zu dienen. Der ‹Bube›, der ‹Bubi›, der ‹Bub›! als wäre ein Bube ein Weltwunder. Aus dem Messias wird dann später ein Kantonsrat, wenn's hoch kommt.»

Mit alledem erreichte er in der Tat mühelos, was er erwartet hatte, nämlich ihren tiefsten, gründlichsten, herzinnigsten Abscheu. Nicht mehr «Rha! Cha!» rief sie bei seinem Anblick, sondern «Äh! Uäh!» wie vor einem schmierigen Lurch. Darüber frohlockte er dann, als hätte er weiß was für einen Sieg über sie errungen. «Siehst du jetzt», lachte er in sich hinein, «wie gleichgültig dein Urteil mir ist!» Und belustigt zog er einen Vergleich: «Von den Fröschen wolltest du sie erlösen, und nun bist du selber der Frosch.»

«Viktor, jetzt fange ich an, selber zu glauben, du bist wirklich verrückt. – Ein Grund mehr, um verrückt zu tun», lachte er.

Da hörte er eines Nachmittags, gerade wie er um eine Straßenecke biegen wollte, hinter sich mit lauter Stimme rufen: «Lama!» Und als er sich jähzornig nach dem Rufer umdrehte, fuhr die Stimme fort: «Du brauchst dich nicht umzudrehen; ich bin's, dein Verstand, der dich Lama nennt.»

«Mit welchem Rechte nennst du mich Lama?»

«Weil du mit Teufels Gewalt auf das Gegenteil von dem arbeitest, was du bezweckst.»

«Ich bezwecke ja gar nichts.»

«Doch, du bezweckst etwas, und ich will dir sagen, was. Du hast im geheimen, ohne daß du dir's selber gestehst, den Plan, das unerfahrene Dämchen dermaßen konfus zu ärgern, daß sie den Orient verliere und dir eines Tages vor lauter Horniszorn unversehens an den Hals fliege wie eine gewittertolle Bremse.»

«Und gesetzt der Fall, wäre denn die Berechnung gar so falsch? Es hat sich schon oft Weibeshaß urplötzlich in Liebe verwandelt.»

«Romani Romana», erwiderte der Verstand, «doch mach, was du willst, ich bin nicht deine Gouvernante!»

Viktor aber stutzte, von Zweifel berührt. Unsicher und verwirrt kehrte er nach Hause. Und wie er mit umsichtigem Geiste seine Stellung prüfte, erschrak er, von Schwindel ergriffen: er war auf einem falschen Wege; er hatte sich verstiegen. Nicht zu bestreiten, der Verstand hatte recht, Pseudas Haß war nicht von jener Art, die sich in Liebe verwandelt. Eine böse Entdeckung. Vorwärts konnte er nun länger nicht; denn nachdem ihm die geheime Hoffnung auf einen plötzlichen Umschlag geraubt war, hatte es keinen Sinn mehr, Pseudas Haß zu verstärken, das hieße ja nur, den Entfernungswinkel zwischen ihm und ihr zu vergrößern. Ja, aber was dann? Umkehren bis zum Ursprung und ganz von vorn anfangen? Sittiglich und sänftiglich zunächst ihren Haß beschwichtigen, hernach mühsam erst ihren Abscheu überwinden, hierauf die Abneigung heilen und dann geduldig, Schritt für Schritt, Stufe um Stufe um ihre gnädige Gunst werben? «Warum nicht gar! fällt mir nicht ein! Da müßte ich ja mein ganzes Selbstbewußtsein abdanken. Habe auch gar keine Zeit dazu. So weit sind wir übrigens, Gott sei Dank, noch lange nicht!» – Ja, aber wenn das nicht, was dann? Er mochte noch so scharf rundum spähen, nirgends ein Ausweg. Plötzlich stampfte er mit dem Fuße: «Wer verpflichtet mich denn, mich um sie zu kümmern? Mag sie bekehrt oder unbekehrt sein, im Sumpf oder im Tümpel waten, wenn sie will, was geht das mich an? Ich bin doch nicht ihr Beichtvater und Seelsorger. Oder meint sie etwa, ich gäbe Privatstunden in Psychologie? Viel zuviel Ehre, die ich ihr antat, sie zu ärgern. Aber ehe ich mich jemals wieder um sie bemühe, müßte sie mich erst angelegentlich darum bitten. Einstweilen fahr hin, ich kenne dich nicht. Was ist das – Frau Direktor Wyß? Lebt das im Wasser oder nistet es auf den Bäumen? Pickt es Körner oder frißt es Insekten? Gnädige Frau, haben Sie jemals einen Floh von einem Fingernagel springen sehen? Genauso springen Sie hiemit aus meinem Gedächtnis. Eins – zwei – drei! geschehen; nichts mehr. Pseuda, du bist nicht.»

Sprach's, drehte sich auf dem Absatz um und schlug ein Schnippchen. Oh, wie war ihm jetzt leicht, seit er dieses schädliche Geschöpf vergessen hatte! Ein böser Zahn, den er los war! Was nun mit der jungen Freiheit beginnen? Tausend köstliche Möglichkeiten winkten. «Wie wäre es zum Beispiel, wenn wir uns zur Abwechslung einmal in jemand verliebten?» Ein guter Einfall! denn seit unvordenklichen Zeiten hatte er diesen kleinen Sirup nicht mehr gekostet; das ist doch unnatürlich! Und zwar womöglich in ein ganz untergeordnetes, ungebildetes Geschöpf, damit, wenn sie's erfährt (und in diesem Klatschnest erfährt sie's sicher), es sie ärgert und demütigt. Also zum Beispiel in eine Kellnerin. Zu diesem Zwecke begab er sich, seinen Widerwillen gegen den Alkohol und dessen Huldinnen überwindend, ins nächste Wirtshaus. Pamela hieß sie, die ihn bediente. Die nötigte er neben seinen Platz und kandierte sie mit Redezucker, indem er nach bewährter Regel die Teile ihres Gesichtes einzeln einmachte. Eine Weile hörte die Pamela schmunzelnd zu, sich behaglich schmiegend wie eine Schnecke unterm lauen Mairegen. Bis sie unversehens fauchend und zischend hinter den Käsekatheder schnurrte, wie eine Katze, der man auf den Schwanz getreten hat. «Dummkopf, alter, ungebildeter!» keifte ihr Gruß. Ach so, er hatte ihre Perlenzähne gepriesen, und sie besaß gar keine Zähne mehr. Er hatte es nämlich nicht einmal über sich vermocht, sie nur anzusehen.

Am drittfolgenden Tage eilte ihm Frau Direktor Wyß freundschaftsstrahlend über die Straße entgegen. Ei sieh, welch eine plötzliche Verwandlung! Was soll das bedeuten? «Man darf, scheint's, Glück wünschen!» heuchelte sie, «auf wann die Hochzeit mit der Pamela?»

«Ach, du Verschmitzte!» – so hatte er's nicht gemeint.

Nein, mit der Liebe ging es nicht. Wie er gleich bei seiner Ankunft richtig geahnt hatte: auf diesem Kalkboden wächst keine Liebe. Versuchen wir's mit der Freundschaft. Ein gewisser Andreas Wixel, Archivar, war ihm hiefür besonders empfohlen, deshalb, weil ihn Frau Direktor Wyß nicht ausstehen konnte; einen scheuledernen Andreas pflegte sie ihn zu nennen. Für diesen Andreas verspürte er jetzt, unbekannterweise, plötzlich eine stürmische Zärtlichkeit, eilte, ihn aufzusuchen, und freundete sich ihm an, ganz gerührt von seinem scheuledernen Anblick. Der Wixel wiederum war gerührt von Viktors jäher Freundschaft, und um den

Freundschaftsbund einzuweihen, verabredeten die beiden auf nächsten Sonntagnachmittag einen Ausflug auf die Guggisweid. Von dort stierten sie dann den unendlichen, schauerlichen Sonntagnachmittag auf die Stadt hinunter, zwischen einem kegelnden Turnverein und einer weinerlichen Blechmusik; Viktor stockstumm, die Blicke auf die Münstergasse geheftet, der Wixel querköpfiges Zeug über den Unterschied von Goethe und Schiller von sich gebend, in unerbittlichem Klavadatsch, daß es einen zum Erbrechen hätte erbarmen mögen. Es half nichts, Pseuda mochte sagen, was sie wollte, er war wirklich ein scheulederner Andreas, der Wixel.

Mit der Männerfreundschaft also war es auch nichts. Dann etwas anderes. Theater? Puh! was für ein Theater in dieser Stadt! Überhaupt liebte er nicht das Theater. Vielleicht ein Konzert? Gut; versuchen wir's mit einem Konzerte. Aber, o weh, da saß sie in der zweitvordersten Reihe, und mit einem Male tönten alle Instrumente falsch. Auch Besuche wurden ihm verleidet, dadurch, daß man ihm überall von einer gewissen sogenannten Frau Direktor Wyß sprach. «Wissen Sie nichts Neues von Frau Direktor?» – «Wann haben Sie sie das letzte Mal gesehen?» und ähnliches. Dann suchte er mühsam an der Zimmerdecke in seiner Erinnerung: «Frau Direktor Wyß? Wo habe ich doch diesen Namen schon einmal gehört?» Sogar auf der Straße wurde er angeredet, damit er Nachricht über das Befinden einer Frau Direktor Wyß erteile, die ja doch gar nicht vorhanden war. Nein, er wußte zwar, daß es aufdringliche Weiber gibt, allein eine so unverschämt klebrige, harzige Klette wie diese sogenannte Frau Direktor Wyß hätte er doch nicht für möglich gehalten. Oh, diese Kleinstadt, wo man beständig über die nämlichen Menschen, oder wenn nicht über die Menschen, doch über ihre Namen stolpert! Wohin vor dieser unseligen, unvermeidlichen Direktorsgattin sich retten? Man müßte hinaus, weit hinaus aufs Land flüchten können, wo keine Ziege von ihr weiß.

Nun, warum denn nicht? Wozu ist denn die Eisenbahn da? Er erinnerte sich, einmal aus ihrem Munde den Ausruf vernommen zu haben: «Merkwürdig, ich bin in meinem ganzen Leben noch gar nie in Lengendorf gewesen.» Dieses Lengendorf war demnach erinnerungsrein, pseudasauber. Also fuhr er mit der Eisenbahn nach Lengendorf. Dort angekommen, gestattete er sich, um das Bewußtsein ihres Nichtvorhandenseins gründlich auszukosten, ein kleines, abgefeimtes Lustspielchen: Kaum ausgestiegen, begab er sich zum Bahnhofsvorstand und bat ihn mit der ausgesuchtesten Höflichkeit um die Gefälligkeit einer Auskunfterteilung. Er wäre nämlich nach Lengendorf gekommen, um eine gewisse sogenannte Frau Direktor Wyß zu besuchen; ob er vielleicht die große Liebenswürdigkeit haben würde, ihm den Weg nach ihrer Wohnung zu erklären. Der Stationsvorstand erstaunte, schüttelte den Kopf und rief den Kassier zu Hilfe; dieser den Türmann, der Türmann den Knecht vom «Hirschen» und den Kutscher vom «Storchen». Sämtlichen war der Name Frau Direktor Wyß unbekannt. Der Polizeidiener, ferner einige Herumstehende mischten sich in die Frage.

«In Lengendorf», lautete einstimmig der bedauernde Bescheid, «wohnt eine Frau Direktor Wyß nicht»; und betrachteten den Viktor mit Beileidsmienen. Dieser aber frohlockte in seinem Herzen: «Siehst du jetzt, du anspruchsvolle, zudringliche Person, nicht einmal das Dasein deiner Wenigkeit ist bei den Menschen bekannt; folglich, was dünkst du dich so über alle Maßen wichtig?» Diese saubern Lengendorfer, die von Frau Direktor Wyß nicht einmal den Namen kannten, taten ihm's an; und mit herzgewinnender Leutseligkeit, wie ein Fürst, der inkognito abgestiegen ist, bezauberte er alles Lebendige, was ihm über den Weg lief, durch seine Liebenswürdigkeit. Den ganzen Tag spielte er den Kaiser Joseph; übrigens nicht nur äußerlich; nein, er hatte sie wirklich von Herzen lieb, diese guten, wackern, hochachtbaren Lengendorfer, welche Frau Direktor Wyß nicht einmal dem Namen nach kannten. Und die entzückende Umgegend, wohin sie nie den Fuß gesetzt! Diese freundlichen Waldhügelhäupter, nach welchen sie niemals einen Blick geworfen! Man atmete ordentlich auf in dieser Luft! Spürt ihr's nicht selber? Und pries das Lengendorfer Klima so überschwenglich, daß der Wirt «Zum Storchen», wo er eingekehrt war, von fremdenindustriellen Hoffnungen beschwingt, ihm mit flüsternder Stimme Preisermäßigung antrug, für den Fall, daß ihm etwa künftigen Sommer eine Luftkur in Lengendorf belieben sollte. Er hatte sogar keine kleine Mühe, seine schuldige Gebühr für das Mittagessen entrichten zu dürfen. Wie er am Abend schied, hatte er das ganze Dorf zu Freunden, vom Doktor und Pfarrer bis zum Hausknecht und Hofhund. Gerührt und glückselig fuhr er heim, denn selten hatte er so ungetrübte Stunden verlebt. Entschieden, er hatte das Landvolk bisher weit unterschätzt.

Noch ganz verträumt dem idyllischen Tage nachsinnend, drängte er sich bei der Heimkunft in die Stadt durch die Menschengruppen im Bahnhof. Pfui Ärger; da stand sie selber, im Gespräch mit dem Professor Pfininger, und mit der Seligkeit über ihr Nichtvorhandensein war es vorbei.

«Jetzt, bitte, wo sind die Naturgesetze? und was sagt denn dazu die Logik? Wenn sie nicht existiert, so kann ich sie doch unmöglich sehen; und wenn ich sie sehe, so muß sie doch existieren; sie existiert ja aber doch nicht, wie kann ich sie dann sehen? Da soll ein Sophist klug daraus werden! – Ich weiß nur noch ein einziges Mittel: ich schließe mich in mein Zimmer ein; durchs Schlüsselloch wird sie schwerlich den Weg finden!» Schloß die Tür, schob den Riegel vor, legte sich aufs Sofa und drehte die Daumen. Nachdem er eine Weile so gelegen hatte, erschien im Zimmer etwas wie ein Lichtnebel; der Nebel verdichtete sich mehr und mehr, ein menschliches Antlitz leuchtete daraus hervor, immer deutlicher und schöner, und siehe da, es war ihr Antlitz. «Jetzt, Pseuda», sprach er sanft, aber ernst, «jetzt rufe ich dein Billigkeits- und Gerechtigkeitsgefühl an. Gegen deine Abneigung, deinen Haß will ich nichts einwenden; die Straßen, die Stadt, die gesamte Außenwelt überlasse ich dir; aber den Hausfrieden achte; auf meinem Zimmer sollst du mich nicht heimsuchen.»

«Aber! aber! Viktor!» belehrte ihn der Verstand, «sie ist ja doch nicht selber da, sondern einzig Schwester Anastasia Phantastasia gaukelt dir etwas vor.»

«Die könnte auch etwas Gescheiteres gaukeln!» meinte er ärgerlich.

«Ich gaukle, was ich will», maulte die Phantasie, «der Pseudakopf gefällt mir nun einmal; wenn du anderer Ansicht bist, so brauchst du einfach nicht hinzusehen, niemand zwingt dich dazu.» Und blieb bei ihrem Spiel; so daß Viktor nun auf seinem Zimmer, mit seltenen Pausen, beständig den Pseudakopf um sich schweben hatte; namentlich des Abends, wenn Dämmerung das Zimmer füllte. Was war da zu machen? Es scheint, er war nun einmal dazu verurteilt, immer und überall diese eingebildete, aufdringliche Null vor Augen sehen zu müssen. Schließlich: eine Störung ist noch lange kein Unheil; andere haben Mücken im Zimmer, er hatte Pseuda; der ganze Witz besteht darin, sich nicht darüber aufzuregen. Und fand sich mit der Tatsache ihrer Allgegenwart in Weisheit ab.

Plötzlich, wie eine Granate in ein Haus, schlug ihm die Nachricht zu Ohren, sie wäre krank. Das war abends gegen sieben Uhr; das Dienstmädchen hatte es heimgebracht. Nachdem er sich von seiner ersten Bestürzung erholt, verspürte er eine wilde Aufregung und Verwirrung, als hätte er einen Ameisenhaufen in sich und er läge mitten darin. Wie sollte er sich nun zu dieser Tatsache stellen? Von herzlicher Teilnahme konnte natürlich keine Rede sein; oh, weit weg davon! Seine boshafte Feindin! die Verräterin der Parusie! die Vergifterin

Imagos! Anderseits konnte er wieder nicht umhin, sie aufrichtig zu bedauern; denn sie war ja trotz allem in diesem Augenblick ein leidendes Geschöpf. Wo ist nun da die scharfe Trennungslinie? und welches ist die genaue, richtige Mitte? Eine schwierige Aufgabe für das Gefühl, und noch dazu eine gefährliche; denn wenn er Pseuda nur ein wenig zuviel bedauerte, so sähe es ja danach aus, als ob sie seinem Herzen nicht gleichgültig wäre; wenn er sie aber zuwenig bedauerte, so stand er da als ein gemütloser, hassenswürdiger Mensch. Diese Aufgabe war so schwierig, daß er sich bis Mitternacht den Kopf darüber erhitzte, und um Mitternacht war er nicht klüger als am Anfang, im Gegenteil. Und wehe! eine schlimme Möglichkeit! wenn es nun eine ernstliche Krankheit wäre! wenn sie am Ende gar...! Doch nein, das wäre ja geradezu eine teuflische Bosheit vom Schicksal, ihn durch solche niederträchtige Kunststücke zwingen zu wollen, dieser Verräterin herzlich gut zu sein. Und die andere Hälfte der Nacht verbrachte er in angstvollem Gebet an das Schicksal, daß sie gesund werden möge, damit er ihr nicht gut sein müsse. Durch diese heftige Gemütsarbeit war er dann am Morgen dermaßen verstört, daß er selber halb krank aus dem Bette stieg.

Das Frühstück verschmähend, eilte er in die Münstergasse. «Statthalter, wie geht es Ihrer Frau; hoffentlich nichts Schlimmes?» rief er ihm schon vom Hausflur angstvoll entgegen.

Der Statthalter erstaunte: «Warum? sie ist doch nicht krank; höchstens ein wenig Zahnschmerzen. – Aber warum nennen Sie mich denn Statthalter?»

«Nichts, nichts», jauchzte er und eilte erleichtert davon; das Schicksal hatte also sein Gebet erhört. Allein Zahnschmerzen, ob es schon nichts Gefährlicheres ist, das tut weh. «Halt! etwas Hübsches, sehr Hübsches! Weißt du – unbeschadet des Kriegszustandes, in welchem ich mich mit Pseuda befinde –, zum Dank dafür, daß sie mir nicht krank geworden ist, will ich ihr jetzt auch etwas Artiges erwidern (man kann ja auch einen Krieg ritterlich führen). Also paß auf: Während sie Schmerzen leidet – meinst du nicht? –, will ich ebenfalls Schmerzen leiden, und zwar genau an der nämlichen Stelle, also an den Zähnen. Gelt, das ist fein? das ist hübsch? das ist eine höfliche Kriegsführung?» Ging hin und klingelte beim Zahnarzt Effringer, dessen Wohnung er leider schon kannte. Er solle ihm den und den Zahn ausziehen, begehrte er.

«Der Zahn ist ja ganz gesund! Sie meinen wahrscheinlich eher den faulen Stockzahn daneben? Um den Kerl wäre es allerdings nicht schade.»

Viktor kämpfte mit seinem Gewissen: Ist es auch anständig, mit dem Schmerz zugleich einen Nutzen zu verbinden? Schließlich entschied er sich doch lieber für den bösen Stockzahn als für einen gesunden.

Als dann der Effringer mit seinem Lachgas anrückte, meldete sich das Gewissen zum zweiten Mal: «Viktor, schäme dich! warst gekommen, um Schmerzen mit ihr zu leiden; und nun willst du feiglings an den Schmerzen abmarkten.»

Wohl schämte sich Viktor. Allein in Anbetracht der unheimlichen Zange fand er es doch für zuträglicher, das tröstliche Zeug, das er zwar nicht verlangt hatte, nicht abzulehnen, als es freiwillig ankam. Um indessen sein Gewissen einigermaßen zu versöhnen, ließ er sich gleich noch einen zweiten Stockzahn ziehen, ebenfalls einen wurmstichigen, und wieder mit Lachgas.

Nachher auf dem Heimwege kam er nicht mit sich ins reine, ob er nun eigentlich etwas Ansehnliches geleistet habe oder nicht. Auf der einen Seite ist es doch nichts Alltägliches, sich zwei Zähne ziehen zu lassen, nur weil ein anderer Mensch Zahnschmerzen hat, andererseits sind zwei faule Zähne gerade kein so fleckenloses Opfer, und Schmerzen mit einem schmerzstillenden Mittel zu dulden, für dieses Martyrium hätte ihn schwerlich ein Papst heiliggesprochen. Allein er fühlte sich plötzlich ein wenig angegriffen und schwach, so daß er sich gerne irgendwo hingesetzt hätte. Als Privatmensch aber, der niemals Wirtshäuser besuchte, verfiel er nicht auf diese nächstliegende Auskunft, sondern wußte im Augenblick keinen anderen Rat, als trotz der ungebräuchlichen Stunde (es war ein wenig mehr als neun Uhr) die Gastlichkeit eines Bekannten in Anspruch zu nehmen. Frau Doktor Richard wohnte am Wege. Sie möchte gütigst entschuldigen, er fühle sich nicht ganz wohl. Eifrig besorgt machte sie sich um ihn zu schaffen; nötigte ihn aufs Sofa, zwang ihm ein Gläslein Malaga auf, das ihm wirklich gut tat, und als er sich dankend entfernen wollte, überredete sie ihn zu bleiben. «Sie sind immer noch ein bißchen blaß; ich versichere Ihnen, Sie stören mich nicht im mindesten.» – Als er ungefähr ein halbes Stündchen so dagesessen hatte, trat in Hut und Mantel ein lebhaftes, mutsprudelndes Fräulein herein. «Dieses hübsche Fräulein», sagte Frau Richard, «muß Ihnen besonders sympathisch vorkommen – abgesehen davon, daß sie ohnehin jedermann sympathisch vorkommt – oder nicht? –, ich meine besonders sympathisch, weil ihr Frau Direktor Wyß vorzeiten einmal das Leben gerettet hat.» Darauf vorstellend: «Fräulein Marie Leona Planita, die beste Klavierspielerin unserer Stadt, und zugleich, wie Sie bemerken, das reizendste Geschöpflein, das jemals den Männern den Kopf verdreht hat.»

«Ja, ohne Frau Direktor Wyß wäre ich nicht hier», bestätigte Fräulein Planita mit einem auflodernden Dankesfeuer im Blick, «und ich machte nicht so viele Dummheiten im Leben und Fehler in den Oktavengängen. – Ja», lachte sie, «sie hat mich aus der Taufe gehoben.»

Frau Doktor Richard gab ihm mit zwei Worten Aufschluß: Es war in der Schulzeit gewesen; beim Baden war die Marie Leona in eine Tiefe geraten, und die schöne Theuda (wie sie schon damals allgemein genannt wurde) hatte sie herausgezogen.

«Nur so eins, zwei in den Kleidern ins Wasser gesprungen, als wäre das die natürlichste Sache der Welt», ergänzte Fräulein Planita. «Ich sehe noch ihren Blick vor mir, wie er mich traf, als ich so mit den Händen herumpatschte und nicht schreien konnte, weil ich den Mund voll Wasser hatte. Ich hatte noch nicht einmal Zeit, tot zu sein, so war ich schon wieder am Leben. Aber übel war mir nachher! übel! das kann ich Ihnen sagen! – Ja, es gibt zwar viel Schönes in der Musik, und ich bin gewiß die erste, dies mit dankbarer Bewunderung anzuerkennen, aber alle Musik zusammen reicht doch an Schönheit nicht an den einzigen Blick heran, der mir zurief: ‹Getrost, Marie Leona, ich helfe dir.› Ein halb Dutzend Mädchen badeten in meiner nächsten Nähe, sie hätten bloß die Hand auszustrecken gebraucht; aber nicht eine von ihnen hat etwas gemerkt; sie hätten mich alle verzappeln lassen. – Und keins von uns beiden konnte schwimmen, weder ich noch Theuda. Wie wir da nicht beide zusammen ertrunken sind, begreife ich heute noch nicht.»

Bei dieser Erzählung machte Viktors Herz ein Gesicht wie der Bauer, wenn ihm ein Meteorstein vor den Pflug fällt. Wie bringt diese boshafte Frau Direktor Wyß es fertig, einer solchen edlen Aufopferung fähig zu sein? Oder versparte sie vielleicht ihre ganze Bosheit nur für ihn? Warum aber gerade denn für ihn? Hundert Gedanken pochten ungestüm an seinem Geist um Einlaß. Allein er vermochte gegenwärtig keinen Gedanken anzuhören; er mußte nur immer dieses frische, lebhafte Jüngferlein ansehen, welches ohne Frau Direktor Wyß im Grabe modern würde. Und als Fräulein Planita sich erhob, bot er ihr sein Geleit an, um die mit einem Wunder Behaftete noch länger ansehen zu können. «Darf ich Sie heimbegleiten, Fräulein Lazarus?» fragte er.

Sie lachte. «Ja, Fräulein Lazarus, so kann ich füglich heißen.»

«Oh, jetzt ist mir um unsern Viktor nicht mehr bange», scherzte Frau Richard, «denn wenn der ein hübsches Fräulein heimbegleiten darf, ist er augenblicklich genesen.»

Nachdem sich Viktor von Fräulein Lazarus verabschiedet hatte, fuhr er in seinen Gedanken fort: «Wenn ich am Ertrinken gewesen wäre, mir hätte sie nicht die Hand gereicht! O nein! mit Steinen hätte sie nach meinem Kopf geworfen! Doch halt! wer kommt dort? Fast hätte ich geglaubt – wahrhaftig, sie ist es: die leibhaftige Pseuda! Anscheinend ganz gesund und fröhlich, nicht einmal die bewußte Unglückswatte um die Wangen.» Jetzt, das ist merkwürdig, das gibt zu denken: hatte vielleicht das Opfer seiner beiden Zähne ihre Peiniger besänftigt? Eigentlich Wahnsinn; immerhin doch nicht ganz unmöglich. Im Bewußtsein seiner verdienstlichen Opferhandlung schritt er ihr ein wenig zuversichtlicher entgegen als sonst. Beinahe ein kleines Wörtlein des Dankes erwartete er. Siehe, da gaffte sie ihn fremdsachlich an, als ob sie ihn nicht erkenne, drehte sich abseits und betrachtete aufmerksam in gebückter Haltung, bis er vorüber war, einen Hut im Fenster einer Modenhandlung.

«Gut so! fahr weiter! Jetzt grüßt sie mich nicht einmal mehr! das fehlte eben noch!» Und mit königlicher Verachtung den Arm ausstreckend: «Da hast du's, so sind die Menschen! Während du dir ihretwegen die Nächte vergällst, den Schlaf versagst, verweigert sie dir den Gruß!» Und so niedrig schien ihm ihr Verhalten, daß er es mit erhabener Gleichgültigkeit aus dem Sinn warf. Aber empörend war es doch gewesen. Und die Empörung wühlte nun nachträglich seine Seele auf, mit jedem Schritt heftiger, unter bittern Gedanken, so daß es ihm schließlich geradezu wehe tat, als ob man in seinem Zorn ein Messer umdrehte. Entschieden, es war so: alles Böse ihm, das Gute den andern. Immerhin, wenn man's bedenkt: es braucht doch eine bodenlose Schlechtigkeit dazu, mit Steinen nach einem Ertrinkenden zu werfen! Und würgte beständig an dem bösen Brocken. Was aber geradezu teuflisch war: sie hatte gerade heute äußerlich noch viel schöner ausgesehen als je, seit er die Geschichte mit Fräulein Lazarus wußte.

Plötzlich tauchte in dem Erinnerungsbilde ein fraglicher Punkt auf: «Hat sie nicht hinter den Augen heimlistig gelächelt, als sie dich so fremdsachlich angaffte? Ihr Blick schien mir verdächtig.»

Er kam den ganzen Tag nicht zu einer bestimmten Ansicht hierüber. Aber als ihm abends im dunkeln Zimmer wie gewöhnlich wieder der Pseudakopf erschien, und zwar noch leuchtender als sonst, siehe da, kein Zweifel mehr, jetzt sah er es mit aller Deutlichkeit: sie lächelte heimlistig hinter dem Blicke.

Darob wallte sein Zorn: «Was soll dies Lächeln?» rief er drohend, «Lächeln ist eine vieldeutige Sprache; ich fordere redliche Auskunft. Pseuda, ich befehle dir, mir zu sagen, aus welchem Grunde du hinterlistig über mich lächelst.»

Anstatt einer Antwort erschien jetzt mitten zwischen dem hinterlistigen Lächeln ein spöttischer Punkt, der sich mehr und mehr vergrößerte.

Darob entfuhr ihm ein Wutschrei: «Weib, boshaftes! spotte nicht! Genug, daß du mich mit deinem giftigen Hasse verfolgst, täglich und stündlich hinter mir her, ohne Ruhe und Unterlaß, mit Steinen nach mir werfend, wenn ich ertrinke, aber spotte nicht, verstehst du, spotte nicht, das verbiete ich dir.» Allein der spöttische Punkt blieb, als ob er nichts gesagt hätte; und siehe, jetzt erschien, von unsichtbarer Hand bewegt, ein triumphierendes Siegesfähnlein über dem leuchtenden Spottgesichte.

«Was triumphierst du?» schrie er. «Was für einen Sieg hast du denn über mich errungen? Ich wüßte nicht, welchen! Also bitte, im Namen des guten Geschmackes, tu mir den Gefallen, laß das alberne Triumphtüchlein unterwegen!»

Doch es war, als ob er nichts gesagt hätte. Das Siegesfähnlein blieb, und sieh die neue Bosheit: das Spottlächeln ihrer Augen versetzte sich abwärts um die Mundwinkel, welche sich jetzt zu frechem höhnischen Grinsen verzerrten. Und das Grinsen nahm mehr und mehr einen höllischen Ausdruck an. Schließlich wurde aus dem Menschengesicht eine Teufelsfratze mit Hörnern und Schnabel, so eine Art höllischer Spottvogel, der aber doch zugleich die schönen Züge Pseudas aufwies.

Das war denn doch Viktors klarem Geiste zu viel. «Hinweg, Phantom!» rief er und schlug nach dem Phantom. Da barst das Phanton entzwei und flüchtete nach allen Seiten. Aber langsam, langsam kehrten die einzelnen Teile zurück, aus der einen Ecke das Siegesfähnlein, aus einer andern der teuflische Spottvogel mit Hörnern und Schnabel und aus der dritten Pseudas schönes Menschenangesicht; und sämtliche Teile blieben fortan durch einen Zwischenraum getrennt. Statt eines einzigen Phantoms hatte er nun drei. Da überfiel ihn bleiche

Angst. «Viktor, was ist jetzt das? Bist du etwa wahnsinnig?» Mit scharfem Geiste prüfte er seine Gesundheit. «Was ist das Merkmal des Wahnsinns? Daß man Phantome nicht für Phantasiegebilde erkennt, sondern mit der Wirklichkeit verwechselt. Tust du das?» – «Fällt mir nicht ein; ich weiß gar wohl, daß ich bloß einen Phantasiespuk vor mir habe, nur gelingt es mir eben nicht, mit dem Willen den Spuk zu beseitigen, weil ich eben mit einer übermächtigen Phantasie behaftet bin.»

«Dann gut, laß die Phantasie spuken und kümmere dich nicht darum.» Und beruhigt legte er sich schlafen.

Den nächsten Morgen, wie er im nachtschwarzen Zimmer die Augen öffnete und bei allmählich erwachendem Bewußtsein durch den Gedankennebel die Erinnerung sich zu regen anfing, gewahrte er den ganzen Spuk von neuem: das triumphierende Fähnlein, den höhnisch grinsenden Teufelsvogel, die schöne menschliche Pseuda.

«Ja, soll jetzt das so fortgehen?» Es ging so fort. Sein gesamter Lebensinhalt, Sekunde für Sekunde ward jetzt der Kampf mit seiner Phantasie, die Berichtigung des Phantoms, die bange Sorge, nicht etwa den Spuk mit der Wirklichkeit zu verwechseln. Eine angestrengte, fürchterliche Arbeit, die für keinen anderen Gedanken mehr Raum ließ. Und das Verzweifeltste dabei: die Arbeit war zugleich nötig und zugleich vergeblich; nötig, damit er dem Wahnsinn entrinne, vergeblich, weil, was die eine Stunde mit unendlicher Mühe erstritten hatte, die nächste Stunde wieder vernichtete. Als wäre nichts gewesen; vom Morgen bis zum Abend immer das höllische Trio ihn umschwebend, erbarmungslos, ohne einen Atemzug Pause. Und statt zu schwinden, wuchs es ins Riesige, ins Ungeheuerliche. In der Finsternis grinste es ihn aus den Zimmerecken an, am Tage vom Fenster, von den Dächern, von den Hügeln, von überall.

Wahnsinnig wurde er nicht, aber rasend. Es kam vor, daß er wutschreiend durch die Wälder rannte, daß er einen Menschen, der friedlich mit ihm sprach, plötzlich wild anfletschte, weil er das höllische Phantom zwischen sich und jenem erblickte. Und in seinem Innern flutete unaufhörlich ein schwarzer Strom, das Bewußtsein umkreisend, mit roten Flecken darin, als ob aus einer Wunde blutige Tinte quölle.

Eines Abends unterlag er der Müdigkeit: «Ich kann einfach nicht mehr, ich weiß nicht mehr aus und ein.»

Da war ihm, als ob er einen schönen Mann neben sich erblickte, der ihm die Hand auf die Schulter legte. «Viktor», sprach der schöne Mann, sonst nichts.

Viktor schaute den schönen Mann kummervoll an, darauf senkte er die Stirn, die er mit den Händen stützte. «Ich will gut sein», murmelte er schließlich, «das ist das einzige, was ich noch verstehe.»

«Ja, sei du gut», tröstete der schöne Mann, «alles übrige, Wahnsinn oder nicht Wahnsinn, ist ja schließlich Nebensache.»

Nach diesen Worten versiegte der schwarze Strom mit der blutigen Tinte aus der Wunde. Die Gespenster dagegen beharrten nach wie vor.

Das war an einem Donnerstag. Am Samstagmorgen gewahrte er sie leibhaftig auf der Straße, etwa einen Steinwurf entfernt vor ihm einhergehend, durch andere Leute von ihm getrennt. «Ah, hab' ich dich endlich!» seufzte er auf und eilte ihr im Laufschritt wolfsgierig nach. Und da er die Augen des schönen Mannes auf sich gerichtet sah: «Keine Besorgnis! weder ein scharfes Wort noch eine unziemliche Bemerkung; nichts als dem tückischen Feind, der mich aus dem Unsichtbaren hetzt, in die Augen sehen.»

Als er sie eingeholt hatte, erstarrte er, sprachlos vor Verblüffung. «Nichts als das?» Zusammengeschrumpft in kläglicher Begrenzung, lächerlich klein, das Ganze kaum ein Meter achtzig hoch, schritt sie einher; nichts von ihr außerhalb ihrer Haut; keine Phantome um sie herum, keine Spiegelfechterei, keine Ungeheuerlichkeit. Und der geschmacklose Hut, den sie aufhatte! Welch eine erbärmliche Entpuppung!

Hiermit hatte er den Talisman gegen ihre teuflischen Gaukeleien gefunden. Er brauchte sie nur körperlich vor sich zu haben, so war es mit ihren Zauberkünsten vorbei. Offenbar – mit Hinterlist ist ja meistens Feigheit gepaart – fürchtete sie sich vor ihm. Deshalb begab er sich nun so oft als möglich zu ihr heim und bannte sie mit seinen drohenden Blicken, vor ihrem Gesichte lauernd wie die Katze vor dem Mauseloche. «Gelt, du getraust dich nicht?» und weidete sich an ihrer Ohnmacht. Eigentlich, es nahm ihn doch wunder, hätte er gerne einmal mitangesehen, wie sie den

Gespensterspuk bewerkstellige; ein Frauenkopf plötzlich in einen Vogelkopf verwandelt, das sieht man nicht alle Tage. Zu diesem Zwecke, also um sie beim Gesichtertausch zu überraschen, blickte er sie zuweilen, wenn sie es am wenigsten erwartete, blitzschnell an. Doch vergebens, sie war geschwinder als er.

Die Phantome aber, da sie sich entlarvt sahen und inne wurden, daß sie ihren Meister gefunden hatten, gaben das Spiel auf, erschienen noch ein paar seltene Male, doch ohne Überzeugung, nur um das Gesicht zu retten; endlich blieben sie gänzlich aus.

Das hätte noch eine unabsehbare Weile so weitergehen können.

Da ereignete es sich eines Abends, im Beisein eines anderen Gastes, aber in Abwesenheit des Statthalters, daß sie dem andern, nachdem sie verschiedene gleichgültige, unnütze Lieder vorgetragen hatte, auch jenes Lied singen wollte, das sie einst ihm, dem Viktor, in der Parusie gesungen hatte. Sie tat das ohne Arg, da ja für sie jenes Lied einfach ein Musikstück wie jedes andere bedeutete. Er aber spürte vor der bevorstehenden Entweihung seines heiligsten Besitzes einen wahnsinnigen Schmerz toben. «Das Ewigkeitsgold der Parusie durch gemeine Übermalung besudeln! Das Grab Theudas, ihrer Schwester, meiner Braut, einem Fremden vorzeigen! fühllos, lediglich zur Kurzweil, noch dazu in meiner Gegenwart! Ist das nun Teufelsbosheit oder Vertiertheit?» Ohnehin mit Wort und Rede kläglich beschlagen, verlor er in solchen Zuständen höchster Erregung die Stimme.

Stummen Entsetzens verfolgte er, wie sie das Notenheft, jenes nämliche Heft von damals, nur mittlerweile ein wenig an den Rändern angegilbt, hervorkramte und gleichgültig auf dem Klavierpult ausbreitete. Als sie sich jedoch zum Singen zurückstellte, erzwang er, vorspringend, gewaltsam die Sprache: «Dieses Lied werden Sie nicht singen!» verbot er. Er hatte flehentlich darum anhalten wollen, allein Schmerz und Empörung verwandelten ihm unterwegs vom Herzen zur Stimme die Bitte zum schroffen Befehl.

Heftiger Unwille rötete ihre Stirn. «Ich möchte denn doch wissen», trotzte sie, «wer sich erlaubt, mir verbieten zu wollen, jene Lieder zu singen, die ich will.»

«Ich», stöhnte er.

Jetzt erst, jetzt erst recht mochte sie das Lied singen; seinem anmaßlichen Verbot zum Trotz. Öffnete den Mund und sang wahrhaftig das Lied der Parusie; wahrhaftig, sie sang es, erbarmungslos, eine unendliche Zeit, von der ersten Note bis zur letzten. Und er mußte dabeisitzen und es über sich ergehen lassen. Er fand die Kraft, an sich zu halten und sich nicht zu bewegen. Kaum aber hatte sie geendet, so lud er seinen Blick mit leidenschaftlicher Beleidigung, stand auf, trat vor sie hin und warf ihr aus den Augen ins Antlitz Verachtung.

«Halt da!» drohte ihr Auge zurück. «Entschlüpft Ihnen jemals ein einziges unehrerbietiges Wort...»

Nein, so konnte es nicht weitergehen; es mußte sich etwas entscheiden. Und neugierig, obschon vergeblich, befragte er seine Ahnung, was.

Viktor ergibt sich

Dem unverhofften Frühschnee zum Gruß – man war ja fast noch im Oktober – hatte die Idealia eine Schlittenfahrt veranstaltet, und auf dem Rückweg wurde in einem Waldwirtshaus eingekehrt. Als nach genossenem Tee Viktor gleich den übrigen seinen frühern Schlitten wieder aufsuchte, zeigte der Kutscher, der ihn zusammen mit Pseuda und zwei andern Herren geführt hatte, mit der Geißel nach vorn.

«Eure Frau sitzt jetzt im vordern Schlitten.» Der hatte demnach, wer weiß warum, mag sein, weil sie sich beständig zankten, Viktor und Pseuda für Mann und Frau gehalten.

«Warten Sie einen Augenblick», rief Viktor leidenschaftlich, und hastig seine Börse ziehend, drückte er ihm ein Goldstück in die Hand.

Der Kutscher spiegelte das Geld im Laternenschein. «Das ist ja ein Goldstück», machte er verwundert, fast vorwurfsvoll.

«Weiß schon. Behalten Sie's nur.»

«Ja wofür denn?»

«Weil Sie unter vielen Tausenden der einzige vernünftige Mensch in der Stadt sind.» Nach diesen Worten setzte er sich ein und sprach auf der ganzen Heimfahrt kein Wort mehr.

Kaum jedoch zu Hause angelangt, berief er seinen Verstand: «Ich habe dich zwar in der letzten

Zeit ein wenig stark vernachlässigt. Nimm mir's, bitte, nicht übel und hilf mir.»

«Ich nehme überhaupt nie etwas übel», erwiderte der Verstand. «Womit kann ich dienen?»

«Das und das ist mir in der Aufregung entschlüpft. Es kommt mir ein wenig verdächtig vor. Sag mir offen, was bedeutet das?» Und erzählte ihm den Vorfall mit dem Goldstück.

«Ja, willst du wirklich die Wahrheit hören?»

«Jedenfalls die Wahrheit. Nur nicht sich selber anlügen, nur das nicht.»

«Gut, so setz dich und hör zu. Aber rechne genau nach, ob ich nicht etwa einen Fehler mache. Also, ich fange an: Indem du dem Manne ein Goldstück schenktest, dafür, daß er Pseuda für deine Frau hielt, wolltest du ihn dafür belohnen, nicht wahr?»

«Selbstverständlich.»

«Und wenn du ihn dafür belohnen wolltest, so beweist das, daß dir sein Irrtum lieblich tönte.»

«Vielleicht.»

«Nicht ‹vielleicht›, ich verlange bestimmte Antwort. Ja oder nein?»

«Nun denn, meinetwegen ja.»

«Nicht ‹meinetwegen ja›, sondern bündig: ja oder nein?»

«Ja.»

«Gut. Ich fahre fort. Wenn aber schon die bloße irrtümliche Vorstellung eines Dritten, noch dazu eines gleichgültigen, wildfremden Menschen, eines Kutschers, Pseuda wäre deine Frau, dir armen Schlucker ein Goldstück wert war, so verrät das, daß du namenlos selig sein würdest, wenn Pseuda in Wahrheit deine Frau wäre.» Und da jetzt Viktor mit einer Verwünschung aufsprang, tollwütig gegen den Spruch lärmend, bemerkte der Verstand gelassen: «Ja, wenn du nur das hören willst, was du hören möchtest, so kauf dir einen Lakaien. Leb wohl, ich gehe.»

«Nein, bitte, bleib, es war nicht böse gemeint. Also, du hieltest es wirklich für möglich? Unsinn! Man kann doch nicht lieben, wenn man geringschätzt.»

«O lala! Nichts Gewöhnlicheres als das! Lieben müssen, wen man geringschätzt, ist das Tagblatt der männlichen Liebe. Übrigens ist es ja nicht einmal wahr, daß du sie geringschätzest; du möchtest es wohl, allein es gelingt dir nicht. Und es kann dir nicht gelingen; deswegen, weil du sie im geheimen bewunderst; und du mußt sie bewundern, weil du weder verblendet noch unbillig genug bist, um ihre bewundernswerten Eigenschaften nicht bemerkt zu haben. Doch wozu das Gerede? Zeig mir in meiner Rechnung irgendeinen Fehler.»

Da ward Viktor zumute wie einem, der bei gesundem Befinden ein sonderbares Pustelchen an der Unterlippe entdeckt, und ein teuflischer Gedanke raunt ihm zu: «Doch hoffentlich nicht etwa Krebs!» – «Ach was, warum nicht gar?» Und geht lieber gleich zum Arzt, um sich von ihm tüchtig auslachen zu lassen; der aber zieht ein rätselhaftes Gesicht: «Gut, daß Sie rechtzeitig gekommen sind; jetzt ist die geringfügige Operation noch eine lächerliche Kleinigkeit.»

Trübsinnig unternahm er einen verzweifelten Versuch, die Diagnose zu entkräften. «So etwas kommt doch nicht plötzlich; da müßten doch noch andre Zeichen von früher her da sein.»

«Sind auch da», versetzte der Verstand. «Zum Beispiel jenen Abend bei Doktors, als du dich wie ein Dieb ins Speisezimmer zurückschlichst, um eine Apfelsine aufzuessen, in welche sie gebissen hatte.»

«Kindereien!»

«Einverstanden. Allein eben das, daß du ihretwegen Kindereien begehst, bedeutet für mich ein Zeichen. Oder bei Direktors, als du vor ihrem offenen Schlafzimmer stille standest – erinnerst du dich? – und das Dienstmädchen dich fragte: ‹Sind Sie unwohl, daß Sie so seufzen? darf ich Ihnen ein Glas Wasser holen?›»

«Ja, habe ich denn überhaupt geseufzt? Ich weiß von nichts.»

«Glaub' ich gerne; die Seufzer geschehen meistens unbewußt; ich denke aber, das Dienstmädchen wird es schwerlich erfunden haben. – Und wieder damals, als du den Kaminfeger mit ‹Pseuda› angeredet hast und er dir antwortete: ‹Das muß eine Verwechslung sein; ich heiße nicht Pseuda, sondern August Hürlimann.›»

«Beweist doch nichts als Zerstreutheit.»

«Beweist, daß du keines andern Gedankens mehr fähig bist als Pseuda. – Und das Taschentuch, das du ihr stahlst und nachher heuchlerisch suchen halfst, warum trägst du das ewig in der Tasche herum? Ich will wetten, du hast es sogar in diesem Augenblick bei dir; gelt, du errötest? – Und dann die Räubergeschichte mit den Zahnschmerzen! – Und überhaupt, warum ist dir denn so erbärmlich zumute? Wo ist deine Fröhlichkeit hingekommen? Warum machst du ein Gesicht wie ein Fisch an der Angel, den man auf dem Trockenen herumzerrt? Warum zankst du dich mit jedermann und polterst über die ganze Welt wie ein rheumatischer Major? Das kommt davon, daß dir etwas fehlt. Was dir aber fehlt, läßt sich mit einem einzigen Worte nennen: Pseuda. So, jetzt hast du die Wahrheit, nach der du gefragt hast.»

Nach dieser Unterredung blieb Viktor stundenlang sitzen, gedankenlos, betäubt von der niederschmetternden Entdeckung. Dann plötzlich ermannte er sich. «Der stolze Ritter soll kommen», befahl er in seine Seele hinein.

Er erschien, waffenklirrend, ein Löwe hinter ihm. «Hier bin ich; was steht zu Befehl?»

«Gefahr! Ein Überläufer ist unter uns; ein Elender, der, Imagos heiligen Dienst verratend, mit einer Unwürdigen liebäugelt, einem gewöhnlichen Menschenweib. Halt scharfe Wacht, und den ersten, den du darüber ertappst, daß er sich unterfängt, eine gewisse sogenannte Pseuda, alias Frau Direktor Wyß, anzuliebeln, den bring mir.»

«Gehört, gehorcht», rief der stolze Ritter und entstampfte klirrend mit dem Löwen. Gleich darauf erschien der Löwe, ein ohnmächtiges Kaninchen in der Schnauze. «Da ist der Sünder», knurrte er, warf das Kaninchen auf den Boden, kehrte sich und ging.

«Dacht' ich's doch», zürnte Viktor, «natürlich wieder das Herz, das alberne Kaninchen, das mir alles Unheil anrichtet.» Und das Kaninchen an den Ohren aufhebend, hielt er ihm eine Strafpredigt:

«Siehst du denn nicht ein, du einfältiges, hirnloses Geschöpf, daß du dir selber eine Hölle heizest? Merk auf und lerne die fünf Paragraphen der Narrenliebe; sie sind so einfach, daß ein Regenwurm sie begreifen würde.

Paragraph eins: Keine Frau auf der ganzen Welt erträgt, daß man sie zuerst liebt; sondern sie muß dich zuerst lieben, deine Gegenliebe als eine unerhörte Gnade ersehnend. ‹Ich kann es nicht fassen, nicht glauben›, nach dieser Melodie. Sonst quält sie dich. Sie wollen nun einmal gequält sein, und wenn du sie nicht quälst, so quält sie dich. Sie braucht deswegen keineswegs böse zu sein, sie kann einfach nicht anders, es ist ein Naturgesetz. Weißt du, was ein Naturgesetz ist? Etwas, das man weder mit Hörnern noch Klauen ändern kann. Hast du das begriffen? Antworte.»

«Quiek», kreischte das Kaninchen.

«Ja, quiek. Es wäre gescheiter, du tätest danach. Paragraph zwei: Das Herz einer verheirateten Frau will von unten herauf erobert werden, durch den Ehebruch. Den mag ich aber nicht; du auch nicht. Also, was folgt daraus? Antworte.»

«Quiek», lautete die Antwort.

«Dritter Paragraph: Wenn du ein weibliches Wesen hättest heiraten können und hast es unterlassen, einerlei aus welchem Grunde, und stamme er aus dem siebenten Himmel, so verachtet sie dich zeitlebens. – Viertens: In dem Herzen einer zufriedenen Gattin und glücklichen Mutter kannst du so naturunmöglich Liebe reizen wie in einem satten Magen Hunger. Sag quiek.»

«Quiek.»

«Fünftens: Wenn eine Dame dich nicht ausstehen kann...»

«Quiek.»

«Wart doch mit deinem albernen ‹Quiek›, bis ich den Satz zu Ende gesprochen habe.»

Da war ihm das Kaninchen aus der Hand geschlüpft und purzelte angstschreiend davon. «Ach du!» rief er ihm nach. «Aber nimm dich wohl in acht, denn wenn du mir nur noch ein einziges Schmächterlein schnupperst...!»

«Dem hab' ich's gezeigt», lachte er vergnügt, «das Kaninchen wird künftig nicht mucksen.»

Um jedoch vollständig sicher zu sein, tat er ein übriges und unternahm einen Rundgang durch die Arche Noah seiner Seele, vom obersten Stock bis in die Kellergewölbe des Unbewußten, nach allen Seiten Ermahnungen und Weisheit austeilend. Das edle Getier faßte er beim Selbstbewußtsein, indem er ihm von künftigem Ruhm und Triumphen erzählte, im Gegensatz zu der kläglichen Rolle, die sie als unglücklicher Liebhaber einer Frau Direktor Wyß spielen würden. Das Kleingetier dagegen köderte er mit Süßigkeiten, sie an frühere Liebesgenüsse erinnernd und ihnen noch weit köstlichere in Aussicht stellend, wenn sie sich nur noch ein kleines Weilchen wohl verhielten; endlich zum guten Schluß ließ er den Löwen die Treppe hinunterbrüllen.

«Seid ihr nun alle überzeugt?»

«Wir sind überzeugt.»

«Gut, so betragt euch auch danach und gebt gegenseitig aufeinander acht.»

Durch diese Musterung gewann er Ruhe. Allein es war die Ruhe der gewaltsamen Spannung, wo über dem mühsam errungenen Gleichgewicht die Angst flattert. Wie ein Riese, der mit gekrampftem Rücken ein Gewölbe stützt, aber die Pein der Anstrengung ist so groß, daß er zweifelt, ob er nicht wünschen sollte, es möchte lieber gleich über ihm zusammenbrechen, damit die Not ein Ende nehme.

Darauf, nach den ersten vierundzwanzig Stunden, infolge des Wechsels von Tag und Nacht, von Müdigkeit und Erholung, gewöhnte er sich ein wenig daran; der Spannungsschmerz verdummte, die Not wurde erträglicher, das betäubte Bewußtsein der Gefahr unempfindlicher; nur noch ein gründliches Unbehagen meldete von drohendem Unheil, etwa so, wie wenn sich einer fragt: «Bekomm' ich den Typhus, oder ist es nur so ein Gefühl?»

Die nächsten drei Tage brachten denn auch nichts Besorgliches. Im Gegenteil, er hatte mit dem Statthalter, der ihn unterwegs abfing und ins Bierhaus schleppte, ganz sachlich und gelassen, als ginge es ihn nichts an, über den Unterschied der antiken Liebe von der neuzeitlichen, empfindsamen abhandeln können und über die Ursachen dieses Unterschiedes. Nein, wer das kann, ist nicht liebeskrank. Und lächelnd erinnerte er sich, wie dem Statthalter im Eifer des Gesprächs der Satz entschlüpft war: «Tatsache ist, das kann ich Ihnen zugeben, daß mit dem Besitz, also zum Beispiel mit der Ehe, die eigentliche, echte Liebe in poetischem Sinn ein Ende nimmt.» Ei! ei! Statthalter! –

schon mehr ein kostverächterischer sofasatter Pascha! Freilich hatte der, sich besinnend, ängstlich den unbedachten Spruch zurückzuholen versucht. «Das heißt, wohlverstanden», verbesserte er sich, «nur die unechte Liebe; die echte, wahre Liebe im poetischen Sinn dagegen, die bleibt in der Ehe bestehen; im Gegenteil, sie fängt mit der Ehe erst eigentlich an.» Wie ihm das übrigens jetzt merkwürdig gleichgültig war, wie, was oder wen der Statthalter liebte oder nicht liebte! Entschieden, der Verstand hatte ihn ganz ohne Grund und Ursache geschreckt. Nur schade, daß er bei diesem Anlaß dem Statthalter hatte versprechen müssen, am Freitagabend zum Nachtessen zu kommen. Allein, wie man so in der Bedrängnis Einladungen annimmt: zu drei Vierteln genötigt und zum letzten Viertel gezwungen.

In der Nacht vom Donnerstag zum Freitag aber, ohne daß etwas Besonderes vorgefallen wäre – er hatte tagsüber gearbeitet und war dann nach dem Abendessen ein wenig ausgegangen –, verriet ihn ein Traum.

Ihm träumte, Pseuda hüpfe in seinem Schlafzimmer herum, das eine Bein im Strumpf, das andere barfuß. «Wo ist denn mein Strumpf?» rief sie ärgerlich, «so hilf mir doch suchen, Faulpelz! Ah bah! weg mit! der Johann soll den Jakob holen.» Setzte sich auf den Fußboden, zog den Strumpf aus und warf ihn in die Höhe. Da flügelten beide Strümpfe wirblings unter der Decke wie eine Windmühle. Dann war es eine Zeitlang verworren. Plötzlich stand sie neben seinem Bett, in einem kurzen Kinderhemdchen. «Platz da! Dilldapp!» befahl sie, stieß ihn gegen die Wand und lag neben ihm. Verwundert, mit großen Augen fragte er: «Ja, bist du denn nicht mit dem Statthalter verheiratet?» – «Ich? mit dem Statthalter? wie kommst du auf diesen wunderlichen Einfall? Das wäre mir eine saubere Geschichte! da müßte ich mich ja zu ihm ins Bett legen! äh! uäh!» Da tat er aus tiefstem Herzen einen Seufzer, wie ein auf dem Wege zum Schafott Begnadigter. «So wäre es möglich? du wärest wirklich, wahrhaftig meine Frau und nicht dem Statthalter seine? O Gott, ich wage es noch immer nicht recht zu glauben. Wenn es am Ende bloß ein Traum wäre?» – «Was hast du nur heute?» schalt sie unwillig. «Wenn es bloß ein Traum wäre, so schliefe doch nicht unser Kind dort in der Wiege, sondern dem Statthalter seins. Das ist doch klar!» – «O Pseuda, Pseuda, wenn du wüßtest, wie unsäglich, wie namenlos unglücklich ich war, als mir träumte, du wärest dem Statthalter seine Frau!» – «Wie kann man aber auch so einfältig träumen!» schmälte sie, «und noch so unanständig dazu! pfui, schäme dich!» Und stieß ihn mit dem Bein und patschte ihm mit der Hand auf den Mund.

Wie er dann aufwachte und, mit dem Finger die Tapete betastend, erfuhr, daß alles gerade umgekehrt war: er einsam im Bette liegend und Pseuda drüben beim Statthalter, wurde er inne, wie es um ihn stand; denn dieser Traum, das spürte er an seiner Traurigkeit, war ihm nicht von ungefähr gekommen; den hatte seiner Seele Sehnsucht gedichtet. Nicht mehr wegzutäuschen: er war liebeskrank, und zwar durch und durch, bis in die innersten Fasern. Und wen mußte er lieben! – o Schimpf der Demütigung! eine Frau, die er von oben herab zu behandeln pflegte, eine ihm gleichgültige Fremde, namens Ix, eine Frau, die ihn haßte. Er, der Bräutigam der hehren Imago. Jetzt konnte er an sich selber keine Freude mehr haben; am liebsten hätte er überhaupt nicht mehr leben mögen. Trübsinnig drehte er den Kopf gegen die Wand und versuchte, Gefühl und Bewußtsein zu verlernen. Und sooft ein Gedanke ihn berührte, drückte ihn die Schmach von neuem nieder, als ob eine mit Bausteinen geladene Wolke auf ihm lastete. Schließlich mußte er halt doch leben; und da ihm seines Körpers Ungeduld Gesundheit meldete, blieb ihm nichts übrig, als ihn aus dem Bett zu heben und auf die Beine zu stellen. Meinetwegen; es tut denselben Dienst, sich aufrecht zu schämen als liegend.

Da saß er nun den langen Tag, mut- und willenlos, mit stumpfem Geist seiner Erniedrigung nachstarrend. Plötzlich, gegen Abend, überfiel ihn eine garstige Erinnerung: Freitag ist heute; und er, der dem Statthalter versprochen hatte, Freitagabend zum Nachtessen zu kommen! Jetzt, in diesem Zustande, dorthin! zu ihr! Verhaßter Gedanke. Allein sein Versprechen stupfte ihn unablässig mit der Schnauze wie der Metzgerhund das Kalb; es half nichts, und so zwang er sich denn zu Direktors.

War das ein trostloser, von allen guten Geistern verlassener Abend! Er war gar nicht erwartet worden, das merkte er gleich bei seinem Eintritt, er störte bloß.

Er wieder, in seiner Grabesstimmung, wäre lieber überall anders gewesen als gerade hier. Das spürten ihrerseits die andern, was ebenfalls nicht zur Erheiterung beitrug. Zu allem mußte er ihnen obendrein noch das Musikspiel verleiden; eigentlich ganz gegen seinen Willen, denn er war heute nichts weniger als angriffslustig; allein jetzt in seiner Schwermut irgend etwas Aufdringliches, was irgend jemand belieben würde, über sich ergehen zu lassen, nein, dazu fehlte ihm die Kraft.

Wie er dann freilich Pseuda trostlos vor sich hin starren sah, ihrem zerstörten Musikabend nachsinnend, so trostlos, daß sie sogar vergaß, ihm deswegen zu zürnen, tat ihm der Anblick weh; tief schnitt ihn das Mitleid. «Weißt du, arme Pseuda», gelobte er sich im stillen, «ich spare dir's auf; aber heute, nicht wahr, das begreifst du, mußt du mir's verzeihen; denn ich bin wirklich zu traurig.»

Vorzeitig trennte man sich, enttäuscht und übel zufrieden.

Viktor hatte seinen Regenschirm vergessen und kehrte zurück, um ihn zu holen. «Warten Sie», mahnte das Dienstmädchen, nachdem es den Schirm behändigt hatte, «das Gas ist bereits ausgedreht; ich komme gleich mit dem Licht.»

«Unnötig», wehrte er ab und war auch schon im Hausflur angelangt.

Da warnte ihn von oben Pseudas Stimme: «Geben Sie acht; vor der Haustür kommen noch drei Stufen.»

Die Warnung traf ihn, als blitzte am Himmel ein Fenster auf und ein Sonnenstrahl flöge in sein Herz, mit tausend lachenden Engeln besetzt, die gleichzeitig links und rechts absprangen. Wie! ihn, den sie haßte, und zwar mit vollem Rechte, ihn, der sie unaufhörlich belästigte, reizte, verfolgte, ihn, der ihr soeben noch ihren armen gastlichen Abend schnöde verdorben hatte, ihn warnte sie, damit ihm kein Leid zustoße! O Adel der Großmut, o unermeßliche Herzensgüte! Und du blinder, blöder Tropf, du hast es vermocht, dieses hohe Weib geringzuachten. Wenn denn hier einer verächtlich ist, wer ist es, du oder sie? Du bist es, Elender, denn du bist boshaft, sie aber ist gut. «Geben Sie acht», hast du gehört? Das hat sie dir gesagt, dir, mit ihrer Stimme. Wie Harfenpsalm und Glockenchor läutete der Spruch in seinem Herzen; trunken vor Bewunderung stürzte er von dannen, fieberisch, in taumelndem Lauf.

Daheim, vor der Haustür, kehrte er sich um, nach der Richtung ihrer Wohnung, und breitete die Arme aus: «Imago», rief er ihren Namen. «Nein, mehr als Imago, denn deine Hoheit ist mit dem Pathos der Leiblichkeit geadelt. Theuda und Imago vereint in einer einzigen Person.» Dann, in sein Zimmer stürmend, versammelte er alle Völker seiner Seele. «Kinder! eine köstliche Nachricht. Ihr dürft sie lieben; lieben ohne Bedingung noch Vorbehalt, ohne Maß und ohne Schranken, je stärker, je inniger, desto besser. Denn sie ist edel, und sie ist gut.»

Ein tosender Freudenjubel jauchzte der Erlaubnis Dank; die ganze Arche Noah umtanzte ihn. Und immer neue Scharen, von deren Dasein er gar nichts gewußt hatte, jauchzten aus dem Hintergrunde herbei; Fackeln schwangen sie in den Händen, und Kränze trugen sie auf dem Scheitel. Lächelnd schaute er dem Feste zu, selber selig ob seiner Erlaubnis; gleich einem König, der nach jahrelangem, heftigem Widerstreben endlich eine Verfassung gewährt hat und den des Volkes ungeahnter Dank überwältigt. Da wallte durch die Menge würdigen Schrittes eine Gesandtschaft, angeführt von dem stolzen Ritter im weißen Friedensgewande, den Löwen an der Leine. «Gestatten Eure Majestät, Sie im Namen des gesamten Ritterstandes zu der gnädigen Gewährung zu beglückwünschen; wir haben diese Lösung von jeher für notwendig und billig erachtet.»

«Ja, warum hast du mir denn das nicht vorher gesagt?»

«Wie sollte ich mich erdreisten, Euer Majestät strengem Befehl zu widersprechen?»

Also die stolze Ritterschaft hatte gegen seine Liebe auch nichts einzuwenden? Nun stand er gänzlich sicher und fest, und sein Mut genas frei und froh. O Heil der Erlösung: lieben zu dürfen, wen man lieben muß.

Der Bekehrte

Mit dem Augenblicke, da sich ihm Pseuda in Imago verwandelte, mußte sie ihm in göttlichem Lichte erscheinen. Denn Imago war ja ein übersinnlich Wesen symbolischer Abkunft: die erlauchte Tochter seiner Strengen Frau, die heilige Sängerin der weihevollsten Stunde seines Lebens. Viktors Liebe wurde als Religion geboren. Und, o Wunder! seine Gottheit wohnte in seiner Nähe, sichtbar und erreichbar.

Freilich schmähte bübisches Gelächter seinen Glauben. «Wahnwitz! Albernheit! Schande! Die gewöhnliche Frau Direktor Wyß, die Ehrenpräsidentin der Idealia, urplötzlich in göttlicher Beleuchtung! Lauf zum Arzte, Viktor! Bestell dir rechtzeitig ein Bett in der Irrenanstalt!» Und tausend Erfahrungen erhoben wider ihn ein ohrbetäubendes Geschrei: «Halt! Obacht! warte! wir bringen unumstößliche Beweise!» Allein hat sich jemals ein Gläubiger durch das Geschrei der Beweise irremachen lassen? «Geben Sie acht, vor der Haustür kommen noch drei Stufen», jauchzte sein Herz, und eine Springflut inbrünstiger Liebesandacht schwemmte all den Pöbel aus dem Bewußtsein: Erfahrungen, Zweifel, Bedenken und Beweise, die ganze hämische Rotte. Jeder Einspruch mit Hallo von dannen gejagt wie ein Hund aus der Kirche.

Ihre Nähe! Berge und Wälder, der ganze Horizont rundum verklärt durch ihren Blick; alle Straßen und Wege dieser Stadt geheiligt durch ihren Wandel, die Umgebung durch die Möglichkeit ihres Wandels. Sein Daseinsgefühl schwebte auf Wolken; jeder Atemzug schlürfte Offenbarungsodem; es keimte und blühte um ihn, sein Auge vernahm farbige Arabesken, sein Ohr Orgelrauschen; das kleinste äußere Vorkommnis, der Hammer eines Schmiedes, der Ruf eines Kindes, eine Krähe auf dem Zaun wirkte wie ein kosmisches Gedicht. So reich bevölkerte ihn die Andacht ihrer Nähe, die Vorstellung ihres sichtbaren Vorhandenseins, daß er gar nicht einmal das Bedürfnis verspürte, sie zu sehen; im Gegenteil: er zog vor, sie aus dem Hinterhalt anzubeten, nahe, aber um die Ecke.

Doch ein unleidlicher Gedanke durchquerte seine Andacht: ihr Urteil verdammte ihn nach wie vor, indem sie ja von seiner Bekehrung nichts ahnen konnte. Diesen Gedanken ertrug er länger nicht. Zwar der körperlichen Frau Direktor Wyß seine Bekehrung mündlich oder brieflich mitzuteilen – niemals! sonst hätte er ihr ja zugleich seine Liebe gestehen müssen; dazu aber war er viel zu stolz; auch zu klug; denn da sie ihn doch nicht liebte – oh, nichts weniger als liebte! –, hätte ihn ein Liebesgeständnis in die klägliche Rolle eines schmachtenden Liebhabers hinuntergedrückt; er aber wollte zwar ihr andächtiger Gottesdiener, nicht jedoch ihr bemitleideter Liebhaber sein. Glücklicherweise hatte er den Umweg der gemeinen Mitteilung auch nicht nötig; er wußte eine bessere, sowohl geradere als würdigere Verbindung zu ihr: den Weg der Vision von Seele zu Seele.

Also befahl er jetzt seiner Seele: «Gehe hin zu Theudas Seele, die da ist Imago, und melde ihr: ‹Der Nichtswürdige, mit Blindheit schmählich Geschlagene, welcher dich befeindete und verfolgte, ist tot; ein Neuer steht vor dir, ein Bekehrter, welcher, demütig deine Hoheit und Güte bekennend, dich Imago grüßt und dein Schönheitsantlitz als Symbol der Gottheit andächtig verehrt.› Melde ihr das, und bring mir ihren Bescheid.»

Der Bescheid kam: «Ich traf ihre Seele ans Fenster gelehnt, in die Klarheit des gestirnten Himmels emporbetend. Zurückschauend erteilte sie mir die strenge Antwort: ‹Ich bin ein Weib, Zucht ist mein Stolz, Reinheit meine Ehre. Hinweg, Ruchloser, der du alle Zeit das Weib mit frechem Spott verunglimpfst; eh' daß ich an deine Bekehrung glaube, tue Buße und bekenne den Wert des züchtigen Weibes.›»

Auf diesen Bescheid schickte er abermals seine Seele zu ihr: «Die Buße, die du von mir forderst, ist volltan; denn ich sah in deine Augen: sie straften mich; ich schaute die Hoheit deiner Stirn: sie verdammte mich. Vernimm mein Bekenntnis: Ein Tempel tat sich auf, eine königliche Priesterin trat hervor, hinter ihr die Frauen der Erde, so die gegenwärtigen wie die dahingegangenen, so die wirklichen wie die vom Wunsch gezeugten. Ich aber schaute, glaubte und bekannte: ‹Ich glaube an ein reines, keusches Weib; ihr Gedanke ist Gesang, ihre Werke heißen Hingebung und Aufopferung;

auf ihrem Antlitz spielt der Abglanz der Gottheit; auf der Spur ihrer Füße sprießen Hoheit und Adel; sie erhebt die Hand: und das Gemeine entflieht in die Finsternis; sie bewegt sich: und die Sonne jubelt: o Weib, wie bist du schön! Da beugte sie sich tröstend über einen Kranken, der am Wege lag, und ich rief: Weisheit, verhülle dein Haupt; kniet nieder, ihr Tugenden alle, denn Königin ist das Erbarmen.› Gehe hin und überbringe ihr dies Bekenntnis.»

Ihm kam der Bescheid: «Ich traf ihre Seele über die Wiege ihres Kindes gebückt. Aufschauend erteilte sie mir die strenge Antwort: ‹Ich bin eine getreue Tochter, in Lieb und Ehrfurcht den Meinigen ergeben. Hinweg, Ruchloser, der du meinen Vater verachtest und meinen Bruder beleidigst! Eh' daß ich an deine Bekehrung glaube, lerne Ehrfurcht vor meinem Vater und versöhne dich mit meinem Bruder.›»

Ob diesem Bescheid begann Viktor zu seufzen und zu grollen: «Ich will ihren Vater nicht ehren, ich will mich mit ihrem Bruder nicht aussöhnen; denn sie sind Feinde des Geistes, Widersacher der Wahrheit. Ich aber throne auf meinem Rechte, ihnen hoch überlegen.» Und murrte und knurrte in seinem Groll. Da sprach zu ihm die Vernunft: «Darf ich auch etwas reden?»

«Rede.»

«Man ist einem Menschen erst dann hoch überlegen, wenn man ihn nach seinem Wert einschätzt, und wie windig schon der Kurt sein mag, solange er dir etwas verzeihen darf, setzest du ihn über dich. Frisch! hier ist Feder, Tinte und Papier;

schreib dem Kurt ein Wort des Bedauerns, so sinkt er in die Versenkung, und du bist einer häßlichen Last ledig.»

Und das Herz schmeichelte: «Er bleibt trotz allem ihr Bruder.» Und der stolze Ritter mahnte: «Dem königlichen Hauptmann der Strengen Frau tut es keinen Abbruch, wenn er freiwillig einen Fehler eingesteht und ihn wieder gutmacht.»

«Ich kann nicht; ich will nicht», knirschte sein Grimm. Siehe, da erschien im Zimmer ein himmelblauer Fleck, der Fleck vergrößerte sich, Harfenrauschen ertönte, und durch die Harfen rief eine Stimme, ihre Stimme: «Geben Sie acht, vor der Haustür kommen noch drei Stufen.»

«Imago», schrie seine Liebe, «du Hohe, du Gute, du Edle! ich glaube.» Und schrieb in fieberhafter Hast dem Kurt eine Entschuldigung; kurz und stolz, aber auch redlich und aufrichtig, wie man soll; ohne sich um das gebührende Wort zu drükken.

Tags darauf erhielt er eine mit Bleistift geschriebene Postkarte ohne Unterschrift:

«Geräuschvoller Hühnerflug der Begeisterung!
Philosophen die Clowns der Universitäten!!
In die Oberste die Taube gefahren! Famos!!!»

Frau Keller, welcher er den Wisch vorzeigte, löste ihm das Rätsel: das war die Handschrift des Kurt; die sonderbaren Sätze waren Zitate aus Viktors Kraftsprüchen, die offenbar dem Kurt unbändiges Vergnügen gemacht hatten; das Ganze bedeutete eine Art Versöhnungsurkunde.

«Nicht wahr, originell? genial?» meinte sie begeistert.

«Siehst du jetzt, Viktor?» belobte die Vernunft. «Ist dir nun nicht leichter und freier zumute? Ich bitte um Antwort.» Viktor antwortete: «Mir ist nicht bloß freier und leichter zumute, sondern auch höher und vornehmer.»

«Drum also fahre fort. Die erste Hälfte ist getan, vollbringe auch die zweite; lerne Ehrfurcht vor ihrem Vater.»

Da sprach Viktor zu sich selber: «Er war ihr Vater; die Sprache seines Angesichtes ist demnach verwandt mit der Sprache aus Theudas Angesicht. Gut; vor seinem Angesicht mag ich die Ehrfurcht lernen.» Ging hin und kaufte sich in der Buchhandlung das Kopfbild des Staatsmannes Neukomm, um es als Vorbild an die Wand zu heften. Allein, wie er nun den zuversichtlichen, überzeugungsbuchenen Charakterkopf mit dem inhaltlosen Feuerblick darin näher betrachtete, übermannte ihn plötzlich der alte Hohn, so daß er hurtig das Bild unter eine Lage Papier versteckte, mit einem wuchtigen Briefbeschwerer darauf, damit der Charakterkopf nicht etwa heimtückisch hervorkrieche.

«Immerhin, er bleibt halt trotz allem ihr Vater», bettelte das Herz. «Er wird schwerlich ohne Verdienste sein, daß sein Denkmal in Marmor vor dem Rathaus steht», überredete die Vernunft. Da hob er den Briefbeschwerer ab und holte den Staatsmann in Gnaden wieder hervor, den er jetzt wirklich an die Wand heftete, allein verkehrt, die Bildseite nach innen, gegen die Tapete, die leere Rückseite nach außen; denn sooft er versuchte, das Blatt umzudrehen, jubelte ihm der Hohn die Ehrfurcht von dannen.

«Ich möchte aber doch», schalt sich Viktor bekümmert, «dem Gebote Theudas gehorchen; denn Theuda ist Imago. Siehe, ihr Vater liegt im Grabe; das Grab ist ernst; wohlan, an seinem Grabe will ich mir den Hohn abgewöhnen.» Und ließ sich auf dem Friedhof das Grab des Staatsmannes Neukomm zeigen. Wie er vor dem Grabe angekommen war, grüßte ihn eine Stimme aus dem Boden: «Wen suchst du?»

«Den Geist des Staatsmannes Neukomm.»

«Es gibt hier keine Staatsmänner», erwiderte die Stimme, «und keine Geister mit Namen. Ich war, als ich noch über dem Boden wandelte, ein hilfloser Mensch wie alle Menschen, ein machtlos Geschöpf, das da geboren ward, seufzte, sorgte und starb wie die übrigen Geschöpfe. Verzeihung jenen, die mir wehe taten, Heil denen, die mich liebten. Zwei treue Menschen, meine Ebenbilder, meine beiden Kinder, schritten weinend hinter meinem Sarge, mein Andenken mit ihrer Trauer heiligend; Segen über den, der ihnen wohl will. Bist du ein Mensch, in Lebenskraft auf Erden wandelnd, so schenk mir Nachricht von meinen Kindern.»

Da sprach Viktor: «Deinen Kindern ergeht es wohl; sie sind geliebt und geachtet bei den Menschen; und der vor deinem Grabe steht, will ihnen beiden gut Freund sein.» Bei diesem Wort verwandelte sich plötzlich das Denkbild des Kurt und wurde fein und anmutig.

Da seufzte die Stimme: «Dafür, daß du mir von meinen Kindern Nachricht gebracht, schließe ich mit dir den Bund des Dankes; und dafür, daß du meinen Kindern gut Freund sein willst, den Bund des Segens.»

Nachdem Viktor wieder zu Hause angelangt war, konnte er das Bild umdrehen. –

Und wieder schickte Viktor seine Seele zu Theudas Seele: «Dein Gebot ist erfüllt; ich habe mich mit deinem Bruder ausgesöhnt, ich habe mit deinem Vater einen Bund geschlossen. Glaubst du nun an meine Bekehrung?»

Ihm kam der Bescheid: «Ich traf ihre Seele auf der Zinne ihres Hauses stehend, die Türme und Schanzen der Stadt zählend. Herniederschauend erteilte sie mir die strenge Antwort: ‹Ich bin eine brave Bürgerin, meinem Volke und meinem Vaterlande leidenschaftlich ergeben. Hinweg, Ruchloser, der du die Sitten und Gebräuche deines Vaterlandes verspottest; eh' daß ich an deine Bekehrung glaube, tue Buße und lerne Eintracht mit deinem Volke.›»

Ob diesem Bescheid überschäumte sein Zorn in wilder Woge. «Weib», schrie er, «zwar heilig bist du, aber arm an Geiste. Zur Göttin taugst du, nicht zum Gott. Spann's nicht zu scharf! Mein Herz ist dein; nimm meine Andacht, läutre meine Seele; doch meine Überzeugung, Weibsbild, pfusch nicht an! – Geh hin, o meine Seele, und sag ihr das.»

Ihm kam der Bescheid: «So wahr ich Theuda bin, die da heißt Imago: ehe du nicht Fried und Freundschaft mit deinem Volke schließest, gebe ich nichts auf deine Bekehrung.»

Da begann Viktor zu toben und zu rasen und lästerte seine Göttin und verwünschte sie und beschimpfte sie mit gefiederten und gehörnten Namen, wie der Bandit die Madonna, wenn ihm der Postraub mißlang.

«Wenn du dann des Unfugs müde bist», bemerkte die Vernunft, «so will ich auch etwas reden. Nämlich, unter uns gesagt, ihr Verlangen ist durchaus gerecht; denn du bist ein politisches Ungeheuer.»

«Meinst du?»

«Ich meine es nicht bloß, sondern das steht zweifellos fest. Von Kindesbeinen ein Waldmensch und nachträglich durch deinen Auslandssitz vollends verwildert. Pendelst durch die Straßen deiner Vaterstadt wie ein Indianer auf der Oktoberwiese, der einen freien Nachmittag bekommen hat. Ist das natürlich? ist das erträglich? Her mit dir! Setz dich auf den Schulschemel; etwas Patriotismus kann dir, weiß Gott, nicht schaden. – Nur keine Angst; bloß das Allernotdürftigste; es verlangt ja kein Mensch von dir, ein Schützenfestredner zu werden.» Sprach's, nötigte den Viktor auf die Schulbank und erzählte ihm vom «Volke», wie es fühlt, wie es arbeitet, wie es sich sorgt und kümmert, beschrieb ihm das Räderwerk der freien Verfassung, bewies ihm deren ursächlichen Zusammenhang mit der Entwicklung der persönlichen Eigenart und des mannhaften Charakters und lehrte ihn schließlich die Politik als eine Unterart Idealismus begreifen; «ein rebsteckendürrer Idealismus, zugegeben, immerhin ein Idealismus».

Fromm lauschte Viktor der Unterweisung, erst ächzend, hernach bereitwilliger. Plötzlich sprang er auf, mit leuchtenden Augen. «Ich will das Obligationenrecht studieren.»

«Da haben wir's: Jetzt springst du natürlich gleich wieder in den gegenüberliegenden Stadtgraben? Es kann ja einer auch ohne das Obligationsrecht ein braver Bürger sein.» Viktor aber versteifte sich halsstarr: «So wahr ich ein braver Bürger bin, ich will das Obligationenrecht studieren.» Ließ die Vernunft im Stich, ging hin und schaffte sich das Obligationenrecht an, entlieh von links und rechts Verfassungsurkunden und Stadtgeschichten, je trockener, desto lieber; bestellte das Amtsblatt, verfolgte in der Zeitung die Reden der Stadträte («etwas schwülstig, meine Herren! um so besser, ich nehm's für Kasteiung»); schob seine Füße durch Altertumssammlungen, pflanzte sich vor baufällige Mauern und Dachstühle auf, um den Geist der Väter auf sich wirken zu lassen, und jedes Bäuerlein, das mit einem Kalbelein zu Markte zog, nachdenklich bekümmert, wen es übervorteile, betrachtete er mit Rührung als seinen Mitbruder im Staate.

Wie er aber dann selbstzufrieden zu ihr sandte, um ihr von dem demokratischen Adam Bericht zu erstatten, erhielt er ungnädigen Abschied. «Aktiv betätigen», habe sie barsch befohlen. «Aktiv betätigen!» wiederholte seine Entrüstung, «wie grob, wie ruppig sie das gesagt hatte, beinahe wie ein Ellbogenstoß. Überhaupt, sie vergißt, daß meine Bekehrung ganz auf meinem freien Willen beruht; ein Schulterlupf, und sie fliegt auf den Boden. Es scheint, sie möchte mich mit der Peitsche dressieren!»

Doch die Hyäne, die durch drei Reifen gesprungen ist, springt auch durch den vierten, wenn schon zähnefletschend. Also behändigte er bei der nächsten Wahlgelegenheit einen Zettel.

«Du, Förster, gib mir einen guten Rat. Ich möchte meiner Bürgerpflicht genügen – oder sagt man nicht so? –, kenne jedoch leider auf der ganzen Welt keine politische Seele. Wen rätst du mir, daß ich wählen soll?»

«Ja, da mußt du mir vor allem erst sagen, ob du konservativ oder liberal bist.»

«Was ist der Unterschied?»

«Das läßt sich nicht so in der Geschwindigkeit erklären.»

«Wer von den beiden hält es denn mit der Kirchenlehre?»

«Eher die Konservativen.»

«Dann bin ich also liberal.» Und wählte demgemäß.

Doch noch immer wollte sich Theudas Seele nicht zufriedengeben. Es komme nicht von innen, habe sie geantwortet.

«Nicht von innen!» tobte er. «Ich will dir zeigen, was von innen kommt.» Und stiftete einen fürchterlichen Aufruhr gegen seine Göttin, daß es in seinem Innern zuging wie in einem Bestienkäfig vor der Fütterung. – «Du willst die Numa Hawa spielen? Wohlan, so ertrage, daß ich ergebenst den Rachen aufsperre.»

Bis ihm eines Tages widerfuhr – er hatte es gar nicht beabsichtigt, es kam ihm von selber, wie der

Strahl aus dem kochenden Berge –, daß er zwei fremden Gigerln, die über einen vorüberziehenden Trupp Soldaten spöttelten, mit schnaubender Wut das Maul verbot. Während er noch ganz verblüfft dastand, unschlüssig, ob er sich nun über diesen vorweltlichen Schnarch schämen solle, oder was eigentlich, grüßte ihn ihre Seele hold lächelnd über die Schulter: «Jetzt das, jetzt das hingegen, Viktor, das freut mich.» Und ein See von azurblauem Himmel umschwebte ihn, mit unzähligen Theudaköpfchen darin, die ihm sämtlich huldvoll zunickten.

Hiermit fand seine mühsame Buße endlich Gehör und Genüge.

Also geläutert und entschuldigt, frisch und morgenfreudig im Gefühl der kräftigen Reinigung, tat Viktor seinem Herzen die Tür weit auf: «Heißa, mein Herz! Ich, der da meinte, ich sei weise und du wärst ein albern Kaninchen! Irrtum, verkehrte Welt! Ich war torenwitzig, und du bist der Gescheiteste von uns allen. Denn nicht bloß, daß du einzig von Anfang begriffen hast, sie ist Imago, dir verdanke ich auch meine Buße und Bekehrung. Deswegen sollst du fortan nicht mehr mein verachtetes Hündlein sein, verstoßen und mißhandelt, sondern unser aller Führer und Oberst sollst du sein. Heißa, König Herz, befiehl, so geschieht es; begehre, so wird dir's werden.»

Jauchzend frohlockte das Herz: «O Freiheit! Siehe, man hat mir das Maul verbunden wie einem gestohlenen Stieglitz; darum will ich jetzt zur Entschädigung lieben, lieben, bis ich den letzten Hauch meines Atems erschöpft habe.»

Viktor billigte: «Das sei dir unbenommen; doch wisse, Theuda ist Imago, nämlich hoch und hehr. Ist deine Liebe von einem Wunsch befleckt, so wage nicht, die Reine mit unreiner Liebe anzutasten.»

Ihm erwiderte das Herz: «Hier stehe ich offen vor dir; nimm einen Leuchter und zünde in die verborgensten Gänge, damit du mich prüfest.»

Und Viktor tat demnach und zündete in die verborgensten Gänge seines Herzens; und als er die Prüfung vollendet hatte, rief er: «Deine Liebe ist demütig und wunschlos. Also liebe sie denn, liebe sie, bis du den letzten Hauch deines Atems erschöpft hast.»

Da atmete sein Herz und lechzte: «Ich möchte heimlich zu ihr, ungesehen bei ihr wohnend und beständig mit ihr lebend, was sie irgend selber lebt, jede Stunde, jede Sekunde, vom ‹Grüß Gott› des Morgens, wenn sie die Fensterläden öffnet, bis zum ‹Gut Nacht› am späten Abend.»

«Ja, tue das», erlaubte Viktor. Und das Herz tat, wie es gesagt hatte, und lebte ungesehen mit ihr vom Morgen bis zum Abend, vom «Grüß Gott» des Morgens, wenn sie die Fensterläden öffnete, bis zum «Gut Nacht» am müden Abend. Und wenn sie sich zum Mittagessen setzte, nickte es: «Iß und sei fröhlich», und wenn sie sich zum Ausgehen rüstete, flüsterte es: «Nimm nicht das Alltagskleid, sondern das neue, das helle, das köstliche; denn du bist schön und lieb; das bedeutet: wo du bist, waltet alle Tage Festtag.»

Und weiter atmete das Herz und lechzte: «Ich möchte in ihr eigen Herz tauchen, tief bis in den

Quell ihres Gefühles, und aus ihrem Herzen alles liebhaben, was sie selber liebhat, angefangen von ihrem Mann und ihrem Kinde bis zu dem Blumenstöcklein vor ihrem Fenster.»

«Ja», erlaubte Viktor, «tue das.» Und das Herz tat, wie es gesagt hatte, und tauchte in Theudas Herz bis in den Quell ihres Gefühles, und liebte aus ihrem Herzen alles, was sie selber liebte, und sprach zu ihrem Manne: «Bruder, du hast einen Freund, von dem du nicht weißt, und einen Helfer, den du nicht vermutest; getrost, was auch die Zukunft dir schicke, ich bin da, ich werde dir beistehen.» Und sprach zu ihrem Kinde: «Deine Füßlein taumeln ins Ungewisse, und deine Äuglein lächeln in Nebel und Ferne; ich aber weiß Rat; ich will dich vor Fehlgang und Schaden behüten.» Und zu dem Blumenstöcklein vor dem Fenster sprach es: «Du mußt fleißig sein, damit du mit deinen Farben ihr lustig leuchtest und mit deinem Hauch ihren Mut erquickest, denn bedenke, deine Ranken ragen in ein besonderes Stüblein.»

Und wieder atmete das Herz und lechzte: «Ich möchte mich in einen Segen verwandeln und wie ein guter Geist Gottes ihre Schritte umschweben, sie aufrichtend, wenn sie mutlos ist, und von ihr jedes Unheil abwehrend, das nächtens ihre Schwelle umschleicht.»

«Das ist recht und statthaft», erlaubte Viktor, «tue das.» Und das Herz tat, wie es gesagt hatte, und verwandelte sich in einen Segen. Und beim Morgenblaßlicht küßte es Theudas Augen: «Der Hahn ist wach; steh auf und fürchte dich nicht, denn dieser Tag ist ein fröhlicher Tag.» Und wenn sie betrübt war, so sprach es: «Irrtum! du darfst nicht traurig sein, denn du bist der Menschen Lust und Wonne.» Und zu dem Unheil, das nächtens ihre Schwelle umschlich, wehrte es: «Halt! Wer da? Täuschung! Dieses Haus ist gefeit, denn hier wohnt Theuda-Imago.»

«Nun wohl, mein Herz», rief Viktor, «wonach deine Liebe lechzte, das hab' ich dir alles gewährt. Hast du nun Genüge? Oder begehrst du noch mehr?»

Ihm antwortete das Herz: «Ich habe nimmer Genüge; denn meine Liebe gebärt Liebe; je mehr ich die Einzige liebe, desto mehr begehrt mich, sie zu lieben. Siehe, ich habe ihre dermalige Gestalt mit meiner Andacht umwoben, nun will ich es auch mit der vormaligen tun; mit meiner Ahnung ihre verblichene Erscheinung grüßend, so wie sie einst gewesen, ehe sie geworden, rückwärts über ihre Mädchenjahre bis in die Tage der Kindheit, und von ihrer Kindheit hinauf nach ihrem Ursprung über der Welt, wo ihre Seele keimte, ehe sie den Wandel nach Erden antrat. Allein das vermag ich nicht aus mir; gebiete deiner Phantasie, daß sie mich in jene Höhen enttrage.»

«Ja», erklärte Viktor, «das soll dir werden.» Und befahl seiner Phantasie: «Du loses, unnütz Vögelein, das mir immerfort Unfug und Unmuß stiftet, mit Truggesichtern mich täuschend, daß ich der Torheiten unzählige begehe, auf! erweise dich einmal nützlich. Hast du gehört, was mein Herz von dir heischt? Also rüste deine verwegensten Flügel und enttrage meine Ahnung über die Welt in die Pflanzstatt der Seelen.»

Ihm erwiderte die Phantasie, im Glanzlachen erstrahlend: «Das ist es ja eben, was ich immer ersehnte. Denn dort oben bin ich zu Hause.» Sprach's und enttrug mit verwegenem Fluge seine Ahnung hinaus über alle Welt in die traumumdämmerte Brutstatt der Seelen. Daselbst, mit den Fühlern der Liebe den Pfad erratend, den einst ihre Seele nach Erden angetreten, versuchte Viktor auf ihren Spuren ihr verwichenes Leben nachzuleben, mit dichtendem Geiste ihre irdischen Erstlingsjahre zurückrufend, den Abglanz ihrer Mädchengestalt an den Wäldern ihrer Heimat ablesend, die Felsen grüßend, die ihr staunend Kinderauge zum ersten Male mochte geschaut haben. Ob dieser Arbeit offenbarten sich ihm Neuschöpfungslandschaften mit Durchblicken auf jenseitige Welten, mit Lichtschimmern und Wolkenzügen anderer Gattung, davor seine Seele schauerte. Die Wirklichkeit schwand, die Zeit versenkte sich vor seinen Füßen.

Allein von der Überfülle der Fernwunder erschöpft, versagte sein schwaches Menschenhirn, und sein reisemüder Geist ermattete. «Genug! Gnade! Zuviel!» Doch zornig schüttelte die Phantasie die Schwingen. «Umsonst habe ich nicht diese Höhe erschwungen; hier ist meine Lebensluft, hier will ich kreisen. Ihrer Seele Keim wolltest du erspüren, ertrage auch ihrer Seele Krönung.» Und ungeachtet seines Flehens und Sträubens offenbarte sie, höher kreisend, dem Bebenden ein Zukunftsgesicht, unerwünscht und aufgedrungen, doch unauslöschlich:

Einen Jüngling schaute er neben einer Jungfrau,

deren Doppelseele sämtliche Seelen der Welt aufgesogen hatte, also daß außer diesem Paare nichts Lebendiges im unendlichen Raum sich regte. Und dieser Jüngling und diese Jungfrau wandelten zusammen über die Himmelswiese und flüsterten sich zu und blickten einander ins Auge mit einer süßen Innigkeit, gegen welche die zerstückelte Einzelliebe auf Erden bloß ein nichtswürdiges Affenspiel vorstellt.

«Was habe ich mit diesem Jüngling und dieser Jungfrau zu schaffen?» unterbrach Viktors Herz ärgerlich. Siehe, da hatte die Allerseelenjungfrau das Antlitz Imagos.

So vergnügte sich Viktor mit seiner neugeborenen Liebe. Sein Herz umspielte Theudas leiblichen Wandel, seine Phantasie brachte ihm Imagos Lichtgestalt aus der Höhe über den Wolken. Lieben nannte er sein Geschäft, Segnen seine Erholung. Da er aber seine Liebe so rein und schön verspürte, wunschlos in andächtigem Gottesdienst, und ihm die Phantasie unablässig neue Offenbarungen zutrug, armvoll in gehäuften Garben, überquoll endlich seine Wonne, so daß ihm der Atem nicht mehr genügte, sondern daß er mit der Stimme singen mußte, bald in stammelnden Jauchzern, bald leise vor sich hin trällernd, zuweilen in langgezogenen schmelzenden Tönen. Auch mochte er etwa ein Stück Papier mit Linien durchqueren, schräg und krumm mit ungeübter Hand, und seine Jauchzer als Notenkettchen zwischendurch schlingen. Der Worte dagegen bedurfte seine Sangesseligkeit nicht.

«Störe ich etwa?» scholl des Statthalters väterliche Stimme; und nach einigen nichtssagenden Einleitungssätzen knüpfte er bald hier, bald dort ein wissenschaftliches Gespräch an, doch unstet, mit verlegener Miene, wie wer etwas hinter der Rede hält. Endlich rückte er zaghaft hervor: «Am 4. Dezember, wie Sie jedenfalls längst wissen, feiert die Idealia ihr Stiftungsfest. Für diesen Anlaß habe auch ich ebenfalls – wie soll ich sagen? man kann es einen Prolog nennen – einige bescheidene, anspruchslose Verse (fünffüßige Jamben mit je einem Anapäst) in Form eines Dialoges, die alte und die neue Kultur gegenüberstellend ... Ob Sie nicht da vielleicht – ich habe an Sie gedacht, weil ich als Gegensprecher einen hochschulgebildeten Mann brauche (es kommen ja selbstverständlich auch griechische und lateinische Zitate vor) – ich würde in diesem Fall, das heißt natürlich nur, wenn Sie einverstanden sind, die alte und Sie die neue Kultur –, doch, wie gesagt, ganz nach Ihrer eignen Wahl, vorausgesetzt, daß Sie überhaupt Lust und Zeit dazu vorrätig haben ...» Und da sich Viktor gerne zu jeder beliebigen Kultur erbötig erklärte, atmete der Statthalter erleichtert auf. «Ja, und daß ich das nicht vergesse: Meine Frau ist hocherfreut über Ihre Aussöhnung mit meinem Schwager, und warum man Sie denn nie mehr sehe?»

Richtig, jetzt erst fiel es ihm ein: er hatte über dem Eifer seines Gottesdienstes die Gottheit selber völlig vergessen. Das Bedürfnis nach ihrem Anblick hatte sich eben nicht gemeldet; jetzt freilich, von ihr gemahnt, mußte er sich wohl bequemen; und da er es mußte, mochte er es auch.

Wie er dann nach einigen Tagen nach der Münstergasse pilgerte, tat er es in der Stimmung eines getauften Heiden, der zur ersten Kommunion schreitet; ein Schritt furchtsam, ein Schritt gefaßt. Gewiß, er konnte sich's nicht verhehlen, es nisteten noch manche Motten im Hermelin seiner Gerechtigkeit, allein seine Bekehrung war doch echt, seine Buße gründlich, seine Liebe rein; und die Götter sind ja gnädig. Zudem hatte er ja nun den Kurt auf seiner Seite.

Huldvoll empfing sie ihn (Wirkung des Kurt? oder las sie ihm die Andacht aus dem Gesichte?), ohne den mindesten Nachhall der alten Feindseligkeit; großartig, mit einem einzigen Pinselstrich die Erinnerung an die frühere Mißhelligkeit ausgelöscht. Sie berichtete ihm den Todesfall einer entfernten Verwandten, welche verwichene Nacht unvermutet verschieden wäre, nur so zwischenhinein, wie ein Nebensatz, mitten in die Vorbereitungen zum Stiftungsfest. Während des Berichtes rollten ihr einige Tränen über die Wangen. Die fing er mit unmerklich vorgeschobener Hand auf, als wäre es Weihwasser. Hernach wurde noch dies und das gesprochen; endlich, zum Abschied, reichte sie ihm freundlich die Hand; zum ersten Male seit der Parusie.

Die Sorge um den Prolog (alte und neue Kultur) nötigte ihn in der Folge noch öfter zum Statthalter; und wenn das Geschäftliche bereinigt war, mochte er jeweilen noch ein Viertelstündchen im Hause säumen, wo er dann meistens schweigend dasaß, mit den feinen Augen eines Onkels, der die Familie hinterrücks in sein Testament gesetzt hat. Dabei gestattete er seiner Liebe den Schmaus, Theudas Bewegungen und Gebärden zu verfolgen, die dem Bekehrten jetzt wie Neuigkeiten vorkamen. Und da er sie nunmehr in ihrem natürlichen Wesen beobachten durfte, so wie sie gewöhnlich war, während er sie ja vordem nie anders als in Verteidigungsstellung gesehen hatte, entdeckte er beglückten Herzens neben den früher bemerkten Vorzügen eine Menge von neuen. Beglückten Herzens, weil ja jede ihrer Tugenden eine Rechtfertigung seiner abgöttischen Liebe, eine Widerlegung der lauernden Einwürfe bedeutete. Nun brauchte er nicht mehr die Zweifel wegzuschrecken; im Gegenteil: er lud sie ein, um sich an ihrer Beschämung zu weiden.

«So kommt doch, ihr Nörgler, spähet, so scharf ihr wollt, setzt meinetwegen Brillen auf: Seht ihr, wie sie freundlich mit ihren Dienstboten umgeht? Habt ihr nicht selber immer behauptet, an der Behandlung der Untergebenen könne man am zuverlässigsten erkennen, ob eines Menschen Kern gut oder böse sei? Darum bekennet: sie ist gut.»

«Gut, allerdings, das ist sie.»

«Und jetzt wieder dem Bettler, wie sie ihm das Almosen nicht etwa gnädig herablassend hinreicht, sondern von gleich zu gleich. Darum gestehet: sie ist barmherzig.»

«Barmherzig ist sie, zugestanden.»

«Geduld, ihr werdet noch mehr zugestehen müssen. Habt ihr bemerkt, wie niemals ein neidischer Zug ihr Antlitz entstellt, wenn die Schönheit einer andern Frau gerühmt wird? wie auch keine Spur von Gefallsucht in ihrer Seele Raum findet, so daß sie die Huldigungen fremder Männer, die meinige eingeschlossen, gar nicht einmal wahrnimmt, oder, wenn sie sie wahrnimmt, nicht beachtet, vielmehr eher als eine Belästigung verspürt? Ist euch nicht aufgefallen, daß von sämtlichen Menschen, die sie der Ehre ihres Umgangs würdigt, auch nicht einer ist, der nicht lauteren Charakters wäre? Und ihre Bescheidenheit, ihre Pflichttreue, ihre Häuslichkeit, ihre stille Hingebung an ihr Kind? Bitte, bestreitet mir das alles, wenn ihr's könnt.»

«Niemand bestreitet ja im mindesten die Menge ihrer außerordentlichen Vorzüge, nur daß du sie als eine Art Gottheit ...»

«Genug! kein Wort mehr! Wer jetzt noch zweifelt, verrät bösen Willen.»

Trotzdem – er mochte sich ihre Vollkommenheit noch so begeistert einreden –, ihre körperliche Gegenwart störte ihn eher, als daß sie ihn befriedigte. Nicht ihre menschlichen Schwächen – er wußte ja, daß sie ein Mensch war und liebte, daß sie es sei –, dagegen eine gewisse Lässigkeit in ihrer äußeren Haltung, die nicht immer zu seinen Wünschen und Bedürfnissen stimmte. Sie ließ sich nämlich zuweilen eine ausdruckslose Miene, eine unansehnliche, nicht bildgemäße Stellung, einen matten Blick zuschulden kommen, kurz, sie war nicht jede Minute völlig sie selber, nicht von Morgen bis Abend ununterbrochen Imago, so daß ihm mitunter beinahe der Verdacht kommen wollte, sie sei sich ihrer Aufgabe, der Phantasie Symbol zu stehen, gar nicht einmal bewußt. Dazu ein Augengreuel: ihrem Hauskleid waren schwarze

Samtbändlein aufgenäht, unten nahe dem Saume eine doppelte Reihe, und wieder oben am Halse eine, rund um den Ausschnitt. Nein, Imago in der Tracht einer Choristin im «Freischütz», als wollte sie den Jungfernkranz singen, davor entsetzte sich sein Auge, darüber stolperte seine Andacht. Dies und dergleichen erzeugte dann in seinen Gefühlen ein unruhiges Hin und Her, dem er das Alleinsein mit ihr in seiner Phantasie vorzog.

Dagegen suchte er angelegentlich ihre Freunde und Bekannten heim, also die Leute der Idealia, um von ihren traulichen Gesichtern den Widerschein Theudas abzulesen; und jedesmal, wenn beiläufig ihr lieber Name verlautete, glänzte es durch die graue Unterhaltung, als ob ein Zauberzündhölzchen aufsprühte, mit einem farbigen Sternlein im Feuer. Aber mit seinem eigenen Mund ihren Namen auszusprechen, wagte er nicht, weil er schon errötete, wenn er nur das Wort «Münstergasse» sagen sollte.

Hierbei traf er auch einmal mit dem Kurt zusammen. Der eilte ihm freudebleckend entgegen: «Allerkünstedirnen, welche ihre Seele mit jedem hergelaufenen Lumpen von Meisterwerk prostituieren! Greulich, abscheulich, aber famos!» Und ein halbes Stündchen später, als Viktor gegen die vereinigte Moralpriesterei des Pfarrers und des Statthalters den Satz behauptete: «Eine Religion, die sich um die Moral kümmert, ist nicht wert, daß ein ehrlicher Mensch einen Gedanken daran verschwende», kam der Kurt auf ihn zu und fragte herzlich und bescheiden: «Wann können wir einmal miteinander allein sprechen?» Von da an, so oft der Viktor und der Kurt sich in einer Gesellschaft begegneten, setzten sie sich zueinander.

Es konnte nicht ausbleiben, daß Viktors erbaulicher Gesinnungswechsel in der Idealia bemerkt wurde; die Wendung war zu auffallend. Er, der einst so anmaßlich auftrat, der sich gegen jedermann der Unleidlichkeit befliß, der die Flucht ergriff, sobald ein Klavierflügel nur von ferne Miene machte aufzuklappen, der mit seinem höhnischen Überlegenheitslächeln jede Unterhaltung zu Boden schwieg, er hörte jetzt mit weit aufgesperrten Augen den längsten Familiaden nicht bloß zu, sondern rief von Zeit zu Zeit dazwischen: «Nicht möglich!» – «Was Sie sagen!» – «Wirklich?», erkundigte sich nach den Fortschritten der Buben in der Schule, fragte, ob die Gertrud bereits die Masern, der Mimi schon die Sucht gehabt habe, ja, er bettelte aus freiem Antrieb, ihm doch ums Himmels willen «etwas» zu singen. Kurz, er war auf einmal, wie durch ein Wunder, gemütlich geworden. Vor allem aber seine nunmehrigen vernünftigen Ansichten über das heilige weibliche Geschlecht erregten freudiges Aufsehen. War das wirklich der nämliche Viktor, der jetzt Aussprüche hören ließ, wie dieser: «Keineswegs die leichtfertigen Weiber sind die poetischen, sondern die züchtigen sind es; denn die Poesie des Weibes heißt Hingebung, der Name des liederlichen Weibes aber lautet Selbstsucht.» Oder: «Die engherzigste Sittenteufelin wird an Lieblosigkeit noch von der Vielmännerfrau übertroffen.» Ah! Das lass' ich mir gefallen! Das tönte jetzt anders! Leider verdarb mitunter ein bedauerlicher Nachsatz wieder die

Erbauung, die sein frommer Vers gestiftet. Nachdem er zum Beispiel das Lob des tugendhaften Weibes mit einem Schwung gepriesen, daß man's hätte für fünfstimmigen Chor mit Orchester setzen mögen, konnte er hinzufügen: «Was in aller Welt aber, bitte, sagt mir, fange ich mit einem tugendhaften Weibe an?» Es war noch nicht ganz das; es haperte noch hier und da ein wenig mit seiner Bekehrung. Immerhin, der bußfertige Wille war unverkennbar, und alle Vollkommenheit auf einmal, nicht wahr, darf man doch billigerweise nicht erwarten. So daß bereits die Hoffnung munkelte, er werde sich vielleicht doch noch mit der Zeit als Tenor im Chor brauchen lassen.

Indessen, was wollte in dieser wichtigen Zeit Viktor, was überhaupt ein einzelner besagen! Das Stiftungsfest der Idealia rückte heran, und Adventsstimmung bemächtigte sich der Gemüter. Endlich wurde sie Gegenwart, die große Woche, unglaubliche, doch unleugbare Gegenwart.

Am Vortage des Festes ergab sich, gewissermaßen von selber, durch die Unfähigkeit, sich mit etwas anderem zu beschäftigen, im Verein mit der ungewöhnlich milden Witterung (elf Grad Celsius im Schatten!) eine Art Vorfeier, indem ein Teil der Mitglieder, darunter Viktor als Gast (sonst fast lauter Damen), verabredeten, nachmittags draußen vor der Stadt in der Waldegg zusammenzukommen; leider ohne Frau Direktor, welche durch Zurüstungen zum Fest ferngehalten war. Nach genossenem Kuchen belustigte sich das muntere Trüpplein mit körperlichen Freispielen, im besondern mit «Platzvertauschen», eins, zwei, drei

– husch von einem Baum zum andern; und der gezähmte Viktor sprang zwischen den Idealianerinnen wacker mit wie der Wolf zwischen den Lämmern im Paradiese. Unter dem zahlreichen Volk, das der sonnige Tag in die Waldegg gelockt hatte, saß auch Frau Steinbach; die schaute dem minniglichen Ereignisse mit sonderbaren Augen zu, als gewahrte sie ein Fastnachtwunder. Nicht wenig schämte sich Viktor vor ihr, bestrebt, möglichst korpulente Baumstämme zwischen sich und ihren beobachtenden Blick vorzuschützen. Allein auf das Schämen kommt es ja schließlich nicht an, wofern einem nur bei der Sache, worüber man sich schämt, wohl zumute ist. Und so wagte er sich denn allmählich dreister vor, unbekümmert um die gescheiten Augen der Freundin durch die vordersten Baumreihen springend.

Am Haupttage dann, abends um acht Uhr im Museumssaal, wickelte sich das umsichtig geordnete und fleißig einstudierte Programm zufriedenstellend ab. Zunächst der Prolog zwischen dem Statthalter und dem Viktor (alte und neue Kultur), wobei sich, wie der Pfarrer witzig bemerkte, die alte Kultur der neuen entschieden überlegen zeigte; nämlich Viktor vermochte zeitlebens keine zehn Verse textrichtig auswendig zu lernen. Hierauf, nach etlichen Gesangsvorträgen, kam das gewaltige Festspiel des Kurt an die Reihe. Aber o weh! Bestürzung! Ein Bär sollte zwischen die Nymphen und Meergreise fahren; und jetzt schickte wahrhaftig der Apotheker Röthelin im letzten Augenblick den kostbaren Bärenpelz zurück; so leid es ihm täte, allein eine plötzliche Erkrankung seines Vaters – er müsse unbedingt mit dem nächsten Zug verreisen. Allgemeine Aufregung; nur der Kurt selber, den es doch in erster Linie anging, blieb bewunderungswürdig ruhig; es gehe auch ohne den Bären, tröstete er seine Gemeinde; wiewohl etwas gezwungen, denn ärgerlich war ihm der Ausfall doch. Da kam ihm der Viktor lachend entgegen: «Es wird wohl keine so schwierige Kunst sein, Herr Neukomm», meinte er, «ein bißchen zu brummen. Falls ich also aushelfen kann...», und duckte sich, von Beifall begleitet, in den Bärenpelz; brummte auch in der Tat gar nicht schlecht, soweit es seine kraftlose Stimme erlaubte.

Zum Schluß folgte eine rätselhafte Nummer: Als der Vorhang auseinanderwich, sah man auf der Bühne einen Pflanzenwald mit einer mannshohen glänzenden Schmetterlingspuppe aus Flitterpapier zwischen den Blättern. Frau Direktor Wyß, als Ehrenpräsidentin der Idealia, sang drei Strophen, deren Text auf Verwandlung deutete; dann tupfte sie mit einem Zauberstabe auf die Puppe; die Hülle fiel, und aus der Hülle schlüpfte, statt eines Schmetterlings, zwei wacklige Fühlhörnchen in den Haaren, das mit Blumen und Kränzen lieblich geschmückte «Idealkind». Das sogenannte Idealkind war ein begabtes, hübsches Waisenmädchen, das Frau Direktor Wyß und Frau Regierungsrat Keller in ihren Schutz genommen hatten und auf ihre Kosten erziehen ließen. Mit scherzhafter Anspielung auf die Idealia wurde es «das Idealkind» getauft, machte übrigens auch seinem idealen Namen durch vortreffliche Schulzeugnisse alle Ehre.

Das Idealkind nun lispelte, die Fühlhörnchen schüttelnd, einige Verse des Dankes, tat ein paar zierliche Knickse, hierauf wurde es von der Bühne geholt, von den Damen um die Wette abgeküßt und heimlich in den Winkeln mit Geschenken überhäuft. Hiermit war der feierliche Teil des Festes zu Ende; und ein unendliches Erlösungs-Tanzen hub an, mit dem Idealkind als Lieblingsgeschöpf, welches Idealgeschöpf übrigens, ungeachtet ihrer lenzknospigen Jugend, nicht übel nach dem Kurt äugelte. Aber auch Viktor erfreute sich der Bevorzugung, zum Lohn für seine Mitwirkung und gefällige Aushilfe. Kaum ein Paar glitt an ihm vorüber (denn selber zu tanzen fühlte er sich nicht aufgelegt), ohne ihm eine Artigkeit oder eine neckische Anspielung auf seinen Bären oder seine Kultur zuzuwerfen, in verschiedenen Geistesgraden, aber immer im liebenswürdigsten Tone. Ja, den Witzigsten gelang sogar, mit einem als Lasso kühn geschleuderten Gedankenfaden den Bären und die Kultur geschickt zu verknüpfen: «Ich hätte gemeint, der Bär passe besser in die alte Kultur als in die neue» oder: «Haben Sie uns am Ende mit Ihrer neuen Kultur einen Bären aufbinden wollen?»

Ein Strom von harmlosem Wohlwollen flutete ihm entgegen, so daß er sich der schlecht verdienten Gewogenheit ordentlich schämte. Und jählings quollen aus seiner Beschämung Rührung und Dank, die nun wieder aus seinem Herzen dem gutartigen Volke zurückfluteten und endlich im dritten Rückprall ihn selber mit einem gänzlich neuartigen, nie vorher verspürten Glück erfüllten, dem Glück des Gemeingefühls. Er, der eingefleischte Sonderling, lernte heute durch die allgemeine Gunst den Segen der Genossenschaft werten. Oh, spöttle nur, Frau Steinbach, mit deinen gescheiten Augen! Leuchter der Weltgeschichte sind sie ja nicht, zugegeben; allein gute, liebe Menschen sind's, und das ist die Hauptsache.

Friede innen, Friede außen, versöhnt mit sich selber und aller Welt, er wußte gar nicht, wie ihm geschah und wie er die tausendstimmige Harmonie aushalte. Und als er nun gar am nächsten Morgen ein Brieflein – ist's möglich? von ihr! – erhielt, das erste seines Lebens, tat ihm der Überschwang der Seligkeit ordentlich weh. Zwar eigentlich enthielt das Brieflein soviel wie nichts, wenigstens nichts fürs Gemüt; sie ersuchte ihn einfach um die Gefälligkeit, im Museum nachzufragen, ob man nicht ihren Fächer aufgefunden habe. Allein es waren doch Zeilen von ihrer Hand; und darüber hatte sie gesetzt: «Hochgeehrter Herr» und darunter «Ihre Theuda Wyß». Ob er sich schon vorsagte, das sind leere Formeln, so erhob und berauschte es ihn trotzdem, daß sie ihn einen hochgeehrten Herrn zu betiteln nicht für unwert erachtete. Mit der Unterschrift aber unternahm er ein listiges Kunststücklein: er schnitt mit der Nagelschere von den drei Worten «Ihre Theuda Wyß» kreisum die zwei ersten säuberlich aus, das dritte unterschlagend. Siehst du jetzt: sie unterschreibt sich «Ihre Theuda». Das heißt meine Theuda; sie bekennt sich demnach als mir gehörig. Und versorgte das gefälschte Bekenntnis in die Kapsel seiner Uhrenkette. «Nun hab' ich sie sozusagen in meinem Besitz», jubelte sein Herz.

Jetzt überlief ihm die Seligkeit in die Nerven, daß er vor Ausgelassenheit irgend etwas recht Närrisches hätte beginnen mögen, er wußte nur nicht, was. Einstweilen stellte er sich vor den Spiegel und schnitt Grimassen, oder er ahmte Tierstimmen und menschliche Dialekte nach, was bei ihm den Gipfel der Fröhlichkeit bedeutete. Nein wirklich, im Ernst, er wußte nicht mehr, ob es ihm eigentlich wohl oder weh tue, so unausstehlich glücklich war er.

Eines Tages jedoch wußte er's, ob es ihm wohl oder weh tat.

Er hatte sie eines Vormittags, als er Frau Doktor Richard besuchte, dort vorgetroffen, munter gestimmt und zu harmlosen Scherzen aufgelegt wie er selber; kurz, sie «verstanden sich» heute. So war man denn in traulichem Geplauder sitzen geblieben, länger verweilend, als beabsichtigt gewesen, wie an die Stelle gebannt durch den freundlichen Geist der Stunde.

Vom Nachhall der Übereinstimmung betört, entschlüpfte ihm unten auf der Straße, wie sie ihm zum Abschied mit gutem Blick die Hand reichte, eine kindische Frage: «Und Sie kommen also jetzt nicht mit mir?»

«Natürlich nicht», antwortete sie belustigt, «hoffentlich nicht.»

«Wohin denn sonst?»

«Diese Frage! Heim zu meinem Mann und meinem Buben, die hungrig aufs Mittagessen warten.»

«Und ich? ich bin also ausgeschlossen?»

«Ei, durchaus nicht. Kommen Sie nur mit; mein Mann wird sich freuen.»

Sie war nicht sein! Und wie eine Katze, die einen Schuß bekommen hat, floh er nach Hause. Sie war nicht sein! Und er, der gemeint hatte, seine Liebe wäre wunschlos! Als ob es menschenmöglich wäre, jemand zu lieben, ohne allermindestens seine bleibende Gegenwart zu begehren. Sie war nicht sein! Schlimmer noch: sie gehörte einem anderen, einem Fremden! Gewußt hatte er ja das freilich längst; allein heute zum ersten Male spürte er es auch, da sie ihn verließ, um zu einem andern zu ziehen. Und das nannte sie «heimgehen»!

Die Katze, wenn sie den Schuß hat, verkriecht sich; doch das Schrot nimmt sie mit, und die Wunde, die anfänglich mehr schreckte als schmerzte, beginnt im stillen Winkel und arbeitet. Welch ein unerhörtes Vorrecht! was für eine empörende Ungleichheit! Tag für Tag, Jahr um Jahr bis ans Ende der Ende soll der andere mit ihr wohnen dürfen, er nie. Nicht einen Sommer, nicht einen Monat, nicht einmal ausnahmsweise einen Tag. Jenem alles, ihm nichts. Und nicht bloß mit ihr wohnen, sondern – hinweg, Gedanken! Denn weil der dort ohnehin zuviel hat, schenkt sie ihm zu ihrer Gegenwart noch Liebe und Freundschaft obendrein. Ist jener traurig, so tröstet sie ihn; ist er krank, sie härmt sich um ihn; stirbt er, ihre Sehnsucht folgt ihm übers Grab; gibt es eine Auferstehung, ihr erwachender Blick sucht jenen. Was hat denn der Anmaßliche für einen einzigartigen Wert voraus, daß ihm solch ein schwindelhafter Preis zuteil wird? Ist er etwa nicht auch ein Mensch? oder besitzt er für sich allein mehr Vorzüge und Verdienste als die übrige Menschheit zusammen?

Und keine Hoffnung! Nichts zu ändern! weder zu erklügeln noch zu ertrotzen; rundum nirgends eine Möglichkeit. Im Gegenteil: jede vorüberziehende Stunde, so bei Tag als Nacht, so bei Regen wie Sonnenschein, welches auch sonst ihr Inhalt sei, eines tut ihrer jede sicherlich, die eine wie die andere: sie gräbt die Kluft zwischen ihm und ihr tiefer, schürzt das Band mit jenem enger. Die Angewöhnung, das Verständnis, die gemeinschaftlichen Erinnerungen, die gegenseitigen Dankverpflichtungen, das nimmt ja doch nicht ab; im Gegenteil, das mehrt sich, das häuft sich. Das Kind, das beide vereint, wird je länger, desto mehr ihre Sorge und Teilnahme beanspruchen, mithin die Eltern noch inniger befreunden; es ist ja auch nicht gesagt, daß es das einzige bleibe, es kann möglicherweise ein Brüderchen oder ein Schwesterchen erhalten; warum nicht? wer will's ihnen wehren?

Ach, hatte er sie unterschätzt, die Macht der Ehe, als er sie für eine Art Statthalterei betrachtete, meinend, es ließe sich billig teilen: jenem, dem Statthalter, der Leib und ihm die Seele! So scharf er auch sah, eines hatte er bei seiner Unerfahrenheit doch übersehen, die Hauptsache: das Mysterium des Fleisches, die tierische Gewalt des Naturtriebes, der die Mutter nötigt, Himmel und Erde um eine Kraftbrühe für ihr Kind herzugeben, der die Frau zwingt, das Herz dem Leibe nachzuwerfen, mit allen Fibern dem Manne angehörend, der sie körperlich geprägt, der sie aus der Jungfrau zur Frau und Mutter umgewandelt hat, verurteilt, diesen einen zu lieben, auch wenn sie ihn verachtete. Puppe, Bebé und Papa, diese drei Worte erschöpfen den Lebensinhalt des Weibes. O ihr Toren, die ihr euch darum kümmert, ob euch jene liebt, die ihr zur Frau begehrt! Herzhaft! lache ihres Abscheus, schleppe sie zum Altar; denn die Ehe ist stärker als der Haß, dauerhafter als die Liebe.

Eine Jungfrau wankt mit dem Verhaßten zur Kirche wie zum Schlachthof, leichenfahl, den Tod im Herzen, das einem andern gehört; frag nach zwanzig Jahren nach: «Kinder, freut euch, der Papa kommt morgen heim.» – «Wenn nur dem Papa kein Unglück zustößt!» Der andere dagegen, der einst Heißgeliebte, wenn der stirbt, so erhält er bei der Todesnachricht ein kleines Wehmütchen, wenn's hoch kommt ein mühsam erquetschtes Tränelein; nachher heißt es wieder Papa. Das ist die Macht der Ehe.

Nein, keine Hoffnung. Einen Naturtrieb bekämpfen? Narrheit. Gegen die Weltgesetze streiten? Wahnsinn. Die Wahrheit sprach zu ihm: «Verdammt auf ewig», und sein Gram gestand: «So ist es.»

Da ward er inne, daß, wer einen Menschen zu seinem Gott macht, sich einen Fluch pflanzt. Sind sie zu beneiden, die einen überweltlichen Gott haben, einerlei, was für einen; wäre er ein Zornbold wie Jehova, ein Ungeheuer wie Moloch; denn kein Gott keiner Religion ist unerbittlich, keiner verstößt in die Hölle, wer ihm liebend naht, keiner spricht zum Verzweifelnden: «Ich kenne dich nicht.» Und wäre selbst einer der Himmlischen fühllos wie Stein, eines ist er jedenfalls nicht: er ist nicht kleinlich. Man stößt auf keinen Direktor Wyß zwischen sich und ihm, man hängt nicht von der Gewogenheit eines Kurt ab, die Madonna der Christen gebärt kein Rudel von Buben, um deretwillen sie Himmel und Erde vergäße. Einen Menschen anbeten: nicht viel gescheiter als einen Wurm anbeten. Mit hellem Geiste sah er das ein; allein Einsicht heilt keine Entzündung. Sieh ein, daß das Gift, das dein Blut zu Eiter zersetzt, nur ein verächtliches Körnlein Schmutz ist, der Brand frißt trotzdem weiter.

Eben darum aber, weil seine Liebe Religion war, weil ihm in Theuda-Imagos symbolischem Antlitz alles Leben der Welt mitklang wie im Mutterangesicht die Heimat, verspürte er sein Leiden am schmerzlichsten in den edelsten Teilen der Seele. All die Andeutungen und Bedeutungen, all die Lichter, Gesichter und Gedichter, die da über die Brücke gewandelt kommen, welche die Wirklichkeit mit der Geisteswelt verbindet, langten wund an, mit einem blutigen Stich; sein gesamtes Lebensgefühl erkrankte zu einem sehnsüchtigen Heimweh; Heimweh nach ihr, Heimweh nach der gemeinsamen Heimat aller Geschöpfe, Heimweh nach sich selber. Denn er war ja sie; aber – o Höllenwunder der Unmöglichkeit! – sie war nicht er.

Und da er ein Mensch von Geist war, gezwungen, wenn er gebissen wurde, wissen zu wollen, was für eine Schlange ihn biß, mochte er sich mit seiner Vernunft über das Wunder der Lieblosigkeit unterhalten; zwecklos, wohl wissend, daß ihm die Erkenntnis nichts nützen würde, nur weil er als Denker nicht anders konnte als denken. Herzeleid aber stellt nicht das Denken still, im Gegenteil, es nötigt die Gedanken zu nagen. «Bist du wach? hast du Zeit? kannst du mir das Rätsel lösen, wie es seelenmöglich ist, daß ein Mensch, dem man das höchste Gut, den einzigen Trost auf Erden, also die Liebe schenkt, einem nicht mit Gegenliebe vergilt?»

Die Vernunft antwortete: «Sammle und vergleiche: Wenn du den lieben Gott liebst, liebt er dich wieder?» – «Ohne Zweifel.» – «Wenn du den Papst liebst, liebt er dich wieder?» – «Mäßig.» – «Wenn du die Herzogin von Aragonien und Kastilien liebst, liebt sie dich wieder?» – «Wird ihr schwerlich einfallen.» – «Wenn du eine Schnecke liebst, liebt sie dich wieder?» – «Könnte sie schon gar nicht.» – «Nun also, da hast du's. Je tiefer hinunter mit der Seele, desto weniger Liebe. Liebe bedingt Seelenfülle, Lieblosigkeit verrät Stumpfheit. Punktum.»

«Und das alles klar zu wissen, haarscharf einzusehen, es ist nur dein eigenes Phantasie-Ei, das dir aus dem Gläslein dieses kleinen Weibleins entgegenguckt, und trotzdem verdammt zu sein, dieses kleine Weiblein, das du weit überschaust, überfühlst und überdenkst, wie den Heiligen Gral zu begehren, nach ihr zu lechzen wie ein Verdurstender nach dem rettenden Quell! Wie erklärst du das?»

«Torheit, Torheit, mein Lieber!» lachte die Vernunft. «Doch üb du nur ruhig deine Torheiten weiter; das verspricht mir, daß dereinst noch etwas Vernünftiges aus dir wird.»

So unterhielt er sich mit der Vernunft über seinen Fall. Deswegen wurde ihm nicht um den geringsten Grad besser; im Gegenteil. Es ging ihm wie mit den Zahnschmerzen: je mehr man daran denkt, desto ärger wird es; und wenn man versucht, nicht daran zu denken, so zwingt einen der Schmerz, an den Schmerz zu denken. Wohin sollte er aber auch seine Gedanken retten, daß sie nicht den Schmerz vorfänden? Ob er jenseits des gestirnten Himmels in die Religion, ob er in den strahlenden Schöpfungsäther der Poesie flüchtete, immer stieß er auf seine Verdammnis, immer begegnete er diesem einen unseligen lieben Menschengesicht, das ihn überall hin verfolgte, um ihn von überall her mit seinem schönen kalten Blick zu vernichten.

O ihr Gedankenlosen, die ihr über das Leid unerwiderter Liebe lächelt! Nehmt, eine Mutter sähe ihr verstorbenes Kind, ihr einziges, aus dem Grabe steigen, lieblich und schön, von Himmelsglanz verklärt; sehnsuchtschreiend stürzte sie ihm entgegen; das Kind jedoch kehrte sich von ihr ab, fremden Blickes, mit verächtlichem Lippenrümpfen: «Was will mir die dort?» Würdet ihr da lächeln? Genauso war ihm zumute; das teuerste Stück seiner selbst aus ihm herausgerissen, gesondert umherwandelnd und ihn verleugnend. Und das tat so grausam, so unleidlich weh, daß er manchmal meinte, es dürfe einfach nicht sein, weil er es nicht ertragen könne.

Allein er war kein Schwächling, vielmehr standhaft und zäh. Darum rief er seinen Verstand zu Hilfe. «Da! so steht's. Leben muß ich; ertragen kann ich's nicht. Also was?»

Ihm antwortete der Verstand: «Komm, ich will dir etwas zeigen.» Und führte ihn vors Schlachthaus. «So, jetzt, denk' ich, kannst du's ertragen.» Hierauf, nachdem sie wieder zu Hause angelangt waren, fuhr er fort: «Siehst du, die ganze Kunst besteht darin, nichts Unheilvolles zu tun; tu lieber gar nichts. Beiß die Zähne zusammen, oder schrei meinetwegen, wenn's nicht anders geht; nur schrei nicht mit den Händen. Die Stunde besiegen ist alles; wer die Stunde besiegt, besiegt den Tag; wer den Tag besiegt, besiegt das Jahr; nur immer gerade jetzt nichts Verderbliches begehen. Die Stunde aber besiegt ein Mann – und du bist ja ein Mann –, vorausgesetzt, daß er gesund ist – und du bist ja gesund –, mit Arbeit. Darum laß die Schmerzen machen, das ist ihre Sache, sie können's allein; du arbeite; du weißt, was.»

Er wußte, was. Und da die Arbeit im Dienste seiner Strengen Herrin geschah, die da eine mächtige Göttin ist, flohen vor ihrem Odem die Quälgeister hinter den Vorhang, von wo sie allerdings dann und wann heimtückisch hervorschossen, um ihm einen raschen Stich zu versetzen, doch sich ebenso schnell wieder versteckten.

Freilich, selbst die schärfste Arbeit bringt Pausen; oder sie hört auch einfach auf, abends in müdem Zustande. In solchen Stunden kamen die Überfälle zahlreicher und gefährlicher. Auf der Bibliothek standen, ordentlich gereiht, sämtliche Jahrgänge einer Monatsschrift; während er sorglos darin blätterte, schreckte er plötzlich zurück, wie von einer Schlange gebissen: einer der Bände trug nämlich die Jahreszahl der Parusie; so daß er künftig jeder Zeitschriftensammlung in weitem Bogen auswich.

Er kam an einer Frauenkleiderhandlung vorüber. Im Schaufenster prangte ein weißer Rock mit grünen Knöpfen. O sengender Sonnenstich der

Erinnerung! Sie hatte in der Parusie einen weißen Rock und einen weißen Gürtel, mit grünen und goldenen Fäden gewirkt.

Und ähnliches. Unter den scheinbar harmlosesten Gegenständen lauerten Skorpione. Dieser Kamm scheint doch unschuldig, nicht wahr? und dieses Papiermesser auch? Eitel Tücke und Gleisnerei! denn diesen Kamm hatte er sich zwei Wochen vor der Parusie gekauft! das Papiermesser das Jahr darauf während der «fliegenden Hochzeit». Und jedesmal schrie das getroffene Herz auf: «Es kann, es darf ja nicht sein; es ist ja ganz und gar unmöglich.» – «Tatata!» mahnte der Verstand, «keine Gaukeleien! Es ist; folglich wird es wohl möglich sein.» Und schleunig duckte er die winselnde Hoffnung.

Immerhin, von Stunde zu Stunde tapfer kämpfend, kam er über die Tage leidlich hinweg; meistens siegreich, zuweilen unentschieden, niemals geschlagen.

Aber die Nächte! Wo im Traum das tagsüber unterdrückte, doch keineswegs vernichtete Heimweh seiner Seele, nun nicht mehr von Arbeit, Wille und Verstand gebändigt, freiledig emporstieg, wie die Dampfsäule aus einem siedenden Kessel, nachdem der Deckel abgehoben worden! Keine Nacht ohne Traum, und kein Traum ohne sie. Und unfehlbar vermählte ihn der Traum mit ihr, behauptend: «Ich bin die Wahrheit, das Gegenteil ist Trug und Täuschung.» Und nicht vereinzelt dichteten die Träume, jeder für sich ein besonderes Ganzes darstellend, heute dieser Traum, morgen ein anderer; nein, der Traum der jeweiligen Nacht bezog sich rückwärts auf die Träume der vorangegangenen Nächte wie eine Romanerzählung auf die früheren Kapitel; seine Träume bildeten Kette. So daß er ein förmliches Doppelleben führte: nachts, herzlich mit ihr vereint, von ihrem Lächeln beleuchtet, von ihrem Liebesblick besonnt, mit ihr plaudernd und kosend, ein Leben voll süßer, goldener Seligkeit; tags ein hoffnungsloses Schmerzensdasein in der Trübsal uferloser Verdammnis. Oh, wozu erwachen! Daß doch niemals die Enttäuschung einsetzte! daß der wonnige Traumwahn auch den Tag tröstete!

«Wenn's nur das ist», meinte die Phantasie, «dem ist bald abgeholfen.» Und eins, zwei, ohne seine Einwilligung abzuwarten, hatte sie den Guckkasten aufgerichtet und die Vorstellung begonnen: Unmöglichkeiten, auf Lügenfüßen stehend, immerhin denkbare Unmöglichkeiten, wofern man von den Lügenfüßen absah.

Eine demütige Greisin hielt auf seiner Schwelle; dahin die Schönheit, zerstoben die Freunde und Anbeter, das erloschene Auge um ein Liebesalmosen bettelnd. «Auch du, natürlich», klagte ihr Blick, «nun ich alt und häßlich bin, kennst mich nicht mehr.»

Er aber rief: «Theuda, meine Braut, umsonst, daß du dich bemühst, die ewige Jugend deiner Schönheit unter der entliehenen Maske des Alters zu verhehlen; denn sie verrät der Glanz der Parusie, der dich umstrahlt. Doch warum stehst du demütigen Blickes auf der Schwelle? Sieh, ich beuge vor deiner Hoheit ehrfürchtig die Knie.»

Ihm antwortete Theuda: «O Wunder der Gnade!

Heute, da ich alt und häßlich bin, wird mir aus einem einzigen Herzen der Liebe mehr, als mir von allen Menschen zusammen in meinem ganzen Leben geworden.»

«Gelt?» lachte die Phantasie, «das gefällt dir?» Und fuhr fort zu spielen.

Im Krankenbett sah er sie liegen, von Beulen entstellt, von den Nächsten verlassen, ein Ekel den Menschen. Er aber nahte ihr andächtig wie einem Altar.

«Das ist hingegen kein schönes Bild», tadelte er die Phantasie.

«Soll auch keines sein, denn das ist ja eben das Schöne daran, daß deine Liebe sogar den Ekel übermag. Doch wart, ich habe noch etwas.» Und fuhr fort zu spielen.

Eine Lasterhafte schaute er, von der Welt verurteilt, verstoßen, verspien; dem Trunk ergeben, im Rausch auf dem Boden sich wälzend.

«Pfui!» schalt Viktor entrüstet, «pack auf! was für eine sträfliche, hirntolle Vorstellung! Sie, die Züchtige, die Reine, die Hohe!»

«Aber wenn?» zischelte die Phantasie, «wenn? Sag ehrlich, was würdest du in diesem Falle tun? Würdest du, würdest du sie mit dem Fuß fortstoßen? würdest du das? Du schweigst? Schon gut, ich weiß jetzt genug. Übrigens hab' ich auch allerlei in anderm Stil. Vielleicht ein durchsichtiges Kartenspiel gefällig? Nicht? Schade, da hast du unrecht, es sind wunderhübsche Sächelein darunter. Dann also vermutlich lieber etwas Ernstes? Ja? im Augenblick.»

Und zeigte sie ihm als Witwe im Trauerkleide.

Da warf er ihr in jähem Zorn den Guckkasten über den Kopf. Mußte er sie indessen wahnwitzig lieben, daß seine Phantasie sich getraute, ihm solche Unbilder zu bieten!

Die Erinnerung, daß es einst seiner Willkür anheimgestellt gewesen, statt der gegenwärtigen Hölle den Himmel einzutauschen, daß sechs lange Monate das Glück geduldig vor seiner Tür auf- und abwandelte, seiner Erlaubnis gewärtig, die Erwägung, daß er nicht allein ihre huldreiche Gewogenheit, die ihm jetzt als der unerreichbare Gipfel der Gnade erschien, sondern in atemstickendem Reichtum ihre gesamte Person, Leib, Liebe und Leben mit einem einzigen Wort hätte erwerben können, prägte seine Qual mit tragischem Stempel. Hart an der Reue streifte die Erinnerung vorbei, berührte sie jedoch nicht, auch nicht einen Augenblick. Wohl ihm! denn bereute er, so rettete ihn nichts vor Verzweiflung. Nein, er bereute nicht, ob ihm schon die Sehnsucht das Herz wie mit Zangen zerrte. Deshalb fühlte er sich auch beim kläglichsten Geschrei seines Herzens gar nicht einmal unglücklich. Es glänzte etwas wie Glorie um sein Weh; ähnlich der Glorie des Märtyrers, dessen Mund zwar während der Folter jammert, dessen Glieder sich gegen den Henker sträuben, der aber selber zur nämlichen Zeit freudig seinen Gott bekennt. Darob erhöhte sich sein Gefühl zur Passion; seine Seele schritt auf dem Kothurn, sein Geist wogte rhythmisch; der Blick seines Auges, dem der tragische Schmerz jede Träne verweigerte, ward ekstatisch, in solchem Grade, daß eines Tages ein Augenarzt ihn auf offener Straße anhielt, mit dem Gesuch, die erstaunliche Merkwürdigkeit beglaubigen zu dürfen.

Allein, wo Ekstase gedeiht, wächst auch die Anfechtung. Auch ihm widerfuhr sie, die Stunde der Anfechtung.

Direktors feierten in diesen Tagen den Geburtstag ihres Bübleins, des kleinen Kurt; und Viktor, ob er schon sonst zu keinem Menschen mehr zu bewegen war («ein komischer Mensch! kaum, daß man gemeint hatte, es wäre alles gut, spielt er wieder den Einsiedler!»), erachtete es für richtig, bei diesem Anlaß nicht zu fehlen; aus Geschmacksgründen. Irgendein allegorisches Anspiel, vom andern Kurt, dem Ohm und Paten des Geburtstagkindes, ersonnen (dieser geniale Mensch nämlich schüttelte nur so aus dem Ärmel, wozu andere Wochen und Monate brauchen), wurde aufgeführt, worin der Mutter, also der Frau Direktor, die Rolle einer Fee zukam, so daß sie ihre nichtsnutzigen Verslein im weißen Gewande sprach, mit zwei mächtigen Flügeln behaftet, die schwarzen Locken aufgelöst, auf dem Scheitel ein flittergoldnes Krönlein. Schon während der Aufführung, angesichts der hehren Erscheinung im Himmelsgewande, nahm sich sein Herz meuterische Bemerkungen heraus: «Da sieh, du Tropf, du Ehefeigling, was du verscherzt hast.» Wie dann nach Beendigung des Stückes Theuda im Feenkleide verbleiben mochte, also daß Göttin und Menschenweib, Rolle und Wirklichkeit, durcheinanderspielten und das Kind herumgereicht wurde und weihevoller Friede von der Stirn der beglückten Mutter leuchtete, Ort und Stunde und alle Anwesenheit mit Huld und Güte segnend, da begann sein Herz einen solchen unsinnigen, unbändigen Aufruhr wie nie zuvor in seinem ganzen Leben: «Und wenn alle Götter des Himmels und alle Religionen der Erde und sämtliche Pflichten, Erhabenheiten und Weisheiten vereint auf mich einschrien, ich behaupte ihnen ins Gesicht: es gibt im Weltall keinen Wert, der den Besitz der Geliebten aufwöge, und keinen Lohn im Himmel und auf Erden, der für den Verlust dieses Kleinods entschädigte. Wer diesen Preis hätte haben können und hat ihn verschmäht, und wäre es auf Geheiß des allmächtigen Gottes in Person, der ist kein Märtyrer, kein Held, sondern er ist einfach ein Narr. Recht und billig, daß dich der Fluch der Verdammnis zermalmt.»

Da eilte er heim auf sein Zimmer und rief in seiner Not seine Strenge Frau an, nicht anders als wie der Gläubige seinen Gott.

«Hilfe!» stöhnte er, «ich vermag's nicht mehr allein. Die Freundin, die du mir verlobtest, deine Tochter, die du mir vermähltest, mit feierlichem Spruch uns ewiglich verbindend, Imago, meine eheliche Braut und Gattin, sie kennt mich nicht, Imago sieht an mir vorbei. Oh, mißverstehe nicht den Schrei meines gefolterten Herzens. Keine Reue befleckt den zuckenden Wunsch meiner blutenden Seele. Flösse die Zeit rückwärts, zum zweiten Mal mir die Entscheidung vor die Füße spielend, ich würde zum zweiten Male entsagen; ja, das würde ich. Auch will ich ja gerne leiden und entbehren, wehmütig, doch gläubig und freudig. Aber warum denn so gräßlich, warum so unmenschlich? Ist es denn ein so unerhörtes Verbrechen, groß zu sein, daß ich dafür über Menschenkraft bestraft werde? Wenn es sein darf, so mildere den Spruch meiner Verdammnis. Öffne deiner Tochter Augen, daß sie mich nicht ganz und gar verleugne; sprich ihr zu, daß sie mich ihren edlen Freund nenne, daß sie mir wenigstens einen Blick der Erinnerung, einen einzigen, gewähre. Leg ihr das ans Herz, befiehl ihr das. Darf es nicht sein, so leihe mir deinen Beistand, damit ich nicht unterliege.»

Da war ihm, als schwebte der Schatten der Strengen Frau durch das Zimmer. Gestärkt stand er auf und litt, was zu leiden war.

Inzwischen waren die Winterfeiertage angekommen, Weihnacht mit ihrem schnellen Sprung, hernach der langsam daherkriechende Silvester. Selbstverständlich hielt er sich überall fern; denn ohnehin kein Freund von Familienrührseligkeiten und Kalenderhumanitäten («muhen das ganze Jahr fühllos aneinander vorbei und bimmeln in der Neujahrsnacht Bruder Lieblich»), brauchte er gegenwärtig wahrlich keine Wachskerzen, um zu wissen, was Wehmut ist.

Dagegegen die üblichen Höflichkeitsbesuche am Neujahrsmorgen durfte er anständigerweise nicht unterlassen. So machte er denn geziemlich die Runde, wobei er die schwierigsten Gänge, den zu Frau Steinbach und den zu Direktors, ans Ende schob.

Nicht wohl war ihm zumut, wie er in dem trauten Gartenhaus der Frau Steinbach die Treppe hinaufstieg. «Ohne Anzüglichkeiten», mußte er sich sagen, «oder zum mindesten vorwurfsvolle Mienen werde ich schwerlich abkommen.» Allein nichts von alledem; mit unbefangener Freundlichkeit, als wäre er gestern hier gewesen und nicht ein Vierteljahr weggeblieben, empfing sie ihn, höchstens etwas zurückhaltender als früher.

«Ich habe in der Silvesternacht», berichtete sie lächelnd, «Ihre Zukunft ausgekundschaftet; Sie wissen, mit geschmolzenem Blei im Wasser. Aberglaube, zugegeben; immerhin, wenn das Orakel günstig lautet, so mag man ihm gerne Glauben schenken. Und was das Orakel mir von Ihnen erzählt hat, das glaube ich wirklich. Nämlich Sie werden einmal eine liebe, treue Frau bekommen, anspruchslos und selbstlos, jung und anmutig, die Ihnen von ganzem Herzen zugetan ist und Ihnen das Leben zur Freude macht; dazu ein paar liebe, gute, schnupperige, kußliche Kinder – kurz, Sie werden glücklich sein.»

«Ich? glücklich sein?» wiederholte er, tieftraurig.

«Ja, glücklich. Und zwar so glücklich, wie ein Mensch auf Erden nur sein kann, ob Sie es schon vielleicht in diesem Augenblick nicht glauben; ich fühle es, ich weiß es, Sie werden glücklich sein, denn Sie haben das Talent zum Glück. Und wissen Sie, was ich tue? Ich liebe Ihre künftige Frau schon jetzt, ohne sie zu kennen. Ob ich's erlebe, kann ich nicht wissen; ich hoffe es, es wäre meine schönste Stunde. Sollte es nicht sein dürfen, so grüßen Sie mir Ihre liebe Braut herzlich von mir, und sagen Sie ihr, daß ich sie innig segne für alles Zarte und Gute, das sie Ihnen antun wird.»

«Seine Frau, seine Braut», was für Worte, was für Vorstellungen! Und mit Traurigkeit getränkt, zog er verstört weiter, zu Direktors.

Er traf sie im Empfangszimmer, das Kind auf dem Schoß, freudig erregt von Festtagen, Geschenken und Besuchern. Treuherzig, ein bißchen nachlässig, bot sie ihm die Hand mit dem üblichen Neujahrsgruß: «Ich wünsche Ihnen recht viel

Glück und Gesundheit zum neuen Jahr und alles Gute.»

Das sagte *sie! sie* wünschte ihm Glück! Von einem jähen Schwall von trostlosem Weh überwältigt, verließ er ohne Gegengruß noch Abschied das Zimmer («entschieden ein komischer Mensch, der Viktor»), stürzte durch die Seitengassen, hernach durch die Vorstadt – o die unendliche Stadt, die zahllosen Menschen, die neugierigen Blicke! –, dem rettenden Walde zu. Doch er gelangte nicht bis zum Walde; denn kaum daß er von ferne den Saum der gastlichen Tannen gewahrte, riß es ihn zu Boden, mitten in den Schnee, eine Beute unsinniger Schluchzer. Da galt keine Überwindung, keine Scham; so wie einer, der Arsenik im Leibe hat, im dichtesten Menschengewühl hinstürzt und sich in Krämpfen windet, ob er schon weiß, das schickt sich nicht, so mußte er die Schluchzer geschehen lassen. «Ich bin nämlich auch noch da», erwiderte sein Körper. «Dem ist jemand gestorben», hörte er eine vorübergehende Bauernfrau mitleidig sagen.

Seit diesem Augenblick war es, als ob ein Strom einen Dammbruch entdeckt hätte und schösse fortan seine Wogen durch die Bresche. Sein ganzes Sehnsuchtweh flutete ihm nunmehr durch die Augen, er lebte nur noch in Tränen oder in Furcht vor den Tränen. Denn in jähen Anfällen übernahm ihn der Tränenkrampf, ohne jede Warnung; und der mindeste Reiz genügte ihm: ein Glockenklang, ein Ton Musik, der Anblick eines Weges, den sie einmal geschritten, der Zug einer Wolke, welche von Kindheit und Heimat erzählte; ähnlich wie das bloße Summen einer Fliege hinreicht, um den Starrkrampf des Tetanuskranken auszulösen. Oh, wo ist eine Stelle, dahin ein Mensch flüchtet, um unbeobachtet und ungetröstet zu weinen? Warum umfriedigt der Staat nicht heilige Stätten für die Traurigen, unnahbar der Neugier? Man besitzt so viele unnütze Rechte, warum nicht das Recht auf Tränen?

In den Pausen der Anfälle fühlte er sich weich gemütet wie ein Genesender; nach guten Menschengesichtern verlangend, aber nach fremden, die ihm noch keinerlei Leid zugefügt; dankbar für einen Gruß, für ein gleichgültiges Wort, dankbar schon dafür, daß jemand an ihm vorüberzog, ohne ihm wehe zu tun. Deshalb mied er seine Bekannten, suchte dagegen Versammlungen, also zum Beispiel Wirtshäuser auf; denn der Anblick volkstümlicher Bewegung, die seiner nicht achtete, das Geräusch menschlicher Reden, die ihm nicht galten, tat ihm wohl.

Freilich verrechnete er sich dabei etwas, indem er dort, wo er Hinterdörfler suchte, auf einen Bekannten stieß. So tauchte einmal in der «Bierhalle Dreher» plötzlich der Statthalter vor ihm auf, nötigte ihn neben sich und stellte ihm einen fremden Herrn vor, «Doktor Eduard Weber, Ethiker». Kaum hatte der Statthalter das Wort «Ethiker» ausgesprochen, so geschah dem Viktor eine neue Nervenüberraschung: ein Lachkrampf. So gewaltsam, so unwiderstehlich überfiel er ihn, daß er vor Lachen laut aufjauchzen mußte, mitten unter den vielen Leuten. Und statt sich zu beruhigen, kamen die Stöße immer heftiger. «Und Eduard heißt er auch noch.» – «Und hast du das harmonische Weltbesänftigungsgesicht gesehen?» Es blieb ihm nichts übrig, als lachschreiend auf die Straße zu fliehen, während auf seiner Spur alle Welt, vom Gelächter angesteckt, fröhliche Gesichter zog. «Der ist aber lustig.» Und als er am nächsten Tage sich reumütig aufmachte, um dem Herrn sein aufrichtiges Bedauern auszusprechen, und bereits die Klingel ziehen wollte, geschah ihm, nur weil ihm auf dem Namensschild wieder das unglückliche Wort «Ethiker» entgegenjauchzte, der Anfall von neuem. Dreimal flüchtete er, dreimal zwang er sich ernst und entschlossen zurück; es half nichts, das fatale Zauberwort ließ ihn nicht über die Schwelle.

Und einmal angefangen, ging es ihm mit den Lachkrämpfen wie mit den Tränenkrämpfen; sie hatten den Weg gefunden, darum benützten sie ihn. Und auch ihnen war der nichtsnutzigste Vorwand recht. Er sah ein Huhn Wasser trinken; dabei schob dieses die untern Augenlider hinauf und warf den Kopf zurück; Ergebnis: ein laut aufstöhnendes Gelächter. Er las in einem Buche, an einem Wirtstische wären drei Müller gewesen; darüber jubelndes Lachschluchzen; man denke doch: drei weiße Müller nebeneinander!

«Ach Konrad, wie springst du mit deinem Viktor um!»

«Ja, aber was hast du mir auch seit vier Monaten alles zugemutet.»

Eines Morgens, es war etwas vor elf Uhr, schoß ein leuchtender Gedanke vor seinen Augen auf, steil wie eine Rakete: «Da doch Güte deinem Herzen so wohl tut, warum begibst du dich nicht einfach zu ihr, dem Quell der Güte? Der Arzt, der dir wehe getan hat, wird dich heilen. – Tu nicht so ungebärdig! Was besorgst du? wen fürchtest du? Sie? Von guten Menschen geschieht einem nichts Böses. Dich? Ach Gott, du bist jetzt so gering, so anspruchslos geworden! Versuch's; es ist doch kein so gefährliches Wagnis, einer Dame, mit welcher man befreundet ist, einen Besuch abzustatten; du bist ja schon oft dort gewesen, ohne daß sie dir den Kopf abgebissen hat. Und warum nicht ebensogut heute als morgen? Oder hast du einen Grund, morgen vorzuziehen?»

«Das nicht. Heute oder morgen, das käme ganz auf das gleiche heraus.»

«Wenn du jedoch heute gehen willst, so darfst du nicht säumen; es ist gerade die richtige Besuchszeit.»

«Du bist ein gescheiter Gedanke. Nur laß mich zuerst gründlich nachsehen, ob auch alles inwendig im Gleichgewicht ist, damit mir nicht am Ende wieder der Konrad mit seinen Nervenkünsten eine Überraschung spielt.»

Er prüfte sich. Rundum Ruhe, im Blut und in den Nerven; nirgends etwas Verdächtiges. Also ging er ohne weiteres zu ihr.

Sie saß allein im Zimmer, am Nähtisch. Kaum erblickte er sie, so funkelten alle Gegenstände wie durch Kristall geschaut, hierauf begannen sie zu schwanken und sich zu drehen, immer schneller; dann wußte er nichts mehr, als daß er zu ihren Füßen kniete, in einer Sturmflut von Tränen, ungestüm ihre Hand küssend. Darüber erschrocken, schnellte er tief beschämt empor, im Begriff davonzustürzen.

Sie aber erfaßte mit barmherziger Güte seinen Arm: «Wohin eilen Sie? was wollen Sie beginnen?»

Er stöhnte: «Weiß ich's? Mich irgendwo in einer Waldhöhle zu Tode schämen.»

«So dürfen Sie nicht fort; kommen Sie, ich will Ihnen die Augen waschen.» Und führte ihn ins Schlafzimmer. «Ich wußte von nichts», besänftigte ihre Stimme, «ich hatte keine Ahnung, wenigstens nicht, daß es so tief gehe. Habe ich mir vielleicht etwas zuschulden kommen lassen?»

Er schüttelte den Kopf, der Rede nicht mächtig, und ließ die Augenwaschung willenlos wie eine Operation über sich ergehen. «Welche Schmach!» stöhnte er von Zeit zu Zeit, «welche Schande!»

«Es ist doch keine Schande, jemand liebzuhaben!» tröstete sie, «man kann ja doch nichts dafür. Oder bin ich denn so schlecht, daß es eine Schande wäre, wenn man mich liebhat?»

Da biß er sich die Lippen bis aufs Blut.

Darüber war das Kind in der Wiege aufgewacht, richtete sich auf und schaute neugierig zu. Die Mutter holte es aus dem Bette. «Siehst du», sagte sie zu ihm, «da steht ein armer Mann, dem etwas furchtbar wehe tut. Allein niemand hat ihm etwas zuleid getan, niemand will ihm etwas Böses; er tut sich nur selber weh, weil er sich in seiner Phantasie Dinge vormalt, welche nicht da sind. – Gelt, Sie versprechen mir, daß Sie nichts Übereiltes begehen?» mahnte sie zum Abschied. «Falls Sie mich wirklich gern haben, so müssen Sie mir das versprechen; ich will es, ich verlange es. Kommen Sie lieber wieder zu uns, wir wollen Sie heilen; wenn Sie mich genauer kennenlernen, werden Sie bald genug selber sehen, daß ich durchaus nichts so Kostbares, Unersetzliches bin, wie Sie sich einbilden.»

«Ihr meine Liebe verraten!» klagte er auf dem Heimwege, «das heißt: mich ihr wehrlos überliefert! Summa: alles verloren! Wie ein lyrischer Apothekergehilfe, wie ein Romanwicht habe ich mich aufgeführt. Tränen, Handkuß, Kniefall, keine Art von Lächerlichkeit hat gefehlt. Bin ich das gewesen? O Konrad! Konrad! Und dieses Mitleid! dieses barmherzige Trösten! Was in aller Welt soll ich nun beginnen?»

«Nichts», erwiderte sein Verstand. «Nur gesund bleiben, alles übrige richtet sich später wieder ein.»

«Aber die Demütigung, die Erniedrigung!»

«Wenn es keine größere Erniedrigung gäbe, als der Liebe zu unterliegen!»

Der Verstand mochte schon recht haben. Auch war die Sache nun einmal geschehen. Also ließ er's laufen, wohin es dem Konrad beliebte. Hatte sie nicht gesagt: «Wir wollen Sie heilen, kommen Sie nur wieder zu uns»?

Ob er ihre Aufforderung wiederzukehren befolgen solle, war für ihn nicht fraglich. Oder fragt sich etwa ein Kranker, der nach unerträglichen Qualen endlich ein schmerzstillendes Mittel verabreicht erhalten hat, ob er das Mittel wieder nehmen wolle oder nicht? Es gibt eben Grade des Schmerzes, wohin Stolz und Scham nicht reichen, wo nur noch der einzige Gedanke gilt: «Hilfe», einerlei womit, gleichviel durch wen. Er hatte die geliebte Stimme, den guten Spruch ihrer barmherzigen Rede gespürt. Was Stimme! was Rede! Mit ihrer eigenen Hand hatte sie sein Antlitz berührt, mit ihrem Arm seine Wange gestreift. Was braucht es da der Überlegung? Dort ist der Trost, das Heil und das Leben; die übrige Welt ist Kram.

Also zog er schon am folgenden Morgen wieder hin, am übernächsten Morgen von neuem und so weiter jedes Tages Morgen. Und jedesmal fand er sie am Nähtisch allein, und immer durfte er ihr sagen, daß er sie liebhabe. O welche Erleichterung! Statt fern von ihr sein Leid in den kalten Tannenwald zu weinen, es einem warmen Menschen, es ihr zu gestehen, es von ihren schönen Augen bescheinen zu lassen, teilnehmende Worte, freundschaftliche Blicke dafür einzutauschen! Und wie man eines Kindes Tränen durch Anblasen und nichtige Sprüchlein stillt, so brachten ihm ihre unbedeutendsten Worte durch den bloßen Ton der ersehnten Stimme Trost und Linderung, so daß er schon bei seinem zweiten Besuche der Tränennot ledig wurde; nicht anders, als ob seiner Wunde der Stachel wäre entzogen worden. Und mit jedem neuen Male nahm die Entzündung ab. «Wir wollen Sie heilen», hatte sie zu ihm gesprochen; es ließ sich wirklich so an.

Bald gelang ihm sogar – in der Tat, er hatte das Talent zum Glück –, daß er aus dem Vorrecht, jeden Morgen mit ihr allein zu wohnen und ihr seine Liebe darzubringen, Zufriedenheit und hiemit Seligkeit schöpfte; denn wenn ihm nichts unleidlich wehe tat, war er immer selig. Und warum sollte er nicht zufrieden sein? Täglich eine Stunde ihrer Gegenwart in Freundschaft und Eintracht, eine Art neuer Parusie auf höherer Stufe, überdies durch ein gemeinschaftliches Geheimnis, das Geheimnis seiner Liebe, mit ihr verbunden – wer von allen Menschen, außer dem einzigen Statthalter, dessen Rechte zu schmälern er ja niemals beabsichtigt hatte, besaß denn so viel? Ob sie ihn nun liebe oder nicht liebe, darum sorgte er sich nicht; ja, es interessierte ihn nicht einmal, da er, der Frühreife, sich schon seit unvordenklichen Zeiten in die Überzeugung eingelebt hatte, daß des Menschen Heil oder Unheil nicht von außen, sondern von innen kommt, und daß der Schein den nämlichen Dienst tut wie die Wahrheit, meist sogar einen besseren. Nicht ihre Liebe bedurfte er, sondern bloß ihre Gegenwart, damit sein durstiges Herz ihren Anblick, ihre Stimme, ihre Gebärden und Bewegungen trinke. Wie er denn von jeher mit Vergnügen ihren Haß und Abscheu angenommen hätte, wenn er sie dafür hätte heimnehmen, gefangenhalten und an die Wand schließen dürfen. «Zapple, schrei, schilt, verwünsch: nur bleib bei mir.»

Von dieser begehrten Gegenwart nun hatte er, ohne Gewalt zu gebrauchen, ohne sie rauben und an die Wand schließen zu müssen, durch ihre friedliche Einwilligung ein kostbares gesichertes Stücklein; das sie ihm auch sorglich aufsparte und behütete, indem sie, solange er bei ihr war, jede Störung barsch beseitigte, jeden Eindringling kurz abfertigte; nicht einmal ihr Bruder wurde vorgelassen. So daß er sich gewissermaßen ein wenig mit ihr verheiratet fühlte; eine heimliche Ehe zwar, doch nur um so süßer.

Durch das trauliche Sonderstündchen gedieh dann allmählich ein kameradschaftlicher Verkehr zwischen ihnen. Seine Liebe, nunmehr als selbstverständlich vorausgesetzt, hatte nicht nötig, immer von neuem ausgesprochen zu werden, sie rückte zur harmonischen Begleitung in die untere Notenlinie hinab, zwar die Stimmung beherrschend, aber Raum für andere Gespräche und Unterhaltungen freilassend, die dann oben im Diskant wie durchgehende Noten nach Laune und Belieben schalteten. Sie konnten wie Bruder und Schwester miteinander plaudern, Kunstblätter betrachten, vierhändig Klavier spielen («ich hatte gemeint, Sie wären unmusikalisch!»); oder sie erzählte ihm von ihren Mädchenjahren, besprach mit ihm die Zukunft ihres Kindes, zeigte ihm die Räume und Einrichtungen ihrer Wohnung. Sogar zu Neckereien fanden sie die Unbefangenheit.

«Das also ist die böse Frau, die einem so grausam weh getan hat», lächelte er.

«Huhu!» drohte sie, zog eine grimmige Miene und krallte die Finger.

«Laß sehen, zeigen Sie», scherzte er ein andermal, «schauen Sie mich, bitte, wieder einmal so feindselig an wie einst.»

«Das kann ich jetzt nicht mehr», lehnte sie ab, einfach, wahr und gut.

Als er einmal eine Nadel, die ihr entfallen war, blitzschnell vom Boden aufhob, nannte sie ihn

«Herr von Wolzogen». – «Frau von Stein», erwiderte er, sich verbeugend.

Wenn er beim Klavierspielen heimtückisch ihren kleinen Finger unabsichtlich berührte, patschte sie ihm auf die Hand; wenn er im Gespräch einen unliebsamen Kraftspruch äußerte, auf den Arm. Eines Morgens überfiel sie ihn mit einem Panthersprung aus dem Hinterhalt und würgte ihn herzhaft. «Ihr Namenstag heute», erklärte sie dem Verdutzten.

Nur ein einziges Bedenken schaffte ihm dann und wann etwas Unbehagen: wo bleibt denn bei alledem Freund Statthalter? warum ist der niemals sichtbar? wieso gelingt uns Tag für Tag das trauliche Alleinsein, obwohl zuweilen oben in der Studierstube ein Stiefel scharrt und Tabakrauch wie ein warnendes Orakel durch die Ritzen qualmt? Das Geheimtun, welches seinem Herzen süß schmeckte, wollte, wenn schon nichts Böses geschah, seinem Gewissen nicht recht munden. Andererseits konnte er doch auch nicht oben an der Studierstube anklopfen und Meldung abstatten: «Herr Direktor, wissen Sie das Neueste? Ich habe nämlich die Ehre, Ihre Frau Gemahlin ergebenst zu lieben; Sie können übrigens ruhig auf beiden Ohren schlafen; denn wir sind unschuldig wie zwei Osterlämmer, ein weißes und ein schwarzes.» Nein, gegen eine solche Biederei empörte sich sein Geschmack. Es gibt eben Dinge, die, obgleich sie nicht böse, vielmehr hoch und edel sind, dennoch die Geheimhaltung verlangen; deswegen, weil sie durch die bloße Kenntnis eines Dritten entweiht würden. «Und schließlich, das geht sie an, nicht mich; er ist ja ihr Ehemann, nicht meiner. Also, wenn ihr Gewissen es erträgt...»

Nachdem das so einige Wochen zwei gedauert hatte, wurde ihr Benehmen anders, nämlich undeutlich, wechselvoll, gegensätzlich; nie fand er sie so wieder, wie er sie tags zuvor verlassen hatte. Zunächst überraschten ihn Rückfälle in ihr altes Mißtrauen; offenbar waren Einflüsterungen geschäftig; vermutlich von Freundinnen, vielleicht auch von Neidern und Eifersüchtigen.

«Wenn es in Dur nicht gegangen ist, versucht man's in Moll», warf sie ihm einmal ohne jeden Anlaß hin, anzüglich, mit gescheitem Blick. Sie war demnach geneigt, wenigstens in diesem Augenblick, das wahnsinnige Herzeleid, das ihn zu ihren Füßen geworfen, für gespielt, für einen abgefeimten Schachzug zu halten!

Ein anderes Mal, als er von ihrer ersten Begegnung, also von der Parusie, erzählte, verlief folgende Rede:

«Sagen Sie mir aufrichtig», fragte er, «haben Sie mich eigentlich damals geliebt, oder haben Sie mich nicht geliebt?»

Sie schüttelte den Kopf. «Ich hielt Sie für falsch.»

«Wie kamen Sie auf diesen abenteuerlichen Gedanken?»

«Weil Sie mir so viele übertriebene Schmeicheleien sagten.»

«Ich sagte Ihnen niemals eine einzige Schmeichelei; ich sagte bloß, daß Sie unbeschreiblich schön seien und daß ich Sie wie ein Symbol der Gottheit verehre.»

«Nun ja eben: solcher abgeschmackter, süßer

Schnickschnack. Das mag bei eitlen, inhaltlosen Modedämchen seinen Dienst tun, bei mir nicht.»

«Und jetzt?» lachte er, «halten Sie mich etwa noch für falsch, da ich Sie nach wie vor unbeschreiblich schön finde und heute mehr als je als ein Symbol der Gottheit verehre?»

«Hm?» zweifelte sie mit mißtrauischem Blick, «manchmal nein, manchmal ja.»

Er begriff und entschuldigte: Germania, der es nicht in den Kopf will, ein «Wüstling» könnte einer echten Liebe fähig sein. Ja, sie glaubte noch immer nicht an die Wahrheit und Reinheit seiner Liebe; das verriet ihm mancher Zug ihres Benehmens. So konnte sie zum Beispiel mitten im Gespräch das Kind aus der Wiege holen, es auf den Schoß setzen und wie einen schützenden Schild vorhalten. Oder sie stand bei seiner Ankunft abwehrend unter der Tür, mit ausgebreiteten Armen den Zugang versperrend. «Wolf, komm mir nicht in mein Hürdlein», drohten ihre Augen. Ließ ihn übrigens dann doch ein.

Andere Male wieder rührte sich Eva in ihr. Blieb er einen Tag aus, so forderte sie Gründe, heischte Rechtfertigung. Hatte er sich auf der Straße im Gespräch mit einer andern Dame betreffen lassen, so hielt sie ihm das vor, scheinbar in scherzhafter Meinung, doch mit der Stimme der Empfindlichkeit. «Sie werden sich auch verheiraten wie jeder andere», warf sie ihm etwa vor, in bitterm, fast verächtlichem Ton, als beging er hiemit eine kränkende, niedere Handlung.

Mitunter mochte ihn Eva auch plagen. Warum denn nicht? Benütz die schöne Jugendzeit; noch ein paar kurze, flüchtige Jährchen, ach Gott, und du kannst niemand mehr plagen.

In dieser frommen Absicht redete sie so oft wie möglich von ihrem Manne, natürlich im harmlosesten Ton; zeigte ihm ihre neueste Photographie: «Für meinen Mann zum Geburtstag»; oder sie phantasierte von der Zukunft «unseres» Buben, wenn «wir beide» einmal alt sein werden.

«Welche beide?» fragte er.

«Nun, natürlich mein Mann und ich. Wer sonst?»

Unmerklich hatte sich jedoch ihrem Sonderbund ein Dritter zugesellt: ihr Büblein, der kleine Kurt. War es, weil sich Viktor hin und wieder gnädig mit ihm einließ, der Mutter zuliebe? oder war es im Gegenteil, weil er das überflüssige Wesen anfänglich gar nicht beachtet hatte? Sei es, was es wolle, das kleine Geschöpflein hängte sein Herzchen an Viktor, ihm wie einem Vater entgegenwankend, aber einem Vater ohne Erziehungstücken, der einem niemals etwas verbietet, der nie böse wird, der immer freundlich dreinschaut. Wenn dann die zwei miteinander spielten, Viktor und der kleine Kurt, hielt sich die Mutter geflissentlich abseits, über den Stickrahmen gebeugt, viertelstundenlang stillschweigend, wie absichtlich sich in Vergessenheit hüllend, schaute von Zeit zu Zeit mit einem tiefen Atemzuge auf, und sooft sie aufschaute, glänzte ihr Auge von innerem seelischem Lichte. Es schwebte wie Andacht über der Gegenwart, wie Segen über den drei Menschen.

Unversehens, ohne den mindesten Anlaß, empfing sie ihn eines Morgens feindselig, ja geradezu brutal. «Wann reisen Sie wieder ab?» lautete ihr barscher Gruß.

«Warum? Würde Ihnen etwa meine Abreise erwünscht sein?»

«Ja.»

«Sie tun mir weh.»

«Sie mir auch.»

«Ich? – Ihnen?»

«Ja. Indem Sie mir Sachen sagten, die ich nicht hören darf und die Sie nicht sagen sollen.»

«Die ich auch nicht sagen wollte, aber sagen mußte.»

«Man muß nie, was man nicht soll.»

«Die Natur kennt das Zeitwort sollen nicht; das stammt aus der Sozialgrammatik der Menschen. Übrigens, wenn Sie wirklich wünschen, daß ich abreise, so geschieht es; ein Wort von Ihnen genügt. Also, bitte, wie lautet Ihr Befehl? Wollen Sie, daß ich abreise? Morgen? Oder heute noch?»

Sie sah ihn eine Weile finster an; dann wurde sie unruhig, stellte sich ans Fenster und kehrte ihm den Rücken. Er, wie von einem Magnet angezogen, trat von hinten neben sie und berührte sachte einen Finger ihrer nachlässig herabhängenden Hand, die sie bei der Berührung nicht wegzog. Hiermit waren beide Körper verbunden, und es lief wie eine Strömung hinüber und herüber, davor sie bebte und zuckte. Gab es keine seelische Magie, so gibt es doch sicher eine leibliche.

Ein Gedanke stürmte gegen ihn, begleitet von Fanfaren und Glockenspiel: «Jetzt», hetzte der Gedanke. «Jetzt! Sonst bist du lächerlich; lächerlich auf ewig.»

«Wohlan, seien wir lächerlich», erwiderte er fest und gab ihre Hand frei.

Da platzte in seinem Innern ein schallendes Hohngelächter: «Tugendheld! Tugendheld!»

Verächtlich über die Achsel blickend, gab er zurück: «Ehebruch-Pedanten!»

Ein gefährlicher Boden! Und ziellose Pfade! Wohin die junge Seligkeit wohl taumeln mag? Wird sie, kann sie überhaupt währen? Müßige Fragen; seine Aufgabe war es jedenfalls nicht, der Seligkeit ein Bein zu stellen.

Ein jähes Ende

Am Morgen des Lichtmeßtages, wo die Menschen die ersten Knospen zu grüßen pflegen, die noch nicht da sind, begab er sich wie gewöhnlich zu ihr. «Mein Mann ist im Studierzimmer; wollen Sie, bis ich mit dem Aufräumen fertig bin, einstweilen ihm Gesellschaft leisten?»

Er stutzte. Was für eine neue Sprache! Schickt mich zu ihrem Mann! Hat sie etwa gebeichtet? Eine Auseinandersetzung? Meinetwegen; laß hören; ich bin immer so eingerichtet, daß ich jederzeit jedem Menschen ins Auge sehen darf.

Der Eintritt in das rauchdurchqualmte Stübchen beruhigte sein Blut; so raucht kein Richter. «Aha, willkommen, Sie sind's», scholl es ihm treuherzig entgegen. «Sehen Sie, da schickt mir der Buchhändler soeben wieder so einen Weiberfresser von Philosophen. Sie machen ja doch wahrscheinlich auch nicht mit? Oder was ist denn nun eigentlich Ihre Meinung von den Frauen?»

Eine schwierige Frage! und ein verfängliches Thema! Immerhin, besser an dem Fittich der Theorie gefaßt zu werden als persönlich, denn der ist ziemlich unempfindlich. Die Gerichtsverhandlung über die Frauen nahm denn auch einen friedfertigen, würdigen Verlauf, mit ordentlichen Gedankenschritten, gemessenen Urteilen und willigen Zugeständnissen von beiden Seiten. Wie jedoch Viktor im Eifer seines Frauenlobes den Satz fallenließ: «Ohne die Frau möchte ich überhaupt nicht leben», bemerkte der Statthalter trocken: «Aber jeder mit seiner eigenen Frau, nicht wahr?»

Was war das? Ein Merks?

Einige Redereihen später, als die Grenzen des weiblichen Horizontes abgesteckt wurden und Viktor eben darauf hinwies, welch ein beschämendes Urteil in der Tatsache verborgen liege, daß alle Welt, auch die weibliche, es für selbstverständlich erachte, die Rolle einer jungen Frau in einem Theaterstück könne einzig eine Liebesrolle sein, öffnete Frau Direktor behutsam die Tür. «Verzeihen Sie, meine Herren, wenn ich Sie in Ihrer gelehrten Unterhaltung störe», hauchte sie zaghaft; «erschrecken Sie übrigens nicht, ich verschwinde im Augenblick.» Mit diesen Worten trippelte sie zum Bücherschrank, kauerte in anmutiger Haltung zu Boden, kramte, ab und zu die ungefügen Locken zurückwerfend, unter den Folianten, und schnellte dann plötzlich, ein Büchlein in der Hand, mit federndem Schwung wieder empor. «So; jetzt sind Sie erlöst», tröstete sie, während sie in ängstlichen Sprüngen auf spitzen Zehen zur Tür hinausflüchtete.

«Jedenfalls ihre einzige Rolle», schmunzelte der Statthalter, «spielen sie gut; im Leben wie auf der Bühne.»

Gleich darauf ertönte ein weicher Klavieranschlag, und ihre Stimme verklärte das Haus. Davor überquoll dem Viktor das Herz. «O mein Gott», stöhnte er, «ist das schön! ist das rein! ist das edel!» Und unversehens stürzten ihm die Tränen über die

Wangen, so daß er hastig aufsprang und sich am Bücherschrank zu schaffen machte.

«Das kann ich nun gerade nicht finden», versetzte der Statthalter, «daß das rein und schön sei, wie sie das singt; man sollte sich eben überhaupt nie an ein Stück wagen, das man nicht kann und das einem zu hoch liegt.»

Darauf wollte er das Gespräch zurücklenken. Allein Viktor war von dem unsichtbaren Gesange dermaßen gebannt, daß er nichts andres sonst wahrnahm. «Wenn sie doch nur endlich aufhörte! sie singt einem ja das Herz aus dem Leibe.»

Endlich hörte sie auf, und es gelang ihm, sich in geziemender Fassung zu verabschieden.

«Kommen Sie morgen abend zum Tee», begehrte ihre dringliche Bitte, während sie ihre Hand in der seinigen ruhen ließ, «ganz unter uns; niemand als Sie und mein Mann; meine Wenigkeit ungerechnet, die Sie schon mit in Kauf nehmen müssen.» Und bedeutungsvoll flüsternd fügte sie hinzu: «Es gibt nämlich Schlagsahne.» Das war mit einem Ton gesagt, als ob die Schlagsahne den Hauptanziehungsgrund vorstellen sollte. «Also morgen abend!» wiederholte sie, mit dem Finger drohend, «ich zähle darauf.»

Jetzt was? hat er etwas gemerkt, der Statthalter, oder hat er nichts gemerkt? Aus diesem behäbigen Pascha wurde er nicht klug. Übrigens nur um so besser, wenn er etwas gemerkt hat (zuviel ist nicht nötig), so war er die leidige Geheimtuerei los und zugleich einer geschmacklosen Beichte enthoben. Nun kommt's recht; genauso hatte er sich's von jeher ausgedacht gehabt: eine einmütige Ehe zu dreien, wo er seinem getreuen Statthalter Imagos Leib und jener ihm zum Dank dafür Imagos Herz und Seele überließ; so tat keiner dem andern Abbruch. Die Vormittage ihm, dem Statthalter die übrige Zeit; der durfte sich wahrlich nicht beklagen, er wäre bei der Teilung zu kurz gekommen. Also morgen abend soll der Dreibund geschlossen werden. «Bei einem Teller voll Schlagsahne», spöttelte ein Gedanke. «Nun, warum nicht ebensogut Schlagsahne wie Wein? Oder hat man etwa zu einem ehrlichen Vertrage Gift nötig?» Und mit innigem Glück verglich er diese Schlagsahne mit jener andern, über welcher er ihr einst zuerst wiederbegegnet war, damals, vor Monaten, bei Frau Regierungsrat Keller. Eine hübsche Strecke Weg zurückgelegt, Viktor, findest du nicht? Von der verächtlichen Gleichgültigkeit am Anfang bis zur heutigen Herzinnigkeit! Und noch stehen wir ja erst am Anfang. O Wonne des Ausblicks!

Darob trendelte er vergnügt durch die Straßen der Stadt, leise vor sich hin singend und mit den Händen ein himmlisches Orchester leitend.

Da begegnete ihm Frau Steinbach. «Kommen Sie heute nachmittag zu mir», verlangte sie kurz, im Vorbeigehen, mit fremder Stimme, «ich habe mit Ihnen zu reden.»

Verstimmt, wie von einem kalten Regenschauer überrascht, trieb er weiter; nunmehr ohne Musikbegleitung. «Ich habe mit Ihnen zu reden.» Ob er schon nicht von ferne erriet, was in aller Welt die Rede aufrühren werde, ahnte ihm doch Verdrießliches; denn es ist selten etwas Erfreuliches, wenn jemand mit einem «zu reden hat». Meinetwegen;

ich schüttle es ab wie die Ente das Wasser. Einzig Theuda-Imago bestimmt mein Heil oder Unheil; bei ihr steht ja gegenwärtig alles aufs herrlichste.

«Mein Herr, Sie machen sich lächerlich», empfing ihn Frau Steinbach streng und kalt, ohne ihn anzublicken.

Unwille verfinsterte sein Gesicht. «Womit?»

«Bitte, verstellen Sie sich nicht; Sie wissen ganz gut, was ich meine.»

«Entschuldigen Sie, daß ich Ihnen widerspreche. Ich verstelle mich nie und habe keine Ahnung, was Sie meinen.»

«Nun, dann werde ich's Ihnen sagen: mit Ihrem ebenso törichten wie unverantwortlichen Benehmen bei Direktors.»

«Darf ich um Belehrung bitten, was Sie dazu berechtigt, mein Benehmen töricht und unverantwortlich zu nennen?»

«Nun, wenn das etwa nicht töricht ist, eine verheiratete Frau mit Liebesergüssen zu belästigen, die Ihrer Liebe nicht bedarf, der Sie vollkommen gleichgültig sind und wo Sie sich höchstens die Brosamen des Mitleids erbetteln können? Wenn das nicht töricht sein soll! Unverantwortlich aber, oder, falls Ihnen der Ausdruck zu stark klingt, unrecht muß ich es nennen, daß Sie versuchen, sich zwischen rechtschaffene, pflichtgetreue Eheleute hineinzudrängen; glücklicherweise umsonst.»

Jetzt errötete er mit heftigem Blutschwall; zugleich vor Scham und Empörung. Wie das brennt, wenn ein Dritter weiß, was unter vier Augen geschah! Grimmig entgegnete er: «Darüber, was ich verantworten kann oder nicht verantworten, darüber werde ich Herrn Direktor Wyß Rede stehen, wenn er es wünscht, aber nur ihm, niemand sonst. Hier hingegen, wo ich töricht und lächerlich gescholten werde, gestatte ich mir die Bemerkung, daß ich in meinem Gedächtnis Gründe finde, die mich zu der Überzeugung berechtigen, Frau Direktor Wyß gewähre mir denn doch ein wenig mehr als die Brosamen ihres Mitleides und ich sei ihr auch nicht gar so vollkommen gleichgültig, wie Sie in so schmeichelhafter Weise anzunehmen belieben.»

Da wandte sie ihm ihr Gesicht zu und trat einen Schritt näher: «Ach, Sie armer, junger, naiver Herr! Ja, naiv, trotz Ihrem überlegenen Geist und Ihrer Welt- und Menschenkenntnis. Meinen Sie denn wirklich, Sie Ärmster, weil eine Frau Ihre Liebesgeständnisse duldet und nicht ungerne anhört, das beweise das mindeste für ihre Herzensneigung? Natürlich hört sie's gerne; selbstverständlich! Ist das doch ein Triümphlein für sie. Und ein klein, klein wenig Blümleinspielen innerhalb der Grenzen des Erlaubten wird sie sich wohl auch nicht haben entgehen lassen; vielleicht ist sie darin ein bißchen zu weit gegangen, das kann ich nicht wissen. Übrigens, was heißt hier zu weit gehen? was für ein Sittengebot verwehrt ihr denn, mit jemand, der sie in unschicklicher Weise belästigt, umzuspringen, wie sie mag? Sie sind ihr ja doch nicht verwandt; sie hat nicht die mindeste Verpflichtung, Sie zu schonen. Wer eine Frau in eine schiefe Lage bringt, muß sich's eben auch gefallen lassen, wenn es ein bißchen krumm zugeht; das ist sein Fehler, nicht der ihrige. Doch gesetzt selbst den Fall, Sie hätten einigen Eindruck auf ihr Herz gemacht, und das scheint mir, aus Ihren Worten zu schließen, in der Tat der Fall zu sein – es wäre auch nichts Verwunderliches, Sie sind ja doch nicht der erste beste –, was haben Sie damit gewonnen? Ein oberflächliches, flüchtiges Gefühlchen, das beim ersten Ruf des Schicksals zerstiebt. Lassen Sie morgen ihr Kind oder auch nur ihren Mann krank werden, was sind Sie dann? wer sind Sie ihr? Eine Null, nein, weniger als eine Null, ein Abscheu, dessen bloßen Anblick sie nicht einmal erträgt. Frau Direktor Wyß, wie ich Ihnen schon früher sagte, ist eine einfache, brave, gerade Frau, die keinen andern Gedanken hat als ihr Kind und ihren Mann; alles, was Sie bei ihr erreichen können, ist, daß Sie sich bloßstellen und sich unglücklich machen, möglicherweise auch, wenn das sträfliche Spiel fortdauert, daß Sie sie ins Gerede bringen; sie hat ja auch Freundinnen. Jetzt handeln Sie, wie Sie wollen und wie Sie's mit Ihrem Gewissen vereinigen können; ich maße mir nicht an, Ihnen Ihre Pflicht vorzuschreiben. Wie indessen ein geistig hervorragender, selbstbewußter und zum Selbstbewußtsein berechtigter Mensch wie Sie es aushält, von der gnädigen Nachsicht ihres Mannes zu zehren, ist mir unbegreiflich; gefallen Sie sich in dieser Rolle?»

«Ja, weiß er's denn?» stammelte er.

«Ob er's weiß? Diese Frage! Natürlich weiß er's; selbstverständlich weiß er's; selbstverständlich hat sie ihm getreulich jedes Wort, jede Träne, jeden Kniefall hinterbracht. Das war nicht bloß ihr

Recht, sondern sogar ihre Pflicht; unterließ sie es, so hätte sie's mit ihrem Gewissen zu tun bekommen.»

Da biß er sich auf die Lippen und senkte die Stirn. Plötzlich gewahrte er einen Gedanken, der schon lange unbeachtet vor ihm gestanden hatte. «Und Sie, Sie selber, gnädige Frau, woher, wenn mir die Frage erlaubt ist, woher wissen Sie das alles so genau?»

«Nun, natürlich von ihr. Sie weiß ja doch, daß ich Ihre nächste Freundin bin; mithin war sie sicher, mir mit der Erzählung Ihrer Demütigung weh zu tun; diesen Genuß wird sie sich doch nicht versagen; das ist einmal unter uns Frauen so Brauch. Und sie hat richtig gezielt! Anhören zu müssen, wie Sie Ihre Würde, Ihren Stolz vergessen, wie ein ernster, bedeutender Mann, an welchen man glauben möchte, Taktlosigkeiten begeht, sich wie ein schmachtender Jüngling zu Kniefällen erniedrigt, das schmeckt bitter. Mehr als einmal war ich auf dem Punkt, Sie zu mahnen; allein ich habe keine Lust, in andrer Leute Wohnung einzubrechen wie eine Salutistin; wer mich geflissentlich meidet, wer mir die Ehre seiner Besuche nicht gönnt, dem will ich mich nicht aufdrängen; auch hatte ich immer noch eine kleine Hoffnung, Sie würden sich schließlich von selber auf Ihren Wert besinnen. Bis ich Ihnen dann heute zufällig begegnete.»

«Also, kurz gesagt, Frau Direktor Wyß in Person hat Ihnen alles und jedes, was zwischen uns unter vier Augen geschah und gesprochen wurde, haarklein mitgeteilt?»

«Kurz gesagt: ja.»

«Und alles auf einmal? oder zu wiederholten Malen? jeweilen die neueste Zeitung? – Sie schweigen? Dann brauche ich keine weitere Antwort.»

Ihm war, er ersaufe in Schande wie eine Maus im Nachttopf. Die Geschichte seiner selbstlosen, andächtigen Liebe von der Geliebten kolportiert wie ein Feuilletonroman im Stadtblatt; Tag für Tag eine Nummer, «Fortsetzung folgt»! Die Tränen, die ihm das unerträglichste Herzeleid erpreßte, ein heiliges Herzeleid, das weit über der Welt in der Heimat aller Seelen wurzelte, dem nüchternen Urteil Unbeteiligter vorgewiesen, zur verstandesmäßigen Prüfung.

Frau Steinbach aber, da sie ihn so kleingeschlagen sah, gedachte seine Zerknirschung zu benützen, um einen rettenden Willensschluß aus ihm hervorzustrafen. «Also was wollen Sie? was hoffen Sie? worauf warten Sie?»

«Ich warte darauf», antwortete er feindlich, «ob Sie mich nun endlich genügsam erniedrigt zu haben glauben oder ob Sie belieben, mich noch länger zu mißhandeln.»

Betroffen schaute sie ihn an. Er war gänzlich verändert; wie ein fremder, finsterer Dämon starrte er ihr entgegen.

«Oh, sehen Sie mich nicht so an», rief sie schmerzlich. «Seien Sie doch nicht ungerecht! ich meine es ja gut mit Ihnen; es geschieht, das wissen Sie doch, aus lauter Freundschaft.»

Allein seine Augen rollten, sein Mund verzerrte sich. Plötzlich war er aufgesprungen, erhob den Arm und rief mit lauter, bebender Stimme, als spräche er in die Ferne: «Wenn ich diese gräßliche Stunde erlebe, wenn ich schimpflich hier stehe wie ein abgestrafter Schulbub, mit Lächerlichkeit übergossen wie ein geprellter Liebhaber am Schluß einer Posse, ein Spielball herzloser Menschen, so erleide ich das, weil ich meinen Fuß auf den Weg zur Größe setzte. Ich hätte es anders haben können: Ruhm und Ehre, Ansehn und Reichtum, Glück und Liebe lagen zu meinen Füßen; ich sah es glänzen, ich brauchte es bloß aufzuheben. Hätte ich's getan, hätte ich als ein Wicht gehandelt, die Niederung vorziehend, ich schwelgte heute in Wonne und Seligkeit, geliebt und umworben; niemand spottete mein, niemand wagte mich zu schmähen, mich zu maßregeln; mit scheuer Ehrerbietung würdet ihr mir heute nahen, die Männer würden sich meine Freundschaft zur Auszeichnung anrechnen, und das unedle Gezücht der Weiber würde mich umbuhlen. Herzlose Menschen! stumpf und fühllos wie das Tier! Siehe da, meine arme Seele überflutet von reiner, heiliger Liebe wie ein brandend Meer, ich begehre zum Entgelt um das Opfer meiner Jugend, meines Lebensglückes nichts als ein winziges, geiziges Tröpflein Liebe für mein durstiges Herz – was sage ich ‹Liebe›, oh, nicht einmal Liebe; nichts als die Erlaubnis, ungestraft lieben und leiden zu dürfen. Und was gebt ihr mir dafür? Spott und Gelächter. Wohlan denn, demütigt mich, nehmt Kübel und Kannen, stürzt eimerweise über meinen Scheitel allen Unrat der Schande, ich werde auch das zu ertragen wissen. Das aber sage ich euch, es wird eine Zeit kommen, wo vor meine Persönlichkeit andersartige Menschen mit ihrem Urteil herantreten werden, Menschen, die ein Herz und Gemüt haben; die werden mir die beschmutzten Wangen mit Ruhm abwaschen, und wenn sie meine Wunden gewahren, werden sie sprechen: ‹Der war kein Narr, sondern er war ein Dulder.› Und meine arme, mißhandelte Liebe, die mir heute zum Verbrechen ausgelegt wird, um deretwillen ich von einer herzlosen Frau genarrt und von einer zweiten herzlosen Frau verunglimpft werde, ich sage euch, manch eine wird dereinst, wenn ich tot bin, in ihrem Herzen sehnlichst wünschen, so geliebt zu werden, wie ich liebte, und jene beneiden, der ein solcher mit solcher Liebe huldigte.»

Kaum hatte er diese Rede gerufen, so erwachte er wieder und war wie zuvor. «Verzeihen Sie mir», bat er trübe, «nicht ich habe das gesagt, sondern das Übermaß des Schmerzes hat es geschrien.» Hiermit schritt er zum Klavier und langte nach seinem Hut.

«Aber es verspottet Sie ja kein Mensch!» klagte sie. «Niemand nennt Ihren Namen anders als mit Wohlwollen und Hochachtung. Und was im besondern Frau Direktor Wyß betrifft, so ist sie Ihnen in warmer Sympathie aufrichtig zugetan und tief betrübt darüber, die unschuldige Ursache zu sein, daß Sie sich ihretwegen so viel unnützes, zweckloses Leid schaffen. – Und mir, mir Herzlosigkeit vorzuwerfen, wie können Sie, lieber Freund, mir das antun! Sagen Sie nicht ‹herzlos›, sagen Sie das mir nicht, sagen Sie das nicht mir!» Es tönte leise und klang doch wie ein Schrei.

Doch seine Sinne waren verschlossen, seine

Augen blickten abwesend. Sie umgehend, tat er einige Schritte nach der Tür; dann, sich erinnernd, kehrte er um und verneigte sich. «Gnädige Frau», hub er an, «es bleibt mir noch übrig, Ihnen meinen Dank auszusprechen. Ich finde die Worte nicht; ich kann nur sagen: edle, treue Freundin, Dank, innigen Dank für alles. Und bewahren Sie einem reichlich Bestraften, der wohl manches versehen mochte, aber keinem Menschen etwas Böses wollte, ein nachsichtiges Andenken.»

«Sie reisen?» fragte sie tonlos.

Er nickte. «Morgen früh, so früh als möglich, so früh, als ein Zug abgeht.»

«O Gott!» schrie sie auf. «Und wohin?»

Er zuckte die Achseln. «Weiß ich's? Einerlei.»

«Ach mein lieber, lieber Freund», jammerte ihre Stimme. Und in dem Augenblick, da er ihre Hand erhob, um sie zu küssen, küßte sie die seinige.

Dann riß sie das Fenster auf und spähte in die Nacht. Wie sie den Schatten seiner Gestalt am Gartentürchen wahrnahm, rief sie ihm mit lauter Stimme nach: «Ich glaube an Sie und an Ihre Größe und Ihr Glück.»

Am nächsten Morgen früh, in nebelnasser Dämmerfinsternis, wanderte er, wie beschlossen, reisegerüstet zum Bahnhof, noch nicht völlig aufgewacht, einem Traum nachstaunend, dessen selige Farben bis in die öde Wirklichkeit hereinblühten.

Und, o Schmach! von ihr hatte ihm wieder geträumt, trotz allem. Erst auf dem Bahnhofplatze schaute sein verschlummerter Geist träge um sich. An diesem selben Tage, dessen Beginn ihn jetzt umdämmerte, wird sie ihn heute abend erwarten! «Heute abend», wie das alt ist! Vergangen, ehe nur geschehen. Übrigens nicht das mindeste Gefühl bei dem Gedanken an sie zu spüren, überhaupt keinerlei Abschiedsstimmung, weder Rührung noch Groll, höchstens ein fader Geschmack von Ekel im Gaumen; gleichgültig, wie ein Fremder, verließ er die herbe Heimat.

Ein Schalter war erleuchtet, mit einem Beamtengesicht zwischen dem geöffneten Rahmen. Da können wir also gleich fort. Nachdem er über dem Schalter die Richtung abgelesen hatte, heischte er den Namen irgendeiner fernen Stadt im Auslande.

«Zweiter Klasse?» tönte die Frage.

«Dritter», antwortete er, einem unklaren Bedürfnis folgend; sei es, um sich vor dem Zusammentreffen mit Bekannten zu schützen (die Unwahrscheinlichkeit des Zusammentreffens in dieser Morgenstunde genügte ihm nicht, er wollte gänzlich sicher sein), sei es zum Sinnbild seiner Erniedrigung; es paßte besser zu seiner schimpflichen Flucht: dritte Klasse.

Bei seinem Eintritt in den Wagen bemerkte er gleich auf der ersten Bank, hart neben der Tür, ein freundliches Männlein von bescheidenem Aussehen. «Ein bescheidener Mensch, ein guter Mensch», sagte er sich, «der sei mein Nachbar.» Wie er jedoch sein bißchen Gepäck unterbringen wollte, wehrte das Männlein eifrig ab: «Halt, halt, Herr! dort oben liegen meine Beine.» Nicht gelaunt, heute müßige Späßlein zu enträtseln, stellte Viktor verträglich anderswo ein und nahm dann gleichgültig Platz, sich seitwärts schiebend, um sein Gegenüber nicht an die Knie zu streifen. Das Männlein aber blinzelte schlau: «Herr! wegen meiner Knie brauchen Sie nicht so viel Umstände zu machen; die spüren's nicht, wenn man sie stößt.» Hiermit schlug er eine Decke auseinander, und siehe da, er hatte gar keine Beine! «Die haben sie mir im Spital abgeschnitten», erklärte er schmunzelnd, beinahe stolz. Darauf begann er redselig seine Leidensgeschichte zu erzählen. «Was ich ausgestanden habe, das glaubt kein Mensch», lautete der Kehrreim. Da ging Viktor in sich: «Dem hat's doch noch mehr weh getan!» – «Bürgisser ist mein Name», schloß die Erzählung, «Leonhard Bürgisser von Ötlingen; oder Lienert, wie man bei uns sagt; sonst ein Schreiner.» Nach dieser Auskunft schwieg er befriedigt.

Die Maschine stampfte in regelmäßigen Stößen, so daß Viktor, der die Nacht nicht viel geschlafen hatte, unvermerkt einnickte. Da tupfte ihn sein Nachbar auf die Knie, daß er aufschreckte. «Sehen Sie doch», zischelte der Beinlose, «sehen Sie doch den mordsmäßigen Blumenstrauß mitten im Winter, den das feine, vornehme Fräulein dort spazierenführt, vorn bei der zweiten Klasse! Den hat die auch gern, für den sie alle die köstlichen Blumen gekauft hat; sehen Sie, beständig hat sie mit dem Nastuch an den Augen zu schaffen. – Aber wenn er jetzt nicht bald kommt, so kommt er zu spät; der Zug sollte sogar eigentlich schon abgefahren sein. – Bst! still! jetzt kehrt sie um, gegen uns zu: passen Sie auf. – Und Maienblümlein sind auch darunter; man riecht's sogar von hier. – O jerum, du armes Frauelein! sehen Sie, jetzt bei der dritten Klasse, wo sie weiß, daß kein Mensch sie kennt, fängt sie an zu schluchzen.»

Viktor, nachdem er zuerst das Geschwätz ungeduldig mißachtet, schaute schließlich doch hinaus, mechanisch, wider seinen Willen. Eine schlanke und, soviel er in der düsteren Halle zu unterscheiden vermochte, ausnehmend wohlgestalte Dame schritt draußen mit einem Blumenstrauß vorbei, das Gesicht im Taschentuch verborgen, die Schultern vom Weinen geschüttelt. Darob schnitt ihn eine schmerzliche Vergleichung: «Mir – o weh! keine Gefahr! – mir bringt niemand einen Blumenstrauß. O nein! eher eine Handvoll Disteln, wenn sie von meiner Abreise wüßten.» Hiermit wandte er den Kopf ab und rückte in bittern Gedanken vom Fenster weg.

«Einsteigen!» mahnten plötzlich die Rufe der Schaffner. «Endlich!» scholl aus den Fenstern die höhnische Antwort. Wagentüren wurden zugeschmettert, dann waltete ein Weilchen Stille. «Fertig!» Ein schriller Pfiff. – Da wurde hinter ihm die Wagentür aufgerissen; zwischen kalten Luftstrichen hauchte Blumenduft herein – doch nur einen Augenblick, dann schlug die Tür wieder zu. «O nein, Frauelein», lachte der Schreiner der Verschwundenen nach, «der, den du suchst, sitzt nicht in der dritten Klasse. Aber wenn du nicht schnell abspringst, nimmt dich der Zug mit. – Hören Sie die Schaffner, wie sie aufbegehren? Sie sind aber auch in ihrem vollen Recht; denn wenn es einmal ‹Fertig!› geheißen hat, so hat niemand mehr die Abfahrt aufzuhalten, einerlei ob vornehm oder nicht.»

Ein nochmaliger gebieterischer Pfiff des Zugführers; dann rollten die Räder schwerfällig vom Fleck. Erleichtert seufzte Viktor auf. «Auf Nimmerwiedersehn!» gelobte er sich, während sein Blick an den Pfeilern der Bahnhofhalle gierig die erlösende Fortbewegung ablas. – «Doch halt! wart! Ist denn das nicht Frau Steinbach, die dort über die Schienen nach der Station zurückeilt, einen Blumenstrauß in der Hand? Ihr Schritt wäre es wenigstens. Wenn sie mir nur einmal das Gesicht zeigte!»

«Alle Fahrkarten vorweisen, alle! – Fahrkarten gefälligst», forderte der Schaffner, die Hand gegen Viktor vorstreckend. Nach Erledigung des leidigen Geschäftes war der Bahnhof entschwunden; und allerlei Straßen rannten von links und rechts dem Zug entgegen. «Nun, Viktor, schenkst du uns denn kein Grüßlein zum Abschied?» riefen die Häuser im Vorbeilaufen.

«Nein», versetzte er trotzig. «Bitte, tut mir den Gefallen: nur keine gleisnerische Schlußakt-Rührszene! Meint ihr, ich sähe nicht auf euren Dächern die Hohnaffen hüpfen und die Spottdrosseln von euren Bäumen grinsen?» Mählich erhellte sich das Düster; Landhäuser, Gärten, Baumreihen entwichen, die einen nach hinten, die andern seitwärts; endlich sprang aus dem freien Feld der lichte Tag in den Wagen.

Jetzt erst erwachte völlig sein Geist. Mit ihm die Erinnerung; mit der Erinnerung der Groll: «Frohlockt! ihr habt gesiegt; ich fliehe, ein Überwundener, Schmachbedeckter. Doch überwunden von wem? Von der Gewöhnlichkeit, von der Sippschaft, von der hölzernen Stumpfherzigkeit.» Zu finsterm Gewölk sammelte sich sein Groll; das Gewölk ballte sich zum Grimm, und der Grimm kochte den Fluch.

Da traf ihn eine Stimme, daß er zusammenschrak: die Stimme der Strengen Herrin.

«Was trägst du, in der Tasche versteckt, Heimliches mit dir fort?» fragte die Stimme.

«Eine Schrift, von welcher niemand weiß, als ich und du allein.»

«Und von wem zeugt diese Schrift?«

«Sie zeugt von dir, gestrenge Herrin.»

«Und wann hast du dieses mein Zeugnis geschrieben?»

«Ich habe den ersten Zug geschrieben jenen Abend, als ich diese unselige Stadt betrat; und den letzten Zug habe ich verwichene Nacht geschrieben.»

«Und was habe ich zu dir gesprochen, verwichene Nacht, nachdem du den letzten Zug geschrieben?»

«Du hast zu mir gesprochen: ‹Ich nehme dein Zeugnis an, und weil du unbeirrt und unbefleckt trotz Pein und Leidenschaft und Torheit getreulich Zeugnis von mir abgelegt hast, will auch ich von dir Zeugnis ablegen: siehe, ich will dich auf den Gipfel des Lebens erhöhen und den widerspenstigen Ruhm der Menschen an den Hörnern zu deinen Füßen zwingen›, so hast du zu mir gesprochen.»

«Ja, so habe ich zu dir gesprochen. Und nun willst du Undankbarer die heilige Spanne Zeit, darinnen du solches errungen hast, mit deinem Fluch verunehren? Merk auf, was ich dir befehle: Stimme die Saiten deiner Seele und singe und frohlocke und segne diese Stadt mit allem, was darinnen ist; und jede Stunde, jedes Vorkommnis, jedes Leid, das dir widerfuhr; von den Menschen angefangen, die dir weh getan, bis zu dem Hunde, der nach dir gebellt hat.»

Traurig gehorchte er; stimmte mit Mühe und Gewalt die Harfe seiner Seele und sang und frohlockte aus seinen Wunden, und sein Gram segnete seufzend alles, was hinter ihm lag, von den Menschen, die ihm unrecht taten, bis zu dem Hunde, der nach ihm bellte.

«Wohl», sprach die Stimme. «Empfange den Lohn deines Gehorsams; schau auf, schau um.»

Und siehe da: draußen vor dem Fenster neben dem Wagen, im Gleichschritt mit dem enteilenden Zuge, sprengte auf weißem Renner Imago; nicht die unechte menschliche Imago, namens Theuda, die Frau des Statthalters, sondern die Wahre, die Stolze, die Seine. Und von ihrer Krankheit war sie jung genesen, und ein fröhlich Siegeskränzlein hatte sie im Haar. «Ich habe auf dich gewartet», lachte sie zum Fenster herein.

Staunend rief er: «Imago, meine Braut, wie mochte das Wunder geschehen, daß du von deiner Trauer genasest? Und zu welches Sieges Feier trägst du das Krönlein im Haar?»

Sie gab ihm die fröhliche Antwort: «Ich sah deine standhafte Treue durch Trübsal und Schmerzen: darob bin ich genesen. Ich sah dich aus den Strudeln der Leidenschaft ohn' einen Makel emportauchen: darob setzte ich mir vor Freuden ein Krönlein ins Haar.»

«Und kannst du mir auch vergeben, Imago, meine hehre Braut, daß ich närrischer, verblendeter Mensch ein sterblich Trugbild mit deiner Hoheit verwechselte?»

Sie lachte: «Deine Tränen haben deine Narrheiten gewaschen.» Nach diesen Worten sprengte sie mit übermütigem Jauchzen voraus, den Zug überholend.

«Urteile jetzt», begehrte die unsichtbare Stimme, «nennst du mich noch eine Strenge Herrin?»

Ergriffen betete seine Seele den Dank: «Heilige Herrin meines Lebens, dein Name lautet ‹Trost und Erbarmen›. Wehe mir, wenn ich dich nicht hätte; wohl mir, daß ich dich habe.»

NACHWORT

«Eine Teufelsarbeit ist Prosa dennoch», klagte Carl Spitteler seinem Freunde Joseph Viktor Widmann, während er sich darum bemühte, seiner Erzählung «Conrad der Leutnant» ihre letzte Form zu geben, und fügte hinzu: «Schneckenwerk. Muse auf dem Bauch.»

In der Tat hätte er wohl keinen der in diesem Bande vorgelegten Texte geschrieben, wenn alles nach seinen Wünschen und Plänen gegangen wäre. Schon 1861, als Sechzehnjähriger, hatte er sich, am Ende des von ihm selber als «entscheidendes Jahr» bezeichneten Abschnitts seiner frühen Entwicklung, dazu entschlossen, ein Dichter zu werden. Den naiven Lebensträumen seiner Kindheit zufolge hätte er ursprünglich Offizier werden, jedenfalls eine Karriere im Sinne seines Vaters, eines einflußreichen radikaldemokratischen Politikers des jungen Staates Baselland, ergreifen mögen. Nun war ihm, mitten in der Enge kleinstädtischen Lebens, erst im Winterthurer Haus seiner Tante Sophie Brodbeck, dann im Liestaler Pfarrhaus Widmann, die Welt der großen Musik, insbesondere der Wiener Sinfoniker, aufgegangen. Den sich abzeichnenden grundlegenden Konflikt mit dem Vater begleitete von Anfang eine metaphysisch-religiöse Komponente. Intensive Glaubenszweifel setzten dem Gefühl der Geborgenheit in einer von einem gütigen Vatergott geschaffenen Welt ein Ende. Hinter deren Fassaden tat sich dem Heranwachsenden ein Abgrund des Leidens auf.

Merkwürdigerweise machte sich der angehende Dichter nicht wie sein Busenfreund Joseph Viktor Widmann daran, den in den sechziger Jahren des 19. Jahrhunderts geltenden literarischen Vorbildern nachzueifern, Gedichte im Stile Platens, Rückerts oder Emanuel Geibels zu verfassen oder sich an einem Drama in der Nachfolge Schillers zu versuchen. Zwar schwebte ihm zunächst in der Tat etwas Dramatisches vor, und bald stand auch das Thema fest: es sollte eine Dichtung über Saul, den ersten König der Juden, werden, eine Gestalt, deren Auflehnung gegen den theokratischen Anspruch des Priesters Samuel dem jungen Spitteler als Inbegriff des Rebellentums erschien. Was sich aber von den Entwürfen zu seinem angeblichen Sauldrama erhalten hat, liegt weit ab von aller konkreten Dramatik.

Jacob Burckhardt, Spittelers Geschichtslehrer am Basler Pädagogium, warnte ihn schließlich vor allen dramatischen Unternehmungen, weil deren Gelingen in besonderer Weise von äußeren Bedingungen abhänge, und machte ihn auf die italienischen Renaissance-Epiker aufmerksam. Die Lektüre von Ariosts «Rasendem Roland», in die sich Spitteler stürzte, wirkte darauf wie eine Offenbarung. Im hohen epischen Stil, über den Niederungen der Prosa und des klassisch-romantischen Epigonentums, sah er jetzt jene poetische Welt, zu der er sich hingezogen und für die er sich berufen fühlte. Daß er sich mit seiner Entscheidung für das

Epos ins Abseits der modernen Literaturbewegung begab, war ihm kaum klar bewußt. Was ihm vorschwebte, hatte mit den versepischen Werken im Gefolge von Goethes «Hermann und Dorothea» oder von Heinrich Heines «Atta Troll» nichts zu tun. Es waren von vornherein Dichtungen mythischen Gehalts, während deren formales und sprachliches Gepräge noch nicht feststand. So wiederholten sich die Abenteuer, die Spitteler schon mit seinem Drama erlebt hatte. Vision folgte auf Vision, die Räume der Phantasie füllten sich mit Gestalten, Situationen, Konflikten, Geschehnissen und Gefühlen, Blätter und Hefte mit stenographischen Aufzeichnungen. Wohl kreiste schließlich alles um ein einziges Thema und eine zentrale Gestalt: Prometheus – auch er eine Figur des Widerstands und der Auflehnung gegen Autoritäten und Institutionen. Während eines vollen Jahrzehnts aber drehte sich die «Variantenmühle», wie der Verfasser später die Entwürfe dieser Zeit gekennzeichnet hat, unaufhaltsam weiter.

Unterdessen hatte Spitteler sein als «Antitheologe» begonnenes Studium der Theologie abgeschlossen und, um den voraussehbaren Schwierigkeiten des Pfarramts auszuweichen, acht Jahre in russischen Hauslehrerdiensten zugebracht. Wer weiß, was geschehen wäre, wenn ihn nicht der unerwartete Tod des Vaters zur Rückkehr in die Heimat veranlaßt und gleichzeitig das drohende Fiasko seines Dichtertums vor Augen geführt hätte. So aber zwang er sich als Fünfunddreißigjähriger zur Niederschrift einer Fassung seiner Prometheus-Entwürfe und zu deren Veröffentlichung unter dem Titel «Prometheus und Epimetheus» (1880/81).

Wenn der Verfasser tatsächlich gehofft hatte, mit seiner eigenwilligen epischen Dichtung einen durchschlagenden Erfolg bei den Besten seiner Zeit zu erzielen, so belehrte ihn das fast völlig ausbleibende Echo bald eines andern. «Prometheus und Epimetheus» stand mit seinem eigenartigen jambischen Rhythmus und seiner schweren Symbolfracht völlig einsam in einer immer dezidierter auf die moderne realistische Erzählprosa tendierenden deutschen Literaturlandschaft der achtziger Jahre. Hätte Gottfried Keller nicht wenigstens in einem Privatbrief an Widmann seine erstaunte Anerkennung des fremdartigen poetischen Phänomens zum Ausdruck gebracht – Spitteler hätte, nach seinem eigenen Geständnis, «das Dichten aufgegeben». So aber unternahm er es, sich einstweilen den zeitgemäßen Bedingungen literarischen Schaffens anzupassen. Während er als Lehrer, dann als Journalist seinen Lebensunterhalt verdiente, holte er schriftstellerisch das nach, wogegen er sich bisher, von seinem Dichtungsideal gebannt, gesträubt hatte, verfaßte ein historisches Drama im Stile seiner Zeit und mehrere Komödien, schrieb Gedichte mit einem Blick auf Conrad Ferdinand Meyer und versuchte sich schließlich auch auf dem Gebiete der Prosa-Erzählung, der er zwanzig Jahre lang beharrlich ausgewichen war. Er habe in dieser Epoche seines Schaffens versucht, jedes Feld der Literatur mit je einem Stein zu besetzen.

Es waren diese erzählerischen Zwischen- und Lernwerke, die Spitteler die erste öffentliche Anerkennung eintrugen und ihm – neben den Produkten seiner scharfen kritischen Feder – auch die Stellung eines Feuilletonredaktors der «Neuen Zürcher Zeitung» verschafften. Als ihn dann aber die Hinterlassenschaft seiner vermöglichen holländischen Schwiegereltern 1892 finanziell unabhängig machte, strebte er zu seinen ursprünglichen dichterischen Zielen zurück. Wohl behauptete er, angesichts seiner vorgeschrittenen Lebenszeit habe er auf diesem Gebiet lediglich zeigen wollen, was er etwa gekonnt hätte, wenn es ihm vergönnt gewesen wäre. Trotzdem floß vieles von dem, was er seinerzeit als angehender Epiker erschaut hatte, seinem im Laufe der folgenden anderthalb Jahrzehnte entstehenden Hauptwerk, dem «Olympischen Frühling» (1905/09), zu und verband sich mit dem Zugelernten und Zuerfahrenen zu einer epischen Weltdichtung von einzigartiger Spannweite und großer sprachlicher Leuchtkraft. Ihr verdankte Spitteler seine Stellung als erster unter den lebenden Schweizer Schriftstellern nach der Jahrhundertwende und den Nobelpreis für Literatur (1919/20), den einzigen, der bisher einem gebürtigen Schweizer Autor verliehen worden ist.

Die sieben «Meistererzählungen» dieses Bandes entstammen alle der Zeit zwischen der Veröffentlichung von «Prometheus und Epimetheus» und der Vollendung des «Olympischen Frühlings». Entstanden sind sie zwischen 1887 und 1906. Sie legen also Zeugnis ab von Spittelers Prosa-Erzählungskunst vor und nach der Jahrhundertwende, einer Epoche, da die letzten Werke Gottfried Kellers und

Conrad Ferdinand Meyers erschienen, während sich unter dem Einfluß Zolas und anderer ein radikaler Naturalismus entfaltete, bevor eine neue Generation von Erzählern – Heinrich und Thomas Mann, Hermann Hesse – mit ihren ersten Romanen hervortrat.

Die Erzählungen «Xaver Z'Gilgen», «Der Salutist» und «Friedli der Kolderi» sind zwischen 1888 und 1891 in Zeitungen und Zeitschriften veröffentlicht worden, bevor Spitteler sie mit anderen Texten derselben Entstehungszeit in einem schmalen Band unter dem Titel «Friedli der Kolderi» zusammenfaßte. In einer späteren Charakteristik meint der Verfasser, er habe in dieser Sammlung «Proben des verschiedensten Prosastils» bieten wollen: «französische Feuilletonerzählung, deutsche Märchen, russischen Naturalismus». Welcher Stilform die eine oder andere der genannten Erzählungen zuzurechnen sind, mag offenbleiben. Gemeinsam ist ihnen das schweizerische Milieu, wobei dieses bei «Xaver Z'Gilgen» nach einem im sogenannten «poetischen Realismus» des späteren 19. Jahrhunderts beliebten, von Gottfried Keller, Theodor Storm und Conrad Ferdinand Meyer erprobten Verfahren ins Historisch-Chronikalische projiziert wird, während im «Salutisten» kleinstädtische und in «Friedli dem Kolderi» ländliche Gegenwart erscheint. Dem ehemaligen Antitheologen lag eine Darstellung religiös gefärbter Unduldsamkeit gegenüber allem Fremden und Neuen besonders nahe. Im «Salutisten» spiegeln sich aktuelle Auseinandersetzungen um das erste Auftreten der Heilsarmee in der Westschweiz; Spitteler hatte solcherlei in den frühen achtziger Jahren als Lehrer am Progymnasium von La Neuveville am Bielersee aus der Nähe beobachten können. Die hochfahrende Vertreterin des angelsächsischen Pietismus, hinter der man die junge Catherine Booth vermuten darf, welche seinerzeit die Eroberung der Schweiz durch die Heilsarmee von Genf aus betrieben hatte, kommt bei dem Verfasser, der auch andere Erscheinungen des britischen Protestantismus gerne mit einem Fragezeichen versah, nicht viel besser weg als der bornierte einheimische Uhrmacher, welcher ihrer Faszination anheimfällt. Im Unterschied zur verbreiteten Tendenz einer harmonisierenden Darstellung schweizerischer Verhältnisse kehrt Spitteler gerade deren manifeste oder latente Gewalttätigkeit hervor. Diese kennzeichnet sowohl Individuen wie Gruppen. Sie kommt in einer besonders hinterhältigen Variante auch in der eher idyllisch angelegten Erzählung «Friedli der Kolderi» zum Zuge, wo die beiden Bauernknechte den freilich nicht besonders sympathischen deutschen Touristen aus purer Gehässigkeit und instinktiver Abneigung gegen alles Ungewohnte in den Tod rennen lassen und nachher, von dem Ereignis kaum berührt, in ihre enge Welt zurückkehren und zur Tagesordnung übergehen. Damit kündet die Erzählung die schonungslose Enthüllung schweizerischer Wirklichkeit an, wie sie die Autoren einer viel späteren Generation leisten werden.

Die Erzählungen «Ei Ole» und «Das Bombardement von Åbo» gehören dem ziemlich umfangreichen Komplex von zum Teil autobiographischen und journalistischen, zum Teil erzählerischen Texten an, die auf Spittelers Rußlandzeit zurückzuführen sind, in deren Verlauf dieser nicht nur Gelegenheit hatte, russisches Leben in Petersburg und in Südrußland zu beobachten, sondern auch finnische Landschaft und finnisches Volkstum anläßlich von Aufenthalten in Finnland kennenzulernen. «Russische Skizzen» gehören zu seinen frühesten Prosatexten; sie weisen schon Ansätze zu erzählerischer Gestaltung auf. Die beiden vorliegenden Erzählungen verraten den Standpunkt, von dem aus Spitteler die fremde Welt wahrnahm. Es waren Häuser des finnisch-schwedischen und deutschbaltischen Adels in russischen Diensten, wo man die russische Variante aristokratischer Lebensart zwar durchaus zu schätzen wußte, ihr aber gerne Leichtsinn und Unzuverlässigkeit vorwarf. Finnische Ehrlichkeit bildete den offenbar sprichwörtlichen Kontrast dazu, wobei man die damit verbundene Einsilbigkeit und Schwerfälligkeit in Kauf nahm. Wenn sich derartige Klischees in Spittelers persönlicher Erfahrung differenzierten, für seine erzählerischen Bedürfnisse waren sie ihm willkommen, ja er steigerte sie hier unbedenklich zur Karikatur. Das gilt sowohl für «Ei Ole» wie für das «Bombardement von Åbo», wo sich die Karikatur mit ausgesprochen komödienhaften Zügen verbindet. In der Tat stellt diese Erzählung, deren Stoff auf eine Episode im Krimkrieg zurückgeht, als die englische Flotte im August 1855 die Stadt Sveaborg (Suomenlinna) aus reinen Prestigegründen bombardierte, im Grunde genommen ein

Nebenprodukt von Spittelers Bemühungen um die Komödie dar. Die dramatische Fassung der im «Bombardement von Åbo» behandelten Themen und Motive wurde unter dem Titel «Der Parlamentär» am 2. November 1889 im Basler Stadttheater uraufgeführt, die einzige Aufführung, die ein Theaterstück des Autors, abgesehen von seinem Festspiel zur Eröffnung des neuen Zürcher Stadttheaters, zu seinen Lebzeiten erfahren hat. Angesichts des offenkundigen Mißerfolgs wurde das Stück, das mehr noch als die Erzählung an Gogols «Revisor» erinnert, vom Spielplan abgesetzt.

Bei «Conrad der Leutnant» und «Imago» haben wir es im Unterschied zu den übrigen Texten nicht mit Gestaltungsproben aus dem Handgelenk des um Anerkennung kämpfenden Schriftstellers der achtziger Jahre zu tun. Beide wurzeln in wesentlicheren Entstehungszusammenhängen. Sie gehören zudem einer etwas späteren Schaffensepoche an. «Conrad der Leutnant» wurde kurz vor «Imago» unmittelbar nach der entscheidenden Entstehungszeit von Spittelers epischem Hauptwerk, dem «Olympischen Frühling», vollendet. Es sind, von der Umarbeitung der «Mädchenfeinde» abgesehen, die letzten erzählerischen Prosawerke vor den späteren autobiographischen Schilderungen. Beide sind selber stark autobiographisch geprägt.

Das zentrale Thema von «Conrad der Leutnant», der Vater-Sohn-Konflikt, ist für Spittelers Werk, wie für das vieler anderer Schriftsteller, von einzigartiger, konstitutiver Bedeutung. Gegen den Willen des Vaters hatte sich der Gymnasiast schon in seinem «entscheidenden Jahr» abzugrenzen versucht. Als er damit nicht mehr durchdrang, hatte er sich durch eine dramatische Flucht aus dem Elternhaus eine Atempause verschafft, ja noch der Entschluß des sechsundzwanzigjährigen frischgebakkenen Theologen, sich in russische Hauslehrerdienste zu begeben, war zum Teil durch unerträgliche häusliche Auseinandersetzungen bestimmt. Krankheit und Tod des Vaters setzten dem Konflikt zwar äußerlich ein Ende. Die erlebten Spannungen aber wirkten weiter und beeinflußten nicht nur Spittelers Prometheusdichtung – Prometheus verteidigt dem mit göttlicher Macht ausgestatteten Engel Gottes gegenüber sein Recht, einzig seiner eigenen Herrin Seele zu gehorchen –, sondern kamen immer wieder, manchmal mit Schuldgefühlen verbunden, in Gedichten und Erzählungen der folgenden Jahre zum Ausdruck. In «Conrad dem Leutnant» erzwang sich das Thema seine wohl weitreichendste, endgültige Gestaltung.

Dabei zieht der zentrale Konflikt zwischen dem alten «Pfauen»-Wirt von Herrlisdorf und seinem Sohn das, was wie eine Dorfgeschichte aus dem Umkreis von Gottfried Kellers Seldwyla angelegt schien, völlig in seinen Bann. Der fast ins Dämonische gesteigerten väterlichen Machtgestalt steht eine depressive, stets jammernde Mutter gegenüber, so daß der Sohn von beiden Seiten in die Zange genommen wird. Es zeigt sich, daß er dem Doppeldruck nicht gewachsen ist. Nach ein paar

Stunden trügerischer Glücks- und Freiheitshoffnung setzt der gewaltsame Tod des jugendlichen Helden, der sich wie eine von einem Stellvertreter vollzogene väterliche Strafhandlung ausnimmt, allem ein Ende. Wieder zeigt sich das Bild einer zu hemmungsloser Gewalttätigkeit neigenden Schweiz, ergänzt durch die harten Züge einer hierarchisierten Gesellschaft mit dem entsprechenden Wertungsgefälle, dessen Ausdruck den heutigen Leser gelegentlich befremden mag. Der Verfasser hat gerne die formale Zielsetzung des Werkes als produktive Auseinandersetzung mit dem literarischen Naturalismus hervorgehoben: «Vor einem künftigen Epos wollte ich mir beweisen, daß ich auch im naturalistischen Stil schreiben könnte, wenn ich wollte.» Daß «Conrad der Leutnant» diesen Beweis leistet, wird niemand bestreiten. Angesichts der stark autobiographisch bedingten Thematik erscheinen derlei Behauptungen indessen fast als Ablenkungsversuche.

Bei «Imago» liegt der autobiographische Bezug noch offener zutage. Er wurde im Unterschied zu «Conrad dem Leutnant» vom Verfasser betont. «Man darf und soll seinen Liebesroman schreiben, als Ausnahme, keinen andern», urteilte er unmittelbar nach dem Erscheinen des Werks. «Das ist nicht nur so ein Kunstwerk, sondern es ist Herzblut», gestand er einer Freundin: «Für meine Lebensgeschichte also, für meinen Biographen, wird es das allerwichtigste Dokument sein. Ich erscheine in allen meinen andern Werken verhüllt und maskiert, hier zeige ich meiner Seele kleinste Fasern.»

Man mag die Dinge anders gewichten, als es der Autor hier tut. «Imago» spiegelt aber in der Tat Ereignisse und Verhältnisse, die zwar im Augenblick, da der Roman erschien, ein Menschenalter zurücklagen, jedoch das Leben des Autors in einer seiner schwierigsten Phasen so tief geprägt haben, daß ihre Gestaltung erst viel später gelang.

Im Sommer 1876 war Carl Spitteler, der seit fünf Jahren in Petersburg Hofmeisterdienste tat und sich immer noch mit der Gestaltung seines ersten Werkes herumschlug, anläßlich eines Besuchs in der Heimat seiner viel jüngeren Cousine Ellen Brodbeck begegnet, die er seit ihrer frühen Kindheit kannte, die aber inzwischen zu einer jungen Frau herangewachsen war. Die Zuneigung schien gegenseitig, und es hätte trotz der ernsthaften Bedenken der Eltern angesichts der noch ungewissen Lebensaussichten des Liebhabers wohl nur einer entschiedenen Werbung bedurft, um die Beziehung in die vorgezeichneten Bahnen einer bürgerlichen Ehe zu lenken. Das bestehende Verwandtschaftsverhältnis sowie der Umstand, daß Ellen seit zehn Jahren die Stieftochter von Spittelers nächstem Freund Joseph Viktor Widmann war, dürften mit dem damit verbundenen Neben- und Ineinander verschiedener Gefühlsdimensionen komplizierend gewirkt haben. Spitteler hielt sich zurück; nicht einmal einen Abschiedskuß auf dem Bahnsteig erlaubte er sich. Dem Stiefvater und Freund aber gestand er, schon nach Petersburg zurückgekehrt, geradezu, eine Heirat sei nicht in seinen Lebensplan aufgenommen. Die harsche, vielleicht durch die problematische Affäre zwischen Stieftochter und Freund mitbedingte Kritik Widmanns an einer Fassung von Spittelers Prometheusdichtung war nicht dazu angetan, die innere Hemmung zu beseitigen. Ellen aber, die ihren Cousin zwar ohne Zweifel gerne als Ehemann gesehen hätte, ihm aber kaum mit innerster Leidenschaft zugetan war, entschloß sich angesichts der sich hinziehenden Aussichtslosigkeit ihrer Hoffnungen kurzerhand, den resoluten Bemühungen eines anderen Freiers Gehör zu schenken. Noch 1877 verlobte sie sich mit Ferdinand Vetter, der als wohlbestallter Professor der Germanistik an der Universität Bern alle Garantien einer gedeihlichen Zukunft zu bieten schien; im Jahr darauf fand die Hochzeit statt.

Als dann Spitteler im Februar 1879 nach dem Tode seines Vaters in die Heimat zurückkehrte, fand er Ellen als Ehefrau und Mutter eines Kindes wieder. Nun brachen die Gefühle auf, die den Mittelpunkt des «Imago»-Romans bilden. «Imagopassion wird gelebt»: so umschreibt der Verfasser in einer späten autobiographischen Skizze die Quintessenz jener Zeit. Nur zu gerne war Spitteler auf das Angebot Widmanns eingetreten, an der Mädchenschule, die dieser damals leitete, ein paar Stunden zu unterrichten und sich mit seiner verwitweten Mutter in Bern niederzulassen. Die engen freundschaftlichen und verwandtschaftlichen Beziehungen zum Hause Widmann brachten es mit sich, daß der neue Kollege nicht nur hier, sondern auch im Hause Professor Vetters aus- und einging und überhaupt in den kulturell interessierten Kreisen, deren Seele Widmann und seine Frau waren, Aufnahme fand. Der Kontrast zwischen dem höfisch und großbürgerlich geprägten Petersburger Milieu, dessen Umgangsformen Spitteler übernommen hatte, und den biederen, eher engen Verhältnissen seiner neuen Umgebung war groß genug, wenn auch nicht so schroff, wie ihn der Roman zu Anfang darstellt. Als «Richter» dürfte Spitteler bei seiner Cousine kaum aufgetreten sein; ihren Gatten mag er als glücklichen Rivalen beneidet, aber kaum als «Stellvertreter» angesehen haben. Die «Konvulsionen und Illusionen» müssen sich indessen wenigstens tendenziell so abgespielt haben, wie sie der Roman schildert. An Gefühlsintensität gab die Lebenswirklichkeit der dichterischen Gestaltung, wie einige erhaltene Briefentwürfe zeigen, nichts nach. Von der förmlichen Bekehrung eines zuerst arrogant auftretenden Herausforderers zu einem unterwürfigen Anbeter konnte kaum die Rede sein. Statt des erzählten Nacheinanders hat man sich ein Ineinander und Durcheinander mit allerhand Seitensprüngen und Ungereimtheiten vorzustellen, die der Romancier nicht berücksichtigen konnte noch wollte.

Den Abschluß brachte weniger der Entschluß, im Frühjahr 1881 eine neue Stelle in La Neuveville anzutreten und damit die gefährliche Umgebung zu verlassen, als eine offenbar peinliche Szene, in deren Verlauf Spitteler, nach der freilich einseitigen, aber durch die Briefentwürfe des Autors einigermaßen gestützten Erinnerung Ellens, seine Cousine auf den Knien gebeten haben soll, ihm wenigstens dereinst, nach dem Tode ihres Gatten angehören zu wollen. Begreiflicherweise vermied es die junge Frau fortan, mit ihrem früheren Liebhaber allein zu sein. Dieser aber revidierte wenig später seinen «Lebensplan» in unerwarteter Weise, indem er sich im Herbst 1883 mit der achtzehn Jahre jüngeren Marie Op den Hooff, einer seiner früheren Schülerinnen an Widmanns Berner Mädchenschule, verheiratete.

Wenn sich die Beziehungen Spittelers zu seiner Cousine nach und nach äußerlich zu einem harmlos freundschaftlichen Verkehr von Haus zu Haus moderierten – den heute ein Bündel nichtssagender, von allen Leidenschaftlichkeiten gereinigter Briefe dokumentiert –, die so intensiv erfahrene «Passion» wirkte lange nach. An ihren Ursprüngen mit Spittelers dichterischen Berufungsbewußtsein verknüpft, blieb sie samt ihren Nachwirkungen dauernd mit seinem literarischen Schicksal verbunden. Bezeichnenderweise heben die ersten Entwürfe zum «Imago»-Roman fast gleichzeitig mit den ersten Versen zum «Olympischen Frühling» an und begleiten die epische Arbeit über die Jahre hinweg in immer neuen Ansätzen. Die Vollendung des Hauptwerks und die beginnende öffentliche Anerkennung von Spittelers poetischer Leistung legten den Weg endgültig frei.

Es gehört zu den Merkwürdigkeiten der Wirkungsgeschichte dieses Autors, der aus seiner Abneigung gegen die geläufige Romanpsychologie seiner Zeit nie ein Hehl machte, daß sein Roman «Imago» ausgerechnet bei der tiefenpsychologischen Schule Sigmund Freuds Aufsehen erregte. Wie in seinen epischen Werken hatte es Spitteler auch hier vorgezogen, innere Zustände und

Vorgänge nach dem Vorbild der alten Epiker und Märchenerzähler in Bilder umzusetzen, statt umständlich Bewußtseinsinhalte zu zergliedern. Die Entscheidung, die Viktor von seinem dichterischen Berufungsbewußtsein abverlangt wird, stellt sich ihm und uns als Auseinandersetzung mit einer als «strenge Herrin» gekennzeichneten Frauengestalt dar, die Entwirklichung der verlorenen Geliebten im Innern des Helden wird in der Gestalt Imagos sichtbar gemacht, die inneren Konflikte Viktors erscheinen als Streitgespräch mit einer Art Seelenmenagerie, über das sein Ich nur unvollkommen regiert, die Umstellung vom Widerspruch zur Anpassung wird zu einem choreographisch gegliederten Bekehrungsritual.

Gerade in solchen Aspekten fand die aufstrebende Psychoanalyse einige ihrer wesentlichen Erkenntnisse wieder. Das zeigte sich insbesondere im Entschluß Sigmund Freuds und einiger seiner Schüler, ihre 1912 gegründete «Zeitschrift für Anwendung der Psychoanalyse auf die Geisteswissenschaften» unter dem Titel «Imago» erscheinen zu lassen. Einer der Redaktoren der neuen Zeitschrift, Hanns Sachs, nennt Spittelers «Imago» nicht nur ein «Meisterwerk des psychologischen Romans, das uns vielerlei gelehrt und gewiesen ... hat», sondern bekennt, daß Spitteler die Tiefenpsychologie «durch ein unentbehrlich gewordenes Kunstwort – eben ‹Imago› – bereichert» habe, so daß es «kaum möglich gewesen wäre, ein anderes zu wählen, als wir daran gingen, dieser Zeitschrift ihren Namen zu geben».

Der Verfasser ließ sich durch derlei Huldigungen weder beeindrucken noch beeinflussen. Er nahm sie kaum zur Kenntnis. Die von ihm geschilderten psychologischen Verhältnisse standen für ihn keineswegs im Zentrum des Interesses. Abgesehen von den autobiographischen Bezügen und dem sich daraus ergebenden Zwang zur sprachlichen Gestaltung ging es ihm wesentlich um die Stellung des Künstlers in der Gesellschaft. «Tasso unter den Demokraten» – so hat Spitteler das Thema seines Romans in einem späteren Schaffensüberblick zu fassen versucht. Er hätte seinen Viktor ebenso gut einen in die Schweiz verschlagenen Tonio Kröger nennen können. So wenig Viktor aber Goethes Tasso gleicht, so deutlich hebt er sich von dem Helden der kaum drei Jahre vor «Imago» erschienenen Erzählung des jungen Thomas Mann ab. Die bürgerliche Welt, auf die Tonio seine sehnsüchtigen und resignierten Blicke wirft, erscheint bei Spitteler als «Hölle der Gemütlichkeit». Von der Gewalttätigkeit, welche die Geschichten um Xaver Z'Gilgen, die Salutistin, Friedli und Conrad kennzeichnen, ist in diesem Zusammenhang wenig zu sehen. Dafür weisen Viktors Erfahrungen mit der heimatlichen «Hölle» unmißverständlich voraus auf das Bild, das nach einem halben Jahrhundert Max Frisch in seinem großen Roman «Stiller» von der Schweiz im Nachfeld des Zweiten Weltkriegs entwerfen wird. So wie es dem Heimkehrer Viktor ergangen ist, so ergeht es dem Heimkehrer Anatol Stiller mit einer neuen Generation von Landsleuten. Die kritischen Konturen fallen bei Frisch um einiges schärfer aus, und zwar bei beiden zur Auseinandersetzung antretenden

Parteien. Vor allem aber ist seinem Helden jene grundlegende Orientierung größtenteils abhanden gekommen, die Viktor als Diener seiner strengen Herrin genießt. Der Rückzug in das Reich der dichterischen Phantasie, den Viktor zum Schluß in Begleitung Imagos antritt, ist ihm verwehrt; was den ehemaligen Bildhauer Stiller am Ende erwartet, ist ein Weg tödlicher Einsamkeit.

Werner Stauffacher

Inhalt